FRANZ PRINZ ZU SAYN-
WITTGENSTEIN

Der Main

FRANZ PRINZ ZU SAYN-
WITTGENSTEIN

Der Main

*Von den Quellen bis
zur Mündung*

PRESTEL VERLAG
MÜNCHEN

© Prestel-Verlag München 1966
Zweite, durchgesehene Auflage 1977
Passavia Druckerei GmbH Passau
ISBN 3 7913 0060 1

Udo Fürst zu Löwenstein
Renate und Guido Dessauer
gewidmet

Inhalt

Franken ist wie ein Zauberschrank;
immer neue Schubfächer tun sich auf
und zeigen bunte, glänzende Kleinodien,
und das hat kein Ende.
Wer Deutschlands geheimste
jungfräulichste Reize genießen will,
muß nach Franken reisen.

Karl Lebrecht Immermann, 1837

Vorspruch

Wenn ich das Wort Franken höre, so steht mir sogleich die Landschaft zwischen Frankfurt und Wertheim vor Augen. Drei Bilder sind es, die ich sehe, wenn ich an den Main denke. Da ist das Stadtbild von Frankfurt und Sachsenhausen zu beiden Seiten des Flusses, Hibderbach und Dribderbach von den Frankfurtern genannt, beschirmt vom hohen Domturm, der vor den fernen Taunusbergen über den Dächern aufsteigt. Da ist der Main unterhalb des ehemaligen Augustinerchorherrenstifts Triefenstein gegenüber von Lengfurt, das seit der Säkularisierung den Fürsten zu Löwenstein-Wertheim-Freudenberg gehört. In meiner Jugend lebten im Abteigebäude die Verwandten, bei denen wir die Sommerferien verbrachten. Dunkelgrün, in der tiefen Farbe des Sommers, wölbten sich die Wälder, auf den Hügelwellen standen die ersten Garben und tief unten floß schnell und still der Fluß. Und schließlich ist da noch der Blick aus den Fenstern des Kreuzwertheimer Schlosses über den Main auf die Stadt Wertheim.

Das Jahrhundert der Technik hat den Main in Fesseln gelegt, ihn gezwungen, sein Eigenleben aufzugeben. Stauwerke und Schleusen zügeln seinen natürlichen Lauf und lassen ihn stellenweise fast seeartig erscheinen.

Der Name Main ist keltischer Herkunft. Die Römer nannten ihn Moenus, und im 8. Jahrhundert v. Chr. hieß er Moyna, Moine, Mogus, Magon. Wahrscheinlich liegen dem Wort Magon die Begriffe ›mächtig, groß‹ zugrunde, aber unseren Main einen Strom zu nennen, wäre vermessen. Er ist ein Fluß, der höchstens bei Hochwasser stromartig anzuschwellen vermag. Mit zwei Quellbächen beginnt er seinen Lauf, mit dem Weißen Main, der am Ochsenkopf im Fichtelgebirge entspringt, und mit dem Roten Main, der aus dem Lindenhardter Forst im Fränkischen Jura südlich von Bayreuth kommt. Beide Bäche, mehr sind sie nicht, vereinigen sich unterhalb von Kulmbach und setzen ihren Weg als Main durch Landschaften von höchster Schönheit und mit reicher Geschichte fort.

Wir müssen einen Weg von fünfzehn Millionen Jahren zurücklegen, um die ältesten Spuren des Flusses zu finden. Man hat festgestellt, daß der Main schon sehr lange seinem heutigen westlich gerichteten Bett folgt, daß es seit sechs Millionen Jahren keine merklichen Bewegungen der Erdkruste im Maingebiet gegeben hat. Auch die Quelle im Fichtelgebirge ist für die Urzeiten gesichert. Vor fünfzehn und sechs Millionen Jahren floß der Main noch nach Süden, um im Gebiet der heutigen Altmühl in eine frühere Donau zu münden. Die gewaltigen Erdbewegungen im Alpengebiet sind nicht ohne Einfluß auf selbst weit entfernte Gegenden geblieben, so auch auf das Mainland. Damals wurden die oberfränkischen Mainteile nach Westen gezwungen. Es gab auch einen Main, der, aus Thüringen kommend, durch Unterfranken floß, den Urmain, und sich vor etwa zehn Millionen Jahren bei Worms mit dem Urrhein vereinigte, der dem Kaiserstuhl entsprang.

Unser Main strebt nach Westen; er kann es jedoch nicht gradlinig tun, da ihm Gebirge den Weg verlegen. Zuerst begegnet ihm der Fränkische Jura, den er im großen Bogen umgehen muß. Wir erreichen diesen ersten Bogen bei Lichtenfels im breiten, parkähnlichen Wiesental zwischen Frankenwald und Fränkischem Jura, wenn wir, wie es geplant ist, der Reiseroute von Osten nach Westen folgen. Der Fränkische Jura läuft hier mit dem von Viktor von Scheffel besungenen Staffelberg aus, und von dort oben haben wir den großartigsten Blick über die waldreichen Mittelgebirge. Nun wendet sich der Main in südwestliche Richtung, zieht nahe Bamberg vorüber, wo er die Regnitz aufnimmt, und hier ist er bereits ein ansehnlicher Fluß, der zwischen den Haßbergen und dem Steigerwald, sanften, einsamen Waldbergen, begleitet von Rebterrassen, Schweinfurt zufließt. Hier biegt er fast im rechten Winkel nach Süden ab zum Maindreieck und fließt durch die anmutigste Landschaft. Bei Volkach zieht er wieder eine große Doppelschleife, an der berühmte Weinorte liegen wie Volkach selbst, Escherndorf, Sommerach und andere. Das Weinland begleitet den Fluß bis Würzburg und darüber hinaus mit einer Perlenschnur von Städtchen und Dörfern, von denen so berühmte Namen wie Dettelbach, Kitzingen, Marktbreit, Frickenhausen, Ochsenfurt, Castell, Randersacker genannt seien, um den Geschmack des Frankenweins auf der Zunge zu spüren. Mit Rebleiten wechseln Äcker, Wälder und Wiesen. Hinter Gemünden schließen sich die Fränkische Saale und die Sinn dem Main an, die von der Rhön herabkommen, und jetzt hat sich der Main seinen Weg um den Spessart gebahnt und fließt von Wertheim, wo er die Tauber aufnimmt, nach Miltenberg durch ein Waldtal von höchstem landschaftlichen Reiz. Immer wieder öffnen sich schmale Täler in das Gebirge, man begegnet Reihern auf den Uferbäumen, sieht rechts und links Burgen, Schlösser, alte Städte und Ortschaften. Es ist schwer zu sagen, wo die Mainlandschaft am schönsten ist, ob bei Bayreuth, bei Würzburg, zwischen Wertheim und Miltenberg oder bei Aschaffenburg und um Frankfurt. Von Miltenberg nimmt der Fluß erst westliche, dann nördliche Richtung, entlang dem Westhang des Spessarts und dem Osthang des Odenwalds, vorüber am prächtigen Schloß von Kleinheubach, an Obernburg, bis er in die fruchtbare Ebene bei Aschaffenburg und Frankfurt gelangt. Weiter zieht er durch Industrie- und Weinland, bis er gegenüber von Mainz den Rhein erreicht hat.

Der Plan, eine mitteleuropäische Wasserstraße zu schaffen, geht auf Karl den Großen zurück, der als erster den Versuch unternahm, Rhein und Donau zu verbinden. 793 ließ der König mit den Arbeiten an der Fossa Carolina zwischen Altmühl und Schwäbischer Rezat, welche zur Regnitz fließt, beginnen. Es ist ein Verbindungsgraben, dessen Reste zwischen den Dörfern Dettenheim und Graben bei Treuchtlingen zu sehen sind. Technische Schwierigkeiten verhinderten die Vollendung des schon damals bestaunten Unternehmens. Das Projekt Karls des Großen aber wirkte fort bis in unsere Zeit. König Ludwig I. von Bayern entschied, daß nach den Plänen des Freiherrn Heinrich von Pechmann der Ludwig-Donau-Main-Kanal von Bamberg über Nürnberg zur Donau bei Kelheim gebaut werde. Er wurde 1846 eröffnet und später nicht mehr benützt. 1921 schloß Bayern mit der Reichsregierung einen Vertrag über den Ausbau der Groß-wasserstraße Aschaffenburg–Passau–Österreichische Grenze bei Jochenstein und von Kelheim nach Ulm, woran heute noch von der Rhein-Main-Donau AG und dem Deutschen Kanal- und Schiffahrtsverein gearbeitet wird. Fertiggestellt ist der Main-ausbau zwischen Aschaffenburg und Bamberg, der Main-Donau-kanal Bamberg–Nürnberg, der Donauausbau Vilshofen bis Jo-chenstein. Im Bau befindet sich die Kanalstrecke Nürnberg–Kel-heim–Vilshofen. Der Würzburger Gutschenberger, dessen Va-ters Firma durch die Februarunruhen im Jahre 1848 in Schwie-rigkeiten geraten war, äußert sich in einer bissigen, 1852 erschie-nenen Schrift ›Der Bayerische Staat und die Industrie‹ auch kri-tisch zu den Staatsausgaben und meint, nach König Ludwigs Ab-dankung habe sich folgendes gefunden: *Steine und Marmormassen, ohne anderen Zweck zusammengefügt als zur Verewigung; zur Apo-theose eines einzigen Mannes zu dienen fanden sich ferner vor: Wal-hallen, Ruhmeshallen, Pinakotheken und die vielen anderen Paläste und Kunstsammlungen, auch des ganz unnützen, sich nicht einmal verzinsenden Donau-Main-Kanals, der 25 Millionen gekostet, gar-nicht zu gedenken.*

Ehe wir unsere Reise am Main beginnen, soll etwas über die Geschichte des Landes berichtet werden, das er durchfließt.

Frankens Geschichte, sowohl seine eigene als auch in Verbin-dung mit dem Reich, schließlich mit Bayern, ist reich und man-nigfaltig in der politischen und kulturellen Sphäre. Daran hat der Main, die ›Pfaffengasse des Reichs‹, keinen geringen Anteil. Der Name Franken ist heute ausschließlich auf das zu Bayern gehö-rige Gebiet beschränkt, gegliedert in die Regierungsbezirke Ober-, Mittel- und Unterfranken, welche die Landschaften zwi-schen Aschaffenburg und der deutsch-tchechischen Grenze – im Norden das Gebiet der Mainzuflüsse, im Süden in Form eines auf der Spitze stehenden, bis nahe an Ingolstadt reichenden Drei-ecks – umschließen. Eine Diplomatie, die sich nicht um langsam gewachsene geschichtliche Entwicklung kümmerte, hat 1815 auf dem Wiener Kongreß dieses Land endgültig der bayerischen Krone zugesprochen und damit ein Gebilde geschaffen, das, sagen wir es offen, bis heute noch nicht zu einer wirklich homogenen Gemeinschaft zusammengewachsen ist. Altbayern ist das Land des Biers, Franken, jenseits der Donau, das Land des Weins. Beide Getränke haben ihre Vorzüge, wie auch beide Stämme ihre unbestrittenen Vorzüge haben. Als König Ludwig I. 1837 die neue Kreiseinteilung vornahm, schrieb der preußische Gesandte in München, Graf Dönhoff, an seinen König, die Neuordnung sei ganz unhistorisch. Nie hätte es ein Unter-, Mittel- und Oberfranken gegeben; man täte besser, diese Bezeichnungen durch Ansbach oder Bayreuth zu ersetzen.

Die geschichtliche Entwicklung ging, entgegen unserer Reiseroute, mainaufwärts, vom Rhein nach Bayreuth. Mainz war die Hauptstadt der römischen Provinz Germania Superior und bis ins späte Mittelalter das geistige Zentrum für das Frankenland an Rhein und Main.

Am Anfang der Geschichte gab es keine einheitliche Bezeichnung für diese Landschaften, da sie keine entsprechende politische Organisation hatten. Die großen Waldgebiete, die erst im hohen und späten Mittelalter gerodet und besiedelt worden sind, schreckten germanische Stämme ab und machten sie zu Durchzugsgebieten. Später wurde Franken von Südwesten und Westen her von den Alemannen, von Süden und Südosten aus von den Bajuwaren besiedelt und zeitweilig von den Thüringern beherrscht, als diese ihren Einfluß bis zur Donau ausdehnten. Im Osten saßen die Wenden. Als der Merowingerkönig Chlodwig I. 507 die Alemannen endgültig unterworfen hatte, gewannen die fränkischen Herrscher Land entlang dem Main. Nun setzte die Ausbildung königlicher Herrschaft ein, mit Hilfe fränkischer Stammesangehöriger, die das Land bis zum Westjura besiedelten.

531 machten Chlodwigs Söhne dem Königreich Thüringen ein Ende. König Dagobert I. setzte Radulf, einen Mann aus vornehmster neustrisch-burgundischer Familie, als Herzog von Thü-

ringen ein, der seinen Sitz in Würzburg hatte. Aber auch dieses
Herzogtum wurde zu Beginn des 8. Jahrhunderts aufgelöst. Der
letzte Herzog Hetan II. urkundete 704 und 716. Am Ende dieses
Jahrhunderts hieß der östliche Reichsteil ›pars Australium
(Francorum)‹ im Gegensatz zum westlichen ›Neustrien‹; seit
etwa 830-835 werden die Einwohner ›Franci occidentales et Au-
strales‹ genannt. Unter den Karolingern drangen die Franken im
8. Jahrhundert weiter nach Osten bis zum Fichtelgebirge vor.
Franken stand seitdem unter der Herrschaft der fränkischen, dann
ostfränkischen und schließlich der deutschen Könige, war Reichs-
land. In karolingischer Zeit schied sich das Frankenreich durch
den Vertrag von Mersen, 870, in zwei Teile: Westfranken und
Ostfranken. Alles Land zwischen Sachsen, Thüringen, Bayern
und Alemannien sowie auf dem linken Ufer des Mittelrheins,
soweit es nicht zu Lotharingen gehörte, hieß ›Francia‹. Damals
schloß das Gebiet im Westen die spätere Rheinpfalz, die Grafschaften Hessen und Nassau ein.

Der Name ›Franconia‹ für Ostfranken ist 1053 erstmalig belegt. Der Bischof von Würzburg, so heißt es 1073, halte sämtliche Gaugrafschaften seines Bistums, somit auch den Dukat oder
das Herzogtum, in seiner Hand. Er übte auch das kaiserliche
Landgericht aus, nahm aber den Herzogstitel offiziell erst 1445
an. Hauptstadt des ostfränkischen Herzogtums war in karolingischer Zeit Frankfurt, das von König Ludwig dem Deutschen
(840-876) zur ›principalis sedes orientalis regni‹ erhoben worden
war. Im 12. Jahrhundert kam es zu einer Einschränkung des Namens Franken; vielleicht wäre er aufgegeben worden, wenn nicht
der Würzburger Bischof Ansprüche auf das ›Herzogtum Franken‹
erhoben hätte. Kaiser Friedrich I. Barbarossa bestätigte 1156 den
Herzogstitel. Als 1500 der Fränkische Kreis geschaffen wurde,
verloren alle westlichen Gebiete ihre Zugehörigkeit zu Franken;
es waren die Pfalzgrafschaft, der Kurstaat Mainz, Hessen und
Nassau, die seitdem dem oberrheinischen bzw. kurrheinischen
Kreise angehörten.

Unter dem von den Merowingern eingesetzten ersten Herzog
Radulf begann die Christianisierung am mittleren Main. Boni-

fatius (675-755) hatte Mainz als Bischofssitz gewählt und zum Mittelpunkt seiner Missionstätigkeit gemacht, die er auf die Mainlande ausdehnte. Schon vorher hatte der Frankenapostel Kilian mit wenig Erfolg die Mission versucht. Er starb 689 den Märtyrertod und wurde in der Neumünsterkirche zu Würzburg begraben. Bonifatius gründete 741 das Bistum Würzburg, die Klöster Tauberbischofsheim, Kitzingen und Ochsenfurt.

Zu Beginn des 10. Jahrhunderts stritten zwei mächtige Familien um die fränkische Herzogswürde, die Babenberger, deren Hauptsitz zuletzt Bamberg war, und die Konradiner aus dem Lahngau. Der Kampf endete mit der Enthauptung des Grafen Adalbert von Babenberg im Jahre 906 und der Wahl Konrads I. zum Herzog von Franken, fünf Jahre später zum deutschen König. Kaiser Heinrich II., Urenkel König Heinrichs I. aus dem sächsischen Haus, hat ihre Nachkommen, die Grafen von Schweinfurt, teilweise entmachtet; andere erhielten als Markgrafen die bayerische Ostmark, das heutige Österreich. 1007 gründete Heinrich das Bistum Bamberg als Stützpunkt gegen die Slawen. Vom Fichtelgebirge bis zum Rhein befanden sich die meisten Hoheitsrechte nun in den Händen der Hochstifte Mainz, Würzburg, Bamberg und Eichstätt, aber Franken blieb das Kernland des Reichs, solange der König seine Autorität über die großen Bischofssitze wahren konnte. Auch unter den Salischen Kaisern ist die enge Verbindung des Herrschers mit der Kirche aufrechterhalten worden. Im 12. Jahrhundert begann der hohe Adel einflußreicher zu werden: die Grafen von Henneberg aus Babenberger Stamm, die Grafen von Rieneck im Spessart, von Wertheim, Oettingen, Castell, Hohenlohe, Schenken von Limpurg und Pappenheim. Alle diese Familien sind fränkischer Herkunft. Nicht zuletzt hat auch die freie Reichsritterschaft eine Rolle gespielt, zusammengeschlossen in den Kantonen Odenwald, Gebirg, Rhön-Werra, Steigerwald, Altmühl und Baunach. Unter König Konrad III. war Franken noch Zentrum staufischer Herrschaft, mit den Schwerpunkten Nürnberg und Würzburg; unter Kaiser Friedrich I. erscheint der Name Franken in einer Urkunde von 1156 erstmals als Herzogtum. Im Osten fielen die Babenberger Güter an die Grafen von Andechs, Herzöge von Meranien, nach ihrem Aussterben kamen sie 1248 an die Grafen von Orlamünde und Zollern, Burggrafen von Nürnberg, welche schließlich auch den Orlamünder Teil erbten. Burggraf Friedrich VI. wurde 1415 mit der Mark Brandenburg belehnt und nannte sich als Kurfürst Friedrich I. Die fränkischen Markgrafschaften wurden in Personalunion regiert, die erst 1473 zugunsten der hohenzollernschen Sekundogenituren Ansbach und Kulmbach–Bayreuth gelöst worden ist.

Im Mittelalter also umfaßte der fränkische Raum zeitweilig Landschaften, die später selbständige Territorien wurden oder in anderen Herrschaftsgebieten außerhalb Frankens aufgingen. Seit der Einrichtung des Fränkischen Kreises im Jahre 1500 ist der Umfang des heutigen Frankens mehr oder weniger unverändert geblieben. Er umfaßte das Gebiet am oberen und mittleren Main, mit Ausnahme des kursächsischen Coburg und des mainzischen Oberstifts Aschaffenburg und Miltenberg. Zu ihm gehörten das Fichtelgebirge und Vogtland, das mittlere und obere Altmühltal, das Jagst- und Kochergebiet. Im schwäbischen Grenzgebiet hielten sich Hohenlohe, Wertheim und der Deutsche Ritterorden zur Kreisverfassung. Fünf Reichsstädte lagen in diesem Gebiet: Rothenburg ob der Tauber, Schweinfurt, Windsheim, Weißenburg in Bayern und Nürnberg, sowie die Reichsdörfer Gochsheim und Sennfeld. Franken liegt also zwischen den natürlichen Grenzen seiner Waldgebirge zu beiden Seiten des Mains. In ihm entwickelten sich als Schwerpunkte die Hochstifte Würzburg, Bamberg und Eichstätt, die Markgrafschaften und die Vielfalt kleinerer Territorien, welche eine alte Landkarte, wie in Schwaben oder Hessen, als bunten Teppich erscheinen läßt. Alles das griff hundertfältig ineinander und formte das geschichtliche und kulturelle Antlitz Frankens. Alles das hat der bayerische Minister Graf Montgelas durch straffe Verwaltung dem Königreich Bayern einverleibt.

1806 fiel Ansbach, das der letzte Markgraf Carl Alexander 1791 an Preußen abgetreten hatte, im Verlauf von Gebietsaustausch an Bayern. Im gleichen Jahre, 1806, als Napoleon den

Rheinbund erzwang, weil er drohte, ganz Süddeutschland mit französischen Militärstützpunkten zu überziehen. 1807 fiel Bayreuth an Napoleon, der es drei Jahre später für 15 Millionen Gulden an Bayern verkaufte. 1814 erhielt Bayern noch Aschaffenburg und das Gebiet des Mainzer Oberstifts. Reichsunmittelbare Grafschaften sowie die Gebiete der Reichsritterschaft und Reichsstädte waren schon 1803 und 1806 mit der Auflösung des Fränkischen Kreises mediatisiert und bayerisch geworden. Im Schlosse Irmelshausen der Freiherren von Bibra hängt das Porträt dreier Brüder, die sich die Hand reichen. Der älteste, Besitzer des Gutes, sagte damals: jetzt sind wir nur noch große Bauern!

Wie sich die in kurzen Zügen geschilderte geschichtliche Entwicklung Frankens auf die Mainlande auswirkte, wollen wir nun auf unserer Reise erfahren.

Nietzsche hat festgestellt, daß Geschichte Dienst am Leben ist, dem sich aus den Aufgaben der Gegenwart Gesinnung und Richtung geschichtlichen Denkens ergeben. Geschichte hat ihren notwendigen Sinn im Leben der Völker, doch lehnt Nietzsche eine übermäßige Bewertung des Historischen ab, das allein nützlich ist, wenn es die Erinnerung kräftigt und fähig ist, für das Zukünftige zu wirken. *Das Unhistorische und das Historische sind gleichermaßen für die Gesundheit des einzelnen, eines Volkes, einer Kultur nötig.* Hans Frey sagt, daß alles schöpferische Leben zunächst als Mittel gegen die Resignation den Glauben brauche. *Ihm diesen Glauben zu geben, ist der Sinn der monumentalischen Geschichte, die ihm beweist, daß das Große einmal da war. Mag die Vergangenheit in dieser Betrachtungsart noch so unvollständig erfaßt, ja noch so stark verfälscht werden, mögen ganze Strecken der Geschichte vergessen und nur einzelne geschmückte Fakta herausgehoben werden: gleichviel, das Leben als tätiges und strebendes findet in ihr Antrieb, Vorbild und Ermutigung.* Geschichte darf also nicht zum Historismus werden. Hören wir noch einmal Nietzsche: *Der Spruch der Vergangenheit ist immer ein Orakelspruch: nur als Baumeister der Zukunft, als Wissende der Gegenwart werdet ihr ihn verstehen.*

Von den Höhen der Mainlande haben wir im Lauf der Jahreszeiten einen unaufhörlichen Szenenwechsel vor Augen. Schau-

en wir von der Giechburg auf Bamberg, sehen wir den gewaltigen Dom, die Türme von St. Michael und all der anderen Kir-
chen. Stehen wir an einem gewittrigen Tag auf dem Friedrichs-
berg bei Rüdenhausen, liegt die weite Mainebene im fahlen Licht
unter uns, die Berge begrenzen sie als blaue Masse. Alles ist ohne
Tiefe, flach wie ein gemalter Theatervorhang. Plötzlich, wenn eine
Wolke die Sonne freigibt, ist der Vorhang weggezogen, und
Kette hinter Kette von Waldbergen tut sich auf. Einsam auf der
Höhe ist man doch nicht allein; man sieht und fühlt, daß dieses
Land seit Jahrhunderten menschlichem Geist unterworfen ist.

Zu Beginn unserer Reise den Main hinab steht Bayreuth,
kurz vor ihrem Abschluß Frankfurt: hier die markgräfliche Residenz, die Stadt Wagners, dort die Reichs-, Kaiser- und Bürger-
Handelsstadt. Dazwischen liegen so großartige Orte wie Bamberg und Würzburg, geprägt vom Geist des Barock, liegen Abteien und Wallfahrtskirchen. Man hat den Main nicht umsonst
›Pfaffengasse des Reichs‹ genannt, ja im 18. Jahrhundert die
›Schönbornlande‹, zu Ehren dieses für die Kultur so bedeutsamen
Hauses. Machen wir uns also auf, zwanglos das kennenzulernen,
was uns zu erfreuen vermag. Dazu gehört es, daß wir uns von
der alltäglichen Hast lösen, daß wir es mit Muße tun, sei es im
Auto, mit dem Faltboot oder Motorboot, vielleicht stellenweise
sogar zu Fuß. *Baedeker und seinesgleichen wollen Reisende führen;
doch bedarf eines Reiseführers erst, wer schon zum Reisen verführt
worden ist. Darum soll verführt werden, denn ich habe es mir in den
Kopf gesetzt, etwas Freundliches zu tun in einer unfreundlichen Zeit!*
Ich schließe mich den Worten Werner Bergengruens an und
lasse aus den Rheinliedern Clemens Brentano das Wort:

> Aus dem alten Fichtelberge
> Rauscht zu dir das Brüderpaar,
> Im Gestein die klugen Zwerge
> Machten uns manch Märchen klar.
> Mit uns ziehen zu dir nieder
> Viele Nymphen, schön und klug,
> Und wir bringen alte Lieder,
> Alte Märchen dir genug ...

AM ROTEN UND WEISSEN MAIN

Es ist immer mein Wunsch gewesen, einen unserer Flüsse zu begleiten, von der Quelle bis zur Mündung, zu Fuß, zu Schiff, mit dem Auto. Mit dem Inn ist es mir gelungen, aber eine Schiffahrt von Passau nach Wien, die ich mir schon als Kind erträumt hatte, war ein Reinfall, weil es auf dem Schiff in drangvoller Enge zwischen grölenden Touristen ganz und gar nicht so romantisch zuging, wie ich es erhofft hatte. Den beiden jungen Mainflüssen nun kann man zu Schiff nicht folgen; es sind Bäche, die sich erst vor Kulmbach zu einem wirklichen Fluß vereinigen.

Wenn wir die Autobahn Nürnberg–Bayreuth bei der Ausfahrt Trockau verlassen und in Richtung Creußen durch das waldreiche Juragebiet fahren, befinden wir uns in einer anmutigen, unberührten Landschaft. Sanftbewegt fließen die Höhenzüge ineinander; sie umschließen Täler und kleine Dörfer. Nichts ist eintönig, alles ist abwechslungsreich, so daß man dieser Landschaft nicht müde wird. Die Farben spielen zart in Tönungen zwischen Grün und Blau; die Stimmung des Landes ist von eigentümlichem Ernst und größter Ruhe. Wir kommen nach *Lindenhardt*, dessen Michaelskirche, ein bemerkenswerter Bau des 15. und 16. Jahrhunderts, der im 19. stark verändert wurde, ein Werk des Mathis Neithart Gothart (Matthias Grünewald) birgt, den man nicht in Oberfranken vermuten möchte. Im Chor mit schönen Stern- und Netzgewölben des 15. Jahrhunderts steht der Choraltar von 1503 mit guten Schnitzfiguren der Muttergottes, der Heiligen Otto von Bamberg und Veit. Die Flügelinnenseiten zeigen im Relief die Heiligen Wolfgang, Bartholomäus, das Kaiserpaar Heinrich und Kunigunde mit dem Modell des Bamberger Doms. Die Rückseiten des Schreins und der Flügel tragen Temperamalereien; die Schreinrückseite zeigt den Ecce Homo, die Flügel die vierzehn Nothelfer. Diese Malereien sollen von Grünewald ausgeführt worden sein, doch findet die Zuschreibung nicht allgemeine Anerkennung. Da die Erhaltung schlecht ist, bleibt eine sichere Bestimmung schwierig. Die Konturen der meisten Figuren sind später nachgezogen worden, vielleicht von Hans Metz aus Hof, der 1580 die Flügel restaurierte. Zwar ist die stilistische Zugehörigkeit der Flügel zu Grünewalds

Werk immer zugegeben worden, doch möchten einige Gelehrte Werkstattarbeit annehmen. Der geniale Wurf der Komposition aber spricht für den Meister selbst. Da der Lindenhardter Altar in einer Nürnberger Werkstatt gefertigt wurde, müßte sich Grünewald 1503 in Nürnberg aufgehalten haben. Die Möglichkeit eines Besuchs der Reichsstadt sowie die Verbindung zu Albrecht Dürer werden in der Literatur mehrfach erwähnt.

Im Norden von Lindenhardt entspringt auf dem Gelände des längst verschwundenen Hofs Simmelbuch die *Quelle des Roten Mains*. Diese wollten wir sehen. In einem Dorf fragten wir nach dem Weg. Der Bauer holte zu einer langatmigen Erklärung aus, wurde von seiner Frau unterbrochen, schrie: »Halt's Maul!« und fuhr unbeirrt fort: »Also ihr fahrt jetzt da nauf, dann durch den Wald, am Steinbruch vorbei bis zur Chaussee nach Bareith. Der fahrt ihr nach bis zu ner großen Lärche und do is es.« Wir folgten seiner Anweisung, fuhren durch Kiefernwald, fanden die Straße nach Bayreuth, fanden die Lärche und gleich dabei das Schild: Rotmainquelle. Hochwald deckt den Ort des Simmelbuchhofs, wo aus einem steingefaßten Brunnen die Quelle springt, ein winziges Rinnsal. Folgendes Gedicht ist dort zu lesen:

> Voll Jugendlust im Brautgewande
> entsteigest du dem kühlen Born
> und trägst in blühend schöne Lande
> der Früchte reich gefülltes Horn.
> O grüße mir die Rebgehänge,
> grüß Dorf und Stadt auf deinem Gang
> und rausch der Heimat Lobgesänge
> von Well' zu Well' zeit lebenslang!   A. Deppisch

Ein gefühlloser Besucher schrieb nicht unwitzig darunter: Nomen est omen!

Aus dem unscheinbaren Bach ist bei Creußen bereits ein schmales Flüßchen geworden. *Creußen*, erstmals 1003 erwähnt und seit 1358 Stadt, liegt auf einem Hügel über dem Main. Es wurde nach der Zerstörung durch den Hussiteneinfall ab 1473 planmäßig wiederaufgebaut; der Mauerring wurde erneuert und erweitert und bietet vor allem im Süden, Westen und Norden ein ziemlich geschlossenes, malerisches Bild mit dem zwischen zwei Häusern eingebauten Vorderen Tor, dem Diebs- oder Hungerturm, der mit dem Hinteren Tor eine besonders hübsche Gruppe bildet. An Stelle der Burg steht heute der 1764 gebaute Pfarrhof, einst Palais der Freiherren von Schirnding, und das Rathaus, ein schlichter, guter Bau, der zwischen 1574-77 errichtet wurde und mit Fleisch- und Brotbänken in den Arkaden versehen ist, befindet sich auf der platzartigen Erweiterung der Habergasse in der Oberstadt. Im Obergeschoß des Hinteren Tors ist ein kleines Museum für Creußener Krüge eingerichtet, etwa hundertvierzig Stück des berühmten Steinzeugs, das vom Ende des 16. bis ins 18. Jahrhundert hergestellt worden ist. Apostelkrüge, Kurfürsten- und Planetenkrüge, braunes Gebrauchsgeschirr gibt es da zu sehen. Das früheste Stück ist ein braunes Weinkrüglein, wohl 1575 in der Werkstatt von Georg Vest entstanden. Die Sage berichtet, daß sich der letzte Creußener Hafner Schmidt mit dem Rezept der Hafnerzunft 1760 in einem Teich ertränkt habe. Reizend ist das Eremitenhäuschen im Garten des Hauses 101 der Neuhoferstraße, erbaut um 1760 von Johann Theodor Künneth. Das Untergeschoß bildet eine offene Halle, deren Pfeiler Reste von Maßwerkfenstern tragen, die vermutlich vom Langhaus der Kirche stammen.

Wir fahren weiter durch das stille, etwas ernste Land nach Bayreuth.

Markgräfin Wilhelmine

Ehe wir uns in Bayreuth umsehen, sei es mir erlaubt, die Markgräfin Wilhelmine vorzustellen, die geistreiche, talentvolle Schwester und Freundin Friedrichs des Großen von Preußen, deren Persönlichkeit vor allem der Stadt ihren Stempel aufgedrückt hat.

Sie war die Tochter König Friedrich Wilhelms I. von Preußen und seiner Cousine Herzogin Sophie Dorothea von Hannover, deren Vater, Kurfürst Georg von Hannover, als König Georg I. den englischen Thron bestieg. Sophie Dorothea war ihrem Mann im Temperament sehr ähnlich und das führte zu den heftigsten Auseinandersetzungen und Mißverständnissen. Der König haßte alles Nichtdeutsche von Herzen, vor allem die Franzosen mit ihren ›Quinten‹ und ihrem ›französischen Wind‹. »Ich spucke immer aus, so oft ich einen Franzosen sehe«, sagte er. Friedrich Wilhelm war von höchster Sparsamkeit, von zu Zeiten fürchterlicher Strenge und Härte, auch gegen die eigene Familie, dabei ein frommer, mäßiger Mann von den besten Absichten, aber sicherlich für seine Umgebung schwer zu ertragen. Die Königin dagegen liebte den Luxus, das angenehme Leben und verkörperte, so schreibt ihre Tochter Wilhelmine, »den ganzen Hochmut des hannoverschen Hauses. Ihr Ehrgeiz ist maßlos, sie ist grenzenlos eifersüchtig, argwöhnisch und rachsüchtig. Sie verzeiht nie, wo sie sich für beleidigt hält.« So beschaffen war das Elternpaar, dem 1709 in Berlin als älteste Tochter Sophie Wilhelmine geboren wurde, der 1712 Friedrich folgte. Die Geschwister verlebten eine sattsam bekannte freudlose Jugend, ständig vor den Ausbrüchen des väterlichen Jähzorns zitternd, stets als Druckmittel von der Mutter benutzt. Wir kennen die Geschichte Kattes, der dem Kronprinzen zur Flucht verhelfen wollte und mit dem Leben büßen mußte. Wir sind über jene Zeit auch durch die Erinnerungen Wilhelmines unterrichtet. Sie wollte sicherlich ›Historie‹ schreiben: ohne Zweifel sind ihre Aufzeichnungen von höchster Subjektivität und man kann an ihnen ermessen, in welchem Maße sie der Haß auf den Vater beeinflußt hat.

Nach dem Katte-Drama erschien der achtzehnjährige Erbprinz Friedrich von Brandenburg-Bayreuth in Berlin, welchen der König als Gemahl für seine Tochter erwählt hatte, zum größten Zorn der Königin, die ihre Tochter auf dem englischen Thron zu sehen wünschte. Der erste Eindruck war nicht ungünstig. *Dieser Prinz ist groß und von schönem Wuchs; er sieht vornehm aus. Seine Züge sind weder regelmäßig noch schön, jedoch entschädigt sein offener, einnehmender und sympathischer Ausdruck für mangelnde Schönheit. Er gibt sich lebhaft und schlagfertig; er ist keineswegs schüchtern.* Sie heirateten 1731 und haben dann, bis auf eine Affäre des späteren Markgrafen mit der schönen Gräfin Burghauß, eine glückliche Ehe geführt. 1732 reiste das junge Paar von Berlin ab und erreichte bei Hof Bayreuther Gebiet, wo es unter dem Donner der Kanonen empfangen wurde. Vom Tor bis zum Schloß stand die Bürgerwehr Spalier, am *Fuß der Treppe, wenn man diese Holzleiter so nennen darf,* so lesen wir in den Erinnerungen, *empfingen uns Hofmarschall von Reitzenstein mit einigen Herren vom Hof und die gesamte Ritterschaft des Kantons Vogtland. Herr von Reitzenstein begrüßte mich im Namen des Markgrafen.* Es folgten lange Ansprachen des Adels und der Geistlichkeit. Wilhelmine beschreibt alles das recht bösartig. *Herr von Voit hatte mich beschworen, diese Leute zuvorkommend zu begrüßen … Man hätte glauben sollen, daß ihre Manieren ihrem Herkommen entsprächen. Keinesfalls! Ich sah etwa dreißig, von denen die meisten Reitzensteine waren. Ihre Gesichter hätten kleine Kinder erschreckt; ihre Physiognomien waren zur Hälfte unter filzigen Haaren verborgen, die sich als Perücken ausgaben und in denen die Flöhe, von ebenso alter Herkunft wie sie selbst, seit undenklichen Zeiten ihre Wohnsitze hatten; ihre wunderlichen Gestalten waren mit Kleidern ausstaffiert, die an Alter den Flöhen nicht nachstanden; es waren Erbstücke der Ahnen, vom Vater auf den Sohn weitergegeben; die meisten waren garnicht für ihre Figuren gemacht, und das Gold war so verblichen, daß man es kaum mehr erkennen konnte; dennoch war es ihre Festkleidung, und sie hielten sich unter diesen alten Lumpen für ebenso ehrwürdig wie der Kaiser in den Gewändern Karls des Großen. Ihre rohen Manieren paßten ausgezeichnet zum Anzug; außerdem war die Mehrzahl grindig.* Den Geistlichen erging es nicht besser, auch nicht den Damen, welche sie als »Ungeheuer mit Haar-Perücken oder besser Schwalbennestern auf dem Kopfe, schmutzigen, fettigen Perücken« beschreibt. *Auch ihre Kleider waren ebenso alt wie die der Männer, bedeckt mit Schleifen in allen Farben; alles das begleitet von linkischen, immer wiederholten Verbeugungen. Ich sah nie etwas so Komisches. Einige dieser Vetteln waren am Hof gewesen und spielten nun die Rollen Pariser Modedamen…*

Dieser Bericht aus markgräflicher Feder ist mehr bösartig als witzig und hätte, wenn er damals bekannt geworden wäre, die junge Frau nicht gerade beliebt gemacht. Nicht besser erging es ihrem Schwiegervater und den Schwägerinnen, ihrem Appartement im Alten Schloß, dem ganzen Hof zu Bayreuth. Eine gewisse Unzufriedenheit, aus der Hauptstadt eines Königreichs in eine Provinzresidenz versetzt zu sein, spricht natürlich mit. Auch begegnete man ihr mit einem gewissen Argwohn, da man das Dominieren preußischen Einflusses fürchtete. Wilhelmine hat sich dennoch gut in Bayreuth eingelebt. Sie hatte eine eminente künstlerische Begabung; sie malte, komponierte, schrieb Schauspiele und Operntexte, dichtete und verstand es geschickt, ihren Mann zu leiten. Sie war eine Dilettantin im besten Sinn des Wortes. Über alles korrespondierte sie mit Bruder Friedrich.

Krankheit und persönliche Enttäuschungen erschwerten ihr das Leben, ließen sie ernst werden und über die verspielte Welt des Rokoko hinauswachsen. Sie hatte einen scharfen Blick für Tatsachen, den Ehrgeiz des Politikers, doch ohne die Möglichkeit, auf politischem Gebiet wirklich etwas leisten zu können. Sie war, wie wir gehört haben, eine scharfe, oft bösartige, spottlustige Beobachterin der Menschen und Zustände und darin ihrem Bruder sehr ähnlich. Sobald sie von den »Dämchen, kleinen Weibchen, Pretiösen und Koketten« spricht, wird ihr Ton gereizt und unangenehm. Obgleich im Geiste der Aufklärung aufgewachsen, ist die religiöse Erziehung ihrer Kindheit immer entscheidend geblieben und von der Aufklärungsphilosophie nie erschüttert worden. Im Jahrhundert der Vernunft begann sie an der Vernunft zu zweifeln. »Stets sehe ich diese Vernunft unvernünftig werden und zum Übel führen.« Kurz vor ihrem Tode schrieb sie Voltaire: »Ich beklage Ihre Verblendung, daß Sie Christus leugnen.« Sie stellte Fragen nach dem Sinn des Lebens, den Wundern der Natur, beschäftigte sich mit religiösen Problemen und versuchte, das göttliche Wirken zu verstehen, die Harmonie des Ganzen zu ergründen. Was ist Geist, was Leben? Darüber korrespondierte sie mit ihrem alten Berliner Lehrer La Croze. Friedrich tat alle ihre Briefe, welche diese Themen berührten, mit leichtem Spott ab. In Berlin hatte Voltaire Wilhelmine kennengelernt, »eine Dame von feinem, zartem Wuchs, mit kleinem, fein modellierten Kopf und einer Haut so weiß, daß man das Blut durchschimmern sieht«. An diese erste Begegnung schloß sich ein Briefwechsel, der bis zum Tode der Markgräfin währte.

Wilhelmine nahm sich Zeit, Bayreuth kennenzulernen. Sie entdeckte die Eremitage außerhalb der Stadt, die bald ihr bevorzugter Aufenthaltsort wurde. 1732 schenkte sie ihrem einzigen Kind, einer Tochter, das Leben. *Meinen Erbprinzen*, schrieb sie dem Bruder, *sehe ich nicht mehr. Er ist den ganzen Tag bei dem Kind ... Er hält es für ein Meisterwerk der Natur, wie die Eule in der Fabel, die ihre Jungen weit schöner fand als alle anderen.* Sie war entschlossen, sich den Gewohnheiten des Bayreuther Hofes und ihres Schwiegervaters nicht mehr zu fügen, sondern ihr eigenes Leben zu leben und ihre Tochter nach modernen Richtlinien zu erziehen. Als Erbprinzessin hatte sie kaum Gelegenheit, auf die Angelegenheiten des Landes und der Politik einzuwirken. Daher wandte sie ihre Aufmerksamkeit Musik, Philosophie, Naturwissenschaften, Theater und Malerei zu. Bruder Friedrich spielte die Flöte ›Principessa‹, Wilhelmine den ›Principe‹, die Laute. *Ich habe wieder Bekanntschaft mit Prinz Dickbauch, dem ergebenen Diener der Principessa gemacht und ihn so gut erzogen daß ich Großes leisten werde. Ich fange demnächst mit dem Generalbaß an; mein Lehrer ist sehr tüchtig.* Sie stellte ein Orchester zusammen; Friedrich schickte Musiker und Noten. 1742 eröffnete sie die Universität Erlangen und im gleichen Jahr kam König Friedrich zu Besuch und brachte Voltaire mit, der dem Zauber dieses kleinen kultivierten Hofes erlag, wo sich das Hofleben zu Ehren der Gäste in vollem Glanz entfaltete. Er schrieb damals an Maupertuis nach Berlin: *Es ist ein wunderbarer, stiller Ort. Man kann hier alle Annehmlichkeiten eines kleinen Hofes ohne die Unannehmlichkeiten der großen Welt genießen.*

1735 starb Georg Friedrich Wilhelm, Erbprinz Friedrich trat die Regierung an. Nun gelang es Wilhelmine mit diplomatischem Geschick, ihren vierundzwanzigjährigen Gatten zu lenken. Sie fand in Philipp Andreas Ellrodt, der später in den Grafenstand erhoben wurde, einen Mann, der die Finanzen in Ordnung brachte und die kulturellen Interessen der Markgräfin teilte.

Friedrich und Wilhelmine gingen daran, Bayreuth zu verschönern; die Markgräfin vor allem förderte das Bauwesen. Es entstand die ›Friedrichstadt‹ mit ihren wohlproportionierten Häusern, wo auch Ellrodt sein hübsches Palais baute. Man lebte freier und fröhlicher als bisher, gab Bälle, hielt Jagden ab. Es war eine heitere, festesfreudige Zeit. Zwischen den Festen aber machte Wilhelmine hohe Politik. Immer wieder verbrachte sie Tage in der Eremitage, wo sie ungestört ihren mannigfachen Beschäftigungen nachgehen konnte, und sie dachte nach über die Veränderung der drei Menschen, die sie am meisten liebte, ihres Bruders, ihres Mannes und der Hofdame von der Marwitz, welche sie in ihrem Geist herangebildet hatte. Es bedrückte sie bis zu schwerer Melancholie, daß sich die Gerüchte um ein Liebesverhältnis des Markgrafen mit Mademoiselle Tourbillon, wie die Marwitz in Berlin genannt wurde, verdichteten. Wegen ihr kam es zu schwerem Zerwürfnis mit dem Bruder, der das Marwitzsche Vermögen beschlagnahmt hatte, als Mademoiselle Tourbillon auf Wunsch der Markgräfin den Grafen Burghauß heiratete. Das Geld sollte dem preußischen Staat nicht verloren gehen. Bruder und Schwester versöhnten sich dann wieder, da sie einander unentbehrlich waren, und das herzliche alte Verhältnis wurde wieder hergestellt, obwohl sie als Markgräfin in der Politik nicht immer den Wünschen des Königs zu Willen sein konnte. Sie war Fürstin eines kleinen Staates, der Rücksicht auf den Kaiser in Wien zu nehmen hatte.

Die »Priorin des Klosters«, wie Wilhelmine sich als Bewohnerin der Eremitage nannte, wechselte mit dem »Abt von Sanssouci« glückliche Briefe. So heißt es 1750: *Im Geist kehre ich immer wieder nach Potsdam zurück. Ich trete in Ihr Kabinett und sehe, wie Sie für das Wohl Ihres Landes arbeiten. Ich folge Ihnen zur Parade, wo ich Sie in Mars verwandelt sehe. Nach der Rückkehr in Ihre Gemächer sehe ich Sie Apolls Gestalt annehmen. Und am Abend dringt mir noch der Wohllaut Ihrer Flöte ins Herz...* Drei Jahre später ist sie noch einmal in Sanssouci gewesen. Graf Lehndorff, der die damals Vierundvierzigjährige sah, urteilt: *Diese Fürstin, von den einen angebetet, von den anderen verabscheut, hat sicherlich Eigen-*

schaften, wegen derer sie verdient, geliebt zu werden; sie ist freigebig, eine Gönnerin der Gelehrten und behandelt ihre Diener gut, aber sie spielt gern die Witzige, dünkt sich erhaben über die übrige Menschheit und beweist nur gegen ihre Familie wirkliche Achtung. So ist sie immer bereit, dem König Altäre zu errichten.

Die zarte Gesundheit der Markgräfin, die häufigen Krankheiten, machten einen Aufenthalt im Süden notwendig, und so reiste das markgräfliche Paar 1754 über Frankreich nach Italien. Die Begegnung mit diesem Land ist für Wilhelmine ein beglückendes und erschütterndes Erlebnis gewesen. Wie stark es auf sie wirkte, erfahren wir aus den Briefen. Sie hatte jene ›klassische Geisteshaltung‹, die sich erst ab 1800 voll entwickeln sollte, und sie reiste nicht als Forscherin, sondern als große Dame, die mit wachen Sinnen Kunst, Menschen und Landschaft in sich aufnahm.

Als 1756 der Siebenjährige Krieg um Schlesien zwischen Preußen und Österreich entbrannte, wurde Wilhelmine vor Angst und Sorge schwer krank. »Hoffentlich«, schrieb sie dem König, »können Sie mit Cäsar sagen: Ich kam, ich sah, ich siegte.« Die Markgrafschaft befand sich in schwieriger Lage, da sie Österreichs Wohlwollen nicht verscherzen durfte, doch gelang es Markgraf Friedrich neutral zu bleiben. Wilhelmine schwebte nach den schweren Rückschlägen des Krieges für den Bruder in höchster Angst und beschwor ihn, Frieden zu schließen. 1759 schien Preußen am Ende zu sein, und es war ein Wunder, daß König Friedrich durch den Tod seiner erbitterten Feindin, der Zarin Elisabeth von Rußland, und die Unschlüssigkeit der russisch-österreichischen Truppen gerettet wurde.

Den Ausgang des Krieges hat Wilhelmine nicht mehr erlebt. Sie starb 1758, am Tage der Niederlage Friedrichs bei Hochkirch. *Das ist der entsetzlichste Schlag, der mich treffen konnte,* sagte der König zu seinem Vorleser Alexandre de Catt. *So verliere ich Mutter, Bruder, Schwester, alles, was mir teuer ist … Der Tod nimmt mir alles. Mein Leben ist sehr unglücklich.*

In der Bayreuther Schloßkirche liegt Wilhelmine begraben, und Friedrich ließ ihr im Park von Sanssouci von Karl Philipp

von Gontard ein Tempelchen ›Wilhelminae Sacrum‹ errichten,
in dem die Statue der Schwester steht. Ergreifend klingt Voltaires Klage auf im letzten Vers seiner Trauerode:

> Mich bedrückt des Alters Kühle,
> Daß ich bebend, was ich fühle,
> Auszudrücken kaum vermag.
> Zitternd hab ich nur geschrieben:
> ›Die hier ruht, verstand zu lieben‹,
> Dir auf Deinen Sarkophag.

Exkurs über Friedrich den Großen

Zu Wilhelmine gehört untrennbar Bruder Friedrich, der ja auch
einige Male in Bayreuth gewesen ist. Daher sei es erlaubt, dem
vielbewunderten, vielgeschmähten König einige Zeilen zu widmen.

Friedrich hat früh den Thron bestiegen, nach einer schweren
Jugend, die ihn zwar nicht brach, aber doch für die Entwicklung
seines Charakters verantwortlich gewesen ist. Wenige Herrscher
haben die Phantasie ihres Volkes, ja Europas, so beschäftigt, wenige sind so verehrt, aber auch so gehaßt worden. Schon zu seinen Lebzeiten nannte ihn das Volk, das immer ein sicheres Gefühl für menschliche Besonderheit und Größe hat, den ›alten
Fritz‹ oder den ›Einzigen‹, und schon früh bildeten sich um seine
Person Legenden und Anekdoten.

Finde in einem Lande den fähigsten Mann, den es gibt, schreibt
Friedrichs Biograph Thomas Carlyle, *setze ihn an die erste Stelle
und schenke ihm Gehorsam und Verehrung, und Du hast in diesem
Lande die ideale Regierung.*

Ein vortreffliches und einfaches, doch schwer zu befolgendes
Rezept, vor allem in Zeiten festgegründeter Reiche, in denen
der Sohn dem Vater folgte, in denen also ein Dummkopf einem
Genie oder ein Genie einem Dummkopf auf dem Thron folgen
konnte. Und doch haben solche Wechsel auf den Thronen die
Staaten weniger erschüttert als die Wechsel der Kabinette unserer
Zeit.

Friedrich II. vereinigte alle diese von Carlyle geforderten Eigenschaften. Er allein verstand vielleicht den Sinn des Wortes ›aufgeklärter Absolutismus‹, daß nämlich der stärkste und wachste Geist unumschränkt herrschen müsse, um für den Staat wirken zu können. Er war zäh, despotisch, willensstark, gescheit, launisch, gallig und musisch; er kämpfte zuerst für seinen Ruhm, dann um seine und des Staates Existenz; er ist eine merkwürdige Mischung von Intellektualität, Rationalität und visionärer Vorausschau und mußte, wie er am 9. Oktober 1757 an Voltaire schrieb, »als König denken, leben, sterben«.

Der bekannte Weltumsegler Johann Reinhold Forster, der durch den Staatsminister von Heynitz 1780 dem König vorgestellt wurde, sagte: *Sire, ich habe außer einem Dutzend wilder Könige auch zwei zahme gesehen, aber so einer wie Euer Majestät ist mir noch nicht vorgekommen.* – »Das ist ein Erzgrobian«, sagte der König zu Heynitz, als Forster gegangen war.

Obgleich Friedrich nach dem Tode des Prinzen Eugen von Savoyen der bedeutendste Feldherr des Jahrhunderts war, verabscheute er den Krieg, den er anfänglich so leichtsinnig vom Zaune gebrochen hatte und dann energischer führte als seine Gegner. Das spricht er immer wieder aus: *Ach zum Teufel, das ist ein schöner Ruhm: brennende Dörfer, eingeäscherte Städte, Tausende von unglücklichen Menschen, so viele Metzeleien und Schrecknisse aller Art – sprechen wir nicht mehr davon. Die Haare stehen mir zu Berge.*

Das königliche Amt bedeutete ihm, wie er sagte, vornehmlich der erste Diener des Staates zu sein, und wir müssen es ihm glauben, nachdem er für den ersten Überschwang königlicher Macht, den mit leichter Hand begonnenen ersten Schlesischen Krieg, büßen mußte. Staatsdiener, das war in jener Zeit glänzender Feste, des Luxus und unumschränkter Herrschergewalt der Monarchen eine ganz unbegreifliche Haltung. Er sagte: *Ich selbst beurteile mich täglich mit möglichster Strenge. Ich weiß und gestehe es täglich, daß wir alle Don Quixotes sind und schwere Fehler machen, und dieses Geständnis wird die Glaubwürdigkeit des Guten steigern, das ich getan habe.*

Friedrich war genial, und wie alle Genies war er unerhört reizbar und kompliziert, ja in mancher Hinsicht ein Psychopath. Aber wie alle Genies ist er Herr seiner Psychosen geworden. Seine geistige Veranlagung hätte ihn mehr zum Gelehrten, zum Philosophen, zum großen Mäzen der Künste bestimmt als zum Feldherrn. Wie gesagt, er haßte den Krieg, aber er mußte ihn führen, nachdem er sich einmal in das schlesische Abenteuer eingelassen hatte.

Mit der Philosophie seiner Zeit war er durchaus vertraut. Rousseau sagte von ihm: »Il pense en philosophe et se conduit en roi.« Er hielt Frankreich für das Land, dessen Kultur ganz Europa befruchten sollte; er hielt wenig oder gar nichts von der deutschen Literatur, und es war vor allem der französische Geist, der ihn anzog. Er war ein Homme de lettres im Sinne der vom französischen Esprit beherrschten Epoche, und als solcher schrieb er den ›Antimachiavel‹, die ›Histoire de la guerre‹, kommentierte er Montesquieu und gab er seine philosophischen Werke heraus wie 1750 die ›Oeuvres du Philosophe de Sanssouci‹. Friedrich schrieb Gedichte, kannte Racine auswendig, und selbst im Waffenrock, jahraus, jahrein im Feld, den Geruch von Feldlagern und verschwitzten Soldaten atmend, in einer Atmosphäre von Pulverdampf, Blut und Elend, ging er in den Ruhepausen in seinem Zelt auf und ab und blies die Flöte, oder er dichtete, übersetzte, schrieb Briefe an Schwester Wilhelmine und zankte sich mit Voltaire.

Seine Freundschaft und Feindschaft mit Voltaire gehört zu den geistreichsten Kapiteln der Kulturgeschichte. Friedrich verehrte den Franzosen als den größten Geist des Jahrhunderts und verachtete ihn als den größten Schurken. »Er hat die Artigkeit eines Affen«, sagte der König einmal unmutig, aber er selbst war nicht selten bösartig.

Der König war kein ernster Mensch, wie das von großen Männern gemeinhin erwartet wird. Er schillerte in tausend Facetten; er betrachtete das Leben bald vom Standpunkt des Philosophen, bald humoristisch, bald nahm er es tragisch, und oft ironisierte er sich selbst mit dem größten Freimut. Sein Witz, seine

Vorliebe für brillante Formulierungen, für das geschliffene Aperçu versetzten seine Gegner immer wieder in Wut.

Religion und Glauben verfolgte er mit beißendem Spott, aber er war abergläubisch und fiel auf Wahrsager herein. Als er einmal bei Tisch wieder auf die boshafteste, unerträglichste Weise über das Christentum sprach, sagte der alte General von Ziethen ruhig: *Euer Königliche Majestät wissen, daß ich im Kriege keine Gefahr gefürchtet und überall, wo es darauf ankam, entschlossen mein Leben für Sie und das Vaterland gewagt habe. Diese Gesinnung habe ich auch heute noch, und wenn es nützt und Sie befehlen, so lege ich meinen grauen Kopf gehorsam zu Ihren Füßen. Aber es gibt Einen über uns, der ist mehr als Sie und ich, mehr als alle Menschen, das ist der Heiland und Erlöser der Welt, der für Sie gestorben und uns alle mit seinem Blut teuer erkauft hat. Diesen Heiland lasse ich nicht antasten und verhöhnen, denn auf ihm beruht mein Glaube, mein Trost und meine Hoffnung im Leben und im Tod. In der Kraft dieses Glaubens hat Ihre brave Armee mutig gekämpft und gesiegt; unterminieren Euer Majestät diesen Glauben, dann unterminieren Sie zugleich damit die Staatswohlfahrt. Das ist gewißlich wahr. Halten zu Gnaden!*

Alle Anwesenden waren still geworden, der König war ergriffen. Er stand auf, reichte Ziethen die Hand und sagte: *Glücklicher Ziethen! Möchte auch ich es glauben können! Ich habe allen Respekt vor seinem Glauben. Halte er ihn fest; es soll nicht wieder geschehen!*

Mit welchem Mißtrauen wurde der Tag seiner Thronbesteigung begrüßt, der fortan ›la journée des dupes‹ hieß, denn es kam alles anders, als man erwartet hatte, und der alte Hofmarschall seufzte damals: *Ich wollte 100 Pistolen geben, wenn ich den alten Herrn wieder haben könnte.* Als er 1756 in Sachsen, das noch nicht gegen ihn mobilisiert hatte, einfiel, um den Siebenjährigen Krieg als Präventivkrieg zu beginnen und die Umklammerung Preußens zu sprengen, war er der verhaßteste Mann in Europa. Diesem Haß hielt er mit fast übermenschlicher Nervenkraft stand, bis er sich – ohne sein Zutun – in Bewunderung verkehrte. Ja, diese Haltung machte ihn schließlich zum Liebling des Jahrhunderts, zum ›Alten Fritz‹, zum ›Einzigen‹.

In der Schweiz gab es Menschen, die krank wurden vor Ärger, wenn Friedrich eine Schlacht verlor; in England wurden seine Siege wie Nationalfeiertage begangen; in Paris fiel man unangenehm auf, wenn man Kritik an seiner Person übte, und in Italien und Spanien verkaufte man sein Bildnis zu Tausenden.

Rückblickend schrieb er 1743, nach dem Friedensschluß mit Österreich, im Vorwort zum ersten Entwurf seiner Denkwürdigkeiten: *Ich beanspruche nicht, die Verteidigung der Politik zu führen, die der feststehende Brauch der Nationen bis auf unsere Tage legitimiert hat. Ich lege nur in einfacher Weise die Gründe dar, die, wie mir scheint, jeden Fürsten verpflichten, der Praxis zu folgen, die den Trug und den Mißbrauch der Gewalt autorisiert, und ich sage freimütig, daß seine Nachbarn seine Rechtschaffenheit übervorteilen und daß ein falsches Vorurteil und ein Fehlschluß das der Schwäche zuschreiben würden, was doch nur Tugendhaftigkeit bei ihm wäre. Solche Betrachtungen und viele andere haben, wohl erwogen, mich bestimmt, mich der Gewohnheit der Fürsten anzupassen ... Man sieht sich am Ende gezwungen, zwischen der schrecklichen Notwendigkeit zu wählen, seine Untertanen oder sein Wort preiszugeben ... Darin opfert sich der Souverän für das Wohl seiner Untertanen.* Welcher Staatsmann hätte damals überhaupt dieses moralische Dilemma bemerkt, wer darüber so klar und phrasenlos sprechen können?

Als Friedrich starb, schrieb Goethe aus Italien: *Wir mußten den Einwohnern von Friedrich II. erzählen, und ihre Teilnahme an diesem großen König war so lebhaft, daß wir ihnen seinen Tod verschweigen mußten, um nicht durch eine so unselige Nachricht unseren Wirten verhaßt zu werden.* Für Kunst und Wissenschaft hat der König viel getan. Er baute die Berliner Oper, das neue Palais in Potsdam und Sanssouci. »Ich gestehe, daß ich gerne baue und schmücke«, sagte er einmal. In Sanssouci, in der graziösen und eleganten Ausstattung des Schlosses, in der Bildergalerie, die einst berühmte Werke wie Watteaus Firmenschild und die Einschiffung nach Kythera barg, fühlte der König sich am wohlsten. Sanssouci war für ihn eine Oase geistiger Anmut und Heiterkeit. Hier versammelte er seine Freunde, eine heitere, witzige Tafelrunde. Dazu gehörten die beiden Schotten Keith, der Italiener

Algarotti, der Naturforscher und Philosoph Maupertuis, eine zeitlang Präsident der Berliner Akademie der Wissenschaften, der Marquis d'Argens, die Grafen Rotenburg, Waldburg und Finkenstein, der Großkanzler von Coccej, Freiherr von Keyserling und andere mehr. Im Mittelpunkt stand geraume Zeit Voltaire. *Er liest*, berichtete der englische Gesandte nach Hause, *den Königinnen und Prinzessinnen seine Trauerspiele vor, bis sie weinen, und überbietet den König in Satiren und übermütigen Einfällen.*

In den kurzen Friedensjahren lebte man in Sanssouci wie an einer kleinen Akademie, in ernster Arbeit, in geistreichem Gespräch. Die schillerndste aller Künste, die Konversation, wie sie in den Pariser Salons geübt wurde, hatte in Sanssouci einen ebenbürtigen Ort gefunden. Voltaire schreibt:

> Il est grand roi le matin,
> Après diner grand écrivain,
> Tout le jour philosophe humain
> Et le soir convive divin.

Es wird doch wohl möglich sein, in unser armseliges irdisches Dasein einen höheren Zug zu bringen, sagte der König. *Man muß allerdings stets seine Pflicht tun; aber sollte man nicht zugleich auch den Musen huldigen dürfen?* Man musizierte. Der Konzertmeister Graun übte freimütige Kritik an den königlichen Kompositionen. Friedrich spielte die Flöte, die ›Principessa‹, wie wir von Wilhelmine gehört haben, und gab fast allabendlich ein Kammerkonzert. Eines Abends im Jahre 1747 – die Musiker waren versammelt – brachte ein Adjutant die Nachricht, daß Johann Sebastian Bach bei seinem Sohn in Berlin eingetroffen sei. Friedrich legte die Flöte weg, wandte sich an die Musiker und sagte: »Meine Herren, der alte Bach ist gekommen!« Man holte ihn sogleich nach Potsdam, und Bach machte einen tiefen Eindruck auf den König, der ihn einige Silbermannflügel versuchen ließ und ihm dann ein Thema für eine Fuge vorspielte, das Bach auf dem Pianoforte ausführte. Der König wünschte eine Fuge mit sechs obligaten Stimmen zu hören und Bach kam dem Wunsch sofort nach. Wieder in Leipzig, komponierte der alte Meister das berühmte ›Musikalische

Opfer‹ und widmete es Friedrich, der das Grundthema angegeben hatte.

So war Sanssouci in den Jahren des Friedens der kulturelle Mittelpunkt des Königreichs. Heute liegt Potsdam in Trümmern, zerstört ist das Stadtschloß, zerstört die Garnisonkirche, wo der König, als er müde und alt geworden aus dem Krieg heimkehrte, sich das Tedeum von Graun vorspielen ließ. Einsam liegt Sanssouci in seinen Gärten. Russische Soldaten lassen sich vor dem Chinesischen Pavillon photographieren, stapfen durch das Schloßinnere, das einst die geistvolle Atmosphäre des Rokoko erfüllt hat. Sie schlendern über die Terrasse, wo der Engländer Boswell den alten König sah: *Im gleißenden Sonnenlicht stand er vor dem Schloß, mit einer ehernen Selbstsicherheit, die keinen Widerstand duldet. Mir war erhaben zumute, während ich das großartige Schauspiel in mich aufnahm, das ich nie vergessen werde.*

Graf Mirabeau, der letzte bedeutende Fremde, der von Friedrich empfangen wurde, beschreibt die Stimmung des Landes, als der König 1786 im Sterben lag. *Kein Gesicht, das nicht Erleichterung und Hoffnung ankündigte; nicht ein Bedauern, nicht einen Seufzer, nicht ein Lob. Da hinaus also laufen so viele gewonnene Schlachten, soviel Ruhm, eine Regierung von fast einem halben Jahrhundert, voll von Großtaten. Alle Welt wünscht ihr Ende, alle Welt beglückwünscht sich dazu.*

Man war des Alten müde geworden, müde dieses despotischen Genies, das so lange geherrscht hatte. Doch Friedrich ist der erste europäische Preuße gewesen und ist vielleicht der einzige geblieben, wenn er auch heute als Popanz dargestellt wird, als pathologischer Lügner, als ein Mann perverser Laster, Anstifter sinnloser Kriege und als Schwätzer. Wie es ihm schon zu Lebzeiten geschah: sie kennen nicht Friedrichs überzeitliche Dämonie.

Goethe, als er 1787 mit Herzog Carl August in Berlin war und Sanssouci besuchte, schrieb an Frau von Stein. *Dem alten Fritz bin ich recht nahe worden, da hab ich sein Wesen gesehen, sein Gold, Silber, Marmor, Affen, Papageien und zerrissene Vorhänge, und hab über den großen Menschen seine eigenen Lumpenhunde räsonnieren hören.*

Die Markgrafschaften Brandenburg–Ansbach und Brandenburg–Bayreuth waren durchsetzt von Besitzungen der Reichsritterschaft, die eifersüchtig über ihre Rechte wachte und dem Landesherrn die Regierung nicht immer leicht machte. Die den Hohenzollern vom Kaiser verliehene Burggrafschaft Nürnberg war nicht sehr einträglich, sie war mehr ein Amt, aber die Zollern verstanden sich aufs Erben und Erwerben, wie Alexander von Reitzenstein sagt. Die Erbtöchter des letzten Grafen von Andechs, Herzogs von Meranien, hatten ihren Männern, dem Grafen von Orlamünde Kulmbach, dem Burggrafen Friedrich III. Bayreuth zugebracht.

1341 fiel auch der orlamündische Teil an das Haus Hohenzollern, das schon zehn Jahre zuvor von den Grafen zu Öttingen die Herrschaft Ansbach erworben hatte. 1398 kam es zur Teilung des Gebietes in das Land ›ob dem Gebirg‹, Bayreuth und Kulmbach, und das Land ›unter dem Gebirg‹, Ansbach. 1415 belehnte der Kaiser Burggraf Friedrich VI. mit der Mark Brandenburg, die mit den fränkischen Gebieten bis 1473 in Personalunion verwaltet wurde. In diesem Jahr richtete man die Markgrafschaften als Sekundogenitur des brandenburgischen Kurhauses ein. Die Ausrichtung nach Berlin war gegeben, vor allem für Bayreuth, das dem Norden näher liegt als Ansbach. 1602 waren die fränkischen markgräflichen Linien ausgestorben und man stiftete wiederum eine Sekundogenitur. Christian, der erste Herr aus kurbrandenburgischem Hause, verlegte die Residenz von Kulmbach nach Bayreuth, wo er das Alte Schloß ausbaute.

Bayreuth ist eine der vielen kleinen fürstlichen Residenzen, welche das kulturelle Bild Deutschlands so farbig erscheinen lassen. Die nahen Familienbeziehungen zum Berliner Hof orientierten die Markgrafschaft auch künstlerisch mehr nach Norden, doch hat sie sich Preußen politisch nie untergeordnet, sondern hielt am Reich fest.

Zwischen den dunklen Bergen des Fichtelgebirges und den Höhen der Fränkischen Alb liegt Bayreuth, eine Stadt voller Anmut. Es ist nicht irgendeine fränkische Kleinstadt, es ist auch keine Stadt überraschender Effekte und Aufwendigkeit, aber von guten Maßen, und noch weht Residenzluft in den Straßen. Hatte das Bürgertum das Werden des alten Bayreuth bestimmt, so setzte die Anwesenheit des kleinen Hofes neue Akzente, die den Charakter der Stadt seit der Regierung des Markgrafen Friedrich und seiner Gemahlin Wilhelmine bestimmten.

Da ist zunächst die Altstadt innerhalb der Maximilian-, Sophien- und Kanzleistraße, mit schmalen Gassen und Giebelhäusern um die stattliche *Pfarrkirche Hl. Dreifaltigkeit*, die im Kern auf das 12. bis 13. Jahrhundert zurückgeht, deren Neubau zwischen 1370-1529 erfolgte. Nach dem Stadtbrand von 1605 wurde sie von Michael Mebart wieder hergestellt; dabei sind vor allem die Seitenschiffe neu gebaut worden. Die Markt-, heute Maximilianstraße, entstand als typischer bayerischer Straßenmarkt, begleitet von ansehnlichen Häusern des 16. bis 19. Jahrhunderts. Das 18. Jahrhundert ist jedoch die Zeit entscheidender Veränderungen des mittelalterlichen Stadtbildes, eine Zeit der großzügigen Schloß- und Kirchenbauten. Das Jahrhundert begann mit der architektonisch so reizvollen *Hugenottensiedlung St. Georgen* vor der Stadt, 1701-02 durch Erbprinz Georg Wilhelm »regelmäßig und im holländischen Geschmack« angelegt. Es ist ein Komplex von schlichten, wohlproportionierten Häusern, mit dem Schloß, das Johann David Räntz baute, und der Sophienkirche, der vormaligen Kapitelkirche des Ordens de la Sincérité, welche der aus Berlin berufene Gottfried von Gedeler aufführte. Einst gab es dort den Brandenburger See, Schauplatz von Wasserfesten und Seeschlachten.

Von den Kirchen der Stadt sei die am Ende der Maximilianstraße von Joseph Saint-Pierre 1748-50 gebaute *Spitalkirche* genannt, ein repräsentativer, wirkungsvoll die platzartig geweitete Flucht der Straße abschließender Bau. Am oberen Ende der Straße liegt das *Alte Schloß*, welches durch wiederholte Um- und Anbauten zu einem weitläufigen Komplex zusammengewachsen ist. Markgraf Christian Ernst berief 1691 den Hugenotten Charles Philippe Dieussart aus Berlin und beauftragte ihn, das bestehende burgartige Gebäude zu architektonischer Einheit schloßartig zusammenzufassen. Leonhard Dientzenhofer beendete die Bauarbeiten. Michael Mebart baute Ost- und Nordflügel zwischen 1610 und 1620, Elias Gedeler dürfte 1676 den westlichen Flügel am Ehrenhof errichtet haben. Interessant sind die Reliefmedaillons mit Brustbildern antiker Götter und Kaiser sowie vermutliche Porträts von Zeitgenossen, wahrscheinlich von der Hand des Abraham Graß zwischen 1625-30, die späteren von Elias Räntz und seiner Werkstatt nach 1700 geschaffen. Die 1945 ausgebrannten Nord- und Westflügel sind wiederhergestellt worden.

Seinen eigentlichen Residenzcharakter erhielt Bayreuth aber durch die Bautätigkeit des Markgrafenpaares Friedrich und Wilhelmine, der drei Denkmäler von europäischem Rang zu verdanken sind: Eremitage, Opernhaus und das Neue Schloß mit seiner prachtvollen Ausstattung. Zusammen mit diesen Bauten wurde die Stadt durch Plätze und großzügige Straßenführung belebt, unter denen vor allem die breite Friedrichstraße mit ihren einheitlichen, eleganten Bürgerhäusern und Adelspalais den Geist des Rokoko spiegelt. Wilhelmines zweiter Lebensabschnitt fiel in die Epoche, die als Rokoko bezeichnet wird, jener Spielart des 18. Jahrhunderts, die so viele Möglichkeiten in sich barg. Im Ursprungsland Frankreich ist das Rokoko in der Hauptsache eine Angelegenheit graziöser Innenkunst gewesen, und erst in Deutschland, vor allem in Süddeutschland und Österreich-Böhmen, hat dieser Stil Schloß-, Kirchen- und Städtebau erobert, wie es schon im Barock geschehen war. Es gab mancherlei Spielarten des Rokoko; die reichste ist zweifellos im Süden ausgebildet worden, während kühlere, nicht minder reizvolle Abarten in den protestantischen Markgrafschaften und im Königreich Preußen – das friderizianische Rokoko – zu finden sind.

Das 18. Jahrhundert begann nach den religiösen, geistigen und wirtschaftlichen Krisen des vorhergehenden Jahrhunderts mit neuen Ideen in Wissenschaft, Kunst und Philosophie. Die Aufklärung mit ihrem Schlagwort ›Vernunft‹ durchdrang das geistige Leben. Wenn es einen Gott gibt, so argumentierte man, so greift er nicht in den Ablauf des Weltgeschehens ein. Der Ablauf vollzieht sich nach festgelegten Gesetzen, in denen kein Platz für ›Wunder‹ ist. Dieses Denken mündete in die ›Religion‹ der Vernunft der Französischen Revolution; aus ihr kommt der Fortschrittsglaube.

Von England fand die Aufklärung den Weg nach Frankreich. Die Feierlichkeit und der schwere Prunk von Versailles waren nicht mehr à la mode; die Pracht des Spiegelsaals wich der Intimität des Boudoirs, des Spiegelkabinetts. »Sapere aude«, schrieb Kant, »habe den Mut, dich deines Verstandes zu bedienen.« Es war die Zeit des feinen, scharfen Geistes, der Ironie, der Satire, des Homme de lettres, der Voltaire angehörte. Die Naturwissenschaften begannen einen ungeahnten Aufstieg und gerade sie schienen geeignet, als Muster für andere Denkarten zu dienen, wie es das große Werk der französischen Enzyklopädisten zeigt. Sie allein schienen der Erkenntnis neue Wege zu öffnen, neue Begriffsbildungen erleichtern zu können. Zwischen der Gesellschaft des 17. und 18. Jahrhunderts liegt eine Welt, führt der Historiker Gonzague de Reynold aus:

Die Gesellschaft des 18. Jahrhunderts hat sich erheblich erweitert. In der Ausbreitung, insofern sie eine europäische Gesellschaft wurde. Auch nach der Tiefe: Man sieht das Bürgertum eindringen, und zugleich beginnt die Verbürgerlichung des Adels; jedem, der reich ist, der kultiviert ist oder es zu sein behauptet, öffnet sie sich ebenso wie den Parvenus und selbst den Abenteurern. Sie führt in die Salons ihre eigenen Zerstörer ein. Das trifft für Deutschland, mit Ausnahme der Abenteurer, nicht zu. Hier hielt man an der alten Ordnung eifersüchtig fest. Reynold fährt fort: *Daher ein erster Gegensatz: der zwischen den Zeitideen und der Gesellschaft selbst. Humanitäre Gedanken, Naturschwärmerei, ›Philosophien‹, das sind Ideen, welche die Gesellschaft des 18. Jahrhunderts der Revolution zutreiben, das heißt dem Selbstmord. Aber man wird später feststellen können, daß viele der Revolutionäre mit eifersüchtiger Sorgfalt die alte Höflichkeit und die alten Sitten pflegten. Die Gesellschaft des 18. Jahrhunderts hat sie also auf ihre Gegner übertragen. Sie hat sie der Gesellschaft des*

19. Jahrhunderts vermittelt bis zu den Umwälzungen, die uns bewußt sind. Warum hat die Gesellschaft des 18. Jahrhunderts ein solches Ansehen, wodurch übt sie solchen Einfluß aus? Durch ihre Vollkommenheit. Man spricht von der Gesellschaft des 18. Jahrhunderts, wie man von der klassischen Literatur des 17. Jahrhunderts, von der Kunst oder dem Humanismus des 16. Jahrhunderts spricht. Ebenso viele Glieder der gleichen Kette. Alle wesentlichen Züge dieser zwei vorausgehenden Jahrhunderte – Vater und Großvater des achtzehnten – finden sich in seiner Gesellschaft wieder, haben zu ihrer Formung beigetragen, ihr den Geschmack und die Kultur geschenkt. Daher stammt die Vollkommenheit. Aber die Vollkommenheit bedeutet auch Schwäche und Erschöpfung. Man kennt den feinsinnigen Vers des Hugenottenkämpfers Agrippa d'Aubigné: »Eine Herbstrose ist köstlicher als jede andere.« Wie gut paßt der Vers auf das 18. Jahrhundert, das die Rose so sehr geliebt hat. Seine Gesellschaft ist die einzige der Geschichte, welche die Süße des Lebens kannte. Dies auszusprechen ist ein Gemeinplatz. Aber diese Süße, dieser Charme und diese Verfeinerung bedeuten zu einem guten Teil auch ihre Zerbrechlichkeit. Denn diese Gesellschaft ist so zerbrechlich wie die Porzellane aus Sachsen oder Sèvres, so dünn, daß man die Schatten der Finger hindurch sieht, die sie halten und eines Tages fallen lassen werden.

Noch bildete die Gesellschaft des Dixhuitième in Europa eine feste Einheit, beruhend auf der Einheitlichkeit der Erziehung und der Sitten. Die Kriege, welche sich die europäischen Staaten einander fast unaufhörlich lieferten, konnten diese Einheit nicht zerstören. Man kannte sich, sprach die gleiche Sprache, war vielfach verwandt, und junge Männer aller Nationen dienten oder lebten in den Nachbarländern. Etwa zwischen 1725 und 1750 ist das Rokoko als Stil ausgebildet worden, das im ›Louis-Seize‹ ausklang. Es bahnte sich schon leicht unter Ludwig xiv. an und fand seine volle Reife unter Ludwig xv. Der Gravität wurde die Anmut entgegengestellt, dem Öffentlichen das Intime, wie es sich in den eleganten, verspielten, raffinierten Innendekorationen der Schlösser und Palais offenbart. Watteau, Boucher, Fragonard und Tiepolo, um nur einige zu nennen, waren die Malergötter des Jahrhunderts, deren Werke eine Welt verfeinerter Sinnlichkeit, ein irdisches Paradies schildern. Daher auch die Vorliebe für Chinoiserien als tiefe Wirkung einer Welt uralter, verfeinerter Kultur des sinnlichen Genusses. In keinem der vorhergehenden oder nachfolgenden Stile gelang eine so bestrickende Verschmelzung aller Künste, und es geschah auf die witzigste, lebendigste und geistreichste Weise. Ein europäisches Gesamtkunstwerk von hoher Faszination entstand, schillernd in tausend Facetten. Alles ist in Bewegung, alles ist erfüllt von liebenswürdigem, nie ermüdendem Sprudeln immer neuer Gedanken, Formen und Einfälle. Und doch kannten die Menschen jener Zeit das Maß, manchmal ist es kaum merkbar, aber es ist immer da. Die Gesellschaft, man hat sie immer wieder frivol, lasterhaft, leichtfertig und verspielt genannt, versuchte Wirklichkeit und Traum zu verschmelzen, schwankte zwischen Zynismus und Empfindsamkeit und lehnte die große zerstörerische Leidenschaft ab, der sie einst zum Opfer fallen sollte. Die Entdeckung fremder Kulturen, wie der Chinas und Indiens, oder eines verschollenen Altertums, wie es in Pompeji und Herkulaneum zutage trat, übte stärkste Anziehungskraft aus. Nicht minder aufregend waren die technischen Erkenntnisse wie Magnetismus, Elektrizität, Blitzableiter oder Montgolfiere.

Es war ein außerordentlich mitteilsames Jahrhundert; man korrespondierte mit Leidenschaft und schrieb die amüsantesten Memoiren. Vor allem mußte man witzig, amüsant und geistreich sein. In Deutschland gehörten Menschen dieser Geisteshaltung zu den Ausnahmen, und solche Ausnahmen waren auch Wilhelmine von Bayreuth und ihr Bruder Friedrich der Große. Es war ein geselliges Zeitalter. Für die Gesellschaft wurden Schlösser gebaut und geschmückt. Der ›Salon‹ wurde zum Mittelpunkt und Inbegriff der Welt; es galt zu glänzen, zu verblüffen. *Das Jahrhundert,* sagt Wilhelm Hausenstein, *es lebte, lebte sich – und distanzierte sich ohne Unterlaß von sich selbst, indem es sich betrachtete und das Bild mit einem zweiten, dritten, vierten Reflektor auffing. Es spiegelte sich bis in die Unendlichkeit.* Daher die Vorliebe für den Spiegel, das Spiegelkabinett.

Bauen war die große Leidenschaft jener Zeit, und wir kennen

die zahlreichen Äußerungen der Schönborns über die Macht des ›Bauwurmbs‹, die sie bei ihren Schloßbauten an Mosel und Rhein, in Franken und Österreich immer aufs neue erfuhren. In der Einheit von Schloß und Park entstand jene großartige Szenerie, wie wir sie in Europa noch zu erleben vermögen. Und doch ist diese Epoche von geheimer Todesangst durchzittert; immer wieder bricht sie in den Briefen durch. So schreibt die Marquise du Deffand an Voltaire: *All diesen Annehmlichkeiten zum Trotz wäre es besser, nie geboren zu sein, und zwar deshalb, weil wir sterben müssen, weil dies gewiß ist und weil unsere Natur einen solchen Abscheu vor dem Tode hat, daß alle Menschen hierin dem Holzfäller in Lafontaines Fabel gleichen.* Die Todesangst aber hat die französischen Edelleute nicht gehindert, in bewundernswerter Haltung das Schaffott zu besteigen.

Geist und Anmut des Rokoko, wir begegnen ihnen in Briefen, Erinnerungen, in Architektur, Malerei und Musik. Leise Herbststimmung liegt über dieser, unaufhaltsam ihrem Untergang zuschreitenden Kultur. Unter dem Deckmantel höchster Eleganz bereitete sich die Umwertung aller Dinge vor, die eine allgemeine Veränderung zum Wohle aller herbeiführen möchte. Noch aber liegt ein Schimmer, ein Abglanz jener Zeit über den Residenzen und Schlössern, blitzen Geist und Witz in Spiegeln, goldenem Geschnörkel, raffiniertem Stuckzierat auf.

In diese Welt gehörte die Markgräfin Wilhelmine, auf die der Historiker Droysen schlecht zu sprechen ist, denn im 19. Jahrhundert galten Barock und Rokoko als entartete Epochen. Er sagt, daß die Verfasserin der ganz wertlosen Erinnerungen ein entarteter Sproß des Hohenzollernstammes sei, die durch ihre Verschwendungssucht für das Bayreuther Ländchen eine Landplage bedeutete. Es gewährt jedoch ein ganz besonderes Vergnügen, durch die Straßen der Stadt zu schlendern, besonders über die Friedrichstraße mit der fast biedermeierlich anmutenden Schlichtheit ihrer wohlgefügten Häuser. Oder man geht zum Neuen Schloß hinüber, vor dem in barocker Üppigkeit der lustige, martialische Markgrafenbrunnen steht, den Elias Räntz

1699 nach Entwürfen von Dieussart und Leonhard Dientzenhofer begann. Da reitet über dem Wasserbecken, begleitet von seinem Kammerzwerg, Markgraf Christian Ernst, der sich als Feldmarschall im Türkenkrieg einen Namen gemacht hatte. Auf den Kreuzarmen des Fundaments sind vier Reitergruppen als Allegorien der Erdteile angebracht, außerdem die vier Flüsse Saale (Europa), Eger (Asien), Naab (Afrika) und Main (Amerika). Hinter dem Brunnen erhebt sich die Front des Neuen Schlosses in kühler Feierlichkeit, und hinter ihm erstreckt sich der weitläufige Hofgarten mit Alleen, Statuen und Wasserläufen. Alles ist in angenehmen, menschlichen Verhältnissen geblieben, im Zustand wohltuender Beschränkung einer kleinen Residenz, und man kann sich angesichts dieser Schlichtheit kaum vorstellen, daß die Markgräfin als Landplage empfunden worden ist.

So hat Bayreuth seine eigene liebenswerte Gestalt gefunden, seinen eigenen Stil der Einheit und unaufdringlichen Vornehmheit ausgebildet. Die alte Hauptstadt des Landes ›ob dem Gebirg‹ dauert fort; als solche hatte sie Schicksal und eine gewisse Größe, war sie Mitte des Landes. Schlösser, Stadt und Land, die Herrschaft der Hohenzollern, alles das macht einen Teil des Reichtums aus, der in seiner ungeheuren Vielfalt und Gegensätzlichkeit einst den Namen ›Heiliges Römisches Reich Deutscher Nation‹ getragen hat.

Das Neue Schloß

Es lag ganz im Geiste des 18. Jahrhunderts, daß Künstler Hofstellungen nicht verschmähten, wenn sie auch sicherlich nicht selten höchst unbequem waren, denn man hatte mit den Launen der Auftraggeber zu rechnen. Der Lebensstil des Adels und des nun selbstsicherer werdenden Bürgertums gab der Kunst die großen Möglichkeiten sich zu entfalten. Seit frühester Zeit bestand eine internationale Einheit der adligen europäischen Welt. Übernationalität aber gehört zum Wesen aller weltumfassenden Organisationen. Sogar das 19. Jahrhundert, das klassische Jahrhundert der Nationalstaaten, hatte das begriffen. Als Karl Marx um 1850 im marxistischen Programm die größte Organisation seiner Zeit ins Auge faßte, da proklamierte er die Übernationalität des Proletariats; aber er fußte ganz im Materiellen, während um die ›Internationale‹ der alten Adelswelt ein Schimmer des Transzendenten liegt. Den Künstlern sagte das zu. Erscheinen uns die Schlösser, Parks, Theater und Kirchen jener Zeit nicht wie ein letzter Protest gegen die schon leise sich ankündigende Welt des ›Betriebs‹, der Nützlichkeit und des materiellen Denkens?

Es wird dem heutigen Menschen merkwürdig erscheinen, daß jene Welt, welche anfing die Natur zu entdecken, welche den Beginn des Siegeszuges der Maschine erlebte, sich nicht ein wenig lächerlich in der unbequemen Kleidung und unter der Perücke vorkam. Was aber hätte besser zum Stil der Zeit gepaßt?

Das repräsentative Stadtschloß des Fürsten mit Hofgarten und Nebenbauten gehörte zur Lebensform des Jahrhunderts. Alles das fehlte dem Alten Schloß in Bayreuth, welches das markgräfliche Paar schon längst aufgeben wollte, denn es entsprach nicht mehr den Anforderungen einer eleganten, bequemen Hofhaltung. In ihren Erinnerungen klagt Wilhelmine über die Kälte und Unwohnlichkeit der Residenz, und mehrmals stellte Markgraf Friedrich den Ständen die Verhältnisse vor und bat, ihm Mittel für einen Neubau zu bewilligen. Umsonst – die Stände fanden allerlei Ausreden und meinten, das Land könne die hohen Kosten unmöglich übernehmen. Da brannten im Januar 1753 das Alte Schloß und die Schloßkirche zum Teil ab, wie man munkelte, nicht ohne persönliche Mithilfe des Markgrafen, dem ja nun die Baugelder bewilligt werden mußten. Damals, am 21. Januar, schrieb Wilhelmine dem Bruder: *Wir sind völlig zugrunde gerichtet. Gestern um 8 Uhr abends brach im Schloß Feuer aus, fast zugleich an drei verschiedenen Stellen. Allem Anschein nach liegt Brandstiftung vor. Ich lag krank zu Bett; man hat mich mitten aus den brennenden Balken gerettet. Ich habe meinen Hund, meine Juwelen und einige Briefe gerettet. Ich weiß noch nicht, was ich besitze und was ich verloren habe. Der Markgraf hat aus seinen Zimmern nichts geborgen. Das ganze Schloß liegt in Asche; nur ein Flügel wurde ge-*

rettet, sonst wäre die ganze Stadt verloren gewesen … Am meisten tut mir meine Bibliothek leid. Ich werde nun ein Müßiggängerleben führen; ich habe meine einzige Gesellschaft verloren…

Am 31. Januar berichtet sie erneut. *Der Markgraf hat alles verloren, was in seinen Zimmern war. Sehr beklagt hat er den Verlust seiner Flöten und Noten … Ich bitte Sie, lieber Bruder, schicken Sie ihm doch eine Flöte und ein paar Konzerte von Quantz … Am schmerzlichsten war uns der böse Wille der hiesigen Leute, die garnicht helfen wollten, sich versteckten oder davonliefen, um nicht arbeiten zu müssen. Nur das Militär, der Hof und die Fremden haben das Wenige, das uns geblieben ist, gerettet.* Es stellte sich jedoch heraus, daß auch die Bibliothek der Markgräfin geborgen worden war. *Es fehlen nur zwei Bände von Voltaires Werken und sein ›Zeitalter Ludwigs XIV.‹,* schrieb sie am 17. Februar. *Alles ist ohne Körbe und Kisten geborgen worden, nur mit den Händen. Auch meine sehr zahlreichen, größtenteils nicht gebundenen Noten sind gerettet, ohne daß ein Blättchen fehlte. Um diese Dinge war ich am meisten in Sorge … Die Sänger, besonders Stefanino, haben ihren Eifer bewiesen. Ein seltenes Beispiel von Mut und Treue bei solchen Leuten.* Wilhelmine ließ zum Dank das von ihr gemalte Portrait Stefaninos und die Bildnisse aller italienischen Künstler im Musiksaal des Neuen Schlosses anbringen.

König Friedrich riet seiner Schwester zur Sparsamkeit; sie solle das Alte Schloß, das so lange Sitz der Hohenzollern gewesen sei, wieder aufbauen; sie könne das mit 40–50000 Talern bewerkstelligen und für weitere 60000 Taler das Schloß nach ihrem Geschmack einrichten. Wilhelmine aber wollte nichts davon wissen, der ›Bauwurm‹ hatte sie erfaßt, und so berichtete sie am 6. März dem König, daß der Markgraf ihr ein Haus gekauft habe, *ähnlich demjenigen, worin ich jetzt wohne. Die erst halbfertige reformierte Kirche liegt dazwischen. Ich habe mir kein Gewissen daraus gemacht, den Gott Calvins auszusiedeln, solange der Gott Luthers ausgezogen ist. Diese Kirche stellt uns einen Saal und zwei große Räume, welche die Verbindung zwischen meinem Haus und dem des Markgrafen herstellen. Ich habe mir das Vergnügen gemacht, den Plan meines Palais selbst zu entwerfen; es ist zwar puppenhaft, wird aber recht bequem werden*... Damit war das Obergeschoß des Hauses gemeint, in dem sie wohnen sollte.

So entstand der Bau, den Friedrich II. ärgerlich einen Schafstall genannt hat. Die Pläne für den Neubau stammen von dem Hofbaumeister Joseph Saint-Pierre, der bereits 1744 die ehemalige Renn- und Reitbahn durch eine Anzahl Bauten in eine regelmäßige Platzanlage verwandelt hatte. Diese Gebäude haben sowohl die Gesamtplanung als auch den Grund- und Aufriß einzelner Teile des Neuen Schlosses bestimmt. 1754 war der Mittelbau unter Dach; 1754-55 sind wohl die Seitenflügel auf die Höhe des Mitteltrakts gebracht worden, dann erfolgte die Erhöhung des Nordflügels, ab 1757 der Ausbau des Südflügels. Die Bauarbeiten mußten beschleunigt werden, weil man den Besuch König Friedrichs erwartete. Man konnte ihn festlich empfangen und er erlebte die Aufführung von Wilhelmines ›L'huomo‹.

Nach der italienischen Reise der Markgräfin wurde 1756 Karl Philipp von Gontard, der diese Reise mitgemacht hatte, Lehrer an der neu begründeten Akademie. Er fügte an den Südflügel einen Verlängerungsbau an, da sich die Wohnung des Markgrafen als zu ›eng‹ erwies. Das ›Italienische Schlößchen‹ am Südflügel ist erst nach Wilhelmines Tod (1758) für Markgraf Friedrichs zweite Gemahlin Sophie Caroline von Braunschweig-Wolfenbüttel von Gontard und Rudolf Heinrich Richter gebaut worden. Gontard errichtete auch 1764 den Badetrakt und den Balkontrakt, der den italienischen Bau mit dem Hauptbau verbindet. Wilhelmine hat also die Vollendung der Gesamtanlage nicht mehr erlebt.

Allein der Mittelrisalit ist architektonisch reich gegliedert mit rustizierten, einst in drei Torfahrten geöffneten Bögen, Säulenstellungen und figurenbesetzter Attika. An der Innenausstattung – sie ist das Wichtigste an dieser Residenz – arbeiteten die gleichen Künstler, die an der Eremitage tätig waren.

Den Ankommenden empfangen ein kühles, nüchternes Vestibül und Stiegenhaus. Innen aber sind wir mitten in der zärtlichen, geschmeidigen Welt des Rokoko, speziell des Bayreuther Rokoko, lebendig gemacht durch den naturalistischen Dekor zahl-

Die
Mainufer
von
Dr. Lud. Braunfels

Verlag v. C. Etlinger in Würzburg

1 Titelblatt des 1847
erschienenen illustrierten
Werkes ›Die Mainufer‹
von Ludwig Braunfels.
Das Mittelbild
zeigt die Quelle des
Weißen Mains
←

2 Wunsiedel

3 Auf dem Waldstein
im Fichtelgebirge

4 Bad Berneck

6 Aufführung der Oper ›Rheingold‹
im Festspielhaus Bayreuth

5 Die Eremitage bei Bayreuth

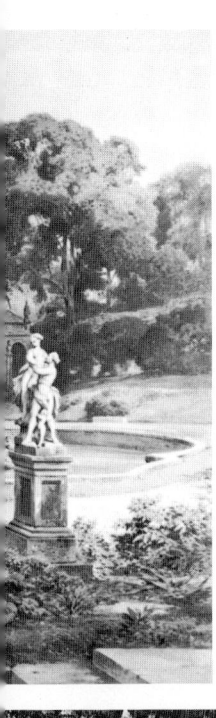

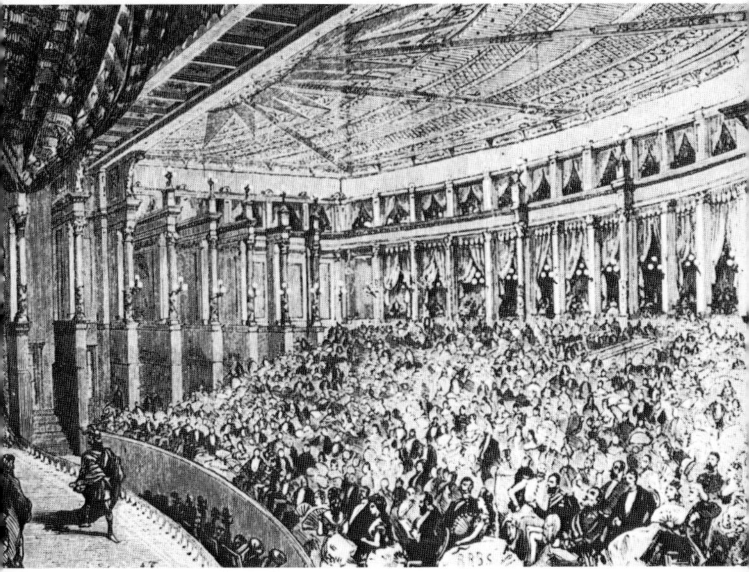

7 Richard Wagner bei der Probe auf der Bühne des
Bayreuther Festspielhauses am 7. August 1875.
Kohlezeichnung von Adolph Menzel

reicher Räume. Da ist nichts von ›Schafstall‹ zu bemerken. Alles ist wohldurchdacht, nicht zufällig aneinandergereiht, obwohl das Ganze hie und da wie aus leichter Improvisation entstanden zu sein scheint, was den Reiz erhöht.

Der große Festsaal Saint-Pierres im Mittelbau – graue Stuckmarmorwände mit weißen Pilastern, goldenen Stukkaturen auf sèvresblauem Grund in der Hohlkehle – war Schauplatz und Rahmen eines festlich gehobenen Lebensstils, Bühne der nach streng geregelter Etikette agierenden Personen. Die Einteilung der Räume folgt dem Hofzeremoniell: Gardereitersaal, Hauptsaal, anschließend die Wohnräume von Markgraf und Markgräfin mit Audienzzimmern. Man kann die Schönheit und Kostbarkeit der Ausstattung beschreiben, doch sollte man sie persönlich erleben und die ganz und gar bezaubernde Leichtigkeit, Feinheit und Eleganz auf sich wirken lassen. Die Künstler, vor allem der geniale Stukkator Giovanni Battista Pedrozzi, beherrschten virtuos jedes Detail und schufen diesen Zusammenklang einer sehr fein abgestimmten Harmonie künstlerischer Vollkommenheit und wohnlichen Behagens. Einer der merkwürdigsten, originellsten Räume jener Zeit ist das Palmenzimmer, dessen nußbaumholzgetäfelte Wände durch Palmen aus Zedernholz mit vergoldeten Kronen gegliedert werden. Vergoldete, geschnitzte Zweige füllen die Sockelzone, und die Decke öffnet sich als blauer Sommerhimmel, über den Reiher, Drachen, Insekten fliegen. In allen Räumen stehen kostbare Möbel Bayreuther Ebenisten, hängen Gobelins, gute Bilder, darunter Portraits von Antoine Pesne, und in die Wände des reizenden Musiksaals sind die Bildnisse der italienischen Künstler der Oper, von A. Roslin und der Markgräfin selbst gemalt, eingelassen.

Man muß sich das Schloß belebt vorstellen, das Rollen der Kutschen in die Einfahrt, das Kommen und Gehen von Kavalieren, Bedienten, Läufern und Soldaten und bei festlichen Anlässen von Herren und Damen in reicher Galakleidung, deren zarte Farben so bezeichnende Namen trugen wie Caca Dauphin, ein Braungelb, Merde d'Oie, ein Gelbgrün, oder Puce, flohfarben, das es in vielen Varianten gab.

Wenn wir heute durch die still gewordenen Raumfluchten gehen, sind wir vielleicht geneigt, jenes versunkene Leben stilisierter zu sehen, als es gewesen ist. Bleiben aber wird ein heiterer Klang aus der Tiefe der Zeit.

Musik in Bayreuth

Das 18. Jahrhundert erlebte in der Oper eine hohe Steigerung der alle Sinne ansprechenden Aufführungen. Es war die Zeit, da der italienische Belcanto Triumphe feierte, als man die menschliche Stimme bevorzugte, deren Klangfarbe Geige, Oboe und Violoncello am nächsten kamen. Je größer der Hof, desto prächtiger und großartiger die Oper. Jeder kleinste Fürst hatte sein Orchester, jeder große sein Opernhaus. Es ist erstaunlich, welche Fülle hoher Begabungen das 18. Jahrhundert auch auf musikalischem Gebiet hervorgebracht hat. Kein Kunst- oder Literaturbetrieb, wie wir ihn heute erleben, störte die großen Meister, die sich nicht mühen mußten originell zu sein – sie waren es. Überall wirkten italienische Sänger, Komponisten und Textdichter. Die Musik und ihre Sprache waren anfänglich im wesentlichen italienisch, bis im Laufe des Jahrhunderts die großen deutschen Komponisten sie ersetzten. Italienische Tänzer, Theaterarchitekten und Bühnenbildner waren allenthalben am Werk, König Friedrich II. sagte: »Eine deutsche Sängerin? Ich könnte ebenso leicht erwarten, daß mir das Wiehern meines Pferdes Vergnügen machen könnte.« Auch die Markgräfin Wilhelmine war kritisch, denn sie verstand viel von Musik. Nach und nach wurde die Oper zu einem Gesamtkunstwerk herangebildet, das in seiner Verbindung von Musik und Raum der großen Architektur ebenbürtig zur Seite stand. Feste des Hofs, Traum und Scheinwelt der Oper durchdrangen sich. *Die Oper*, schrieb Wilhelmine, *ist das einzige, was mir zusagt. Es ist, als sei etwas Göttliches in der Musik, welche die Seele bewegt, indem sie die Sinne anrührt. Ich bin oft wie verzaubert und wähne, alles was ich sehe, sei nur ein Traum.*

Sie selbst war eine begabte Musikerin, die für sich und den Markgrafen das Konzert für Cembalo und Flöte komponiert hat. Im Winter 1739 begann sie die Oper ›Agenore‹, die zum Geburtstag des Markgrafen aufgeführt werden sollte. ›Agenore‹ folgte bald die Oper ›Amalthea‹ und schließlich die phantastische Allegorie ›L'huomo‹, wo der gute und der böse Genius um die Seele kämpfen.

Wilhelmine hat selbst die Leitung des Theaterwesens übernommen; es wurde eine ihrer Lebensaufgaben. *Ich habe mir den Italiener Paganelli gewonnen und bin von seinem Tonsatz und Gesangsunterricht sehr befriedigt,* schrieb sie dem Bruder. *Außerdem habe ich begonnen, alles zu entlassen, was nicht taugt, und gebe mir alle Mühe, einen guten Geiger zu finden, den wir sehr nötig haben…*

In der Bühnenarchitektur dominierten nach wie vor die Italiener. An der Spitze der Theaterarchitekten und Bühnenmaler stand die Familie Galli-Bibiena, die den Stil der Inszenierungen in Europa prägte. Ferdinando hatte am Anfang des Jahrhunderts mit der Erfindung und Beschreibung der ›Maniera di veder le scene per angolo‹ die Grundlage für die Technik geschaffen, das Bühnenbild so in den realen Raum zu stellen, daß das gemalte Bild übereck gebaut zu sein scheint. Es entstand ein System von einander durchdringenden Architekturen auf der Bühne, welche die Illusion riesiger Räume erweckte und den Zuschauer optisch in das räumliche Geschehen auf der Bühne zwang. Der bedeutendste Künstler der Familie war Giuseppe Galli-Bibiena, der die phantasievollsten Ausstattungen schuf, der den Opernhäusern von Wien, Prag, München, Berlin und Bayreuth zu Ruhm verhalf. Außerdem hatte er mit allen Bereichen höfischer Festkultur zu tun. Sein Sohn Carlo vollendete 1748 nach den Plänen des Vaters die Ausstattung des Bayreuther Opernhauses; es ist eines der köstlichsten Opernhäuser der Welt geworden.

Bayreuth ist der Musik treu geblieben, auch als es nicht mehr Residenz war. König Ludwig II. von Bayern gab Richard Wagner die Möglichkeit, dort zu wirken und das *Festspielhaus auf dem Hügel* zu bauen, welches alljährlich die Wagnerliebhaber aus aller Welt vereinigt. Johanna von Herzogenberg teilt uns einen Brief ihrer Großmutter mit, den diese 1889 an Adolf von Hildebrand geschrieben hat. Sie gehörte zweifellos nicht zu den Wagnerjüngern. *…wie froh wir sind, dort gewesen zu sein. Es hat uns* *wunderbar gestärkt und befestigt und wir haben nie deutlicher gefühlt, weshalb wir dieser Kunst widerstreben... Gottlob sind wir zu alt, um uns so fangen zu lassen und ich bedauere innerlich, daß er äußerlichem Beiwerk solche Verführungskraft zutraute [Levi], – das Wesen der Sache bleibt sich doch gleich, ob man's in Bayreuth oder München erlebt. Nur das haben wir davon, sagen zu dürfen: wir haben jetzt gesehen, wie der Meister es im Sinne hat, nichts blieb uns verhüllt, und erst recht wenden wir uns ab und erklären feierlich, daß dieser Tisch für uns nicht gedeckt ist. Sollen sich diejenigen dran setzen und schwelgen, die sich selber belügen wie Fiedler, oder denen es eben zu einem ›Heilthum‹ geworden ist, wie Mary und Levi, und die längst unfähig geworden sind, Schwelgerei und künstlerisches Genießen zu unterscheiden. Solche Leute gehen in den Parsifal wie die Katholiken am Charfreitag zu den heiligen Gräbern, es ist ihnen ein Gottesdienst geworden und ich möchte nicht in den Mantsch von Gefühlen hineinblicken, mit denen die Mary in ihrer Fürstenloge sitzt, à 40 M. die Person, jeden Abend! ... Die ganze Bande ist in einem unnatürlich gesteigerten, hysterisch verzückten Zustande, wie Ribera'sche Heilige mit aufblickenden Augen, an denen man nur noch das Weiße sieht, und heimlich unterm Hemd hat jeder irgend eine sorgsam gepflegte stigmatisierte Stelle. O ich sage Euch, die ganze Geschichte riecht ordentlich wie die Kirche, die nie gelüftet worden, oder wie eine Fleischbank im Sommer...*

Nach diesen für Wagner wenig schmeichelhaften Äußerungen zurück zum alten *Opernhaus.* 1743 begann Joseph Saint-Pierre den Bau, der fünf Jahre später fertiggestellt war. Die repräsentative, klassizistisch wirkende Fassade mit monumentalen Säulen und Balkon wirkt streng und kühl. Betritt man jedoch das Innere, so steht man in einem der glanzvollsten Räume, die man sehen kann. Zwischen Bühne und Fürstenloge mit der preußischen Königskrone, unter dem Deckenbild Wilhelm Ernst Wunders schwingt dieser Raum in vollkommener Harmonie und Geschlossenheit einer schweren spätbarocken Dekoration von höchster Üppigkeit. Meergrün ist die Grundfarbe; dazu gesellt sich kühles Blau, ein wenig von leuchtendem Rot und Gelb und blitzendes Gold. Die weite Bühnenöffnung mit den seitlichen Trompeterlogen leitet über in den hufeisenförmigen, in drei Rängen aufsteigenden Logenbau. Am 14. Mai 1748 schrieb die Markgräfin dem Bruder: *Dieser Tage habe ich das neue Opernhaus besichtigt. Ich war erfreut darüber. Das Innere ist fast vollendet. Bibiena hat in diesem Theater die Quintessenz des italienischen und französischen Stils vereinigt. Man muß gestehen, er ist ein Meister in seinem Fach.* Bühne und Zuschauerraum sind durch schräggestellte Prospekte zur Einheit verschmolzen. Wilhelmine berichtet: ... *das Bild auf der Bühne ergänzt und vollendet erst das ganze künstlerische Erlebnis des Zuschauers, wenn es der gebaute Raum einleitet wie das Vorspiel die Oper.* Die Bühne ist so breit und tief, daß der Markgraf mit seiner Karosse bequem einfahren konnte. Der Hof saß nicht selten auf der Bühne selbst, war also Teil des Festes. Man spielte mit, und das Licht im Zuschauerraum wurde nie gelöscht.

Hier sahen die Gäste während der Hochzeitsfeierlichkeiten für die Prinzessin Friederike mit Karl Eugen von Württemberg Hasses Oper ›Il Trionfo d'Ezio‹, die er selbst dirigierte. Ein Ballett der vier Weltteile huldigte dem jungen Paar und beschenkte seine Gäste. Wilhelmine sagt, sie sei oft wie verzaubert, und verzaubert war auch ich, als ich vor Jahren einmal eine Festaufführung im Markgräflichen Opernhaus erlebte. Man hatte zur Musik von Purcell ein ebenso graziöses wie tiefsinniges Ballett einstudiert. Es begann damit, daß eine Gruppe junger Leute an einer Führung durch das Opernhaus teilnahm. Der Führer haspelte seine eintönige Litanei herunter, die Jugend war gelangweilt und drängte so rasch wie möglich wieder hinaus. Nur ein junger Mann blieb zurück, in tiefe Betrachtung des Raumes versunken, eingefangen von der Atmosphäre einer vergangenen Zeit. Ganz allein stand er auf der Bühne und schaute sich um. Da wurde plötzlich das Licht dunkler; aus der Kulisse trat ein Herr im reichen Rokokokostüm, verneigte sich leicht, schritt gravitätisch zur Mitte, und aus der gegenüberliegenden Kulisse trat eine ebenso reichgekleidete Dame und reichte ihm die Hand – Markgraf und Markgräfin eröffneten das Fest. Nun erschienen rechts und links die Angehörigen des Hofstaats im Wechsel aus den

Kulissen, und schließlich kamen die Tänzer. Die Vorstellung begann. Als alles zu Ende war, verschwanden die Personen eine nach der anderen in der gleichen Reihenfolge wieder in den Kulissen. Einen Augenblick lag die Bühne verlassen im dämmerigen Licht. Da sprang im Hintergrund mit einem ungeheueren, wilden Satz ein Husar hervor, den Krummsäbel schwingend, und war wie eine Erscheinung sogleich wieder verschwunden. Die Lichter gingen an, der junge Mann erwachte aus einem Traum, schaute verwundert um sich und ging langsam davon.

Gartenlust – Eremitage

Für den Garten des Rokoko gelten immer noch Formenwelt und Stilmittel des klassischen französischen Gartens. Um 1730 war eine Generation fürstlicher Bauherren abgetreten wie Prinz Eugen von Savoyen, Kurfürst Lothar Franz Schönborn von Mainz oder Landgraf Karl von Hessen-Kassel, deren Gärten noch durchaus auf das Schloß als Mitte bezogen waren. Die folgende Generation gab das Prinzip des dominierenden Schloßbaus im Garten auf; das ist das Ergebnis einer allgemeinen europäischen Entwicklung gewesen. Noch wurden ältere Motive verwandt, wie die Eremitage, aber nun kamen aus England neue Ideen über den ›natürlichen‹ Garten, die dort schon zu Anfang des 18. Jahrhunderts wirksam geworden waren. In England hatte man bereits im 17. Jahrhundert begonnen, heftige Kritik am geometrischen Gartenstil zu üben; man nannte ihn Unnatur, man wünschte den Garten wieder als natürliches Gebilde, obwohl auch er als solcher ein kunstvoll angelegter Raum geblieben ist. Eine Reihe von Theoretikern hat zu diesem Problem Stellung genommen, unter ihnen der Architekt, Maler und spätere Gartenkünstler William Kent und sein Nachfolger Lancelot Brown, welche entscheidenden Einfluß auf die Gestaltung des Parks hatten. ›Capability-Brown‹ wurde er genannt, weil er ›capabilities‹, Möglichkeiten, für die Verbesserung eines jeden Gartens sah, die für ihn im Zusammenwirken von Gelände, Wald, Baumgruppen, Hainen und Wiesen bestanden. Als frühes Beispiel des ›Naturgartens‹ ist die *Bayreuther Eremitage* zu nennen, und einen Höhepunkt erreichte die deutsche Gartenkunst mit der Anlage des Kurfürsten Karl Theodor von der Pfalz in Schwetzingen und dem berühmten Park des Herzogs Franz von Anhalt in Wörlitz. Die Gartenkünstler des Rokoko verwendeten noch die diesem Stil eigentümlichen Attribute, aber vom Heroischen ins Bukolische gewandelt: antike Götter, Schäfer und Schäferin, Puttengruppen, Schauspieler, Kavaliere, alles das verbunden zu heiterem Spiel. Rauschende, plätschernde, rieselnde Kaskaden und Brunnen gehörten dazu, Grotten, Tempelchen, Ruinen, chinesische Pavillons, Alleen, verschwiegene Heckengänge und Haine. Vor allem sollten Intimität, Mannigfaltigkeit, Ungebundenheit herrschen und eine Verbindung von Formgarten und Landschaftsgarten geschaffen werden, um ein reizvolles Wechselspiel der Linien und Formen zu erreichen, wie es dem Sinn des Rokoko entsprach. ›Bewegung, Grazie, Reiz‹, das sind die Begriffe, die für den Rokokogarten immer wieder geltend gemacht werden. Bewegung und graziöse Leichtigkeit finden wir in der Welt der Statuen aus Sandstein, Marmor oder vergoldetem Bleiguß. In tänzerischer Haltung, umweht vom Faltenwurf der Gewänder, drehen und wenden sich die Figuren; Laubschatten und Sonnenlicht spielen darüber hin, und im Garten selbst herrscht die ›grüne Nacht‹, die ›grüne Dunkelheit‹, eine angenehme Mischung von Licht und Schatten in Hainen und Bosketten.

Die Eremitage ist noch kein Park im Sinne englischer Landschaftsgärten, aber Wilhelmine von Bayreuth folgte bei der Ausgestaltung der Eremitage neuen Ideen, die zu jenem Zeitpunkt in Deutschland originell waren und erst eine Generation später im Landschaftsgarten voll ausgebildet worden sind.

Schon 1666 hatte Markgraf Christian Ernst ein Waldstück in einer Schleife des Roten Mains als Tiergarten benutzt; Markgraf Georg Wilhelm hatte diesen zu Beginn des 18. Jahrhunderts in eine Eremitage verwandelt und das *Alte Schloß* (nicht zu verwechseln mit dem Alten Schloß in der Stadt) 1715-18 nach Plänen von Johann David Räntz durch Johann Heinrich Endrich bauen lassen.

Die Eremitage ist ein Stück Landschaft, in die scheinbar regellos Gärten und Architekturen eingefügt worden sind. Zur völligen Ausstattung dieses ländlichen und doch überaus kunstvoll angelegten Bezirks ließ Wilhelmine als Hinweis auf die Vergänglichkeit alles Irdischen Ruinen, Grotten und Denkmäler errichten. Eine ähnliche, spätere Schöpfung ihres Geistes ist Sanspareil bei Kulmbach. Ihre Hofgärtner waren Friedrich Dietrich (bis 1737), Benedikt Rosengart (bis 1746) und Abraham Knöller (bis 1763).

Eine halbe Meile vom Brandenburger Schloß entfernt liegt noch ein anderes, welches man die Eremitage nennt, berichtet der preußische Kammerherr und Reisende Karl Ludwig Freiherr von Pölnitz aus der Zeit Georg Wilhelms, *und zwar deswegen, weil es nur bestimmte Personen sind, welche dorthin kommen dürfen, und sodann, weil während der Zeit der Anwesenheit des Markgrafen der Fürst, die Fürstin und ihr ganzes Gefolge als Eremiten gekleidet sind.* Von den im Wald verstreuten Eremitagen – sie stehen noch – erzählt er: *Diese Pavillons sind im Geschmack einer Eremitage gebaut und ausgestattet. Die Eremiten sind gehalten, sich nach dem Mittagessen hierher zurückzuziehen, um Ruhe und Stillschweigen zu beobachten. Indessen hat man diese strenge Regel etwas gemildert und sie können sich auch gegenseitig Besuche abstatten. Häufig machen der Prior und die Priorin ihnen Besuche. Um die Zeit der Erholung läutet die Priorin ihre Glocke, der Prior antwortet darauf mit der seinigen und die Eremiten beiderlei Geschlechts läuten gleichfalls, um anzudeuten, daß sie die Einladung, zum Prior zu kommen, gehört haben. Wenn sie dort angekommen sind, begeben sie sich gemeinsam an den Ort der Erholung, wo man sich durch Spiele aller Art belustigt ... Bisweilen bewirten die Einsiedler-Damen den Prior durch Gerichte, welche sie in der Küche der Priorin zubereitet haben.*

Wilhelmine nahm hier die Tradition ihres Vorgängers auf, wie wir einem Brief an den Vater vom 31. Mai 1732 entnehmen können: *Wir führen hier ein stilles Landleben, das für mich sehr reizvoll ist. Der Erbprinz geht täglich auf die Jagd und derweil gehe ich etwas spazieren und unterhalte mich mit der Einrichtung meines Häuschens und Gärtchens. Jede Dame aus unserem Kreis muß allabendlich ein Gericht in meiner Küche kochen, die ich reizend eingerichtet habe.*

Vor der Hauptfront des Schlößchens gab es früher ein kleines Parterre mit Springbrunnen, seitliche Laubengänge, die sich durch den Wald, in dem die Eremitenhäuschen stehen, zogen und dann als Kaskade bis zum Fluß fortsetzten. Diese aus der Mittelachse des Schlosses entwickelte Linie führte auch auf der Südseite zu dem als Grotte angelegten Parnaß, der vormals die Statuen des Apoll, des Pegasus und von mehreren Nymphen trug.

Nach dem Tode des Markgrafen Georg Friedrich 1735 hatte Wilhelmine die Chaussee zur Eremitage instand setzen lassen. Es ist der Weg, den Jean Paul Richter genommen hat, wenn er von der Stadt zum Rollwenzelhaus wanderte, wo er sich gerne zum Arbeiten aufhielt. Wilhelmine begann nun ihre eigenen Gedanken und Vorstellungen am Sommersitz der Eremitage zu verwirklichen. *Ich zweifle nicht, daß die Eremitage sehr hübsch wird, zumal Sie die Architektur und Einrichtung anordnen,* schrieb ihr Friedrich II. 1737. Sie antwortete: *Ich ergötze mich an dem Fortschreiten meiner Bauten. Es geht zwar etwas langsam, aber ich muß auf meinen Geldbeutel Rücksicht nehmen, doch nächstes Jahr hoffe ich hier wohnen zu können.*

Als erstes erweiterte sie das Alte Schloß, das seit 1735 ein Mittelpunkt des durch diese hochbegabte Frau geprägten Hoflebens war, wie überhaupt bis zu ihrem Tode die Eremitage ein Ort gärtnerischer und baulicher Unternehmungen gewesen ist. Von Johann Friedrich Grael und Johann Georg Weiß ließ sie ab 1740 die beiden Eckpavillons hinzufügen; mit der neuen Innenausstattung war schon vorher begonnen worden. Das Alte Schloß, ein eingeschossiger, behaglicher kleiner Bau von vier Flügeln um einen mit Blumen geschmückten Innenhof, weist auf eine Besonderheit späterer Bauten der Markgräfin hin, auf ihre Vorliebe für naturalistische und ruinenhafte Architekturen, wie es die im Süden den Hof abschließende, reichdekorierte Grotte zeigt, die allerdings schon ihr Vorgänger angelegt hatte. Einst umgaben Linden das Schlößchen, der ›Lindensaal‹, der die Verschwiegenheit, die Abgeschlossenheit der intimen Anlage im Garten noch steigerte.

Die Ausstattung des Alten Schlosses erfolgte nach dem Willen der Markgräfin; sie wurde auf das kostbarste ausgeführt und dennoch muß das Schlößchen ungemein behaglich zu bewohnen gewesen sein, selbst die winzigen Eremitenzellen in den Flügeln. Wilhelmine berichtet dem Bruder über die Einrichtung der Räume. Das Vorzimmer des Markgrafen *ist von einer Art Firnis überzogen, der meine Erfindung ist; die Malereien sind sehr schön, sie stellen die ganze Geschichte Alexanders dar, und ich habe sie nach den Stichen von Le Brun kopieren lassen; es sind eigentlich Gemälde von der Größe der Wände, mit Wasserfarben auf mit Leinwand unterlegtem Papier gemalt, das ich firnissen ließ, um es zu konservieren. Diese Bilder werden von allen Kennern bewundert. Plafond und Boiserien haben weißen Grund mit goldenen Verzierungen; das Deckenbild stellt Alexander dar*... Auch für die Ausstattung der anderen Räume fand die Fürstin Vorbilder in der antiken Geschichte. *Vielleicht wird man es seltsam finden,* lesen wir in den Erinnerungen, *daß ich alle diese historischen Sujets zum Schmucke meiner Plafonds gewählt habe, allein ich liebe alles Spekulative, und alle historischen Vorwürfe, die ich hier wählte, stellen ebenso viele Tugenden dar, die man vielleicht durch Sinnbilder besser hätte darstellen können, die aber das Auge nicht so sehr erfreuen würden.*

Im Musikzimmer vereinte Wilhelmine Portraits schöner Frauen. *Es ist ganz aus weißem Marmor mit grünen Feldern; in jedem Feld ist ein vergoldetes, sehr schön ausgeführtes Musikemblem angebracht; die Bildnisse mehrerer Schönheiten, die ich gesammelt habe und die von den besten Meistern stammen, hängen über diesen Emblemen und sind in reichvergoldeten Rahmen in die Felder eingelassen; der Plafond ist auf weißem Grund ausgeführt; die Reliefs zeigen Orpheus, wie er die Tiere mit der Leier lockt. In diesem Zimmer befinden sich meine Spinette und alle anderen Musikinstrumente ... Dann kommt ein kleines Kabinett mit japanischer Täfelung, ein Geschenk meines Bruders; alle die es sehen, sind entzückt.* Nur vier der Reliefs dieses kostbaren brüderlichen Geschenks sind originale ostasiatische Arbeiten, die anderen, die sich kaum von den Originalen unterscheiden lassen, sind, wie ein altes Inventar bemerkt, »von Ihro Königl. Hoheit eigenen Arbeit«. Daneben liegt ihr Schreibzimmer. *Hier schreibe ich diese Memoiren und bringe viele dem Nach-denken geweihte Stunden zu.*

1749-53 ließ Wilhelmine von Saint-Pierre in der Nähe des Alten Schlosses nach ihren Ideen und Angaben das *Neue Schloß* bauen, das Herzstück der Eremitage, eine sehr elegante und meisterhaft komponierte Anlage in Form einer Orangerie. Der zentrale Kuppelbau, Sonnentempel genannt, liegt getrennt von den in Arkaden geöffneten Rundflügelbauten, welche die Ge-mächer der Markgräfin enthielten. Der Tempel trug ursprüng-lich den Sonnenwagen Apollos, der nach 1800 nach Frankreich verschleppt wurde und nun durch einen Adler ersetzt ist. Vor der halbkreisförmigen Anlage liegt ein von Hecken umgebenes vertieftes Parterre mit großem Bassin, bevölkert von Tritonen, Delphinen, Putten und Fabeltieren von der Hand Johann Ga-briel Räntz' und Johann Schneggs. Wenn man die farbigen In-krustationen und schimmernden Wasserschleier der Fontänen sieht, ist das ein märchenhafter Eindruck.

Alles das entstand langsam, weil die Markgräfin sich in den Jahren 1737-39 wieder einmal gesundheitlich sehr schlecht fühlte. *Mein Zustand ist stets der gleiche. Ich habe fünf bis sechs Tage hinter-einander furchtbare Kopfschmerzen, Magen- und Brustkrämpfe, und wenn es mir besser geht, fühle ich mich sehr schwach ... Mein Leiden hat mich zu einem Wundertier gemacht, denn ich bin seit zwei bis drei Tagen stumm und kann kein Wort hervorbringen. Eine stumme Frau ist eine rechte Seltenheit.* Schon 1738 hatte der Vater ihr seinen Arzt geschickt, Daniel de Superville, der dann bei ihr geblieben ist und ihr auch in gewisser Weise zu helfen vermochte. *Super-ville,* schreibt sie, *ist Franzose und gibt vor aus gutem Hause zu sein. Ich will hier nicht seine Genealogie diskutieren; jeder Franzose, der sich im Ausland niederläßt, ist so vornehm Herkunft wie der König, obgleich nicht selten ihr Großvater Haushofmeister oder Lakai in Paris war.* Superville sprach offen mit der Fürstin über den jungen Kronprinzen von Preußen. *Madame, ich hatte Zeit genug, ihn ge-nau zu studieren. Dieser Fürst hat Genie, aber ein böses Herz und einen schlechten Charakter; er verstellt sich, er ist argwöhnisch, erfüllt von Eigenliebe, undankbar, lasterhaft, und wenn ich mich nicht sehr irre, wird er bald geiziger sein, als es sein Vater jetzt ist... Diese Worte wurden während des tiefen Zerwürfnisses der Geschwister wegen der Marwitz gesprochen.*

1743-44 vollendete Saint-Pierre für Wilhelmine die Grotte der Kalypso, er baute die Eremitage der Markgräfin im Wald und nahebei das Ruinentheater. *Meine Eremitage gewährt den Ausblick auf die Ruinen eines Tempels; sie sind nach dem Vorbild altrömischer Mauerreste errichtet, und ich habe sie den Musen geweiht. Man findet dort die Bildnisse aller berühmten Gelehrten, wie Descartes, Leibniz, Locke, Newton, Bayle, Voltaire, Maupertuis etc. Neben dem kreisförmigen Salon liegen zwei Zimmerchen und eine kleine Küche, die ich mit antikisierenden Porzellanen nach Raffael ausgestattet habe. Von diesem Zimmerchen betritt man einen kleinen Garten, vor dem sich die Ruine eines Portals erhebt; der Garten grenzt an eine Laube, in die man sich bei großer Sonnenhitze zurückziehen und wo man ungestört lesen kann. Steigt man etwas höher hinauf, wird man von einem neuen Gegenstand überrascht; es ist ein Theater, aus behauenen Steinen gebaut, dessen Wölbungen ohne Dach sind, so daß eine Oper im Freien gespielt werden kann.*

Es gibt ein Portrait von Antoine Pesne, das die Markgräfin als ›Priorin‹ im Eremitenkostüm zeigt. Sie sitzt im dunkelblauen Samtkleid, ihr Hündchen auf dem Schoß, von Büchern umgeben. Ein leichtes, fast trauriges Lächeln spielt auf den feinen Zügen, die so sehr denen des Bruders gleichen.

Der ganze Bezirk zwischen Altem und Neuem Schloß und westlich von diesem ist geradlinig aufgeteilt, aber nicht mehr symmetrisch im strengen alten Sinn aus Boskett- und Heckenquartieren zusammengesetzt und von Alleen durchzogen. Außerhalb dieses Bezirks liegt der Wald, der nicht mehr nur Hintergrund, Staffage für den Garten, sondern als Waldpark durch Spazierwege und Ruhesitze mit ihm verbunden ist. Noch ist es kein Landschaftsgarten englischer Art, und die Besonderheit der Eremitage liegt darin, daß der äußere Park die planmäßige Ergänzung des eigentlichen Gartens ist, daß die Promenaden in ihm einen Kontrast zum Aufenthalt in den künstlich angelegten Gärten bilden sollen. Die Markgräfin meint selbst zu dieser originellen Anlage: »Man wird sehen, daß sie in ihrer Art einzigartig sind.«

Fénelon, von dessen ›Télémaque‹ ihr der Schwiegervater zu ihrer Langeweile vorzuschwärmen pflegte, hatte einen gewissen Einfluß auf die Gartenpläne der Fürstin. Das Bild der Grotte der Kalypso im ›Télémaque‹ bestimmte die Platzwahl für das Nymphenbad. Auch andere Gedankengänge des Erzbischofs von Cambrai klingen bei der Anlage der Eremitage an, wenn er schreibt: *Was für ein Wahnsinn, sein Glück daran zu setzen, die Menschen zu regieren…, oh, wie unsinnig ist der, der zu herrschen versucht. Glücklich, wer sich mit einem friedlichen Privatleben begnügt, in dem es ihm weniger schwer fällt tugendhaft zu sein.*

Wilhelmine, der als regierender Markgräfin eines kleinen Fürstentums kein Spielraum für politische Ambitionen blieb, suchte Ersatz dafür im stillen Leben der Eremitage und in der Beschäftigung mit der Kunst. Die Zeit war des barocken Prunks müde geworden; sie war erfüllt von der Sehnsucht, der strengen Etikette zu entfliehen in eine Ländlichkeit und Natürlichkeit, wie die Romane sie schilderten, eine Ländlichkeit, die jedoch ebenso künstlich war wie zuvor der Prunk. Welche Bedeutung die Eremitage oder Sanspareil für das Fühlen und Denken der Markgräfin hatten, erklärte sie 1756 ihrem jungen Kammerherrn Baron Gleichen: *Ich bin niemals so sehr (wie jetzt) überzeugt gewesen von der Macht der Örtlichkeiten auf die Einbildungskraft.*

So verwandelte sie die Landschaft im Geist der Vorromantik zu einem Bezirk freundlicher Ruhe und gelassener Heiterkeit. Mit ihrem Tode kamen die Arbeiten an den Gärten bald zum Stillstand. Wenn auch das Programm der Markgräfin nicht bis zum Ende durchgeführt werden konnte, ist die Eremitage dennoch so abwechslungsreich, daß man sich Zeit lassen muß, sie kennenzulernen. Jeder Schritt beschert Überraschungen. Wandern wir an einem Tag, an dem es nicht von Besuchern wimmelt, durch schattige Laubgänge, durch den Wald, zu den Grotten, Bassins und Schlößchen, so erkennen wir, wie sehr die Persönlichkeit Wilhelmines mit der Anlage verbunden ist, wie ihr Geist hier gewirkt hat. Kunst und Wildnis ergänzen sich ohne

Mißklang. Wie die Herrin der Eremitage ihr Ziel zu erreichen wußte, tritt vollends in Erscheinung, wenn wir das Alte Schloß durchschreiten. Alle Räume haben ihre eigene Atmosphäre, die uns sogleich gefangennimmt und in eine längst vergangene Zeit versetzt. Ungeachtet des Zeitcharakters, der den Schlössern, dem Garten jenen starken, sicheren Zusammenklang verleiht, hat der Mensch des 20. Jahrhunderts darin Spielraum für sein eigenes Empfinden. Man wäre nicht erstaunt, wenn sich plötzlich die Tür zum Musikzimmer öffnete, ein Herr in der pastellfarbenen Kleidung des Rokoko die zarte Gestalt der Markgräfin an das Spinett führte, die Geige zur Hand nähme, um mit ihr zu musizieren.

Ins Fichtelgebirge

Bindlach - eine Markgrafenkirche

Kurz hinter Bayreuth liegt das Dorf *Bindlach*, das man unbeachtet durchfahren würde, wenn nicht der auffallende Bau der Pfarrkirche mit ihrem hohen zierlichen Turm die Neugier weckte. Sie ist, wahrscheinlich von Carl Philipp von Gontard entworfen, von Rudolf Heinrich Richter 1766-69 gebaut worden und erhielt ihre Innenausstattung ab 1776 nach Richters Plänen. Es ist ein überaus reizvoller Bau, schon umweht von klassizistischer Kühle, mit strenger Fassadengliederung von dorischen Pilastern. Auch der reiche, schöne Turm ist mit Pilastern und Lisenen gegliedert; sein hoher, achteckiger Oberteil trägt eine Blendbalustrade mit Vasen. Das saalartige Innere wird lediglich durch umlaufende doppelgeschossige, sich in eleganter Kurvung bis zum Altar schwingende Emporen bestimmt und durch den üppigen Kanzelaltar akzentuiert. Die Hohlkehle der Flachdecke mit der 1768 von Wilhelm Ernst Wunder gemalten Himmelfahrt Christi und den vier Evangelisten in den seitlichen Kartuschen trägt leichten Laubwerkstuck der Bayreuther Hofkünstler Rudolf Albini und Michael Krätzer. Der Altar, von Andreas Neuhäusler 1777 geschaffen, ist mit den Figuren der Apostel Petrus und Paulus, der vier Evangelisten auf dem Gebälk über den Säulen und der Verklärung Christi am hohen Aufsatz geschmückt. Den Kanzelkorb bemalte Wunder mit den Figuren Christi, Johannes des Täufers, Christi Geburt und einer Grablegung.

Diese schöne Kirche – es gibt deren viele ähnliche im Land – gehört zu einer charakteristischen Sonderform des protestantischen Kirchenbaus, welche Markgrafenstil genannt wird. An sich sind die Markgrafenkirchen des 17. und 18. Jahrhunderts kein neuer Kirchentypus; sie stehen durchaus in der Tradition, zeigen aber ganz besondere Stilmerkmale: Emporen und Kanzelaltar. Die Emporen sind sicher aus dem Wunsch entstanden, Platzmangel zu beheben, auch sollen sie wohl die Versammlung der Gemeinde symbolisieren. Das wichtigste Element dieser Kirchen ist der Kanzelaltar, weil die Predigt das Herzstück des protestantischen Gottesdienstes ist. Die thüringischen lutherischen Kirchen des späteren 17. Jahrhunderts dienten als Vorbild, mit dem Unterschied, daß dort die Emporen fester Bestandteil der Architektur sind, also tragende und raumbildende Funktion haben, während sie in den Markgrafenkirchen meist frei vor den Wänden stehen. Markgraf Christian Ernst hatte 1678 Elias Räntz, Sohn lutherischer Exulanten aus Böhmen, in Italien als Bildhauer ausbilden lassen. Aus seinen Altären ging der verbesserte Kanzelaltar hervor, wie er schon in markgräflichen Kirchen des frühen 17. Jahrhunderts vorgebildet war. Da die Emporen die Wände rings umzogen, fand sich kein Platz mehr für die Kanzel. Sie wurde in den Altar verlegt. Ich fragte einmal einen Pfarrer, ob es ihm nicht merkwürdig wäre, an Stelle des sonst im Altar befindlichen Kruzifixes, eines Gemäldes oder einer Schnitzgruppe zu erscheinen, »wie der Teufel aus dem Kasten«! Der Teufel verdroß ihn weniger als die Zumutung, er solle womöglich vor dem Altar stehen. »Ja glauben Sie, ich wollte wie ein katholischer Popanz da vorn herumhupfen?!« schnob er mich an.

Sagen um den ›Fichtelberg‹

Von Bindlach steigt die Straße mählich an zur Höhe, und vor uns liegt hinter sanft gewelltem Vorland die dunkle Masse des Waldes. Fichtelgebirge und Frankenwald hoben sich im Jungtertiär langsam aus der Erde. Im Jahre Tausend wurden die Gebirge Nordwald genannt, ein Waldgebiet, das im Mittelalter noch viel ausgedehnter gewesen ist. Die große Rodungsperiode setzte damals ein. Dem Gebirgsstock um Ochsenkopf und Schneeberg entspringen vier Flüsse, Weißer Main, Eger, Sächsische Saale und Naab. Wir sahen sie personifiziert am Becken des Markgrafenbrunnens in Bayreuth. Das Fichtelgebirge trägt seinen Namen zu Recht, denn unendliche schwarze Fichtenwälder bedecken es, die nur auf der Südseite in Laubwald übergehen. Es ist ein rauhes Land. Gewaltige Schneemassen gehen im Winter darauf nieder, vor allem auf der Ost- und Nordseite um Wunsiedel. Es weist die kältesten Temperaturen von ganz Bayern auf und heißt daher im Volksmund auch das ›Bayerische Sibirien‹. Die bekanntesten Gipfel des nach Osten hufeisenförmig geöffneten Gebirgslandes sind Ochsenkopf, 1023 Meter hoch, Schneeberg, Kösseine, Waldstein und großer Kornberg. Der ›Fichtelberg‹, wie das Land früher hieß, war den Menschen ebenso unheimlich wie der Schwarzwald, mit dem es das Schwarze, Düstere gemein hat. Von oben erschaut man im Norden die waldreichen Höhen des Frankenwalds, im Westen den Bergwald der Königshude mit dem Steinachtal, im Südosten die Ausläufer des Steinwalds an der Grenze zur Oberpfalz. *Der Fichtelberg,* schreibt Matthias von Kemnath 1476, *ist unwegsam, und niemand kann, noch weiß, den Berg zu besteigen, außer die Zinngräber, Schindelmacher und dergleichen Leute … Ebenso findet man dort Mörder, fehdelustige Leute und böhmische Ketzer, ebenso Sternseher, Astrologi genannt, wie den Meister Niclas von Fichtelberg. Unsäglich viel Wunderbares ist auf und an dem Berg … Der See auf dem Berg friert den Winter über nicht zu. Man sieht keinen Vogel darauf und auch keinen Fisch darin. Und merke: ehe du zu dem See kommst, schwankt der Berg in einem Umkreis einer Viertelmeile oder mehr, als wolltest du versinken, und mit Furcht geht man zu dem See … Und schließlich ist nicht alles zu beschreiben, was an Wunderbarem auf dem Berg zu finden ist.* Es sind der Fichtelsee und die Seelohe unter dem Ochsenkopf, von denen Matthias spricht. Die Geologen halten sie für eine Erscheinung der Eiszeit, den Rest eines Gletschers, dessen vom Ochsenkopf und Schneeberg herabrinnende Wasser sie gebildet hätten. Heute ist die Seelohe ein an den See anschließendes Moor, unter dessen Decke eine Nixe lebt.

Vor etwa zweihundertachtzig Jahren gab der Historiograph Pfarrer Johann Will in Creußen dem Fichtelgebirge den Namen ›Paradeis‹, und als Begründung nennt er üppiges Wachstum, Reichtum an Tieren, Metallen, Edelsteinen, Gelehrsamkeit und Kunstfertigkeit seiner Bewohner. Der Ochsenkopf, wo einst ein Bergwerk betrieben wurde, trägt seinen Namen von einem auf seinem Gipfel in den Fels gehauenen Zeichen, das einem Ochsenkopf ähnlich sieht. Dieses Zeichen hat Erzvorkommen angezeigt. Wer die Wunderblume findet, vermag ins Innere des Berges vorzudringen, wo »Gold und Silber wie Eiszapfen, Edelgestein wie Stränge von Zwiebeln herabhängen«. In der Johannisnacht steht der Berg offen. Auch Karl der Große oder König Salomo sollen im Ochsenkopf schlafen und einst mit einem gewaltigen Heer zur letzten Schlacht ausziehen. Vormals wurde im Gebirge nach Erzen und Edelmetallen geschürft, wie der Name des Städtchens Goldkronach anzeigt, und das Edelmetall lockte jene rätselhaften Fremden an, italienische Goldsucher, die ›Walen‹, Venedigermännlein, mit denen viele Sagen verbunden sind. Pachelbel berichtet 1716 in seiner ›Beschreibung des Fichtelberges‹ von seltsamen Männern und ihrem Tun, die er »Wallonen, Venetianer, Mailänder, Modeneser, Brabander und Flanderer« auf Goldsuche nennt. Vor langer Zeit hüteten einmal die Kinder wohlhabender Eltern, zwei Buben und ein Mädchen, ihr Vieh im Wald, am Ochsenkopf; da erschien ein graues Männchen, das ihren Gesprächen mit sichtlichem Wohlgefallen lauschte. »Ihr seid gute Kinder«, sagte es, »ich will euch etwas schenken.« Jedes Kind erhielt ein Laiblein Brot. Die Buben warfen es mutwillig fort, das Mädchen aber wickelte es sorgsam in seine Schürze und trug es nach Hause. Als man das Brot aufschnitt, fand man einen Klumpen Gold darin. Die Walen oder Venediger sind seit dem 15. Jahrhundert im Fichtelgebirge nachweisbar. Seit dieser Zeit gibt es die Walenbüchlein mit Aufzeichnungen über Erzfundstätten. Das älteste ist eine um 1470 angefertigte Abschrift

des Notizbuchs des Bergmanns Antonius Wale, welcher die
schlesischen Gebirge nach Gold durchstreifte – daher der Name
Walen. Sie kamen regelmäßig im Frühjahr aus Italien und zogen
im Herbst wieder heim. Es wird erzählt, daß Einheimische in
Venedig plötzlich vor einem dieser Männer standen und freundlich eingeladen wurden. In der Sage sind sie zu zauberkundigen
Zwergen, den Venedigermännlein, geworden. Vom Edelmetall
kündet der Spruch eines Glasmachers aus Bischofsgrün auf einem
seiner Gläser:

> Von Gold und Silber ganz durchflochten
> Ist mein edles Eingeweid.
> Adams graues Alter reichet
> Nicht an meine Frühlingszeit.

In uralten Tagen schied keine Schranke die Wildnis dunklen
Waldes von Siedlungen, Mensch und Tier, Glauben und Aberglauben. Irrlichter über den Sümpfen waren irrende Seelen oder
Kobolde, welche die Menschen ins Verderben lockten; in den
Häusern lebten Zwerge, oder sie kamen, wie die Moosweibchen,
um den Menschen zu helfen, und kehrten dann in die tiefen
Schächte der Berge zurück. Wilde Jagd, zauberkundige Schlangen, Naturkräfte, das Wissen um heilsame Kräuter, alles das
mischte sich ungebrochen mit dem täglichen Leben, das ganz
natürlichen Umgang mit Kobolden, Elfen und Wassergeistern
pflog. Wasser war immer Objekt kultischer Verehrung in vor-
christlicher Zeit; es galt als heilig, man schrieb ihm göttliche
Kräfte zu. Diese Wasserverehrung wurde vom Christentum in
andere Bahnen gelenkt, doch lebt sie noch im Taufwasser, im
Aberglauben und in Sagen. Wasser hat reinigende, göttliche
Kraft und man durfte es nicht verunreinigen. Die Kinder kamen
aus Brunnen, klaren Bächen wie dem jungen Main, das Wasser
schenkte den Frauen in der Osternacht Fruchtbarkeit. Am Anfang aller Dinge schwebte der Geist Gottes über den Wassern,
und durch die Taufe verbindet es uns mit dem übernatürlichen
Leben.

So ist das Fichtelgebirge voller uralter Geheimnisse. Die Fei-

lenhauer trugen gegen hohe Belohnung in ihren Ranzen Kobolde und Plagegeister ins Fichtelgebirge, das für das ganze Umland ein Bannbezirk war, den die Geister nicht verlassen durften.
Tief im Wald lebten die Holz- oder Moosweiblein, kleine, zierliche Geschöpfe, heilkundig und hilfreich. Ihnen stellte der Wilde
Jäger mit Vorliebe nach, wenn er mit seinen Hunden über die
Wälder dahinbrauste. Daher haben die Holzfäller drei Kreuze
in die Baumstümpfe gehauen, damit sich die Holzweibchen darauf flüchten konnten. Der Wilde Jäger vermochte ihnen dann
nichts anzutun. Auch mit dem Holz hat es seine besondere Be-
wandtnis. Es muß geschlagen werden, wenn die richtige Zeit gekommen ist, zum Beispiel wenn die Sonne aus einem Tierkreiszeichen in ein anderes wechselt, denn dann wirft und spaltet sich
das Holz nicht. Die Jungfrau gibt schlechtes Bauholz, der Wassermann macht es schwer und morsch. Zur richtigen Zeit geschlagen, wird Bauholz nicht brennen oder vom Wurm be-
fallen.

Das Fichtelgebirge ist also ein Land der Sagen und Geister,
aber auch alter Volksbräuche. Vormals legten die Bauern fri-
sches Brot unter den Pflug, damit er darübergehe und der Acker
fruchtbar werde. Die Johannisblume schützt vor Unwetter,
wenn sie am Johannisabend ins Haus gebracht wird; Mäuse ver-
treibt man mit Knochen vom Fleisch, das auf Fastnacht vor Son-
nenaufgang gekocht worden ist – und so gibt es noch vielerlei.

Hermann Fürst Pückler schreibt 1835: *Das Fichtelgebirge führt
seinen Namen mit Recht, denn nichts als Fichten bedecken es weit und
breit. Acht Stunden vor Bayreuth tritt man auf einer bedeutenden Höhe
plötzlich aus Gebürge und Wald hinaus, und der Anblick, der sich hier
darbietet, ist ebenso großartig als überraschend. Man hat tief unter sich
ein fruchtbares hügeliges Land, was von dem hohen Standpunkte aus,
wie der unermeßliche Halbkreis einer wellenförmigen Eb'ne erscheint,
an deren entferntesten Ecken hie und da lichtblaue gezackte Spitzen
ein neues Berggebiet bezeichnen. Eine Menge Städte und Dörfer schimmern mit ihren Kirchen und Türmen weiß und rot aus den Fluren und
Gebüschen hervor; was aber dem großen Bilde seinen eigentümlichsten
Charakter gibt, und, um mich einmal militärisch auszudrücken, der*

Schlüssel der romantischen Position dieser Gegend genannt zu werden verdient, ist ein im Mittelpunkt des Ganzen freistehender dunkler Riese, der ›Rauhe Kulm‹ betitelt, ein majestätischer, dicht mit Tannen bewachsener Berg, von einem kahlen Felsenkegel gekrönt, den ganz an seiner Spitze wiederum eine kleine Calotte schwarzer Tannen deckt. Es ist bezaubernd schön, wie sich im allmähligen Herabsteigen diese Aussicht immer mehr erst entfaltet, detailliert, dann verändert, endlich verschwindet. Immer kleiner werden bei jedem Schritt die gezackten Spitzen am Horizont, immer mehr schwellen der Erde Wogen, immer höher steigt der rauhe Kulm empor, bis man zuletzt unter grünen Wiesen und mit Laubholz bewachsenen Hügeln alle ferneren Aussichten verliert, und uns ein mit frischen Blumen geschmückter Heiliger am Wege in dem lieblichen Lande willkommen heißt, wo, wie es scheint, nach alt heidnischem Brauch die Religion noch sinnlich mit dem Menschen lebt, von jedem Leid und jeder Freude noch bildlich ihren Teil erhält.

Zur Weißmainquelle

Von Bindlach kommen wir zunächst auf der B 2 nach *Bad Berneck*, einem in engem Talkessel liegenden hübschen kleinen Städtchen mit Burgruinen, wo einst die Edelfreien Wapoten saßen, später die Herren von Wallenrode. Wilhelm Wackenroder hat es 1793 besucht und schrieb seinen Eltern: *Man fährt mit einem Male zwischen hohen Bergen, in ein enges Tal hinein, worin das Städtchen in einem engen Raum eingeklemmt liegt. Alles ist schwarz, finster: aus den Bergen ragen schwarze Felsmassen hervor; über die Stadt erhebt sich der schwarze spitze Kirchturm; daneben steigt der kühnere Turm einer alten Burg, wohl noch einmal so hoch in die Lüfte empor, und scheint über die Stadt zu hängen und hineinstürzen zu wollen, so verwegen streckt er sich zum Himmel hinauf. Alles dies ist in ein enges Tal eingeschränkt, das der Weiße Main durchrinnt.*

Bei Berneck nimmt der junge Main die Ölsnitz auf, in der Perlen gefischt worden sind. Er selbst entspringt am Osthang des Ochsenkopfes in 884 Meter Höhe; als ein winziger Bach klarsten Wassers stürzt er sich durch den Wald zwischen Ochsenkopf und dem höheren Schneeberg hinunter in die walddunkle Talschlucht, rauscht vorüber an Bischofsgrün im weiten Hochtal, wo vormals Eisen- und Pechhütten, Meiler und Schneidmühlen und eine bekannte Glashütte betrieben wurden. Wir folgten dem engen Tal, in dem tief unten unsichtbar der Bach rauscht, und kamen höher und höher hinauf zwischen den Wänden dunkler Fichtenwaldungen. In Karches stiegen wir aus, um durch den Hochwald zur Quelle aufzusteigen. Die Luft war frisch und würzig, so daß der kurze Anstieg zum Vergnügen wurde. Auch Wackenroder hat den Weg dort hinauf genommen und berichtet: *Wenig betretene Fußsteige führten uns durch dichtes Buschwerk etwas steil hinauf... Sehr merkwürdig war es mir, mitten in der Waldung hier einen der größten Flüsse Deutschlands in seiner Wiege zu finden ...*

Die Quelle entläßt, wie die des Roten Mains, einen Strahl klaren Wassers. Sie wurde bereits 1717 gefaßt und mit dem markgräflichen Wappen geschmückt, denn hier verlief die Grenze zwischen der Markgrafschaft und Bayern. Wir stiegen weiter und kamen zu den Weißmainfelsen, gigantischen Granitblöcken, aufgetürmt wie zyklopisches Mauerwerk, von dem der Blick über die unendlichen Wälder weit in die Runde geht.

Wer will, kann *Wunsiedel* – der Name erscheint erst 1163 als Sitz der Herren gleichen Namens – einen Besuch abstatten, das auf der Nordostseite des Gebirges liegt, im Sechsämterland, wozu Weißenstadt, Kirchenlamitz, Thierstein, Hohenberg und Selb gehören. 1321 verkaufte Herr von Voitsberg die Burg an den Burggrafen von Nürnberg, und von nun an gedieh der kleine Ort, trieb Handel, hatte seine Märkte und wurde 1326 Stadt mit einem Mauerring, von dem noch ein hoher Torturm steht. Wunsiedel war die Heimat Jean Paul Richters und Karl Ludwig Sands, der, ergriffen von dem romantisch erregten Freiheitsbegriff jener Zeit, 1819 in Mannheim den Dichter August von Kotzebue ermordete und hingerichtet wurde. Kotzebue soll dem Zaren Geheimberichte über die freisinnige Haltung der studentischen Jugend geliefert haben. »Es sollte doch einer mutig über sich nehmen, dem Kotzebue oder sonst einem solchen Landesverräter das Schwert ins Gekröse zu stoßen«, schrieb Sand in sein Tagebuch. In Wunsiedel spricht man von ihm, als wäre es gestern gewesen.

Der Name Wunsiedel hat etwas Märchenhaftes, Verwunsche-
nes, aber es ist gar nicht verzaubert; es ist, wie Jean Paul sagte, eine
›neue‹ Stadt, denn 1834 wurde die alte durch einen verheerenden
Brand ausgelöscht. In kühlen, zweckmäßigen, gutproportionier-
ten Formen baute man sie sogleich wieder auf. Es ist ein sauberer
Ort; gute, frische Luft weht in den Straßen mit den vielen Brunnen, keine rauchenden Schlote blasen ihre Dämpfe in den Himmel, und die Steinindustrie ist sauber und rauchlos. Im Mittelalter verhalf der Zinnbergbau Wunsiedel zu Wohlstand. Durch
ihn kam Sigmund Wann, gestorben 1469, zu großem Reichtum.
Er hat um 1450 seiner Vaterstadt eine großzügige Stiftung gemacht, das Spital, welches bis in unsere Tage alten Bürgern, den
Pfründnern, Unterkunft und Nahrung gewährte. Spital und
Kirche, ein Komplex von großem Reiz, sind 1964 zu einem der
schönsten bayerischen Museen gestaltet worden, dem Fichtelge-
birgsmuseum, dessen Besuch sich durchaus lohnt, wie auch der der
hübschen Stadt mit ihrer herrlichen Umgebung. »Ich bin gerne
in dir geboren, kleine, aber gute, liebe Stadt«, schrieb Jean Paul.

Kloster Himmelkron

Ganz nahe der Autobahnausfahrt Bayreuth–Bad Berneck, an der
Straße nach Kulmbach, liegt das einstige Kloster Himmelkron,
ein Zisterzienserinnenstift, 1279 von Otto IV. Grafen von Orlamünde gegründet. Kurz darauf wurde der Bau von Marienkirche und oberem Klosterhof begonnen, der etwa um 1350 beendet war. 1473 legte die Äbtissin Elisabeth von Künsberg den
Grundstein zum Kreuzgang. 1569 säkularisierte der Markgraf
von Brandenburg-Kulmbach das Stift und machte es zu einem
Stiftskastenamt. Seit dem Ende des 17. Jahrhunderts diente das
Kloster als Schloß, und man baute am unteren Hof 1699 den Prin-
zenbau nach Entwurf von Antonio della Porta. Damals ist auch
das Innere der Kirche barockisiert worden, und 1760 wurde der
Kreuzgang abgebrochen, mit Ausnahme des Nordflügels. Heute
dient Himmelkron als Heil- und Pflegeanstalt der Neuendettels-
auer Schwestern.

Die Kirche ist im Äußeren sehr schlicht, im Innern von Ber-

nardo Quadri 1699 stuckiert worden. Der Raum ist, trotz der
beiden kaum zueinanderpassenden Stile, sehr heimelig mit seinem hübschen Kanzelaltar, den die Bayreuther Werkstatt des
Elias Räntz und der Schreiner Johann Spindler 1718-24 gearbeitet haben. Neben einer Reihe bemerkenswerter Äbtissinnengrab-
steine des 14. und 15. Jahrhunderts gibt es die bedeutenden Grabdenkmäler der Grafen von Orlamünde. Da ist die Tumba des
Stifters, des Grafen Otto IV., gestorben 1285, der im langen
Rittermantel auf der Grabplatte liegt, das Grabmal der Äbtissin
Agnes von Orlamünde, gestorben 1354, in Ordenstracht, dem
Wolfskeelmeister zugeschrieben, der das ergreifende Grabmal
Bischof Friedrichs von Hohenlohe im Bamberger Dom geschaffen hat, das Denkmal des Grafen Otto VI. als gewappneter Ritter,
und das Ottos VII., gestorben 1341, farbig gefaßt. Da stehen sie,
Herren aus großem Haus und eines großen Territoriums, wach,
aufmerksam, den Blick spähend in die Ferne gerichtet.

Am schönsten aber ist der Rest des Kreuzgangs, dessen
Schmuck sicher zu den einzigartigen Ausstattungen Frankens gehört, ein heiterer, stiller Ort mit hohen, mit Fischblasenmaßwerk
gefüllten Fenstern, mit einer der Tonne aufgelegten höchst zierlichen Netzrippenfiguration, die auf Wandsäulchen aufliegt. In
den Deckenfeldern sitzen Stuckreliefs musizierender Engel, ein
fröhliches Orchester, sehr fein gearbeitet. An der Innenwand angebracht sind Sandsteinreliefs der Schöpfung, der Verkündigung,
Geburt, Auferstehung und Himmelfahrt Christi, wohl schon
um 1460-70 gefertigt. Sie stehen im Zusammenhang mit einer
Reihe um die gleiche Zeit entstandenen oberrheinischen Ein-
blattholzschnitten aus dem Umkreis der Buxheimer Verkündigung. Unter dem Schöpfungsrelief steht zu lesen: »So er spricht,
so geschiehts, so er gebeut, so stehts da.« Äbtissin Elisabeth von
Künsberg kniet in Sandstein gehauen im Kreuzgang, dessen Er-
bauerin sie gewesen ist. Ihr Wappen ist an der Decke zu sehen,
umgeben von zwölf Herolden, welche Ordensketten halten, den
Schwanenorden, Goldenes Vlies, den vom König von Zypern
gestifteten Orden der Verschwiegenheit und andere. Ein schöner
Raum ist auch die im Westen der Kirche liegende Ritterkapelle

mit hohen, farbig ornamentierten Rippengewölben auf glatten
Säulen.

Etwas von zisterziensischem Geist ist noch zu spüren, in
Resten zwar, doch in stiller Eindringlichkeit.

Nach Thurnau

Von unserem Ausflug ins Fichtelgebirge nach Bayreuth zurückgekehrt, wollen wir vor unserer Weiterfahrt nach Thurnau
noch einen Abstecher nach *Donndorf* machen, wo Markgräfin
Wilhelmine 1758, möglicherweise von Rudolf Heinrich Richter, den Bau des Schlosses Fantaisie für ihre Tochter Friederike
Herzogin von Württemberg beginnen ließ. Es ist um die Mitte
des vorigen Jahrhunderts im Florentiner Stil ausgebaut worden
und kam später in den Besitz des Fürsten Wrede, der es 1937
verkaufte. Den herrlichen Park ließ Wilhelmine ebenfalls beginnen; er wurde ab 1793 von den Württembergern in einen englischen Park umgewandelt und unter Verwendung natürlicher
Felsgruppen mit antikisierenden Gedenkstätten geschmückt.

Dem Roten Main folgend, fahren wir dann von Bayreuth
nach Kulmbach und passieren *Neudrossenfeld* mit dem einstigen
Schloß, das Carl Philipp von Gontard ab 1763 für den Bayreuther Minister Grafen Ellrodt umbaute, und der eleganten von
Johann Georg Hoffmann 1753-61 gebauten Pfarrkirche St. Jako-
bus mit der reizenden farbigen Fassung von Emporen und Ge-
stühl, mit Stuck, Deckenbildern und schönem Kanzelaltar mit
Figuren um 1510-20, wahrscheinlich aus Bamberger Werkstatt.

Thurnau liegt in einem Talkessel der waldigen Ausläufer der
Fränkischen Alb. Die kleine wohlerhaltene Stadt war Residenz
der Grafen von Giech. Städtchen und Landschaft, alles klingt
angenehm zusammen, und schauen wir vom Marktplatz mit
seinen alten Häusern zum Schloß hin, haben wir das hübscheste
Bild. Das Schloß ist eine riesige Anlage von sehr bewegtem Umriß, mit Türmen, Giebeln und steilen Dächern, mit Erkern und
Wappenschilden, alles das um drei Höfe gelagert. Im Norden
ist dem Schloß ein Zwinger mit drei Türmen vorgelegt. Das

Untere Schloß besteht aus dem Archivbau, den Künsbergflügeln, der Kemenate, die im Kern auf das 13. Jahrhundert zurückgeht, und dem Storchenbau. Nach dem Hussiteneinfall und dem Bauernkrieg wurden Zwinger und Künsbergflügel im 15. und 17. Jahrhundert neu gebaut. Aus der Zeit der Giech stammen der schöne Gebetserker von 1581 am Südgiebel der Kemenate sowie der Torbau von 1580, der nach einem Brand 1833 erneuert worden ist. Die Künsbergflügel wurden 1875 zum Teil umgebaut. Das Obere Schloß besteht aus dem Hans-Georgen-Bau von 1658, im 18. Jahrhundert um ein Stockwerk erhöht, dem Kutschenhaus des 18. Jahrhunderts und dem Carl-Maximilians-Bau von 1729 und 1731, den Johann David Räntz, der Bayreuther Baumeister, aufführte. In der Mitte des Hofs steht der prächtige Brunnen mit reichem Rocailledekor, den wohl Johann Gabriel Räntz geschaffen hat.

Die Herrschaft Thurnau gehörte vom 13. bis ins 16. Jahrhundert den Förtsch von Thurnau, die 1564 ausstarben. Als Besitzer folgten die Schwiegersöhne des letzten Förtsch, Künsberg und Giech. Ihnen hatte der Fürstbischof von Bamberg die hohe Gerichtsbarkeit verliehen, die eigentlich den Markgrafen von Brandenburg-Bayreuth zustand, und daher kam es immer wieder zu den unangenehmsten Reibereien, obgleich Kaiser Ferdinand der Fränkischen Reichsritterschaft die hohe Gerichtsbarkeit bestätigt hatte. Auch die im Kondominat regierenden Herren von Künsberg und Giech vertrugen sich schlecht, und daher teilten sie 1576 das Schloß. Vierzehn Jahre später wurde Giech in den Freiherrnstand erhoben, und Christian Carl I. erreichte 1695 die Erhebung in den Reichsgrafenstand, denn er glaubte, durch diese Rangerhöhung dem Markgrafen den Wind aus den Segeln nehmen zu können. Aus diesem Grund ersuchte er um Aufnahme in das fränkische Grafenkollegium, aber das war mit Schwierigkeiten verbunden, da hierfür der Besitz einer reichsunmittelbaren Herrschaft nachgewiesen werden mußte. Es ist lustig, zu sehen, wie sein Nachfolger Graf Carl Gottfried ans Werk ging. Er bat den Kurfürsten von Mainz und Fürstbischof von Bamberg, Lothar Franz von Schönborn, dafür einzutreten, daß das

Gut Krögelstein aus dem reichsritterschaftlich gebundenen Besitz gelöst und zur Reichsherrschaft erklärt werde. Dafür sollte die Familie Schönborn im Falle des Aussterbens der Giech das Erbfolgerecht erhalten. Der Vertrag wurde geschlossen, aber Giech wurde nicht aufgenommen. Carl Gottfried kaufte nun die Waldecksche Herrschaft Witten, wurde dadurch Mitglied der Wetterauer Grafenbank, mußte jedoch das stark verschuldete Gut wieder veräußern. Noch immer hatte sich das Grafenkollegium Franken für seine Aufnahme nicht ausgesprochen, doch Giech gab nicht nach und erreichte sein Ziel mit Hilfe des Grafenbankdirektors Grafen von Hohenlohe. 1726 wurde er in Weikersheim feierlich ins Kollegium eingeführt. Allerdings erfolgte seine Aufnahme nicht auf Grund eines reichsunmittelbaren Territoriums, sondern mittels Rechten und Gütern, die er dem Markgrafen von Bayreuth abgekauft hatte. Er mußte sich verpflichten, den Kauf einer solchen Herrschaft nachzuholen, was meines Wissens nie geschehen ist. Den Unmut Schönborns über das Abschwenken vom Sukzessionsvertrag besänftigte Carl Gottfried mit 5000 Gulden. Giech gehörte nun zum hohen Adel, und es ärgerte den Freiherrn von Künsberg, der sich nicht geringer dünkte, daß ihm täglich die ›lächerliche Landesherrlichkeit‹ in Thurnau unter die Nase gerieben wurde. Er verkaufte seinen Anteil an Giech und zog nach Wernstein. Auch das Verhältnis zu Bayreuth besserte sich, denn durch seine Frau, eine Gräfin von Wolfstein, war Giech mit dem Markgrafen nahe verwandt.

Der bedeutendste Herr des Hauses war der 1795 geborene Graf Carl, Regierungspräsident von Mittelfranken, »einer der patriotischsten, charaktervollsten und intelligentesten baierischen und deutschen Adelsherren« (Eduard Vehse). Giech verfaßte ›Ansichten über Staats- und öffentliches Leben‹, 1843; er war Abgeordneter im Frankfurter Parlament und äußerte sich über eine Reorganisation des Adels folgendermaßen: *Eine corporative Gestaltung des Adels ist unerläßlich, theils um die Reorganisation ins Leben einzuführen, theils um sich als besonderer Kreis im großen Ganzen des Staatslebens bewegen und erhalten zu können. Die Statuten sollten an ihrer Spitze die Erklärung enthalten: der Adel erkenne es als seinen Beruf, mit den ihm verliehenen Mitteln den allgemeinen Zwecken des Landes zu dienen, und er sei fern davon, sich bloß als einen Genießenden zu betrachten und sich lediglich der Verfolgung von Sonderinteressen hinzugeben; als spezielle Zwecke aber sollten sie bezeichnen: Erstens, die Erwirkung einer durch das natürliche Gewicht des großen Grundbesitzes bedingten und geforderten bevorzugten Stellung in der Gemeinde in Bezug auf Vertretung und Verwaltung; zweitens, Ablegung der Adelstitel von Seite der jüngeren Söhne und Töchter, zu dem dreifachen Zweck der materiellen Erleichterung der Familien, der Förderung des individuellen Wohls der Betheiligten und der Ermöglichung einer näheren Verbindung der Aristokratie mit den übrigen Ständen durch Ergreifung der Berufsarten derselben, sowie durch Eingehung von Familienverbindungen...*

1938 erlosch das Haus Giech; Thurnau kam durch die Schwester des letzten Grafen an die Freiherren Hiller von Gaertringen, die sich heute mit Recht fragen, wie sie das riesige Schloß erhalten sollen.

Hoch über der Hauptstraße führt vom Schloß ein hölzerner, 1800 errichteter Herrschaftsgang mit späterem neugotischem Schnitzwerk zur Pfarrkirche St. Lorenz, deren Chorturm der Spätgotik angehört, deren Langhaus aber 1701-06 gebaut worden ist. Ein festlicher Raum empfängt uns, mit Doppelemporen auf Holzsäulen, mit schwerem Stuck von Bernardo Quadro auf rosa Grund, mit einem Säulenaltar wohl von Elias Räntz aus Bayreuth, einer lustigen Stuckkanzel von Quadro, einem mit reichem vergoldetem Muschelwerk geschmücktem Orgelprospekt und der von Elias Räntz 1706 eingebauten Herrschaftsloge auf der Westseite, reich dekoriert mit den Wappen Künsberg-Bothmer, Giech-Khevenhüller, mit farbig gefaßtem Rankenwerk, Voluten und Engelsköpfen. Wir verlassen Thurnau und fahren weiter nach Kulmbach, dessen Wahrzeichen, die Plassenburg, wir schon von weitem sehen.

Inmitten einer landschaftlich bewegten, formenreichen Vielfalt langgestreckter Höhenzüge liegt am Main, und zwar nahe oberhalb des Zusammenflusses von Weißem und Rotem Main, Kulmbach. Beschützt von der Plassenburg ist die schöne alte Stadt herangewachsen. Ihr Name erscheint im Frühlicht der deutschen Geschichte in einer Notiz der sogenannten Bamberger Alkuinbibel zwischen 1028 und 1040. Diese besagt, daß, unter anderen Gütern, ›Culminaha‹ von dem edelfreien Walpoten Reginold an Bamberg abgetreten wurde. Eine andere in jener Zeit am Gebiet des Obermains interessierte Familie waren die Grafen von Schweinfurt, eines Stammes mit den Grafen von Babenberg und Henneberg, die versuchten, sich hier festzusetzen. Zum Besitz dieses Hauses gehörte der am Fuß der Plassenburg gelegene Fronhof, der im 16. Jahrhundert dem reichsritterschaftlichen Kanton Gebirg einverleibt wurde. Aus diesem Fronhof entwickelte sich die zwischen Plassenburg und Weißem Main liegende Vorstadt ›Grünwehr‹. Der Fronhof lag etwa dort, wo die Fernstraße nach Hof den Fluß überquert. Hier und nicht in der von den Walpoten gegründeten Siedlung Culminaha – sie hat den Namen von einem Bach, der sie durchfließt – ist die Urzelle der von Kulmbach ausgehenden territorialen Entwicklung zu suchen. Die Grafen von Schweinfurt verloren ihren Einfluß auf das Kulmbacher Gebiet, weil sie sich den Gegnern König Heinrichs II. verbanden, und 1057 sind sie ausgestorben. Gisela, des letzten Grafen Otto III. jüngste Tochter, brachte das Erbe an die Grafen von Andechs. Dieses mächtige Geschlecht konnte nicht genug kriegen und zersplitterte seine Kräfte, so daß es ihm nie gelang, ein starkes, geschlossenes Territorium zu bilden. Die andechsischen Stammgüter lagen im Unterinntal und Pustertal, um Andechs und Dießen in Oberbayern. Als Anhänger der Staufer erhielten sie 1173 die Markgrafschaft Istrien und erlangten 1180 für ihre Hilfe am Sturze Herzog Heinrichs des Löwen den Herzogstitel von Dalmatien, Kroatien und Meranien, dem Land am Adriatischen Meer. Die Plassenburg wurde Mittelpunkt

ihrer Hausmacht und ihrer Politik, deren Einfluß von Ungarn
bis Burgund, von der Adria bis an die Oder reichte. Die Plassenburg als Zentrum des andechsischen Obermaingebietes förderte
Kulmbachs Entwicklung zur Stadt. Um 1150 entstand bei der
›Culminaha‹, nahe dem früheren Walpotenhof, die Marktsied-
lung mit Wehrkirche, zu deren Schutz die umwohnenden Mini-
sterialen berufen waren, die deshalb auch Burggüter im Ort besaßen. 1231 erhielt Kulmbach Stadtrecht. Die Heirat Herzog
Ottos I. von Andechs-Meranien mit Beatrix, der Enkelin Kaiser
Friedrichs I., brachte durch Erwerbung Burgunds das Haus noch
einmal zu hohem Ansehen, doch Otto II. (gest. 1248) – mit ihm
erlosch Andechs-Meranien – stellte sich gegen Kaiser Friedrich II.
und erschöpfte sich in Machtkämpfen mit den Wittelsbachern.
Diese erbten in Bayern, in Franken folgten die Grafen von Wei-
mar-Orlamünde, denen es mißlang, die Obermainlande mit ihrer thüringischen Grafschaft zu einem umfangreichen Herr-
schaftsgebiet zusammenzuschließen, denn die Thüringer Lande
fielen um 1350 an die Wettiner. Ein neuer Abschnitt begann,
als Orlamünde zuerst 1290, dann 1338 Burg und Stadt Kulmbach dem Burggrafen von Nürnberg verpfändete, der ebenfalls
Teile des andechsischen Erbes, nämlich Bayreuth, erhalten hatte.
1340 ging Kulmbach endgültig in Zollernschen Besitz über und
blieb bis 1806 in ihrer Hand.

Achse der Stadt ist der Straßenmarkt der heutigen Oberstadt,
von dem Seitengassen zur Stadtmauer führen, an der die Burggüter des Adels lagen. Reste der Mauer, vor allem auf der Südwestseite über dem breiten Graben, sind erhalten. An der Nord-
ecke steht der im 14. Jahrhundert gebaute, 1553 erneuerte Weiße
Turm, es folgt der Rote Turm im Kapellengäßchen aus dem
frühen 14. Jahrhundert, auf der Südwestseite der Heilingschwert-
turm aus gleicher Zeit, ferner ein Buckelquaderturm des 17. Jahrhunderts, der Fronfestturm des 14. Jahrhunderts. Von den Burg-
gütern ist ein besonders hübsches im Oberhacken erhalten, unmittelbar an der inneren Mauer gebaut, das einstige *Künsberg-
schlößchen*, ein reizvoller Giebelbau, den vermutlich Caspar Vischer 1571 errichtet hat. Im Westen war die Obere Stadt von

Rathaus und Kaufhaus – heute Vereinshaus – abgeschlossen, im
Osten durch die Stadtpfarrkirche St. Peter mit ihren Befestigungen der Kirchwehr. In der zweiten Hälfte des 14. Jahrhunderts
kam es zur Stadterweiterung, begrenzt von Kirchwehr, Schieß-
graben, Grabenstraße und Rötleinsberg; hinzu kamen Vorstädte
außerhalb des Mauerrings wie das ›Grünwehr‹. 1398 war diese
Stadterweiterung im wesentlichen abgeschlossen. Es gab drei
Tore, ein Färberhaus, vierundzwanzig Fleischbänke, drei Bad-
stuben, fünf Mühlen und hundertzweiundzwanzig Bürgerhäuser sowie die Petrikirche, Katharinen- und Elisabethkapelle,
Rathaus, Kloster und die adligen Burggüter. 1430 ist Kulmbach
von den Hussiten teilweise zerstört worden, und Furchtbares
mußte die Stadt im Markgräflerkrieg erdulden, in dem sie 1553
vollkommen niedergebrannt wurde. »Ein steinern Herz möcht
es erbarmen«, meldet ein unmittelbar nach der Katastrophe er-
schienenes Flugblatt. Die Stadt wurde wieder aufgebaut, die Altstadt zum Marktplatz hin geöffnet, der die Verbindung zu den
Erweiterungen des 18. bis 19. Jahrhunderts schuf, welche neue
Akzente ins Stadtbild setzten wie die 1738-39 gebaute elegante,
kürzlich ausgezeichnet restaurierte Spitalkirche des Johann Georg Hoffmann, der auch das Rathaus 1752 baute, sowie der
Langheimer Hof von 1691-94, der in schönster Lage über der
Stadt thront

Kulmbach ist nicht allein berühmt durch die Plassenburg, die
wir noch besuchen werden, sondern auch durch sein Bier, denn
seit 1174 wird in der Stadt gebraut, und durch seine Spinnereien
und Textilbetriebe. Das Vorfeld der alten Stadt dem Weißen
Main zu ist bedeckt mit hochragenden Schloten, Fabriken und
Mälzereien, aber zuerst war das Bier da. Bis 1500 stand jedem
Bürger Kulmbachs das Recht zu, Bier zu brauen, und seit dem
letzten Jahrhundert ist die Bezeichnung ›Echtes Kulmbacher‹
zum Begriff hoher Qualität geworden. Es wird jetzt von vier
Großbrauereien hergestellt, der Ersten Kulmbacher Aktien-
brauerei, dem Reichelbräu, dem Sandlerbräu und dem Mönchs-
hofbräu. Nach 1945 standen die Brauereien in einer wirtschaftlichen Krise, weil ihnen der Weg nach Norden und Osten ver-

schlossen war, doch haben sie neue Absatzgebiete erschließen können. Ebenso wichtig für das wirtschaftliche Leben der Stadt sind die Kulmbacher Spinnerei AG, die Plüsch- und Möbelstoffwebereien Türk & Kneitz, Vorwerk & Co sowie andere Textilbetriebe.

In Kulmbach gibt es viel zu sehen: Plassenburg, Stadt, *Zinnfiguren- und Luitpoldmuseum*, das als Landschaftsmuseum Obermain auf die Plassenburg verlegt werden soll. In ihm finden wir die ganze Geschichte Kulmbachs zusammengetragen in bürgerlichen Möbeln von hoher Qualität, in Goldschmiedekunst wie dem Pörbitscher Schatz, in Volkskunst und Zeugnissen vorgeschichtlicher Zeit. Alles das zu sehen wird man mehr als einen Tag brauchen, daher empfiehlt es sich, in einem der behäbigen alten Gasthöfe einzukehren, die zwar nicht mit allem Komfort unserer Zeit ausgestattet sind, aber das Lokalkolorit besser vermitteln als das moderne Hotel. Vielleicht ist der Stadtschulrat Hans Stößlein bereit, die Führung zu übernehmen, denn er kennt sich aus in Kulmbach. Beginnen wir unseren Spaziergang im Westen der Stadt, in der Nähe des Bahnhofs, am *Holzmarkt* mit seinen Häusern des 16. bis 18. Jahrhunderts um den Zinsfelderbrunnen, der vormals vor dem Rathaus stand und den 1660 Hans Georg Schlehendorn gearbeitet hat. Über dem erneuerten Becken, auf der Brunnensäule, ringsum mit Reliefs von Weinranken, Ohrmuschelornament und wohl auf die Jahreszeiten bezogenen Figuren geschmückt, steht die derbe Gestalt des Zinsfelders, eines Landsknechts, der 1553 die Stadtfahne gerettet haben soll. In der Linken hält er das Stadtwappen, über den rechten Arm hängt die Fahne. Durch die Langgasse, eine im späten 19. Jahrhundert stark veränderte ausgesprochene Geschäftsstraße, wandern wir dem Marktplatz zu, einem weiten Geviert, umstellt von großen stattlichen Bürgerhäusern und Gasthöfen mit teilweise prächtigem Fachwerk, beherrscht von der reizenden Fassade des *Rathauses*. Der Bayreuther Baumeister Joseph Saint-Pierre hat sie 1752 entworfen; sie ist gegliedert durch Pilaster, mit segmentbogigem Obergeschoß, das in den zierlichen kleinen Turm übergeht.

Hinter dem Rathaus beginnt die gemächlich bergan steigende, ›Obere Stadt‹ genannte Straße, der alte Markt, das eigentliche Herz Kulmbachs möchte man sagen, gesäumt von prächtigen, vornehmen Bürgerhäusern mit Inschriften und Hauszeichen. Am westlichen Ende der Straße steht das Vereinshaus, welches 1884 anstelle des alten Kaufhauses trat, im Osten schließen die einstige markgräfliche, 1562 von Caspar Vischer gebaute *Kanzlei* und das gegenüberliegende *Prinzessinnenhaus* von 1729 die ›Obere Stadt‹ ab. Mit dem Prinzessinnenhaus ist eine traurige Geschichte verknüpft. Markgraf Georg Wilhelm von Brandenburg-Bayreuth hatte als einziges Kind eine Tochter Christiane Sophie Wilhelmine, ein hübsches Mädchen. Von ihrem Schicksal erfahren wir aus den Erinnerungen der Markgräfin Wilhelmine, welche die Familie ihres Mannes mehr oder weniger sarkastisch geschildert hat. Markgraf Georg Wilhelm beabsichtigte, die Prinzessin mit dem Landeserben Georg Friedrich Karl, dem späteren Schwiegervater der Memoirenschreiberin Wilhelmine, zu verheiraten. Um diesen Plan zu vereiteln, faßte die Mutter, welche ihre Tochter haßte, einen abscheulichen Entschluß. Sie versprach dem Kammerherrn von Wobeser 4000 Dukaten, wenn er die Prinzessin in andere Umstände versetzen würde. Wobeser, entzückt von diesem Auftrag, machte der Prinzessin lange den Hof, ohne etwas anderes zu gewinnen als Verachtung und Geringschätzung. Die Mutter wußte es nun einzurichten, daß Wobeser sich eines Nachts ins Schlafzimmer schleichen konnte, dessen Tür sie versperrte. Wobeser erreichte sein Ziel, denn er spielte der Prinzessin eine tränenreiche Szene seiner Ergebenheit und Liebe vor, so daß sie nachgab. Der Erfolg blieb nicht aus, denn sie kam in die Hoffnung und schenkte Zwillingsbuben das Leben. Sogleich nahm die Markgräfin die Neugeborenen an sich und »lief nunmehr ungeachtet der Bitten und Vorstellungen der Anwesenden überall umher und zeigte sie jedermann, indem sie ihre Tochter eine schamlose Weibsperson nannte«. Man benachrichtigte den ahnungslosen Markgrafen, doch Wobeser entfloh rechtzeitig. Die Kinder starben bald; der armen Prinzessin wurde Kulmbach als Wohnsitz zugewiesen.

Der Verführer klagte auf Zahlung der 4000 Dukaten und stützte sich auf das Eheversprechen der Prinzessin an ihren ›Engel Wobeser‹, aber er hat den Prozeß verloren.

Ehe man weiter bergauf steigt, sollte man das verwinkelte, hübsche Viertel des Oberhacken besuchen und außerhalb der Stadtmauer entlanggehen, immer mit dem Blick auf Türme und Gärten, alles wohlerhalten und von großem Reiz. Unmittelbar über der markgräflichen Kanzlei erhebt sich der stattliche Bau der *Petrikirche*, die nach dem Hussitensturm 1439 neu gebaut, zwischen 1678-80 im Innern eingewölbt und mit Emporen versehen wurde. Sie liegt auf dem vormals befestigten stillen Kirchplatz mit seinen Pfarrgebäuden und setzt mit ihrem hohen Dach und Turm den entscheidenden Akzent ins Stadtbild, das von der Plassenburg gekrönt wird. Die schöne, 1576 von Wolf Keller und Hans Georg Schlehendorn gearbeitete Sandsteinkanzel soll aus dem Museum wieder in die Kirche versetzt werden. Markgraf Christian stiftete den üppigen Hochaltar, den 1650-53 Johann Brenk und Schlehendorn geschaffen haben. Er enthält die figurenreiche Darstellung der Grablegung Christi.

Noch ein kurzes Stück Weges und wir stehen vor dem *Langheimer Klosterhof*, der an Stelle der Katharinenkapelle gebaut worden ist, ein vornehmer, langgestreckter Zweiflügelbau mit Volutengiebeln von 1691-95. Wir haben den bürgerlichen Bereich verlassen und steigen hinauf in die Welt eines der großartigsten fränkischen Fürstenschlösser.

Die Plassenburg

Schon von Westen her sieht man die gewaltige Masse der Plassenburg auf dem Bergplateau über der Stadt; schmucklos und düster zeigt sie sich nach außen, eine Festung, »im Teutschland dergleichen nit zu finden sey«, wie es hieß. Das Schloß hat viele Wandlungen durchgemacht, ehe es zu dieser letzten Gestalt gelangte. Wie die Stadt unten verbindet es die Zeiten und eine lange Kette von Generationen. Es entspricht dem Sinn eines Schlosses, nicht nur als Wohnung zu dienen, sondern im architektonischen Schmuck und in den Dingen, welche Säle und Gemächer beherbergen, das vielfältige Bild eines kleinen Kosmos zu zeigen. Heute ist es unbelebt, ist Museum, doch der Besucher, wenn er durch den Schönen Hof geht, die steinernen Treppen emporsteigt, aus den Fenstern über Stadt und Land schaut, wird vielleicht etwas von der Atmosphäre des Schlosses spüren und Lust haben, seinen Schicksalen nachzugehen. Die Markgrafen sind vergessen, aber was sie geschaffen haben, steht vor uns und spricht eine deutliche Sprache. Vielleicht begegnen wir dem ›steinernen Ritter‹, Markgraf Christian, der nachts zu Pferd die Runde um die Burg macht, oder der ›Weißen Frau‹, der Gräfin von Orlamünde, der Schicksalsfrau der Hohenzollern. Sie hatte sich, so berichtet die Sage, in den schönen Grafen Albrecht von Zollern verliebt und wollte ihn heiraten, aber der junge Mann soll gesagt haben, es stünden zwei Augenpaare zwischen ihnen, womit er seine Eltern meinte. Die Gräfin bezog das auf ihre beiden Kinder und brachte sie durch Nadelstiche ins Gehirn um. Sie hat den Grafen nicht geheiratet, fiel in tiefe Schwermut und muß seit ihrem Tode als warnender Geist umgehen.

Die Plassenburg war einst der fürstliche Sitz, Kulmbach die Hauptstadt der Markgrafschaft Brandenburg-Kulmbach oder ›ob dem Gebirg‹, aber die Hofhaltung ist dann später nach Bayreuth verlegt worden. Um 1130 hatten die Grafen von Andechs auf dem Plassenberg die Burg gebaut; von hier aus haben sie zielstrebig und klug ihre Landesherrschaft ausgebaut, und als Residenz und Festung hatte das Schloß eine doppelte Funktion. Markgraf Albrecht Alcibiades machte noch einmal den Versuch, von hier aus ein starkes fränkisches Herzogtum zu gründen. Das Scheitern dieses Versuchs bewirkte 1554 die Zerstörung der Burg. Der Magister Georg Thiel hatte eine Vision: »Von zuckenden Flammen umloht, in schwarze Rauchschwaden gehüllt stand die Burg an einem Sonntagabend als drohende Erscheinung in den Wolken über der Stadt.« Diese Vision wurde Wirklichkeit, als die Burg nach der Übergabe in Brand gesteckt wurde, so daß der mittelalterliche Bestand zugrunde ging. 1357-59 hatte Burggraf Friedrich die Hochburg nach Osten zu einer Vierflügelanlage vergrößert, die mit vier Türmen besetzt war. Der östliche Kasernenhof war in die erste Erweiterung eingeplant. Albrecht Alcibiades fügte ihm 1551-57 einen dritten Bering von rondellartigen Bastionen, Türmen, die ›Hohe Bastei‹ und den Ostteil des Nordflügels mit den gewaltigen Säulen, den ›Meraniersäulen‹, hinzu. Nach der Zerstörung erfolgte der Wiederaufbau durch Markgraf Georg Friedrich, geleitet von Caspar Vischer ab 1562. Die Hochburg wurde um das Doppelte erweitert durch Verlängerung des Ost- und Westflügels und die Errichtung der südlichen Schildmauer des Schönen Hofes und der Ecktürme. Die Arkaden im Hof entstanden erst um 1570 auf drei Seiten; 1572-77 wurden der Arsenalbau und der Christiansturm errichtet. Gleichzeitig erfolgte die Fortsetzung des Festungsbaues, die auch im 17. Jahrhundert keinen Stillstand erfuhr. Im 18. Jahrhundert baute Markgraf Friedrich über dem äußeren Tor das Kommandantenhaus, während die beiden Flügel des Kasernenbaus, die den untern Hof schließen, unter Markgraf Carl Alexander gebaut worden sind. Die Befestigungswerke wurden 1806-07 von bayerischen und französischen Truppen geschleift und liegen heute als Ruinen vor uns.

Wir gelangen durch das äußere Tor in den *Kasernenhof*, auf dessen Ostseite die gewaltige *Hohe Bastei* liegt, welcher Markgraf Christian 1606-07 das große Prunkportal in Form eines Triumphbogens vorlegen ließ. In der Mittelnische sehen wir das Reiterstandbild des Fürsten als Obersten im Reichsheer. Der Gesamtentwurf des Portals und seiner Statuen stammt von dem Nürnberger Hans Werner. Treten wir durch das wappengeschmückte, von zwei Kriegern bewachte Portal des oberen Schlosses, stehen wir in einem der schönsten Höfe, die man sehen kann, dem *Schönen Hof*, erfüllt von jenem Wunderbaren, wie es aus Fundament und Felsgrund hervorzuwachsen scheint, um das Ganze zur Einheit zur erheben, zu prächtiger Monumentalität. Zweigeschossige Arkaden voller Anmut und Lebendigkeit sind den Wänden vorgelegt. Es ist eine der bedeutendsten Leistungen der deutschen Renaissance, des Baumeisters Caspar Vischer und des Bildhauers Daniel Engelhardt, dem vermutlich der größte Teil des plastischen Schmuckes zu verdanken ist. Brü-

stungen, Pilaster, Archivolten der Arkaden sind dicht und gleich-
mäßig mit rechteckigen Feldern bedeckt, gefüllt mit Laubwerk,
Vasen, Kartuschen und mit paarweise angeordneten runden
Brustbildmedaillons, sicherlich Idealbildnissen des Zollernschen
Hauses, darunter zwei von Schlangen umwundene Bildnisse in
der Mitte der südlichen Schildmauer, die als Albrecht der Schöne
von Zollern und die ›Weiße Frau‹ gedeutet werden. In den Bo-
genzwickeln der Ostseite sitzen Wappenkartuschen der Zollernschen Besitzungen: Burggrafschaft Nürnberg, Brandenburg,
Stettin, Pommern, Kassuben, Wenden, Preußen, Wolgast, Cros-
sen, Jägerndorf und das Regalienschild Zollern.

Vom einstigen Leben im Schönen Hof, in Sälen, Zimmern
und Kammern ist nichts geblieben; es herrscht allenthalben die
Stille musealer Ordnung. Ernst und streng thront die alte
markgräfliche Residenz des Kulmbacher Landes über der Stadt.

Albrecht Alcibiades, der Wilde Markgraf

Was weder den Grafen von Andechs noch den Grafen von Wei-
mar-Orlamünde gelungen war, nämlich die Bildung eines starken Herrschaftsgebietes in Franken, das schien den Hohenzollern
gelingen zu wollen. Es war schwierig in einem Land, wo es nie
eine rechte Herzogsgewalt gab, wo die Könige immer wieder
Rechte und Güter an die Hochstifte, Abteien, Städte und den
Adel vergaben. Die Hohenzollern versuchten diesen Zustand zu
ändern; sie erwarben Schritt für Schritt als treue Gefolgsleute der
Kaiser so viel Rechte und Güter, als möglich war, aber die besten
Gebietsteile befanden sich bereits in Händen von Würzburg,
Bamberg oder Reichsstädten wie Nürnberg und Rothenburg.
Zwischen den beiden Markgrafschaften Kulmbach und Ansbach
lag das Gebiet von Nürnberg, das nach und nach die burggräf-
lichen Rechte an sich gebracht hatte und schließlich 1427 auch
die Kaiserburg kaufte. Burggraf Friedrich VI., 1415 mit der Mark
Brandenburg belehnt, war Kurfürst geworden, und das bedeu-
tete einen erheblichen Machtzuwachs des Zollernschen Hauses.
Den Kampf um Nürnberg aber gaben weder er noch seine Söhne

auf. Albrecht Achilles versuchte 1449-50 noch einmal Nürnberg zu erobern, um es zum Mittelpunkt seiner fränkischen Lande zu machen. Als dieser Versuch mißlang, trennte er Kurbrandenburg von den fränkischen Gebieten, die er seinen jüngeren Söhnen überließ, welche den Markgrafentitel führten.

Eine der wenig erfreulichen Gestalten des markgräflichen Hauses war der 1522 geborene Albrecht Alcibiades, ein rücksichtsloser, machthungriger Mann, eine seltsame Mischung altüberlieferter Formen und revolutionärer Ideen. *Albertus, Casimiri Sohn, war durch sein ganzes Leben dem Krieg ergeben*, berichtet die ›Cosmographia‹ des Sebastian Münster. Die Regierung des Fürstentums überließ er Statthaltern und Räten. *Ich will als junger Fürst etwas erfahren, was mir bei hohen und niederen Ständen unverkehrlich sein soll*, schrieb er seinem Onkel, Herzog Albrecht von Preußen, des früheren Deutschordenslandes. Nach dem Tode des Vaters war die Mutter, Susanna von Bayern, nach München zurückgekehrt, ohne sich je wieder um das Kind zu kümmern, dessen sich auch der Regent, sein Onkel Georg, nicht annahm, so daß es ohne rechte Erziehung aufwuchs. Bald war mit dem heranwachsenden Albrecht nicht mehr viel anzufangen; er war verdorben, ausschweifend, haltlos. 1541 wurden die Markgrafschaften geteilt; Albrecht erhielt Kulmbach mit Bayreuth, Erlangen und Neustadt an der Aisch. Für ein Leben, wie er es sich vorstellte, fehlten die Mittel, aber er dachte nicht daran, sich einer vernünftigen Verwaltungsarbeit zu widmen und Reformen durchzuführen, er handelte nach dem Wort: »nicht anheim gar verliegen«, nahm Kriegsdienste, um Ruhm und Beute zu gewinnen. Kaiser Karl v. nahm den schönen, jungen, in der höfischen Welt erfahrenen Mann gut auf, und von 1543-47 stand Albrecht Alcibiades im kaiserlichen Dienst und führte ein rechtes Luderleben. Da er in der Kriegführung unerfahren war, kosteten ihn die kaiserlichen Feldzüge große Verluste an Menschen und Geld, doch hatte ihm der Kaiser im Schmalkaldischen Krieg die Schwarzenbergische Herrschaft Hohenlandsberg am Steigerwald sowie das Herzogtum Coburg zugesagt. Als Gegengabe verlangte er unbedingte Treue. Treue aber kannte der

Markgraf nicht, er liebte nur sich selbst. Als er auf kaiserlichen Wunsch sein Land dem katholischen Glauben wieder zuführen sollte, stieß er auf solch hartnäckigen Widerstand, daß er aufgab. Trotz kaiserlichen Verbots nahm er englischen Kriegsdienst gegen Frankreich; darauf kam es zum Bruch. Ohne kaiserliche Gunst aber verlor er den Boden unter den Füßen und jegliche Übersicht über sein Tun. 1552 schloß er sich dem Fürstenbund an, der unter Leitung des Herzogs Moritz von Sachsen gegen den Habsburger operierte. *Wir haben das Unsere zugesetzt und damit keinen Dank verdient,* schrieb er Onkel Albrecht von Preußen. *Da wir aber von dem großen, undankbaren Herrn Undank erfahren, so wollen wir auch Undankbarkeit mit Undank vergleichen. Ich dürfte wohl einem solchen Herrn einen Hohn und Nachteil beweisen, wie ich ihn nun zu tun weiß.* Diese Worte sprechen deutlich für den Charakter des Markgrafen. Albrecht aber war in jener Zeit weniger denn je in der Lage, Politik nach eigenem Ermessen zu treiben, denn er war hoch verschuldet, zudem auf das Wohlwollen des Fürstenbundes angewiesen. Sein Onkel riet, er solle sich aus allem heraushalten, in seinem Land bleiben und auf christliche Weise regieren, das werde ihm »ohne Zweifel zu größerem Nutzen und besonderem Ruhm gereichen«. So etwas wollte Albrecht gar nicht hören. Er benutzte die Erfolge des Bundes zu einem Ausfall gegen seine fränkischen Rivalen und verfolgte sein Ziel jäh und leidenschaftlich bis zum schrecklichen Zusammenbruch. Er war klug, begabt, phantasievoll, sprunghaft und ungezügelt, ein Hasardeur, der alle Vorteile sogleich wieder verspielte. Gegen Nürnberg vermochte er nichts auszurichten, und nun wandte er sich gegen Würzburg und Bamberg, denn er träumte von einem Herzogtum Franken unter seiner Führung. Im Mai 1552 erpreßte er von Bamberg einen Vertrag, durch den ihm der Fürstbischof fast das gesamte Bambergische Gebiet nördlich des Mains, in der Fränkischen Schweiz, sowie die Ämter Höchstadt und Herzogenaurach abtreten mußte, wodurch die Verbindung zwischen Ansbach und Kulmbach hergestellt war. Würzburg mußte sich mit hohen Summen loskaufen, um verschont zu bleiben. Im Namen des Fürstenbundes und im Sold des Königs von Frankreich zog er zerstörend und plündernd im Reich umher, belagerte Frankfurt, eroberte Mainz, Worms und Speyer, nahm kampflos Trier – er war zum wahren Raubritter geworden. Doch auch mit dem Fürstenbund verfeindete sich Albrecht, so daß Karl v. nach dem Abschluß des Passauer Vertrages von 1552 die Verträge des Markgrafen mit den fränkischen Bistümern als ungültig erklären konnte. Der Markgraf schäumte, nicht ganz zu unrecht, da ihm von kaiserlicher Seite vorher die bambergischen Gebiete zugesprochen worden waren; doch konnte der von allen Seiten schwer bedrängte Kaiser nicht anders handeln. Albrecht schloß sich dem Passauer Vertragswerk nicht an, da es für ihn die Beschränkung auf seine völlig verschuldete Markgrafschaft bedeutet hätte sowie die Rückkehr in die Stellung eines machtlosen kleinen Landesherrn, in die er sich nicht mehr einfügen konnte. Es blieb ihm nur der Weg, die sinnlosen Kriegszüge fortzusetzen, und dadurch kam es zum Bruch mit den verbündeten Fürsten. »Nun sitzet unser Vetter und Sohn am übelsten«, stellte Herzog Albrecht von Preußen fest. König Heinrich II. von Frankreich stellte die Soldzahlungen ein; den königlichen Unterhändlern rief der Markgraf zu: *Verliere ich mein Land, nun, so muß ich einem andern eins wieder nehmen!* Karl v. aber warb Albrecht und seine Truppen aufs neue an und bestätigte die Bamberger Verträge. Der Markgraf verstand es nicht, diese günstige Gelegenheit zu nutzen; er verließ 1553 den Kaiser, um sich erneut auf seine fränkischen Feinde zu stürzen. Nun forderte das Reichskammergericht unter Vorsitz des Grafen Wilhelm Werner von Zimmern unter Androhung der Reichsacht Pfalzgraf Friedrich bei Rhein, Herzog Albrecht v. von Bayern, den Deutschmeister, Bischof Melchior von Würzburg, Herzog Johann Friedrich von Sachsen, Graf Wilhelm von Henneberg, den Bischof von Eichstätt, die Reichsstädte Nürnberg, Rothenburg, Windsheim, Schweinfurt und Weißenburg auf, dem Bischof von Bamberg Hilfe zu leisten. Albrecht zog zuerst gegen den Kurfürsten Moritz von Sachsen, um ihn fern von seiner Markgrafschaft zu besiegen, wurde jedoch geschlagen. Albrechts Schicksal war besiegelt, wenn auch der Krieg in

Franken weiterging. Gräfin Elisabeth von Henneberg, die Schwester des Kurfürsten Joachim II. von Brandenburg, schrieb damals dem Herzog von Preußen, er solle doch den Markgrafen nicht im Stich lassen, da »der Wagen, mit Verlaub, scheußlich im Dreck« liege.

Im Juli 1553 begann der Angriff der bundesständischen Truppen auf Kulmbach. Der Bischof von Bamberg machte Friedensvorschläge von der Bedingung abhängig, daß der Markgraf drei Millionen Gulden Entschädigung zahle. Die Wut des Markgrafen über die »treulosen, siegelbrüchigen Stiftspfaffen und das beidhändige, aufrührerische Pöbelgesindel zu Nürnberg« überstieg jedes Maß. Am 28. November wurde die abgebrannte Stadt Kulmbach eingenommen, die Plassenburg hielt sich noch, und Markgraf Albrecht drohte seinen Feinden mit furchtbarer Rache. Daraufhin mußte ihn der Kaiser in die Reichsacht tun. In seinem Haß auf alle diejenigen, die er für das Scheitern seines Lebens, für den ruhmlosen Ausgang seiner politischen Pläne verantwortlich machte, trachtete Albrecht Alcibiades nur noch nach persönlicher Vergeltung, und darunter hatten in erster Linie die Einwohner der Markgrafschaft zu leiden. Das Reichskammergericht erklärte die Acht, und Karl V. befahl sofortigen Vollzug des Urteils. Kurbrandenburg konnte den vollständigen Verlust der hohenzollernschen Markgrafschaft nicht hinnehmen; es protestierte beim Kaiser, der sich zu einem Vergleich bereit zeigte, um nicht Gefahr zu laufen, das Kurhaus gegen sich zu haben. Ein Vergleich kam aber nicht zustande, und nun rückten auch die Verwandten von Albrecht ab. Der Markgraf war völlig isoliert, sein verwüstetes, verelendetes Land wurde unter den Verbündeten geteilt. Landflüchtig zog er umher, verhandelte in Frankreich um Hilfsgelder und hielt von dort aus das Reich in Unruhe. Auf dem Reichstag zu Augsburg 1555 wirkte Brandenburg für Erhaltung der Markgrafschaft, die den Hohenzollern dann auch wieder zugesprochen wurde. In Pforzheim ist der ›Wilde Markgraf‹ 1557 gestorben. Seine Grabschrift in der Pforzheimer Stadtkirche nennt ihn einen »streitbaren Helden, der um die Freiheit deutscher Nation Land und Ehre zusetzte«, ein wohl kaum zutreffendes Lob. Er war ein Mensch, der gegenteilige Meinungen, Kritik an seinen politischen Zielen oder an seiner Person als persönliche Beleidigung empfand. Man hat ihm den Beinamen Alcibiades gegeben, jenes hochbegabten Atheners, der ähnlich wie Albrecht seine Heimat ins Unglück stürzte und in der Fremde zugrunde ging. Die Nachwelt hat versucht, dem Fürsten, den ungezügeltes Temperament, unmäßiger Machthunger, aber auch äußerer Zwang ins Verderben stießen, Gerechtigkeit widerfahren zu lassen. Selbst der gerne boshafte Ritter von Lang schreibt: *Armer unglücklicher Mann, dem die Liebe seines Volkes kein Reiz, aber fremdes Geld, mit Blut erkauft, eine Lockspeise war, nachdem du als ein Flüchtling deine Zufriedenheit, dein väterliches Erbe, alles verloren, so lege nun auch den Namen eines Helden nieder, wozu dich deine unglücklichen Erfolge und deine niedrigen Zwecke nicht berechtigen. Doch in deinem Grabe, nicht fern an der Grenze eines Volkes, das du feindlich in dein teutsches Vaterland zu führen suchtest, genieße nun der Ruhe, die du lebend deinem Lande nicht vergönnt hast. Eine glücklichere Nachwelt, die aus Aschenhaufen und zerbrochenen Hütten wieder erstand, verzeiht dir mitleidsvoll und erkennet zugleich, daß des Schicksals eiserne Hände auf dir lagen.*

IM OBEREN MAINTAL

Fahren wir von Kulmbach in Richtung Lichtenfels–Bamberg,
sehen wir alsbald rechts einen Wegweiser nach Wernstein. Wir
folgen ihm, erreichen die Höhe, und da liegt vor uns die vieltürmige Silhouette des großen Schlosses auf steiler Bergkuppe
über Wäldern und Feldern. Es ist eines der schönsten und bedeutendsten Schlösser dieses Gebiets, das dank seiner abseitigen Lage
Bauernkrieg und Markgräflerkrieg unversehrt überstanden hat,
wie auch eine Belagerung und Beschießung im Dreißigjährigen
Krieg durch kaiserliche Truppen dem Schlosse keine nennens-
werten Schäden zufügten.

*Ein Schloß ist ja vor allem ein Denkmal der Treue, die der Enkel
dem Ahnen hält*, schreibt Reinhold Schneider. So hält auch der
jetzige Herr seinem Ahnherrn Hans Friedrich Freiherrn von
Künsberg, dem Begründer der bestehenden und ausgestorbenen
Linien des Hauses, die Treue. Durch die tiefe Torfahrt des langgestreckten Unteren Schlosses gelangen wir in den weiten Wirtschaftshof und stehen vor der breiten Treppenanlage, die zum
mächtig aufgetürmten Hauptschloß emporführt. Es ist seit fast
sechshundert Jahren Eigentum der Künsberg, denen wir bereits
in Thurnau bei Bayreuth begegnet sind. Sie trugen einst, wie die
Freiherren von Guttenberg, den Namen von Blassenberg. Der
obengenannte Hans Friedrich, zu seiner Zeit ein wohlhabender,
angesehener und einflußreicher, zudem der Kunst aufgeschlossener Herr, ging 1563 an den Umbau der Burg, der in zwei Ab-
schnitten durchgeführt wurde: 1563-70 und 1607-18. Der Kern-
bau des Oberen Schlosses, bestehend aus Nord- und Westflügel
mit Schildmauer, stammt wohl aus der Zeit um 1350. Etwa
gleichzeitig wurden die Zwingermauern des äußeren Berings
und die seit der Reformation profanierte Burgkapelle über dem
Wirtschaftshof gebaut. Hans Friedrich Künsberg ließ Nord-
und Westflügel erhöhen, den Nordflügel verlängern, den Treppenturm im Hof und einen neuen Eckturm am Zwinger errichten. Der 1570 begonnene Torbau ist wohl bald darauf vollendet
worden. 1683 ist erneut gebaut worden; die Lücke zwischen

Nord- und Westflügel wurde geschlossen. Die 1882 durchge-
führten Instandsetzungsarbeiten am Schlosse haben das alte Bild
in keiner Weise verändert.

Wir steigen über die Treppe zum Torbau mit seinen seitlichen Türmchen, zu dem vormals die Zugbrücke über den tiefen Graben führte. Die Fassade dieses eleganten, üppig geschmückten kleinen Baus trägt um die Toröffnung Zangenrustika
mit Maskenschlußstein; über den seitlichen Säulen liegt ein Gebälk, auf dem zwei fast lebensgroße Sandsteinfiguren des Bauherrn Künsberg und seiner Frau, geborenen von Förtsch, mit
Wappenkartuschen stehen. In der Mitte befindet sich eine Säu-
lenädikula mit Kruzifix zwischen dem Allianzwappen Küns-
berg-Förtsch und im Giebel ein liegendes Kind, das einen Toten-
kopf hält.

Steil steigt es bergan in den kühlen, schachtartigen Hof des
Schlosses. Durch den Treppenturm erreicht man die oberen Geschosse, wo es treppauf, treppab geht. Da ist eine kleine Halle mit
alten Möbeln und Bildern, mit rundbogigem Steinportal von
1561 und einem schönen Türgerüst von 1728. Das danebenlie-
gende Speisezimmer hat eine prächtige, leichte Stuckdecke der
ersten Hälfte des 18. Jahrhunderts aus der Schule des Bayreuthers
Pedrozzi, und ein anderer Raum zeigt zierliche Stukkatur in der
Art des Bambergers Johann Jakob Vogel. Das große Wohnzimmer erhielt zwischen 1882 und 1883 eine Holzdecke und enthält, neben dem schönen braunen Kachelofen des 17. Jahrhunderts, gute Rokokomöbel Bamberger Ebenisten. Anschließend
folgt das Chinesische Zimmer mit einer Chinoiserieseiden-
tapete des 18. und einer schweren Stuckdecke des ausgehenden
17. Jahrhunderts.

Das Untere Schloß mit zwei kräftigen runden Ecktürmen
unter Zwiebelhauben ist 1586-93 gebaut worden. Im 17. Jahrhundert wurde im Norden ein Flügel hinzugefügt. Durch die
ganze Länge des Obergeschosses zog sich ein Festsaal – heute in
Wohnungen aufgeteilt –, der mit sehr qualitätvollem Beschlag-
werkstuck dekoriert war, von dem Reste im heutigen Speicher
erhalten sind. Der Südturm birgt einen Raum, dessen Wände

und Kuppelgewölbe mit reicher Stukkatur der gleichen Zeit, mit Büsten und Figuren, darunter sicherlich Portraits der Familie Künsberg, ausgeziert sind. An der Außenfront des Schlosses stehen zwei halbrunde Türme, deren Obergeschosse Medaillonbildnisse in Relief tragen, welche möglicherweise eine Künsbergsche Ahnenreihe darstellen; sie erinnern an Ähnliches im Schönen Hof der Plassenburg.

Die gesamte Anlage Wernsteins hat den Reiz, das unerklärbare Fluidum, jenes Wunderbare, das solch alten Häusern eigen ist, weil es im Ablauf von Generationen, denen sich Vergangenheit, Gegenwart und Zukunft zur Einheit verbinden, auch das Schloß als Heimstatt zur Einheit zusammengeschlossen hat. Alle, die hier lebten und leben, ließen ihre Spuren in den Räumen zurück. In welchem Maße Leben und Kultur sich vordem durchdrungen haben, zeigt sich an einem Hause wie Wernstein. Was uns außerdem erfreut, ist die ländliche, ungebrochene Stille, die ihren Zauberkreis um Schloß und Dorf zieht.

Nach Bamberg

Das obere Maintal ist kein Rebland. Zwischen begleitenden waldigen Bergzügen, die bei Banz und Vierzehnheiligen dem Fluß wieder nahe rücken, liegt weitgespannt wie eine Ebene ein Wiesental, welches der Main in vielen Windungen zwischen Erlen und Pappeln durchfließt. Nußbäume, Obstbäume stehen um die alten Fachwerkdörfer wie Unterleinleiter oder Strößendorf mit ihren hübschen Schlössern, und auch die Rathäuser von Burgkunstadt oder Staffelstein zeigen diese Bauart in besonders üppiger Ausbildung. Als erster bedeutender Ort taucht auf der Fahrt von Kulmbach nach Bamberg das hoch über dem Main gelegene *Burgkunstadt* auf, dessen Befestigung in geringen Resten mit dem Kronacher Torturm erhalten ist. Das Rathaus, ein wahrhaft monumentaler Bau, trägt auf spätmittelalterlichen Untergeschossen das 1689-90 ausgebaute Fachwerkgeschoß mit Giebel und aus ihm aufsteigendem Dachreiter. Über dem Portal sitzt das Amtswappen des Bamberger Fürstbischofs Marquard Sebastian

von Stauffenberg. Die stattliche Pfarrkirche am Markt wurde
1783 nach Westen verlängert und erhielt nach Entwürfen von
Lorenz Fink die ruhige, vornehme, von toskanischen Pilastern
gegliederte Fassade mit ihrem Turm.

Von Burgkunstadt fahren wir auf der südlichen Mainseite
weiter und sehen kurz vor Trieb in den Mainwiesen einen merkwürdigen, großen, fast kreisrunden Bau. Es ist der einstige Guts-
und Lagerhof *Nassanger* des Zisterzienserklosters Langheim, der
anstelle von drei Höfen 1692-93 vermutlich von Johann Leonhard Dientzenhofer gebaut worden ist. Ringförmig umziehen
die Gebäude unter hohem Dach, mit je einem runden Treppenturm an Ost- und Westseite, den Hof. Höchste Zweckdienlich-
keit verbindet sich mit fast schloßartigem Charakter. Es heißt,
Abt Gallus Knauer habe den Plan dazu aus Rom mitgebracht.

Wir kommen nach Lichtenfels, der Metropole der oberfränkischen Korbflechterei; ganz in der Nähe, auf der anderen Mainseite, liegt *Michelau*, wo man im Deutschen Korbmuseum eine
der interessantesten Sammlungen von Korbwaren – nicht nur
deutscher, sondern auch aus allen Teilen der Welt – besuchen
kann. Wir durchfahren das Obere Tor von *Lichtenfels* und sind
auf dem langen Straßenmarkt, den wir durch das Bamberger
Tor wieder verlassen werden. Die Stadtmauer ist im Westen und
Osten noch in ansehnlichen Teilen vorhanden. Gleich links neben dem Oberen Tor steht die Pfarrkirche Mariae Himmelfahrt,
aus dem schönen gelben Sandstein gefügt, den wir in diesen
Gegenden antreffen. Ihr Turm gehört dem frühen 15. Jahrhundert an, der Chor wurde 1483-87, das Langhaus 1520 neu gebaut.
Die Südseite des Schiffs trägt eine von Johann Georg Brückner
aus Coburg entworfene, von Johann Georg Faber 1724 gemalte
Sonnenuhr, umgeben von den Wappen Fürstbischofs Lothar
Franz von Schönborn, des Oberamtmanns von Schrottenberg
und der Stadt Lichtenfels. Hübsche Altäre des 18. Jahrhunderts,
zahlreiche Grabsteine des 15. bis 18. Jahrhunderts sowie Bronze-
epitaphien aus der Vischer-Werkstatt schmücken das Innere.
Wo der Straßenmarkt sich zum Platz erweitert, steht das Rathaus, das 1740-45 nach Plänen von Justus Heinrich Dientzen-

CARL THEODORI (1788 - 1857)
Blick auf Banz, Vierzehnheiligen
und den Staffelberg

Tempera, 1827

hofer errichtet wurde, ein stattlicher Bau unter hohem Dach. An den Berghang gebaut schaut der klotzige Bau des Kastenschlosses, 1555 für Kaspar von Sternberg gebaut, über die Dächer der Marktstraße mit ihren schönen Stein- und Fachwerkhäusern.

Vierzehnheiligen

Von Lichtenfels fahren wir Bamberg zu. Der Main fließt zwischen Laubwaldhügeln dahin, und bald tauchen auf den Höhen rechts das hochragende Kloster Banz, links die Wallfahrtskirche Vierzehnheiligen auf. Es ist eine unvergeßlich schöne Landschaft, in der diese beiden Kirchen stehen und über der sich die Kuppe des Staffelbergs erhebt.

Die Entstehung von Vierzehnheiligen ist mit Visionen des Langheimer Klosterschäfers Hermann verknüpft: *Am 24. September 1445 sah der junge Schäfer des Zisterzienserklosters Langheim, Hermann Leicht, auf einem Acker oberhalb des langheimischen Hofes Frankenthal ein weinendes Kind sitzen, das vor seinen Augen verschwand, als er mitleidsvoll es aufheben wollte. In einer zweiten Vision erblickte er das Kind, in kristallklarem Lichtglanz aufleuchtend, an der gleichen Stelle, zwei brennende Kerzen neben ihm. Am 28. Juni 1446 schaute er von neuem das nackte Kind mit einem roten Kreuz auf dem Herzen, umgeben von vierzehn kleineren Kindern. Auf die Beschwörung der Erscheinung im Namen der Dreifaltigkeit antwortete das Kind in der Mitte: »Wir sind die vierzehn Nothelfer und wollen eine Kapelle haben, auch gnädiglich hier rasten. Und bist du unser Diener, so wollen wir deine Diener wieder sein.« Darauf erhob sich die Kinderschar wie ein Vogelschwarm und verschwand in den Wolken. Am 2. Juli 1446 senkten sich von oben zwei Kerzen auf die Gnadenstätte herab, die kurz darauf den gleichen Weg wieder zurück nahmen. Zeuge dieser Erscheinung war auch eine Frau.*

Der Schäfer berichtete seinem Abt, und dieser beschloß, an dem Ort der Erscheinungen eine Kapelle zu Ehren der Nothelfer zu bauen, die bald Wallfahrer anzog, aber im Bauernkrieg zerstört wurde. Die zweite Kapelle wurde 1543 geweiht und erfreute sich eines solchen Zulaufs, daß Abt Stephan Mössinger sich 1739 zu einem großen Neubau entschloß. Sogleich schaltete sich der bauerfahrene und baulustige Fürstbischof von Würzburg und Bamberg, Friedrich Karl Graf von Schönborn, ein, der in seinen Landen nur die beste Architektur zu sehen wünschte. Abt Mössinger hatte den Sachsen-Weimarischen Landbaumeister Gottfried Heinrich Krohne, der seit 1738 den Neubau der Langheimer Konventbauten leitete, mit dieser Aufgabe betraut. Schönborn lehnte Krohne rundheraus ab; er forderte Pläne von Maximilian von Welsch, von seinem Hofbaumeister in Bamberg, Johann Jakob Michael Küchel, und von dem berühmten Balthasar Neumann an. Seine Wahl fiel auf Neumann, der 1742 seine Pläne vorgelegt hatte. Dem Abt paßte das gar nicht, doch mußte er sich fügen. Krohne übernahm die Leitung des Kirchenbaus, zu dem 1743 der Grundstein gelegt wurde. Bald gab es Verdruß mit Krohne, der sich eigenmächtige Eingriffe in Neumanns Pläne erlaubte, indem er vor allem den Chor verkürzte, so daß der Gnadenaltar nicht in der Vierung aufgestellt werden konnte, wo Neumann ihn haben wollte. Der Meister ärgerte sich nicht wenig; Briefe und Berichte gingen hin und her, Ortsbesichtigungen folgten einander; der Abt mußte schließlich nachgeben und schrieb dem Fürstbischof 1743, daß Krohne »alle gemachten lutherischen Nebensprünge« zu verbessern suche. Krohne war Protestant. Die nun erfolgende Planänderung Neumanns von 1744 geschah zum Vorteil der Kirche, denn der Gnadenaltar erhielt nun seine zentrale Stellung im Raum. Dem 1743 entlassenen Krohne folgte 1744 Küchel in der Bauleitung. So entstand ein Bau im Spannungsverhältnis zwischen basilikalen und zentralen Richtungstendenzen. Krohne hat 1743-45 das hübsche Propsteigebäude neben der Kirche gebaut.

Wir stehen vor der zwischen den hohen, schlanken, mit reichbewegten Kuppelhauben geschmückten Türmen herrlich aufschießenden Fassade der *Kirche*. Sie schaut, so wollte es der Abt, genau auf das gegenüberliegende, höher gelegene Banz. Kräftige Gesimse und Lisenen gliedern den Mittelteil, der in leichter Schwellung vortritt und in dem mit den Figuren Christi, von Glaube und Hoffnung, Petrus und Paulus bekrönten Giebel endet, in dem sich das Relief der wunderbaren Erscheinung befindet. In den Nischen stehen die Heiligen Bernhard und Benedikt, einst vergoldet, leuchtkräftiger noch als der warme ockerfarbene Sandstein. Johann Christoph Berg hat die Statuen geschaffen.

Die klare, wohlgefügte Kirchenfront läßt nicht ahnen, welchem Glanz wir im *Innern* gegenüberstehen werden. Es empfängt uns mit der großen Pracht seines lichten, heiteren, farbigen Raumes, mit der überwältigenden Vielfalt seiner Dekorationselemente, Pfeiler, Säulen, Gesimse, Emporen, Balustraden, Altäre, Logen, einem komplizierten Spiel von Formen, zusammengefaßt in dem genialen Entwurf Neumanns. Über dem Weiß der Wände, dem Gold von Kanzel und Altären, den blaßblauen, gelben, grünen Marmorierungen und Stukkaturen schimmern die zarten Farben der Deckenfresken Josef Appianis, deren Hauptbild die Nothelfer zeigt. (Die Wirkung ist allerdings nicht mehr die ursprüngliche: die Malereien wurden bei einem Brand 1835 beschädigt, 1848-72 gänzlich übergangen und 1893-1916 wieder mühsam freigelegt.) Erster Eindruck: ein Ballsaal! Dann aber, wenn wir umhergehen, erschließt sich der köstliche Raum, vielmehr die Flucht von mathematisch genau berechneten, kurvig ineinandergreifenden kreisrunden und ovalen Räumen. Es ist eine Komposition von höchster Musikalität, die Neumann unter das Motto stellte »die Lieb zur Zier des Hauses Gottes«.

Alles das bildet den Rahmen des graziösen, trotz allen Reichtums leichten *Gnadenaltars* über dem Ort der Visionen, den der Franke Küchel entworfen hat, die Wessobrunner Johann Michael Feichtmayr und Johann Georg Üblherr aber ausführten. Neumann setzte ihn als zentralen Punkt in die Mitte des großen, mit kleineren Ovalräumen verbundenen Ovals, auf das er den Kirchenraum ausgerichtet hat. Dieses große Oval umgeben Freipfeiler mit vorgelegten Säulen zwischen Emporen. Der von einer Balustrade umzogene Gnadenaltar gipfelt in einem von Schneckenvoluten getragenen Baldachin, der auf vier Seiten das Bild des göttlichen Kindes zeigt. Ringsum stehen die bewegten, weißen Gestalten der Nothelfer: Achatius, Ägidius, Blasius, Christophorus, Cyriakus, Dionysius, Erasmus, Eustachius, Georg,

Pantaleon, Vitus und »Barbara mit dem Turm, Margaretha mit dem Wurm, Katharina mit dem Radl, das sind drei heilige Madl«. Dieser phantasievolle, phantastische, wundervolle Bau ist die eigentliche kultische Mitte der Kirche, welche Neumann und Küchel mehr gedichtet als mit dem Lineal entworfen zu haben scheinen, in einer Zeit, als der Geist der Aufklärung mit seiner Verherrlichung der Vernunft das göttliche Geheimnis des Wunders ablehnte. Aber das Gotteskind, Heilige und der Hirte waren auf dem Feld zusammengekommen. Die Macht der Legende, die Kraft religiöser Hingabe haben den neuen Mächten zum Trotz diese Kirche geschaffen.

Dem ehedem berühmten, ob seiner Kunstpflege bedeutenden *Kloster Langheim*, das ja Vierzehnheiligen erbauen ließ, hat die Säkularisation übel mitgespielt. Von dem umfangreichen Komplex, dem Gottfried Heinrich Krohne nach den Plänen Balthasar Neumanns vor der Mitte des 18. Jahrhunderts noch weitgehend barocke Gestalt gab, stehen nur zwei kleine Kapellen, der westliche Eckflügel und östliche Pavillon sowie einige Ökonomiebauten. Ein Ausflug dorthin – man müßte von Lichtenfels die Landstraße nach Südosten in Richtung Altenkunstadt einschlagen – weckt eigentlich nur traurige Erinnerungen.

Fränkischer Barock

Überall in Deutschland wurde ab etwa 1600, vor allem aber nach dem Dreißigjährigen Krieg, in zunehmendem Maße die Architektur eine Angelegenheit der Repräsentation. Sie hatte sich zudem mit der Baukunst der Nachbarländer Italien und Frankreich auseinanderzusetzen, und sie hat sich in den Ländern des Reichs in sehr verschiedenen Richtungen entwickelt, wobei Katholizismus und Protestantismus einen nicht geringen Einfluß ausübten. Darin liegt der unerschöpfliche Reichtum künstlerischen Schaffens jener Zeit.

Zunächst lagen die großen Aufgaben, die für kirchliche und weltliche Auftraggeber zu lösen waren, in Händen ausländischer Meister, vor allem der Italiener, denen sich jedoch alsbald eine

Schar hochbegabter, von ihnen geschulter Baumeister und Kunsthandwerker zugesellte, welche das eigentliche, unverwechselbare und so ungeheuer vielfältige Gesicht des deutschen Barock und Rokoko geprägt haben. Es ist ein Stil, vor allem in Südwest- und Süddeutschland sowie in Österreich, der in gleichartiger Vollkommenheit – jedenfalls der äußeren Erscheinung – von keinem anderen Land übertroffen worden ist. Die Großartigkeit, Einmaligkeit und Mannigfaltigkeit der Bauten ist Meistern zu verdanken, welche diesen Stil je nach Herkunft, landschaftlicher Gebundenheit und Ausbildung variierten. In München baute man anders als in Dresden, Bayreuth oder Würzburg; doch ist allen Schöpfungen jener Zeit, bis ins Rokoko, die Bewegung des Raums Ausgangspunkt aller Bemühungen. Dieses Bemühen hat wohl im Süden des Reichs die schönste Ausbildung erfahren.

Die Epoche des Barock in unseren Breiten ist nicht in erster Linie kirchlich-katholisch, sie war die Kunst einer festgeschlossenen Gesellschaft, eines sehr fest gefügten gesellschaftlichen Aufbaus. Man kann diese soziale Gestalt des alten Reichs nicht mit dem Maßstab der Demokratie messen, von welcher diese Zeit weit entfernt gewesen ist. Es wäre geschmacklos, sagt Wilhelm Hausenstein.

Gibt es nun einen eigenständigen fränkischen Barock? Das ist nicht leicht zu definieren, da sich hier genau wie in anderen Gebieten viele Richtungen durchdringen. Infolge der zahlreichen größeren und kleineren Landesherren prägte nicht der Wille eines einzigen Fürsten das künstlerische Antlitz Frankens. Daher sehen wir die verschiedenartigsten Lösungen ähnlicher Aufgaben, unterschiedliche künstlerische Einflüsse, wobei Geschmack und Kenntnisse der Bauherren keine geringe Rolle spielten. Wenn man will, könnte man sagen, daß, wie in Bayern das Haus Wittelsbach, in Franken die Schönborn das Kunstleben beherrschten, so daß sie als Schöpfer des ›Fränkischen Barock‹ angesehen werden können, und mit ihnen die Dientzenhofer, Balthasar Neumann und Johann Michael Küchel.

Die Bautätigkeit begann in Würzburg mit dem Italiener Antonio Petrini, dessen Schöpfungen uns heute kaum mehr

›italienisch‹ anmuten. In Bamberg sind es die Dientzenhofer, deren Wirken zeigt, wie verschlungen die Wege mancher Baumeisterfamilien verliefen. Sie sind ein altbayrisches Geschlecht, das mit Georg 1682 in Prag ins Licht des Kunstlebens trat. Die Dientzenhofer spielten virtuos auf der Klaviatur des allgemein verwendeten barocken Formengutes, wie Säulenstellungen, gekuppelte Pilaster, reichverkröpfte Gesimse, Giebel. Das taten alle Meister jener Zeit, doch trat der alles beflügelnde eigene Kunstsinn hinzu, bei den Dientzenhofern zum Beispiel durch die Prager Anregungen die kunstvolle Durchdringung rechteckiger Grundrisse mit Ovalen und Kurvaturen. Alles das hat Balthasar Neumann übernommen und in höchst verfeinerter Form weiter ausgebildet. Johann Dientzenhofer, der Erbauer von Banz und Pommersfelden, die wir noch besuchen werden, hatte sich ständig mit den großen Konkurrenten Maximilian von Welsch, Lukas von Hildebrandt oder Neumann auseinanderzusetzen, genau wie es dieser wiederum mit seinen Mainzer und Wiener Kollegen auch tun mußte. Zu Beginn der Bauentwicklung stand Franken dem ›Österreichischen‹, dem von Österreich beeinflußten ›Böhmischen‹ näher als Bayern, und später ist auch das ›Französische‹ von Einfluß gewesen.

Wenn man von einem ›Fränkischen Barock und Rokoko‹ sprechen kann, so sind es die Dientzenhofer, Neumann und Küchel als die bedeutendsten Architekten, welche ihn geschaffen haben.

Franken ist recht eigentlich ein Land der Schlösser und Abteien. Neben Pommersfelden, neben der Würzburger Residenz oder Schloß Werneck bei Schweinfurt, beide von Neumann gebaut, verblassen sogar Nymphenburg und die Münchner Residenz. Wenn diese aus Bauten verschiedener Epochen zur Einheit zusammengeschlossen worden ist, so liegt die Würzburger Residenz, trotz des Ineinanderwirkens mehrerer Meister, wie aus einem Guß und ganz und gar ›neumannisch‹ vor uns. Neumann war die Kunst feinster Differenzierung eigen, eine ganz besonders ausgeprägte schöpferische Kraft, die sich in den kleinsten von ihm errichteten Kirchen ebenso ausspricht wie in

Vierzehnheiligen, Ebrach oder Münsterschwarzach. Was er
baute, ist›absolute Architektur‹, wie sie kaum bei einem anderen
Meister des europäischen Barock und Rokoko in dieser vollkommenen Ergänzung von Außen- und Innenbau anzutreffen
ist. Hinzu kommt, daß im fränkischen Raum Barockbauten im
großen ganzen Maß und künstlerische Strenge des Westens ausgeprägter zeigen als in Altbayern und Österreich, die mehr nach
Süden orientiert waren. Mit Neumann ist Franken, das in der
Mitte zwischen Sachsen, Böhmen, Bayern und den Rheinlanden
liegt, führend in der Barockarchitektur geworden.

Daß es in Franken geschah, ist ein Glücksfall für diese Gebiete,
und man kann seine Architektur daher als›fränkisch‹ bezeichnen.
Es scheint, als ob der herrliche gelbe und rote Sandstein, ebenfalls ein fränkisches Element, ganz besonders geeignet ist für
die barocke Architektur jener Gebiete, denn er leuchtet in der
Sonne, er schimmert selbst im Regen; er begünstigt schon
auf größere Entfernung das optische Bild der Bauten und bringt
in der Nähe die plastisch-körperliche Wirkung der Baukörper
durch stärker auftretende Licht- und Schattenreflexe zur Geltung.
Hinzu kommt die dem Stein angemessene schärfere Durcharbei-
tung der Fassadengliederung, die andersartige Form der Turm-
helme. Alles das, in Verbindung mit den höchst phantasievollen
blaugrauen Schiefer- oder warm getönten Ziegeldächern, die
sich mit dem Grün der Parks und der oft violettschwarzen Erd-
farbe der Landschaft zu einzigartigem Farbklang verbinden, ist
so durchaus fränkisch.

Banz

Anders als Vierzehnheiligen zeigt Banz, zu dem eine Pappel-
allee führt, das Bild einer großangelegten, reichen Abtei. Alberada, eine der Erbtöchter des letzten Grafen von Schweinfurt,
schenkte im Jahre 1069 ihre Burg Banz dem Benediktinerorden
als Kloster und unterstellte es dem Bistum Bamberg. Bischof
Otto I. weihte 1114 die Abteikirche St. Peter und St. Dionysius.
Das Kloster erlebte schwere Zerstörungen im Bauernkrieg und
eine außergewöhnliche kulturelle Blüte von der zweiten Hälfte

des 17. Jahrhunderts bis zur Säkularisierung. Es hatte eine berühmte Klosterhochschule, besaß eine umfangreiche Bibliothek, Gemäldesammlung, Naturalien- und Physikalienkabinett. Nach der Säkularisierung zog sich der letzte Abt Gallus Dennerlein in das schlichte Schlößchen Buch nördlich des Banzer Waldes zurück, während Kloster und Herrschaft 1814 in den Besitz Herzog Wilhelms in Bayern übergingen und die Bauten dadurch vor dem Abbruch bewahrt blieben. Der Herzog muß Banz sehr geliebt haben, denn er ließ sein Herz in einem Pilaster der Kirche einmauern. Auch der Dichter Viktor von Scheffel liebte Banz, wo er 1859 längere Zeit wohnte, um ungestört arbeiten zu können. Er machte große Wanderungen, bestieg den Staffelberg und schreibt seiner Mutter im Juli 1859 über Banz: *...jetzt gehört's einem Herzog in Baiern und ist ein leerstehend großartiges Herrenschloß ... Kloster Banz in Franken! ... Eine Recognoszierung, die ich heute von der Werra-Bahnstation Lichtenfels aus vornahm, hat zu dem erfreulichen Resultat geführt, daß ich hier eine prächtige Wohnung von zwei Stuben in einem Corridor, der von Niemandem mitbewohnt wird, freundliche, einfache baierische Wirthsleute, frische Bergluft, weite Aussicht – gegenüber das noch von Mönchen bewohnte Kloster Vierzehnheiligen, eine, wie das eben beendete Souper ergibt – gute Verpflegung ... kurz Alles vorfinde, wie es einst auf Hohentwiel und Capri der Arbeit gedeihlich war ... Ich schreibe bei offenem Fenster... Die Sonne ist untergegangen ... Abendroth steht hinter den Buchenwäldern ... Drüben in den Haselstauden hantiert einer und singt ein Lied vom alten Napoleon...*

Heute ist Banz Eigentum der Gemeinschaft von den Heiligen Engeln. Die alte befestigte Klosteranlage ging im 17. Jahrhundert unter, da Abt Eucharius Weinert seinen baufreudigen Kollegen im Land nicht nachstehen und etwas Neues, Großartigeres auf den Tafelberg stellen wollte. Er holte sich Johann Leonhard Dientzenhofer, den Erbauer der Bamberger Neuen Hofhaltung und der Neubauten von St. Michael, der nun 1695 die Konventsgebäude in Angriff nahm, sie gegen den Main zu baute, parallel dazu den Abtsbau stellte und beides durch Querflügel verband. Die 1719 geweihte Kirche, ein Hauptwerk des Barock, errichtete Johann Dientzenhofer, der Baumeister des Domes zu Fulda und des Schlosses Pommersfelden. Balthasar Neumann legte dem Abtsbau die Wirtschaftsgebäude mit Eckpavillons unter mächtigen, geschweiften Dächern vor, die sich um den großen Hof gruppieren. Der Bau begann 1752 und wurde zwanzig Jahre später von Michael Küchel vollendet, der auch die Pläne für die zierliche, reiche, 1772 errichtete Portalanlage geschaffen hat. Niedriger als die Seitenflügel, läßt sie dem Herankommenden den Blick frei auf den hochragenden Mittelteil des Abtsbaus, den Küchel festlicher gestaltete. Er enthält den Kaisersaal, stuckiert von Johann Jakob Vogel und seiner Werkstatt, geschmückt mit leuchtenden, starkfarbigen Fresken von Sebastian Reinhard. Die ganze, den Berg hinaufgebaute Anlage ist von sehr bewegtem Umriß, zusammengeschlossen zu seltener Harmonie. Hinter der Torfahrt erheben sich massig Abts- und Konventsgebäude, dahinter hochaufragend die *Kirche*, alles das in schönster Rhythmisierung dem Gelände und der Landschaft angepaßt. Frei steht die von einer Balustrade abgeschlossene Kirchenfassade über doppelläufiger Freitreppe und einer Terrasse. Fenster und Nischen mit großen Statuen sitzen zwischen Säulen- und Pilastergliederungen. Der dämmerige, dunkelgoldene *Innenraum* ist von eigenwilliger Konzeption und großartiger Wirkung, denn Johann Dientzenhofer legte in das Rechteck des Grundrisses von Pfeilern, Doppelpilastern und Figurennischen umstellte Ovale, woraus sich immer neue Überschneidungen und Durchblicke ergeben. Die Lichtquellen sind hinter Emporen verborgen; das Gewölbe wird von Gurten in allen Formen überspannt, und der Raum setzt sich als rechteckiger Mönchschor hinter dem Hochaltar fort. Ein dichtes Netz von Bandwerkstuck des Meisters Vogel umgibt die Fresken von Melchior Steidl, deren Hauptbild die Ausgießung des Heiligen Geistes zeigt. Die Altäre schuf Balthasar Esterbauer aus Würzburg, die Altarblätter malten Johann Georg Bergmüller, J. Th. Wagner, J. Scheubel, Chr. Wilhelm Meuser und Melchior Steidl, alles in allem eine üppige Ausstattung in vorwiegend rötlichen, grauen und goldenen Tönen. Das Chorgestühl, aus farbigen Hölzern prachtvoll gefügt, schuf der Schönbornsche Hofschreiner Johann Georg Nestfell aus Wiesentheid. So gehört Banz zu den großen Würfen des fränkischen Barock, an denen das Land so reich ist.

St. Adelgundis-Kapelle auf dem Staffelberg

Zu Füßen der beiden herrlichen Kirchen Vierzehnheiligen und Banz liegt das Städtchen *Staffelstein*, Geburtsort des berühmten Rechenmeisters Adam Riese (geboren 1492). »Nach Adam Riese«, sagen wir noch heute, aber ich habe ihn nicht gemocht, weil mir Zahlen nichts sagen, das Rechnen nie eingehen wollte und mir immer eine unbegreifliche Kunst geblieben ist. Staffelstein aber ist hübsch; es hat eine prächtige Pfarrkirche St. Kilian, einen Hallenbau aus der Zeit nach 1470, der vor 1750 barockisiert worden ist. Es hat ein schönes Rathaus, dessen Fachwerkgeschoß 1648 einem älteren gemauerten Sockel aufgesetzt wurde, den schweren Barockbau des Amtshauses eines Hohen Domkapitels zu Bamberg und viele gute, zum Teil mit Fachwerk versehene Häuser sowie auf dem Marktplatz den barocken Johann-Nepomuk-Brunnen. Von den Kapellen sei St. Anna genannt, welche eine schöne spätgotische Muttergottes birgt und im Hochaltar eine gute spätgotische Gruppe, die hl. Anna im Wochenbett, vor der einst werdende Mütter beteten. An der Außenwand hängt ein prachtvolles Kruzifix aus der Werkstatt des Veit Stoß, um 1520. Am Weg zum Staffelberg steht der hohle Stumpf der tausendjährigen Linde, in dem der napoleonische Marschall Berthier sein Pferd gewendet haben soll.

Als höchste Erhebung des Fränkischen Jura steht über der Stadt, bekrönt von grauen Klippen, der *Staffelberg*, den zu besteigen sich durchaus lohnt, denn welch einen ungeheueren Rundblick haben wir von dort oben! Wir schauen auf Vierzehnheiligen und Banz, wundervolle Akzente in der unendlichen Weite des Landes, wo fern am Himmel die Veste Coburg erscheint, wo Bergzug hinter Bergzug sich hügelt, bis sie im fernblauen Thüringer Wald, im Fichtelgebirge, im Frankenwald, Steigerwald und in den Haßbergen verschwimmen. An klaren

Tagen ist auch die Rhön zu sehen. Die Besiedlung des Berges begann in der jüngeren Steinzeit, etwa 3500 v.Chr., zog sich in keltischer Zeit, etwa 500 v.Chr., über das ganze Hochplateau und umgab es mit Ringwällen, die am Rande der Hochfläche noch erkennbar sind. Wahrscheinlich war es jenes Menosgada, wie es Claudius Ptolemäus, der im zweiten nachchristlichen Jahrhundert lebende Geograph, vermutlich nach einer älteren Quelle, genannt hat. Um die Zeit von Christi Geburt wurde diese befestigte Bergsiedlung zerstört; die Bewohner sind zwischen dem 6. und 8.Jahrhundert ins Tal hinabgezogen.

Solche Berge haben von jeher die Phantasie des Volkes beschäftigt und sind von Sagen umwoben. So soll mitten im Staffelberg ein riesiger See liegen, in dem ein gewaltiger Fisch lebt, der sich krümmen muß, um Platz zu finden. Er beißt sich in den Schwanz, um diese fortwährende Anstrengung aushalten zu können, doch wehe, wenn er einmal loslassen muß, dann werden die Felsen bersten und die Wasser verheerend ins Maintal stürzen. Auch Zwerge lebten einst in einer Höhle am Staffelberg, Querkele genannt, gutmütige, hilfsbereite Wesen, die, wie immer, durch die Dummheit und Lieblosigkeit der Menschen vertrieben worden sind. Sie kamen gerne in die Küchen, wo die besten Kartoffelklöße zubereitet wurden, und bettelten um Stückchen für sich und ihre Familien. Sie bedienten sich auch oft selbst und das ärgerte eine Frau, weil die Portionen nie reichten. Wie aber sollte sie die Diebereien verhindern? *»Zählt doch die Klöße in den Topf und wieder in die Schüssel, dann können die Zwerge nicht mehr stehlen«, schlug ein Mann des Dorfes vor. Und richtig! Dieses Mittel half. Keine Schüssel wurde fernerhin angerührt, aber mit einem Mal blieben die Querkele den menschlichen Wohnungen fern. Es war ein schlechter Rat, den der Mann gegeben hatte. Denn in einer finsteren Nacht zogen die Zwerge, Männlein und Weiblein, mit Sack und Pack unter großen Klagen über die Undankbarkeit der Menschen den Staffelberg hinunter gegen den Main zu. Dort schrieen sie so lange mit ihren dünnen Stimmlein: »Hol über«, bis der alte Fährmann aufwachte und seine Fähre über den Main zu den vielen hundert Lichtlein ruderte. Als ob sie verfolgt würden, stürzten die Wichte in die Fähre.*

Der Schiffer fand kaum noch Platz zum Stehen. Als sie am anderen Mainufer angelangt waren, rief jedes Zwerglein dem Fährmann einen Dank zu. Rasch wuselten die Querkele davon wie ein Haufen Ameisen. An den Fährlohn dachte keines. Die Gesichter der Kleinen sahen recht betrübt und verängstigt aus und ihre mageren Säcklein bewiesen, daß nichts von Gold oder Edelsteinen darinnen war. Hinter dem Banzberg verschwanden sie auf Nimmerwiedersehen (E. Radunz).

Um den Berg herum stehen vier nach allen Himmelsrichtungen gewandte Holzkreuze mit je zwei Querbalken. Sie sollen schon im Mittelalter vorhanden gewesen sein und tragen die Namen Staffelsteiner, Romannsthaler, Loffelder und Horsdorfer Kreuz. Zum Kirchweihfest werden sie mit Blumen geschmückt, und zwar die drei Dorfkreuze jeweils von den zuletzt getrauten jungen Männern. Jedes Dorf läßt fünf Mädchen Kränze und Girlanden winden, damit die hl. Adelgundis, die auf dem Staffelberg verehrt wird, geschmückt werden kann, deren Statue von den Mädchen bei der Bergprozession getragen wird. Vermutlich befand sich auf dem Staffelberg ein heidnisches Heiligtum, das die Franken nicht zerstörten, sondern in die Kultstätte der hl. Adelgundis verwandelten, die dem Hause der Merowinger angehörte und um 630 in Cousoire bei Maubeuge geboren worden war. Sie gründete nach dem Tode ihrer Eltern ein Doppelkloster an der Sambre, das sie als Äbtissin leitete und das bis zur Französischen Revolution fortbestanden hat. Um 700 starb sie an Krebs. Sie wurde bald als Heilige verehrt und wird als Fürbitterin bei Krebsleiden, Augenkrankheiten und Epilepsie angerufen. Sie wird dargestellt mit dem Stab einer Äbtissin und dem Regelbuch des Klosters, während Zepter und Krone zu ihren Füßen liegen. Oft ist der Krebs als Symbol ihrer Krankheit beigegeben. Es ist nicht bekannt, wie es zur Verehrung der Heiligen auf dem Staffelberg gekommen ist; wir wissen nur, daß sich das Heiligtum im Mittelalter zur Wallfahrt entwickelte, daß die alte Kapelle im Bauernkrieg zerstört wurde. Die neue Kirche St. Adelgundis wurde, unter Einbeziehung des noch stehenden Chors und Teilen des geosteten Langhauses, 1651 von Bauern der umliegenden Dörfer wieder aufgebaut und 1653 der Drei-

faltigkeit, der Muttergottes, dem hl. Kaiserpaar Heinrich und
Kunigunde und der hl. Adelgundis geweiht.

Vierzehnheiligen hat dann dem Staffelberg den Rang abge-
laufen, doch wurde die Kirche 1785 nach Westen hin verlängert
und erhielt eine hübsche Stuckdecke von dem Staffelsteiner
Heinrich Seelmann, Deckenbilder und neue Altäre. Das Figu-
renwerk der Kanzel und des Hochaltars schuf der Bamberger
Georg Joseph Mutschele 1788, die Seitenaltäre von 1819 arbeitete der Bamberger Melchior Kamm und schließlich wurde 1871
noch der Kirchturm hinzugefügt.

Die Deckenbilder zeigen in der Mitte die Einkleidung der hl.
Adelgundis mit der Taube, welche ihr den Schleier aufs Haupt
legt, über der Orgelempore Adelgundis vor der Klosterpforte als
Wohltäterin der Armen und Kranken. An den Wänden sehen
wir Fresken von 1663 als Umrahmung der Fenster: Engel mit
Leidenswerkzeugen, das hl. Kaiserpaar, den Jesusknaben mit
den Leidenswerkzeugen, darunter die Worte: »in laboribus a
juventute aea (aeterna).« Neben der Inschrift hockt ein Rabe, von
dem die Sage erzählt, er habe den Bauleuten einen Ort gewiesen,
wo sie Bausand finden könnten. An der hübschen rot, blau und
braun bemalten Orgelempore stehen um Christus sechzehn Nothelfer, ganz andere, als wir sie in Vierzehnheiligen antreffen. Die
begleitenden Texte schrieb der Bauherr Pfarrer Winkelmann:

> St. Apollonia, durch deine große Pein,
> wollst von Zahnweh uns befrein!
>
> St. Adelgundis, uns bewahr,
> vor Fieber, Krebs und Todsgefahr!
>
> Laß uns St. Rochus rufen an,
> vor Krankheit er uns hüten kann!
>
> St. Leonhard, dein Tugend groß,
> von Band und Ketten mach uns los!
>
> St. Apollinaris' Marter groß,
> von fallender Seuch mach uns los!
>
> St. Hubertus, dein Kraft ist bekannt,
> halt uns bei Sinnen und Verstand.

St. Quirin, der mit Glori blüht,
vor offenen Schäden uns behüt!

St. Nikolaus, der heilig Mann,
zu Land und Wasser helfen kann!

St. Quintin, heller Tugendschein,
wollst von uns wenden Hauptspein!

St. Suitbert und sein Bischofsstab,
von uns groß Übel wendet ab!

St. Libori, dein Gebet ausgieß,
den Stein zerreib, vertreib den Grieß!

St. Domitian, das Weh der Lenden,
durch deine Bitt thu von uns wenden!

St. Anton, frommer Einsiedler,
für bösen Brand sei unser Mittler!

St. Sebastian, mit deinem Pfeil,
von Pestilenz uns Kranke heil!

St. Brigida, laß uns genesen,
von Wunden, Aussatz und bösem Wesen!

St. Magdalena, rett uns aus grosser Not,
bewahre uns vor jähem Tod!

Es ist ein heller, freundlicher und farbiger Raum, der mit seiner ländlichen Schlichtheit und Bescheidenheit in schönster Harmonie mit der Landschaft des Staffelbergs zusammenstimmt. Einst lebten Einsiedler dort oben, und zwar in der Klause vor der Kirche, die heute eine Gaststätte ist. Ivo Hennemann war der berühmteste Eremit, der vierzig Jahre auf dem Staffelberg gelebt hat. Bis 1929 lebte Bruder Heinrich in der Klause, die wegen des zunehmenden Fremdenbesuchs bald keine mehr war, so daß die Ordinariate Bamberg und Regensburg die Einsiedelei auflösten.

Bamberg

»Reben, Meßgeläute, Wein – Bamberg, das ist Franken!« lautet ein alter Spruch. Die Stadt gehört zu dem Schönsten, was die Mainlande zu zeigen haben. ›Caput orbis‹ – Hauptstadt der Welt, nannte Abt Gerhard von Seeon Bamberg in einem Brief an Kaiser Heinrich II., der hier das Hochstift gegründet hat. Auf dem Domhügel stand die 902 genannte Burg der Grafen von Babenberg, das Herz der späteren fürstbischöflichen Stadt, die sich an den Hängen des Steigerwaldes und der Haßberge nach und nach entwickelt hat. Von größter Bedeutung war die Vorliebe des 1002 zum König gewählten, 1014 in Rom zum Kaiser gekrönten Herzogs Heinrich von Bayern, des letzten Herrschers aus dem sächsischen Haus der Ottonen. Er liebte diesen Ort, wo er 1012 den bereits in großen Maßen entworfenen Dom weihen ließ. Das Bistum, dessen Gründung der König 1007 auf der Reichssynode zu Frankfurt gegen den hartnäckigen Widerstand des Bischofs von Würzburg, der Gebiete an das neue Stift abtreten mußte, durchsetzte, wurde durch päpstliche Verfügung Rom unmittelbar unterstellt. Da Heinrich keine Kinder hatte, erklärte er vor den versammelten Kirchenfürsten in Frankfurt: *Ich habe Christus zu meinem Erben gewählt, weil mir keine Hoffnung bleibt, Nachkommenschaft zu erlangen. Mit Einwilligung meines Bischofs habe ich bisher immer das Bestreben genährt, ein Bistum zu gründen, und heute nun will ich diesen gerechten Wunsch ausführen.* Der König hat das neue Bistum reich dotiert; er schenkte ihm sechs Abteien in Bayern, Franken und Schwaben, seinen Anteil an der Salzgewinnung in Reichenhall und großen Landbesitz, der sich von Kärnten über Oberbayern bis ins Elsaß erstreckte. Bamberg war also ein Ort von europäischer Bedeutung geworden, die sich in großartiger Bautätigkeit auswirkte. Die Babenberger Burg wurde zur Domburg, und um den Dom entstanden in Kreuzform St. Michael, St. Stephan, St. Gangolph und St. Jakob. Es ist erstaunlich, daß die Hauptkirchen schon zur Zeit Kaiser Heinrichs innerhalb von zwei Jahrzehnten gebaut worden sind. Am Ende der Romanik besaß die Siebenhügelstadt zehn Kirchen; es war eine romanische Stadt, welcher die Gotik die herrliche Obere Pfarr hinzugefügt hat. Die Stadt war geräumig geplant; aber Talsohlen und Hänge sind nicht sogleich bebaut worden, so daß von einem eigentlichen ottonischen Stadtkern nicht gesprochen werden kann, denn es gab mehrere solche ›Kerne‹, zwischen

8 Die Wallfahrtskirche Vierzehnheiligen von Osten
mit Blick auf Kloster Banz

9 Kloster Banz über dem Maintal

10 Blick auf Bamberg

12 Der Kranen und
das Hochzeitshaus in Bamberg,
im Hintergrund das Rathaus

11 Das Kloster Sankt Michael
in Bamberg mit dem südlichen Ufer der Pegnitz.
Aquarell von Wolfgang Katzheimer d. Ä., um 1490

13 Der Dom zu Bamberg von Nordosten

denen Gärten und Weinberge lagen. Die ›Häcker‹, die früher
Weinbau trieben, und die Gärtner gehen in ihren alten Vierteln,
am Kaulberg und in der Theuerstadt, dem Gemüsebau nach, und
im Januar feiern sie im Gärtnerviertel das Fest des Schutzpatrons
St. Sebastian mit einer großen Prozession. Als 1632 Bamberg von
den Schweden genommen worden war, soll General Horn seinem König geschrieben haben, Bamberg sei ein weitläufiger Ort
von unterschiedlichen Städten. Da der Großteil des Landes geistlichen Stiften gehörte, konnte sich die Bürgerstadt zunächst nur
am Uferstreifen der Regnitz entwickeln. ›Civitas dei‹, *auf dem
Berge, und ›civitas terrena‹, in der Ebene zwischen den beiden Fluß-
armen, sind im Bamberger Stadtbild in sinnbildlicher Gruppierung einander zugeordnet* (Harald Keller). Später hat sich die Stadt auf die
Insel zwischen den beiden Regnitzarmen ausdehnen können.
Das endgültige Zusammenwachsen der einzelnen, noch im 17.
Jahrhundert durch besondere Ummauerung geschiedenen Stadt-
viertel geschah im Barock, das mit nicht minder großen Maß-
stäben zu Werke ging als die Frühzeit. Damals wuchsen die gewaltigen Baublöcke der Neuen Hofhaltung und der Abtei St. Michael auf, entstanden üppige Bauten wie das Böttingerhaus oder
die Concordia, dieser prachtvolle Palast, den sich der bischöfliche
Geheimrat Johann Ignaz Tobias Böttinger 1716-22 wohl von
Johann Dientzenhofer an der Regnitz bauen ließ. Damals erhielt der Domplatz seine endgültige Gestalt, und so ist Bamberg
eigentlich eine Barockstadt geworden, denn auch Straßen und
Gassen tragen unverkennbar den Charakter jener Epoche. Behagliches verschmilzt mit Großartigem; romanischer Ernst ist
mit barocker Üppigkeit verschwistert – es ist die Stadt der Heiligen, der Schönborn, der Dientzenhofer und Küchel. Nichts
ist düster oder dunkel, alles scheint lebensfroh in den langen Zeilen bürgerlicher Barock- und Rokokohäuser mit ihren anmutigen Hausmadonnen, mit Adelspalais von eleganter Noblesse.
Mittelalterliches und barockes Bamberg sind zu einem lebendi-
gen Stadtorganismus zusammengewachsen, weder durch Brände
noch Architekturen der Gründerzeit oder Kriege beeinträchtigt
oder beschädigt.

Schöpfer Bambergs also war Heinrich II., der Heilige, ein trotz schwacher Gesundheit kraftvoller, zielbewußter Monarch, dem seine Gemahlin, die heilige Kunigunde, Gräfin von Luxemburg, ebenbürtig zur Seite stand. Man kann sich beide so vorstellen, wie sie an der Adamspforte des Domes dargestellt sind. Heinrich, diplomatisch gewandt, rastlos tätig, zäh, realistisch denkend, durch seine feine Bildung der hohen Geistlichkeit, wo man solche Bildung damals fast ausschließlich fand, innerlich verbunden, war schon mit seinem Vetter Kaiser Otto III. in Italien gewesen und kannte die Verhältnisse jenes Landes sehr genau. Er teilte nicht die schwärmerischen Pläne des Kaisers, sondern sah seine Aufgabe in der »Wiederherstellung des Reiches der Franken«, wie die nüchterne Inschrift auf seinem Siegel lautet. Er hatte das deutsche Episkopat fest in der Hand, stattete es zwar mit reichem Besitz aus, verlangte aber dafür hohe Leistungen für die Krone, weshalb er auch Bischofssitze mit Männern seiner Hofkapelle besetzte, die sich mit den Gedankengängen seiner Politik vertraut gemacht hatten. Er selbst faßte sein Amt durchaus als ›von Gottes Gnaden‹ auf. Für die cluniazensische Reformbewegung hatte er tiefes Verständnis, wachte aber mit Strenge über den Klöstern und ging gegen den fortschreitend wachsenden Reichtum des Klerus vor. Er setzte Reformäbte ein und nahm die Überschüsse, welche durch Beschränkung des Aufwandes erzielt wurden, für das Reich in Anspruch. In einer Urkunde für das Kloster Fulda stellt der Kaiser ganz offen fest: »Es ist nötig, daß die Kirchen viele Güter besitzen, denn wem viel gegeben ist, dem kann auch viel genommen werden.« Solche Unterordnung unter das Oberhaupt des Reichs stand im krassen Gegensatz zu der von Cluny angestrebten Unabhängigkeit von weltlichen Ansprüchen.

In Deutschland stand damals die Kirche noch fest auf seiten des Kaisers, dieses hart arbeitenden Mannes, der immer wieder Fehden unterdrücken, in Italien nach dem Rechten sehen, vor allem aber gegen die Machtansprüche des polnischen Herzogs Boleslav Chrobry, des späteren Königs von Polen, kämpfen mußte.

Daß seine Politik nicht immer verstanden wurde, zeigt ein Brief des Missionsbischofs Brun von Querfurt, der in Preußen 1009 als Märtyrer den Tod fand. Der Brief an Heinrich aus dem herzoglichen Hoflager in Gnesen handelt von Bruns Verhältnis zum Slawentum und zu Boleslav, mit dem Heinrich, verbündet mit heidnischen Slawen, gegen das christliche Polen, gerade im Kriege lag. *Ich liebe ihn in der Tat wie meine Seele und mehr als mein Leben...*, schreibt der Bischof. *...ich liebe ihn nicht als den Feind Euer Gnaden. Ich möchte ihn Euch zuführen ... Ist es recht, ein christliches Volk zu verfolgen und sich mit einem heidnischen anzufreunden? ... Wäre es nicht besser, einen Boleslav als Lehensmann zu haben und mit seiner Hilfe und seinem Rat den Heiden Tribut und Opfer aufzuerlegen und das Heidenvolk christlich zu machen? ... Du antwortest, das wollte ich auch! Dann laß ab von der grausamen Verfolgung. Mit Guttat wirst Du ihn gewinnen. Hüte Dich, König, daß nicht der gegen Dich aufgebracht wird, der Dir bisher half, Jesus ... Du bist gerecht und streng, wie es sein soll. Sei nun auch barmherzig und lerne, daß die Menschen leichter durch Wohltaten zu gewinnen sind! Das wäre das Ende aller Kriege, während Du jetzt nach allen Seiten Dich wehren mußt ... Aber daran hängt alles Unheil, daß der König den Polen nicht traut, und Boleslav dem gereizten König nicht...* Boleslav aber, das erkannte Brun nicht, ging es nicht um die Mission in Preußen, sondern um die Aufrichtung eines polnischen Großreichs, dem auch deutsche Gebiete angehören sollten.

Heinrich II. ist 1024 mit einundfünfzig Jahren, müde und verbraucht, in der kaiserlichen Pfalz Grona bei Göttingen gestorben. Kunigunde folgte ihm sechs Jahre später. Bereits 1146 wurde der Kaiser heiliggesprochen, und die Kaiserin wurde im Jahre 1200 zur Ehre der Altäre erhoben. Die Legende hat sich des kaiserlichen Paares bemächtigt. Wir kennen die auf Grund angeblicher Untreue Kunigundens angestellte Feuerprobe. Aus dieser seltsamen Geschichte, welche den Argwohn Heinrichs als menschliches Versagen beleuchtet, entstand eine andere Legende, die in der ›Legenda Aurea‹ verzeichnet ist. Als der Kaiser starb, fuhr eine große Schar von Teufeln an der Zelle eines Eremiten vorüber. Befragt, wohin sie denn wollten, antworteten sie, daß sie vielleicht die Seele des Sterbenden erlangen könnten. Als sie wieder zurückkamen, gestand der Teufel dem Einsiedler, daß sie nichts hätten ausrichten können. Er sagte: *Als die Sünden des Kaisers, vornehmlich der falsche Verdacht gegen seine Gemahlin, auf der einen Schale der Waage lagen, und wir schon frohlocken wollten, kam dieser gebrannte Laurentius hinzu und tat auf die andere Waagschale einen schweren goldenen Krug, so daß sie sank und unsere Seite in die Höhe fuhr. Da brach ich in großem Zorn von dem Krug ein Ohr ab.* Dieser Krug aber war ein Kelch, den Heinrich der Kirche von Eichstätt zu Ehren des hl. Laurentius gestiftet hatte. Nach dem Tode des Kaisers fand es sich, daß einer der Henkel des Kelches abgebrochen war. Diese Legende hat Tilman Riemenschneider auf einem Relief des kaiserlichen Grabmals dargestellt, das Fürstbischof Heinrich Groß von Trockau 1499 in Auftrag gegeben hatte. 1511 war das Werk beendet. Auf der Deckplatte liegen Heinrich und Kunigunde, keineswegs so, wie man sich das Kaiserpaar vorstellen möchte, und die Reliefs zeigen das Gottesurteil, die Bezahlung der Bauleute von St. Stephan, die legendäre Heilung durch den hl. Benedikt, Sterbestunde und Seelenwägung durch den Erzengel Michael. So ruht der heilige Kaiser im Dom seiner Gründung, über der Stadt, der er als seiner Lieblingspfalz den Maßstab der Größe mit auf den Weg gegeben hat.

In der Stadt

Das ist eine Stadt, die steckt voll Raritäten, wie die Commode einer alten Großmama, die viel zusammenscharrte – meinte Karl Zimmermann 1837 begeistert von der Stadt.

Machen wir uns also auf, sie kennenzulernen im Auf und Ab der Straßenzüge, bald mit dem Blick auf altersbraune Dächer, über die vielen Gärten, bald durch enge Straßenschluchten, bis wir auf dem Domberg angekommen sind. Beginnen wir in der Inselstadt auf dem *Grünen Markt* mit dem ›Gabelmann‹ auf dem barocken Brunnen, mit der üppigen, 1693 geweihten Kirche von St. Martin, welche Johann Leonhard Dientzenhofer nach Entwürfen seines Bruders Georg gebaut hat. E. Th. A. Hoffmann beschreibt in der Novelle ›Meister Johannes Wacht‹ den Markt und die Bamberger Tracht, die man freilich heute nicht mehr sieht. Vor allem berichtet er von *dem abscheulichen, geschmacklosen Kopfputz, der damals die hübschen Gesichter der Mädchen entstellte. Eine glatte, an den Kopf schließende Haube, die nicht das kleinste Löckchen zum Vorschein kommen ließ – ein schwarzes, nicht zu breites, an die Stirne fest anschließendes Band, das hinten tief in den Nacken mit einer höchst servilen Schleife zusammenfuhr. Später wurde dieses Band breiter und breiter, bis es die unbillige Breite von beinahe einer halben Elle erreichte, deshalb besonders in der Fabrik hergestellt werden mußte, und, mit hartem Karton gefüttert, wie eine Turmhaube emporstieg. Eine Schleife, die vermöge ihrer weit über die Achseln ragenden Breite den ausgespannten Flügeln eines Adlers glich, saß gerade über dem Nackengrübchen...* Ein Trauerzug habe sich deshalb sehr seltsam ausgenommen, *und wenn sich nun der Zug der Weiber zu bewegen anfängt und der Wind sich in die großen Schleifen setzt, so ist es nicht anders, als wenn ein ganzes Heer von schwarzen Raben oder Adlern jählings wach werde und den rauschenden Flug beginnen wolle.* Diesen Hauben begegnete man auf dem Markt, von dem wir von Hoffmann wiederum in der Erzählung ›Des Vetters Eckfenster‹ hören. Hoffmann selbst ist der todkranke Vetter. Er vergleicht den Markt mit dem Ablauf des Lebens. *Dieses Fenster ist mein Trost*, ruft der Vetter dem Besucher zu, *hier ist mir das bunte Leben aufs neue aufgegangen, und ich fühle mich befreundet mit seinem niemals rastenden Treiben.* Als das Marktgetriebe sich verlaufen hatte, sagt der Vetter: *Dieser Markt ist auch jetzt ein treues Abbild des ewig wechselnden Lebens. Rege Tätigkeit, das Bedürfnis des Augenblicks trieb die Menschenmassen zusammen; in wenigen Augenblicken ist alles verödet, die Stimmen, welche im wirren Getöse so durcheinanderströmten, sind verklungen, und jede verlassene Stelle spricht das schauerliche: ›Es war!‹ nur zu lebhaft aus.*

Wir gehen nun dem Fluß zu, kommen auf die Obere Brücke mit der 1715 von Leonhard Goldwitzer geschaffenen Kreuzigungsgruppe, und stehen vor dem mitten in den Fluß auf Rosten gebauten *Alten Rathaus*, einstiger Grenze zwischen geistlichen und weltlichen Bezirken. Torturm und Rathaus sind 1744-56 nach Plänen von Johann Jakob Michael Küchel zu einer höchst reizvollen Gruppe umgebaut worden, und der Dillinger Johann Anwander, ein sehr geschätzter Freskant, schmückte die Fassaden mit heiteren Bildern. Hier muß man den Schritt verhalten, um den Blick auf den hohen Chor und den Turm der Oberen Pfarr, auf St. Stephan und das alte bischöfliche Schloß Geyerswörth auf der Insel, auf das Mühlviertel und Klein Venedig zu genießen. Steigen wir hinauf zur *Oberen Pfarr*, vorüber an Küchels Ebracher Hof, kommen wir zu einer der vielen eindrucksvollen Kirchen Bambergs. Sie wurde am Ende des 13. Jahrhunderts begonnen, in der ersten Hälfte des folgenden Jahrhunderts vollendet und erhielt dann den 1387 geweihten neuen großartigen Chor und den Turm. Es ist eine dreischiffige Basilika, deren Chormauern von breiten Maßwerkfenstern durchbrochen sind. Wo Wand stehen blieb, sehen wir Fialen, Konsolen und Wasserspeier in reicher Fülle, an der Westwand des südlichen Seitenschiffes eine großartige Himmelfahrt, wahrscheinlich ein Werk Tintorettos. Westlich von der Oberen Pfarr, auf dem Stephansberg, liegt das vornehme, wahrscheinlich von dem ersten Bamberger Bischof 1009 gegründete Kollegiatstift *St. Stephan*. Kaiser Heinrich II. hatte Papst Benedikt VIII. nach Bamberg eingeladen, und der Heilige Vater traf am Gründonnerstag, dem 14. April 1020, in Bamberg ein, vom Kaiser mit großem Gefolge feierlich eingeholt. Am Sonntag nach Ostern zog der Papst an der Spitze eines langen Zuges mit dem Kaiserpaar, das sicherlich die kostbaren Ornate, Sternen- und Kunigundenmantel, trug, mit zahlreich erschienenen geistlichen und weltlichen Würdenträgern auf den Stephansberg, um die Kirche zu weihen. Im 13. und 17. Jahrhundert ist sie umgebaut worden. Aus gotischer Zeit stammt der Turm, und 1628 begann der Umbau des Langhauses nach dem Modell Valentin Junckers durch Giovanni Bonallino. Die Bauarbeiten wurden nach dem Dreißigjährigen Krieg 1677 von Antonio Petrini wieder aufgenommen und 1680 abgeschlossen, doch erfolgte die Weihe erst 1717 nach Fertigstellung der Innenausstattung, welche durch die Säkularisierung fast ganz verschwunden ist. Petrini nahm die Gliederung des Chors von

Bonallino wieder auf. Der vornehme, kühle Innenraum wurde von Johann Jakob Vogel und mehreren Italienern stuckiert.

Dicht bei dieser Kirche steht in der Judengasse das *Böttingerhaus* mit seiner prachtvollen, überaus reichen Fassade, das um 1713 von einem bisher unbekannt gebliebenen Architekten gebaut wurde.

Unerschöpflich ist die Schönheit der Stadt; wohin wir uns wenden, warten Überraschungen, öffnen sich immer neue Bilder auf große Architekturen. Der größte Eindruck jedoch erwartet uns auf dem *Domberg* selbst. Stehen wir auf dem weiten Platz, haben wir eines der herrlichsten Stadtbilder Europas vor Augen, wohin auch immer wir schauen. Den gewichtigsten Akzent setzt der machtvolle Dom, von dessen Terrasse der Blick über die Dächer der Stadt weit hinausgeht ins Land bis zu den Höhen der Fränkischen Alb mit der Silhouette der Giechburg. Auf der Südseite des Doms steht das noble, 1731-35 von Balthasar Neumann gebaute Kapitelhaus, das heutige Diözesanmuseum, das wir uns später noch genauer zu besichtigen vornehmen. Etwas tiefer, dem Dom gegenüber, steigt der kraftvolle Block der Neuen Hofhaltung auf, und in der Mitte, wie das Zünglein an der Waage, steht der Renaissancebau der Alten Hofhaltung, welche das reichhaltige Historische Museum birgt. Romanisch-gotischer Dom, Renaissance und Barock stehen nebeneinander; sie stören sich nicht, sie heben einander hervor. Betrachten wir zuerst die *Alte Hofhaltung*, die als außerordentlich malerische Baugruppe um den geräumigen Hof liegt, auf dem Grund der alten Burg, aus der sich im 10. und 11. Jahrhundert die kaiserliche Pfalz entwickelte. Bis zum Bau der Neuen Hofhaltung diente sie als fürstbischöfliche Residenz. Hier war es auch, wo am 21. Juni 1208 der deutsche König Philipp von Schwaben von Otto von Wittelsbach ermordet worden ist. 1777 sind Teile der älteren Gebäude, wie der Saalbau der Pfalz und der Hauptturm, abgebrochen worden. Erhalten blieben die spätgotischen Bauten um den Hof mit ihrem schönen Fachwerk und den umlaufenden Galerien, welche im Sommer im Blumenschmuck leuchten. Sie sind 1479 und 1489 unter den Fürstbischöfen Philipp Graf von Henneberg und Heinrich II. Groß von Trockau gebaut worden. Fürstbischof Veit II. von Würzburg ließ 1571-76 der Alten Hofhaltung zum Domplatz hin eine neue Fassade geben, wahrscheinlich von Erasmus Braun, dem hennebergischen und brandenburgischen Baumeister aus dem Kreis um den Festungsarchitekten Caspar Vischer. Auch Daniel Engelhardt war am Bau beteiligt. Dieser Trakt der Alten Hofhaltung besteht aus drei Teilen: dem Kern der alten Andreaskapelle gegenüber dem Domnordportal ist ein langer zweigeschossiger Flügel angefügt; eine prächtige, steile Fassade mit Volutengiebel und Erker schließt sich an, alles das aus Sandsteinquadern gefügt. Der Erker ist ein Kabinettstück deutscher Renaissancekunst, gegliedert von Gesimsen und Säulchen, geschmückt mit den Wappen des Hochstifts, des Bauherrn und seiner Verwandten. An der Erkerkonsole sitzt das Portrait des Baumeisters Erasmus Braun. Der auf der Rückseite angebaute Treppenturm gibt dem Ganzen einen bewegten Umriß. Es folgt als dritter Teil die reiche Portalanlage, ursprünglich wohl für drei Tore entworfen, von denen das dritte nicht ausgeführt oder später wieder zugesetzt wurde. Pankraz Wagner hat den plastischen Schmuck zarter Ranken gearbeitet, der an Portale der Kulmbacher Plassenburg erinnert und von Daniel Engelhardt entworfen sein könnte. Der figürliche Schmuck zeigt eine Vielfalt von Motiven. Vor den Pfeilern stehen vollplastische Hermengestalten mit Fruchtkörben auf den Köpfen; ›Wilde Männer‹, gedeutet als Main und Regnitz, liegen über den Seitentoren, und über dem Hauptor sehen wir einen Relieffries mit Muttergottes, dem heiligen Kaiserpaar Heinrich und Kunigunde, Dommodelle tragend, die Patrone des Doms, Petrus und Georg, sowie zwei Bischöfe, vielleicht den hl. Otto I. und Veit II. von Würzburg. Stiftswappen und Kaiserkrone bekrönen das Ganze.

Gegenüber liegt die *Neue Hofhaltung*, welche aus der ›Neuen oder Oberen Hofhaltung‹ des Fürstbischofs Philipp von Gebsattel aus dem Anfang des 17. Jahrhunderts – Baumeister Jakob Wolff d. Ä. aus Nürnberg – hervorgegangen ist. Unter den großen Schlössern der Schönbornzeit in Franken ist die Neue Hofhaltung das erste. In ihrer heutigen Gestalt ist sie im wesentlichen das Werk des Lothar Franz von Schönborn, Kurfürsten von Mainz und Fürstbischof von Bamberg, und seines Baumeisters Johann Leonhard Dientzenhofer, entstanden zwischen 1697 und 1704. Dominante dieser Baugruppe ist der turmartige Vierzehnheiligenpavillon auf der Südseite, gegenüber dem Dom. 1693 wählte das Kapitel Lothar Franz zum Bischof. Vierzehn Tage nach seiner Wahl verhandelte er bereits mit dem hochstiftischen Baumeister Dientzenhofer über den Ausbau der ›Oberen Hofhaltung‹, obgleich er sich in der Wahlkapitulation verpflichtet hatte, »keine neuen Schlösser bauen oder kostbahrlich reparieren« zu lassen. 1695 verbot der Papst die Wahlkapitulationen für die Wahl von Erzbischöfen und Bischöfen, ein Verbot, das auch auf das Reich übertragen wurde. Lothar Franz war nun frei, das zu tun, was ihm am Herzen lag: zu bauen. Dientzenhofer fügte zunächst hinten an die beiden Gebsattelflügel nach Westen zu einen kurzen Trakt und veränderte die innere Aufteilung der vorhandenen Gebäude. Im zweiten Obergeschoß des Neubaus wurde die fürstliche Wohnung eingerichtet und 1696 von Johann Jakob Vogel stuckiert. Die endgültige Wohnung sollte im geplanten Hauptbau am Domplatz liegen. Die Vollendung des Rohbaus zog sich bis 1701 hin und zwei Jahre später war der Eckpavillon fertiggestellt. Nicht sehr erfindungsreich im einzelnen, wirkt der Bau durch die Wucht wohlproportionierter Massen, durch strenge Gliederung der Fassaden mit Pilastern in den drei klassischen Ordnungen. An der reichen Innenausstattung ist lange gearbeitet worden. Die Stuckierung schuf in der Hauptsache Johann Jakob Vogel zwischen 1696 und 1705, bestehend aus schweren Akanthusranken, Fruchtgehängen, Kartuschen und Putten. Die Stuckmarmorarbeiten, vor allem die vermutlich nach Stichvorlagen von Bérain ausgeführte Dekoration des Gartensaals, stammen von seinem Bruder Kaspar Vogel. An den Deckenmalereien arbeiteten Hans Jörg Bogner, seit 1704 Johann Jakob Gebhardt. Den großen, üppigen Kaisersaal schmückte Melchior Steidl 1707-09 mit Fresken. Friedrich Karl von Schönborn, seit 1729 Fürstbischof von Bamberg und Würzburg, plante, die Front der Residenz um 90 Grad zu drehen und als Dreiflügelanlage zu erweitern, aber er scheiterte am Einspruch des Kapitels – zum Glück, möchte man meinen, denn die Ausgewogenheit des Platzes wäre empfindlich gestört worden. Küchels Entwurf von 1733 sah eine riesige Anlage mit sechs Innenhöfen vor. Friedrich Karl und seine Nachfolger nahmen Veränderungen im Innern vor, die bis 1773 beendet waren.

Schönborn, der abwechselnd in Würzburg und Bamberg residierte, hielt einen prächtigen Hof. Wie es dort zuging, erfahren wir aus einem Reisebericht der Grafen Reuß und Lynar, die im Jahre 1731 zum Mittagessen eingeladen wurden. Der Bischof ließ die beiden Herren im Wagen in die Residenz abholen, wo sie von Obermarschall von Bubenhofen in das Wohnzimmer des Fürsten geleitet wurden. *Vor der Tafel wurde dem Bischof im Eßsaale von einem Kammerherrn das Wasser in einem silbernen Becken gereicht, der Oberststallmeister goß es auf seine Hände und der Obermarschall reichte ihm die Serviette zum Abtrocknen. Einer der bischöflichen Hofprediger verrichtete ein lateinisches Gebet ganz unverständlich. Der Fürst saß an der Tafel oben an, auf einem Armsessel, mit rotem Sammet beschlagen und mit goldenen Tressen besetzt und über ihm war ein Himmel von gleicher Art. Die Tafel war mit einem außerordentlich großen und schweren Plat de Ménage und mit vierzehn Schüsseln bedeckt, welche letztere zweimal abgehoben wurden, und der dritte Gang bestand in 15 Confektschalen. Die Speisen wurden durch Trabanten aufgetragen, welche mit Stiefeln, Sporen und Karabinerriemen versehen waren und vor welchen ein Unteroffizier mit dem Hut unter dem Arm herging und ein anderer hinterher. Auf den Tisch wurden die Speisen durch einen Pagen gesetzt, deren neun um die Tafel herstanden. Der Fürst redete mehrenteils von ernsthaften, in das deutsche Staatsrecht einschlagenden Materien etc. Zum Trinken wurde niemand genötigt, der Fürst aber brachte jedem Gast ein großes Glas mit einer Gesundheit zu. Die Tafel währte bis 5 Uhr, es standen aber mehrere Personen von derselben auf und kamen wieder, ohne etwas zu sagen...*

Nach der Säkularisierung wurde die Hofhaltung Residenz des Herzogs Wilhelm in Bayern. Hierher zog sich der napoleonische Marschall Alexandre Berthier, Fürst von Neuchâtel und Herzog von Wagram, Schwiegersohn des Herzogs Wilhelm in Bayern, zurück, als Napoleon von Elba nach Frankreich zurückkehrte. Er stürzte sich am 1. Juni 1815 mittags um 1 Uhr aus einem Fenster der Kaiserzimmer, als die russischen Truppen durch Bamberg marschierten. In der Gruft der Klosterkirche von Banz wurde der Marschall begraben. 1843-45 residierte Kronprinz Maximilian in der Hofhaltung, dann wurde sie König Otto von Griechenland zugewiesen, der nach seiner Abdankung hier von 1862-67 lebte, und auch Kronprinz Rupprecht von Bayern bewohnte die Residenz von 1900-01. Heute bergen der Eckpavillon und ein Teil der anschließenden Räume die Bamberger Staatsbibliothek, während in einem anderen Trakt der Hofhaltung eine bedeutende Filialgalerie der Bayerischen Staatsgemäldesammlungen untergebracht ist. Im Kaisersaal ist noch einmal die Bedeutung Bambergs als kaiserliche und geistliche Stadt, als ›caput orbis‹, zusammengefaßt, denn an den Wänden hängen um Kaiser Heinrich II. die Bildnisse habsburgischer Herrscher, und die schwere, üppige Deckenmalerei Steidls zeigt die alte Reichsallegorie vom ›Guten Regiment‹.

Im stillen Bezirk am Mauerzug hinter dem Dom zieht sich ein Ring alter Domherrenkurien, jede in sich abgeschlossen wie eine kleine Burg, zum Teil mit reizenden Höfen. Auf der Südseite des Doms sehen wir das schöne *Kapitelhaus* Balthasar Neumanns, hinter dem der um 1400 entstandene Kreuzgang liegt. Im Kapitelhaus ist das sehr reiche Diözesanmuseum untergebracht, das zu besuchen sich allein wegen der kostbaren kaiserlichen Ornate lohnt. Es handelt sich vor allem um die sakralen Kaiserornate: Sternen- und Reitermantel Heinrichs II., Kunigundenmantel und Chormantel der Kaiserin. Mit diesen Stücken setzt die deutsche Stickkunst zu Beginn des 11. Jahrhunderts mit einem vollen Akkord ein. *Als unmittelbarer Ausdruck der durch die Cluniazenser-Bewegung religiös aufs tiefste erregten Zeit, die sich in dem kaiserlichen Ehepaar verkörpert, scheinen sie uns die Frucht einer ganz kurz bemessenen Spanne Zeit des Gottesfriedens, als weltliche Gewalt und Kirche im Gleichgewicht und in seltener Harmonie im*

Reiche herrschten (Marie Schuette). Es sind kreisförmige Mäntel, die während feierlicher Festgottesdienste getragen wurden. Unter Anleitung von Frau Müller-Christensen hat man den alten Seidengrund erneuert und die Stickereien wieder darauf befestigt.

Heinrichs Sternenmantel, zwischen 1010 und 1020 möglicherweise in Regensburg, wenn nicht gar in Bamberg, wie Walter Tunk annimmt, angefertigt, ist nach antiker Überlieferung das Symbol der Macht über den Erdkreis. Er wurde von Herzog Ismael von Apulien als Geschenk für den Herrscher bestellt, als er 1019 in Bamberg Heinrichs Hilfe gegen Byzanz erbat. Der Stiftervermerk ist auf dem Mantel angebracht, ebenso die Inschrift, daß Heinrich ihn dem Dom schenkte. Mittelpunkt der Stickereien ist Christus, um den alles kreist, wie hier die Sternbilder und die Bamberger Patrone. Heinrich trug den Mantel zum letzten Mal während des Weihnachtsfestes im Jahre 1023. Das großartigste der Gewänder ist der Reitermantel, dessen Stickereien früher als byzantinische, um 1000 entstandene Arbeit galten. Heute datiert man ihn um 1200 und hält ihn für eine italienische Arbeit. Dieser Mantel trägt dreizehn große Medaillons mit Darstellungen eines reitenden Herrschers als Sieger über seine Feinde und als Jäger. Die Mäntel von Kaiser und Kaiserin entsprechen und ergänzen sich in der Thematik der Stickereien.

Unvergleichlich ist im *Rosengarten* mit dem reizenden Pavillon Küchels hinter der Neuen Hofhaltung der Blick auf den Michaelsberg. Wir erreichen ihn durch die Karolinenstraße, vorüber am Erzbischöflichen Palais, einem von Küchel für den Domherrn von Rotenhan errichteten Rokokohaus, vorüber an *St. Jakob*, das 1072 als Chorherrenstift gegründet und 1109 geweiht wurde. Der Erbauungszeit gehört das schmucklose, strenge Schiff mit seiner eindrucksvollen Säulenarchitektur an, zu dem der frühromanische Dom Pate gestanden haben dürfte. Der einzige erhaltene Nordturm mit dem andechs-meranischen Wappen ist im 13. Jahrhundert erneuert worden, der 1491 erbaute Chor wurde 1771 beseitigt. Franz Ignaz Michael Neumann baute im gleichen Jahr die Fassade aus gelbem Sandstein.

Auf dem Hügel liegt nun vor uns die weitläufige Anlage der

ehemaligen Benediktinerabtei *St. Michael*, neben dem Dom die am stärksten wirkende Baugruppe der Stadt. Der 1021 geweihte Bau ging durch ein Erdbeben zugrunde, der bestehende geht in Schiff und Querhaus auf den hl. Bischof Otto zurück, der das Kloster durch einen Hirsauer Mönch reformieren ließ. Die neue Kirche wurde 1121 geweiht, der Chorschluß um das Jahr 1570 völlig neu errichtet, und die Turmobergeschosse wurden nach dem Brand von 1610 wieder aufgebaut. Zur gleichen Zeit ersetzte man die Flachdecke des Langhauses durch eine Stichkappentonne mit aufgelegten Rippen, deren Zwickel mit Kräutern und Blumen des Klostergartens bemalt sind. Den prunkvollen Hochaltar flankieren die Statuen Kaiser Heinrichs und der Kaiserin Kunigunde von J. Peter Benkert, um 1720. Die Bischofsgrabmäler an den Schiffswänden wurden im 19. Jahrhundert aus dem Dom hierher versetzt. In der Krypta steht das Grab des hl. Bischofs Otto, dessen gotische Tumba eine gangartige Öffnung hat. Der Volksglaube meint, wer durch diese Öffnung krieche, streife seine Kreuzschmerzen ab. Heute überwiegt der festliche, barocke Eindruck, denn Johann Leonhard Dientzenhofer baute zwischen 1696 und 1700 die langen Trakte des Konvents, schlichte, doch trefflich komponierte Bauten, und ebenso gab er der Kirche eine neue Fassade. Dreiundzwanzig Jahre später legte sein Bruder Johann dieser Fassade die prächtige, geschwungene Freitreppe mit den seitlichen Terrassen vor, die dem Ganzen erst richtiges barockes Leben verleihen, und wiederum neunzehn Jahre später baute Balthasar Neumann die auf Fassade und Treppe glänzend abgestimmten Trakte des Vorhofs. Propstei des Klosters war die westlich gelegene Kirche St. Getreu, 1124 von Bischof Otto errichtet. Justus Heinrich Dientzenhofer baute 1727 bis 1740 die neue Kirche mit einer sehr reizvollen, originellen Ausstattung. Im Hochaltar von 1733 steht eine spätgotische Muttergottes; das Vesper- und Gnadenbild von etwa 1400 stand bis 1640 in Eltmann am Main; Dreifaltigkeitsaltar und Kanzel schuf J. G. Reuß, die Fresken malte Paul Günther aus Bamberg.

So vereinigt Bamberg den Geist der Frühe, die ernste Wucht der Romanik, die schwere Fülle des Barock mit dem anmutigsten Rokoko und vornehm schlichtem Klassizismus der Bürger- und Adelshäuser. Wir sind bei diesem langen Rundgang – aus der Überfülle von Bauten, von versteckten Schönheiten aller Art ist nur einiges herausgegriffen – müde geworden und gehen nun, ehe wir uns zum Dom aufmachen, in den uralten Bräugasthof ›Schlenkerla‹ zum Essen und trinken das köstliche Rauchbier, eine Bamberger Spezialität. Lassen wir dem gelehrten Humanisten und Domherrn Albrecht von Eyb das letzte Wort: »Wenn Nürnberg mein wäre, so wollt ich's in Bamberg verzehren.« Wir können uns diesen Worten getrost anschließen.

Der Dom

Bamberg, von Heinrich II. zum Bistum erhoben, ist nachher auch den Staufern lieb gewesen. König Konrad III. liegt in der Domkrypta begraben. Der doppelchörige Dom St. Peter (Westchor) und St. Georg (Ostchor) Heinrichs II. fiel am Karsamstag 1081 einem Brand zum Opfer. Bischof Otto I. der Heilige ließ ihn instand setzen, doch brannte er fünf Jahre später ganz ab. Den gewaltigen, herrlichen Bau, den wir heute sehen, begann Bischof Ekbert, Graf von Andechs-Meranien (1203-37), dieser ›vir magnanimus et bellicosus‹. Sogleich begann er mit dem Neubau, der jedoch 1208 ins Stocken kam, weil Ekbert, der Mitwisserschaft an der Ermordung König Philipps verdächtig, nach Ungarn floh und erst 1212 zurückkehren konnte. 1237 ist der Neubau geweiht worden. Zur Baugeschichte sei vermerkt, daß der erste Abschnitt im zweiten Jahrzehnt des 13. Jahrhunderts – der Ostchor ohne Wölbung sowie die drei den Chor begleitenden Seitenschiffsjoche – von einem Meister oberrheinischer Schulung errichtet wurde. *Der Meister des Georgenchors*, schreibt Harald Keller, *ist neben seinem Generationsgenossen, dem Erbauer des Westchors des Wormser Domes, in Deutschland der größte Virtuose in der plastischen Durchknetung und Aufbrechung der Wand, in der Abstimmung von Baublöcken und Wandflächen aufeinander. Wie die Apsis des Georgenchors aus dem Halbrund ihres Grundrisses in Höhe des gewaltigen Friesbandes unter der Fensterbank des Hauptgeschosses unmerklich ins Polygon überführt ist, ohne daß man sich Rechenschaft zu geben ver-*

mag, wo die zylindrischen Mantelstücke aufhören und wo die prisma-
tischen beginnen, das macht dem großen Bamberger niemand nach. Wie
wird die ganze Tiefe der Wand durch die Aufzehrung der Fenster-
laibung zur Anschauung gebracht! Wie wechselt die leere Fläche mit
einer barocken Überhäufung der Form! Mit der Ankunft eines früh-
gotisch-burgundisch geschulten Meisters begann der zweite Bauabschnitt, der den Georgenchor einwölbte, die Osttürme vollendete und das Langhaus baute. Ihm folgte gegen Ende des dritten
Jahrzehnts die zisterziensische Bauhütte aus Ebrach unter Meister
Wortwinus, die das Querschiff, Westchor und die Westtürme
bis zur Firsthöhe des Querhauses aufführte. 1232 löste ihn ein
auf französischen Bauplätzen – Laon, Reims – ausgebildeter
Baumeister ab, der den Westchor wölbte und die herrlichen
Westtürme vollendete. »Ihm, oder doch seiner Hütte, gehört die
große statuarische Plastik.« (A.v. Reitzenstein) 1766-68 stockte
Johann Michael Küchel die Osttürme auf und setzte ihnen die
heutigen Helme auf. Vorherrschend an dem mächtigen Dom ist
der romanische Charakter, dem auch die spätesten Teile treu
bleiben. Im mittelalterlichen Bauhüttenbetrieb waren Baumeister und Bildhauer noch nicht getrennte Berufe; daher ist es
durchaus möglich, daß der Meister des ersten Bauabschnitts auch
die Plastik entwarf und selbst daran mitgearbeitet hat. Von ihm
stammen die Gnadenpforte, entstanden zwischen 1216-19, und
die Georgenchorschranken sowie möglicherweise das gesamte
Programm der Großplastik. Davon wird noch zu sprechen sein.
Über der 1508 vom Domkapitular von Reitzenstein gestifteten
Terrasse, dem ›Domkranz‹, erhebt sich wundervoll der reichge-
gliederte *Georgenchor* mit seinen Lisenen, Säulchen, der eleganten Zwerggalerie. In den Sockeln der mit Lisenen und rundbogigen Fenstern gegliederten Türme sitzen die Portale. Das Tympanon der *Gnadenpforte* zeigt die thronende Muttergottes zwischen den Dompatronen Petrus und Georg und der kleiner gehaltenen Gestalt Bischof Ekberts, dem heiligen Kaiserpaar und
der ebenfalls kleineren Gestalt des Dompropstes Boppo von Andechs-Meranien. Der Maria zu Füßen liegende Adorant, bezeichnet als ›magister operis‹, soll Wortwinus sein, doch tritt die-

11
Bamberger Meister
(WOLFGANG KATZHEIMER d. Ä.)
Abschied der Apostel
Im Hintergrund die Stadt Bamberg
mit der Altenburg (*links*)
und dem Michaelsberg (*rechts*)

Tafelgemälde, 1483

ser erst später als Baumeister in Erscheinung. Der gleichen Zeit gehört die *Adamspforte* an, als Pfeilerstufenportal mit normannischen Zickzackbögen ausgebildet. Sie wurde um 1235 mit sechs Statuen besetzt, die sich heute im Innern des Domes befinden: Petrus, Adam und Eva, das Kaiserpaar und St. Stephanus, die in naher Verwandtschaft zur Reimser Kathedralplastik stehen. Das dritte Portal, das *Fürstentor* auf der Nordseite des Langhauses, stammt von einem anderen Meister und weist ebenfalls enge Beziehung zu Reims auf. Im Tympanon sehen wir das Jüngste Gericht; an den Gewändesäulen stehen, einander im Gespräch zugekehrt, Propheten, auf ihren Schultern die Apostel. Die großen Statuen der Ekklesia, Synagoge, Abrahams und eines Posaunenengels sind ebenfalls ins Dominnere gebracht worden. Sie haben anscheinend ebensowenig an dieses Portal gehört wie die Figuren an der Gnadenpforte.

Betreten wir das *Innere*, so haben wir, ungeachtet der Purifizierung durch König Ludwig I. im frühen 19. Jahrhundert, noch viel zu sehen und zu bewundern. Wenn wir den Fuß über die Schwelle einer Kirche wie den Bamberger Dom setzen, müssen wir einfach glauben: so und nicht anders kann es sein. Machtvoll, kräftig steigen Wände und Pfeiler auf zum Gewölbe; erhöht liegen die Chöre über den Krypten. An Pfeilern und Wänden stehen wie steinerne Wächter ihres Domes die vielen Bischofsgrabmäler, darunter das in der Hinfälligkeit des leidenden Menschen so ergreifende Grabbild des Bischofs Friedrich Graf zu Hohenlohe von 1352 am dritten Pfeiler des Mittelschiffs, ein Werk des Würzburger ›Wolfskeelmeisters‹. Im nördlichen Seitenschiff sehen wir das schöne Grabmal des Papstes Clemens II., das im letzten Bauabschnitt des Doms geschaffen worden ist. Suidger, Bischof von Bamberg, war auf Veranlassung Kaiser Heinrichs III. 1046 als Clemens II. zum Papst gewählt worden, starb aber bereits neun Monate später, wie es hieß an Gift. Seine Leiche wurde im Peterschor beigesetzt und etwa um 1235 am gleichen Platz in einen neuen Sarkophag umgebettet. Ob das Papstbild im nördlichen Seitenschiff am Georgschor mit der Tumba verbunden war, steht in Frage, ist jedoch wahrscheinlich, denn noch stchen sechs niedrige Säulen um die Tumba, welche das Bild Clemens' II., auf der Deckplatte liegend, tragen sollten. 1634 wurde die Anlage von den Schweden beschädigt, und die heutige Deckplatte gehört ins 17. Jahrhundert. Die Wandungen der Tumba zeigen auf den Schmalseiten Johannes den Täufer und den Papst auf dem Sterbebett, auf den Langseiten je zwei Kardinaltugenden: Stärke und Klugheit, Gerechtigkeit und Mäßigkeit, sowie das Symbol des Paradiesflusses, der sich in vier Arme, die Kardinaltugenden, teilt. 1937 wurde das letzte Werk des Veit Stoß, der Schnitzaltar mit der Geburt Christi, 1520-23 für die Karmelitenkirche in Nürnberg geschaffen, im Dom aufgestellt, und in der Mitte des Schiffs steht Riemenschneiders Kaisergrab, Herz des Domes, Herz der kaiserlichen, geistlichen Stadt Bamberg.

Exkurs über die Domplastik

Wie schwierig es ist, den oder die Meister der großen Bamberger Plastik zu bestimmen, zeigt das Bemühen der Kunsthistoriker um Zuordnung und Datierung. Wahrscheinlich war die Fülle der Plastik schon in der ersten Phase der Domerneuerung vorgesehen. Einer Bauhütte gehörten viele Werkleute aus allen Teilen des Reichs an, auch aus dem Ausland, und Bildhauer von Rang, unter denen es solche gab, die zugleich als Architekten tätig waren. Wie wir gehört haben, kam der in Chartres geschulte Meister des ersten Bauabschnitts vom Oberrhein, der in Bamberg – ich beziehe mich auf ein Buch von Hans Fiedler – vor 1208 arbeitete und dann, als Bischof Ekbert das Bistum verlassen mußte, nach Magdeburg ging, wo er bis 1215 tätig war. Der Meister, der zugleich Bildhauer war, soll 1215-16 wieder in Chartres gewesen sein, von wo er wohl 1217 nach Bamberg zurückkehrte. Dort baute der in Burgund ausgebildete Meister, dem ein Bildhaueratelier gefehlt haben soll, das nun der Georgenchormeister einrichtete. Er entwarf den Figurenschmuck der Gnadenpforte, zwischen 1217-19 ausgeführt; er selbst schuf bis 1224 den berühmten Figurenzyklus der Georgenchorschranken, je sechs Reliefs – die Apostel auf der Südseite, die Propheten auf der Nordseite –, die in engem stilistischem Zusammenhang mit

Gnadenpforte und der Zierplastik des Ostchors stehen. Harald Keller sagt von ihnen, sie stünden in enger Verbindung mit der süddeutschen Malerei jener Zeit, die uns heute fast ausschließlich in der Miniaturmalerei noch greifbar sei. Die Figuren stehen in regem Disput einander gegenüber, energische Gestalten mit scharfen Zügen und gespanntem Blick von höchster Eindrücklichkeit und lebhafter Bewegung. *Es gibt in der ganzen Geschichte der Bildhauerkunst nichts, was sich in der Intensität dieser Blicke den Bamberger Chorschranken vergleichen ließe*, sagt Hans Jantzen. Ein Teil der Prophetenfiguren ist von anderer Hand, denn, so meint Fiedler, unser Meister hielt sich dann ein Jahr in Reims auf, wahrscheinlich auf Wunsch Bischof Ekberts, damit er das Neueste im Bereich der Kathedralplastik kennenlerne. Diesem Meister, meint Fiedler, sei nun das Programm der Bamberger Großplastik zuzuschreiben, die zwischen 1224-37 von ihm und seinem Atelier ausgeführt worden sei. Dazu gehören die Statuen, die an der Adamspforte und am Fürstenportal standen, dort Adam und Eva, die ersten nackten Gestalten in der deutschen Kunstgeschichte, Kaiserpaar, Petrus, hier Ekklesia, Synagoge, Abraham und der Posaunenengel sowie Dionysius und der Engel mit der Krone, die Heimsuchungsgruppe der Maria und der seherischen, gewaltigen Elisabeth und der Reiter. Der Meister selbst, so Fiedler, hat die prachtvolle Heimsuchung, Ekklesia und Synagoge, die Grabfigur des Papstes und den Reiter geschaffen. Nach T. Breuer ist *ein* Meister für alle Figuren verantwortlich, die mit dem Reiter und der Heimsuchung verbunden werden können. Die Figuren, welche sich schon seit ihrer Entstehung im Dominneren befinden, stehen ebenso wie die von den Portalen hereingeholten recht ungünstig, was darauf schließen läßt, daß sie hier nur provisorisch aufgestellt worden sind. Nach Fiedler plante der Ebracher Baumeister im Westen des Domes eine Vorhalle, welche diesen Figurenzyklus aufnehmen sollte, gruppiert um das in der Mitte stehende Papstgrab. Eine solche Aufstellung hätte ein klares Programm ergeben, die unmittelbare Unterstellung Bambergs unter Rom betont. Dann aber sei der Planwechsel beschlossen worden, der auf den erhöhten Westchor zurückgriff.

Alles das sind unbeweisbare Vermutungen, da die Ausgrabungen nicht den geringsten Hinweis auf eine etwa geplante Vorhalle ergeben haben. Es steht wohl außer Frage, daß der Dom immer zweichörig gedacht war. Am Georgenchorpfeiler steht der berühmte Reiter, dessen Aufstellungsort ebenfalls umstritten ist, denn es wird auch behauptet, er habe seinen Platz an der Außenseite der Kirche gehabt. Man hat dem Bamberger Reiter, zwischen 1235-37 entstanden, eine der adligsten Gestalten, die es gibt, viele Namen gegeben: Kaiser Heinrich II., sein Schwager König Stephan der Heilige von Ungarn, St. Georg und andere. Die Deutung des Reiters als König Stephan hat insofern viel für sich, als sich Bischof Ekbert längere Zeit bei seinem Schwager König Andreas von Ungarn aufgehalten hatte. Er könnte sich entschlossen haben, Stephan, dessen Haus so eng mit Bamberg und mit seiner eigenen Familie verbunden war, in den Kreis der Statuen aufzunehmen. Wen immer der Reiter darstellen mag, er ist das Bildnis des fürstlichen Ritters von männlicher, gebieterischer, staufisch-klassischer Schönheit, zudem gilt er als das erste monumentale Reiterstandbild des Mittelalters in Deutschland. A. v. Reitzenstein schreibt alle diese Statuen dem Meister des letzten Bauabschnitts zu, dem ›Reitermeister‹, wie er auch dem älteren Meister des Georgenchors einen jüngeren gegenüberstellt. Wie dem auch sein mag, ob ein oder zwei Meister am Werk gewesen sind, die Bamberger Plastik gehört zu den großartigsten Schöpfungen der spätromanischen und frühgotischen Bildhauerkunst in Europa. Die Figuren wollen für sich genommen sein, und, sagt Wilhelm Hausenstein, *eben dies ist ein Zeichen der großen Dinge, daß sie im aufnehmenden Bewußtsein und bewahrenden Gedächtnis sich über das äußere Maß ausdehnen, das ihnen von der meißelnden Hand angewiesen worden ist, und im wirkenden Geiste wachsen.*

E. Th. A. Hoffmann – der Serapionsbruder

Bamberg ist nicht nur eine kaiserliche und geistliche Stadt, es beherbergte im engbrüstigen Haus am Schillerplatz Nr. 26, gegenüber dem Theater, eine der merkwürdigsten Gestalten der deutschen Literatur, E. Th. A. Hoffmann, der am 24. Januar 1776 in Königsberg geboren worden war. Eigentlich lautet der dritte Vorname Wilhelm, den er aber zu Ehren Mozarts in Amadeus umwandelte. Dieser außerordentlich phantasievolle, musikalisch hochbegabte Mann von scharfem, beißendem Witz hat ein sehr wechselvolles Leben geführt und kannte alle Höhen und Tiefen des Daseins. Er war Jurist, Dichter, Komponist und Maler in einer Person. 1807 verlor der junge Regierungsrat infolge des Friedens von Tilsit, der Preußen sehr verkleinert und verarmt zurückließ, seine Stellung. Damals noch ganz unbekannt, hatte Hoffmann das elendeste Jahr seines Lebens zu bestehen. Nichts wollte ihm glücken, woran sicherlich auch seine bizarre, romantische Natur, schwankend zwischen leidenschaftlicher Schwärmerei und kalter Spottlust, Schuld hatte. Schließlich inserierte er von Berlin aus, ob man ihn nicht als Theaterdirektor oder Kapellmeister brauchen könne. Dieses Inserat im ›Allgemeinen Reichsanzeiger‹ las der Minister und Kunstfreund Graf Soden, der damals das Bamberger Theater unter großen persönlichen Opfern leitete. Er ließ Hoffmann kommen, der 1808 sein neues Amt antrat und sogleich von Bamberg bezaubert war, wo noch der alte Glanz fürstbischöflicher Zeiten nachwirkte, wo es eine gebildete Gesellschaft, den kleinen Hof der herzoglichen Linie Wittelsbach und ein noch farbiges, echtes Volksleben gab. Doch auch in dieser neuen Tätigkeit wurde Hoffmann vom Unglück verfolgt. Graf Soden zog sich zurück und übergab die Leitung des Theaters dem Schauspieler Cuno, der es künstlerisch und finanziell zugrunde richtete. Hoffmann legte sein Amt nieder und behielt nur die Funktion eines Theaterkomponisten. Für Rochlitz' ›Leipziger Allgemeine Musikalische Zeitung‹ schrieb er Rezensionen; er komponierte Lieder, Chöre, Märsche und Ballettmusik. Heute sieht man in ihm den Bahnbrecher moderner Musikkritik. 1809 lebte das Theater wieder auf. Hoffmann setzte die Berufung seines Freundes Franz von Holbein zum Direktor durch, er selbst arbeitete als Kapellmeister, Regisseur, Dekorationsmaler, Bühnenarchitekt und -maschinist zugleich. Kleists ›Käthchen von Heilbronn‹ erlebte hier seine Uraufführung. Was

Hoffmann verdiente, gab er mit leichter Hand aus; bald ging es ihm gut, bald schlecht, dazu war er von zarter Gesundheit. »In der höchsten Not den alten Rock verkauft, um nur fressen zu können«, notiert er einmal. Er gab Klavier- und Gesangsunterricht, war allgemein beliebt und gern gesehen. 1810 schrieb er ›Johannes Kreislers des Kapellmeisters musikalische Leiden‹, und damit hatte der Zyklus der Kreislernovellen begonnen, denen dann in bunter Folge die zum Teil großartigen anderen Erzählungen folgen sollten. Holbein verließ 1812 Bamberg, und damit war das Schicksal des Theaters besiegelt. Im gleichen Jahr zog Hoffmann mit seiner Frau Michalina, die er in Posen geheiratet hatte, in das Häuschen am Schillerplatz, wo man seine Wohnung heute noch besuchen kann. *Unmöglich, schreibt Bergengruen in einem Aufsatz über Hoffmann, alle Eindrücke der Bamberger Jahre zu schildern. Truppen marschieren durch, Bayern, Franzosen, Österreicher, Polen, Italiener. Hoffmann sieht Napoleon. Nürnberg erschließt ihm die Herrlichkeit des deutschen Mittelalters. Das Bamberger Irrenhaus vermittelt ihm Einblicke in die Nachtseiten des Seelenlebens; die Phänomene des Magnetismus und Somnambulismus, die damals jedermann beschäftigten, treten ihm nahe. Mit Erschütterung liest er Novalis und nähert sich der Schellingschen Naturphilosophie. Er empfindet den Glanz und die Inbrunst der kirchlichen Welt, singt in Kirchenchören, macht die Fronleichnamsprozession mit, folgt einer Einladung ins Kapuzinerkloster, aus dem er einen gewaltigen Eindruck davonträgt. Hoffmanns Bamberger Leben verläuft in Wellenlinien, Krankheits- und Notperioden bezeichnen tiefe Einschnitte.* Seine Frau ertrug alles das mit größter Geduld. 1813 übernahm Hoffmann die Stelle des Kapellmeisters am Leipziger Theater. Durch Vermittlung seines liebsten Freundes, des Staatsrates von Hippel, der 1813 den ›Aufruf an mein Volk‹ geschrieben hatte, kam er 1815 an das Berliner Kammergericht, wo er als Regierungsrat arbeitete und sich als tüchtiger Jurist erwies. Er führte ein sehr geselliges Leben, war mit Fouqué und Chamisso befreundet, trat dem geistreichen Fürsten Pückler näher, lernte Brentano und Tieck kennen und bewegte sich in einem lustigen, geistvollen Kreise; immer aber war er in Geldnöten.

In Berlin erlebte sein schriftstellerisches Schaffen die größte Produktivität. 1822 wurde er krank und starb.

Die kurzen Bamberger Jahre sind es gewesen, denen Hoffmann den Reichtum seines literarischen Schaffens verdankte; diese Jahre voller Glück und Verzweiflungen weckten in ihm die kräftige dichterische Individualität; die Doppeldeutigkeit seines überempfindlichen, körperlich zarten Wesens kam ungehindert zum Vorschein. In den Erzählungen bewegt sich sein in allen Facetten schillernder Geist in den Finsternissen, Verworrenheiten, im Komischen und Grotesken, Wunderlichen und Wunderbaren, in den labyrinthischen Tiefen der menschlichen Seele. Schlagen wir zum Beispiel die Novelle ›Das Fräulein von Scudéry‹ auf, so erzeugen schon die ersten Sätze Spannung: »Spät um Mitternacht, es mochte im Herbst des Jahres 1680 sein –, wurde an dieses Haus hart und heftig angeschlagen, daß es im ganzen Flur laut widerhallte…« Oder wir erleben im ›Sandmann‹ das Grausen Nathaniels, als er Coppelius sieht und in ihm den schrecklichen Sandmann erkennt, der seine Kindheit in Angst und Schrecken versetzte, die Phantasiegestalt, ausgestattet mit immer stärker hervortretenden individuellen Zügen, bis sie endlich greifbar in die Wirklichkeit tritt und ihn ins Verderben stürzt. Sicher hat Hoffmann in allen seinen Schriften eigene seelische Vorgänge dargestellt – er litt an der Angst, wahnsinnig zu werden –, daher die unheimliche Macht, welche diese Schilderungen über den Leser ausüben. Welch ein geheimnisvoller Schimmer umgibt das lebenswahre, ganz im Ton des Märchens geschriebene Stück ›Nußknacker und Mäusekönig‹ oder die meisterlich geschriebene Erzählung ›Der goldene Topf‹, dessen Apfelfrau sich in dem lustigen runden Gesicht des Türklopfers findet, der vormals in der Bamberger Eisgrube zu sehen war und jetzt im Historischen Museum geborgen ist. Alles, was er schrieb, wurde begeistert gelesen. Im Freundesbund der Serapionsbrüder, die zusammentreffen, um zu diskutieren oder sich Geschichten zu erzählen, hat er sich selbst dargestellt. Die Zwiespältigkeit seiner Natur zeigt sich auch in dem von schwarzem Haar umrahmten Antlitz des Dichters mit den ausdrucksvollen Zügen, den großen dunklen, spähenden Augen und dem schmallippigen Mund.

Goethe, der zu seinen Lieblingsdichtern gehörte, fällte ein ungünstiges Urteil über Hoffmann. Er spürte wohl die gefährlichen Tiefen in dessen Seele, die er nur zu gut an sich selbst kannte, und das Wehen einer neuen Zeit in der deutschen Literatur, eine Geisteshaltung, die ihm zutiefst fremd und unsympathisch sein mußte. Er äußert sich in den ›Schriften über Literatur‹ 1827 so: ...*denn welcher treue, für Nationalbildung besorgte Teilnehmer hat nicht mit Trauer gesehen, daß die krankhaften Werke des leidenden Mannes lange Jahre in Deutschland wirksam gewesen und solche Verirrungen als bedeutend-fördernde Neuigkeiten gesunden Gemütern eingeimpft worden.* Der Dichter selbst aber sagt: *Könnte ein Dichter oder Schriftsteller, dem die Gestalten des gewöhnlichen Lebens in seinem innern romantischen Geisterreiche erscheinen, und der sie nun in dem Schimmer, von dem sie umflossen, wie in einem fremden, wunderlichen Putze darstellt, sich nicht wenigstens mit diesem Meister entschuldigen* (gemeint ist Jacques Callot) *und sagen, er habe in Callots Manier arbeiten wollen?* Das hat E. Th. A. Hoffmann getan.

Von Bamberg aus

Seehof

Nahe von Bamberg liegt das ehemalige fürstbischöfliche Sommerschloß Seehof oder Marquardsburg, ein mächtiger Bau mit vier dicken Türmen. Man sieht ihn schon von weitem, weil er auf einem künstlichen, in Terrassen abfallenden Hügel steht. Marquard Sebastian Freiherr Schenk von Stauffenberg, Fürstbischof von Bamberg, begann 1687 mit dem Würzburger Antonio Petrini den Bau, dessen Vollendung er nicht erlebte. Er pflanzte auch eine ›fürstliche Allee‹ von zweihundertfünfzig Linden und dreihundert Buchen. Lothar Franz Graf von Schönborn, Kurfürst von Mainz, Fürstbischof von Bamberg, baute ab 1698 und um 1711 am Schlosse weiter. Vermutlich geht die endgültige Gestaltung der Eckrisalite und des Innenhofs auf die Baumeister Leonhard und Johann Dientzenhofer zurück. Das

Aschaffenburger Schloß stand Pate; wie dieses steht Seehof noch
in der Tradition des Burgenbaus, ist es eine quadratische Vierflügelanlage mit Ecktürmen, deren polygonale Oberteile barocke Hauben tragen. Das Ganze ist jedoch schon in den Formen eines schweren, an Römisches erinnernden Barock ausgeführt. Die Ausstattung der Innenräume erfolgte zwischen 1730
und 1740 unter Beteiligung von Balthasar Neumann und Johann
Michael Küchel. Das Fresko im großen Saal malte Josef Appiani. Kostbare Möbel füllten die Räume, die zum Teil in den letzten Jahren verkauft worden sind.

Friedrich Karl Graf von Schönborn, der 1729 zum Bischof
gewählt wurde, ließ von seinem Hofbaumeister Johann Michael
Küchel 1737-38 die schöne Portalanlage mit den seitlichen
Wachthäusern in der Parkmauer errichten, und am Bau der
Orangerie, 1733-37, war Balthasar Neumann beteiligt. Friedrich
Karl ließ auch eine große Schneise durch den Hauptsmoorwald
schlagen, an deren Enden Seehof und die Bamberger Neue Hofhaltung als Point-de-vue standen. Eine europäische Sehenswürdigkeit waren die Gartenanlagen nach streng geometrisch an-
gelegtem Grundriß, wohl schon von Petrini entworfen, die heute
nicht mehr bestehen. 1698 begannen auf Befehl von Lothar Franz
die Planierungsarbeiten, und nach der Jahrhundertwende wurden die einzelnen Quartiere angelegt. Salomon Kleiners Stichwerk von 1731 zeigt den geplanten Endzustand, für den vermutlich der Mainzer Hofbaumeister Maximilian von Welsch, eine
›Gartenautorität‹, verantwortlich gewesen ist. Am meisten hat
der Schönborneffe Adam Friedrich Graf von Seinsheim, der
1753 den Würzburger, 1757 den Bamberger Bischofsstuhl bestieg, für den Garten getan. Er schuf die große Treppe mit der
Kaskade auf der Westseite, viele neue Wasserspiele, Bosketts,
Labyrinthe, alles das mit einer Fülle von großartigen Figuren bevölkert, an deren Programm der Bamberger Ferdinand Tietz
mit seiner Werkstatt arbeitete. Es sollen etwa tausend Figuren
und Vasen gewesen sein; einige Gruppen sind noch vorhanden.
Der Bischof schrieb seinem Onkel, Kardinal Hugo Damian von
Schönborn: *Jedermann, der diesen Garten gesehen, bedauert den Ab-*

gang des springenden Wassers und wir machen uns keine geringe An-
gelegenheit daraus, denn andurch diesem Garten die Seele geben zu
können, dazumalen die Lage der in einer ziemlichen Entfernung zwar
befindlichen Bergen hiezu gute Hoffnung darbietet. Seinsheim ließ
das Wasser von dem acht Kilometer Luftlinie entfernten Stamm-
berg in ein 1767 fertiggestelltes Hochbecken auf dem Hohstein
bei Memmelsdorf und von dort nach Seehof leiten. Vier Jahre
später waren alle Leitungen im Garten verlegt, die Wasser konnten springen. Wir haben einen Bericht über den Besuch des
Markgrafenpaares von Ansbach bei Seinsheim in Seehof aus dem
Jahre 1775, der anschaulich schildert, wie der Tag auf solch einem
barocken Sommersitz verlaufen ist. Das Frühstück wurde zu den
Klängen von Trompeten und Waldhörnern im großen Saal eingenommen, und Celsissimus schickte dann einen Edelknaben
mit seinem Morgenkompliment zur Markgräfin. Es folgte eine
Promenade im Garten. Erschöpft von dieser Unternehmung und
einem reichlichen Mittagessen hielt man Siesta. Danach *verfügte*
sich Celsissimus zu Höchsten Herrschaften und bald danach fuhren sie
in den Gartenwägen in das Opernhaus im Park, um der wohlpräpa-
rierten Operetta Giocosa ›La Schiava Amorosa‹ beizuwohnen. Danach versammelte sich der ganze Hof im Gartenhaus. Dort
wurde das Souper serviert, und man aß von einem Service mit
japanischem Dessin. Später kehrte man ins Schloß zurück, das
auf allen vier Seiten illuminiert war. *Alle Hauptgänge des Gartens*
in der Gegend der Orangerie, ebenso die vier großen Parterres vor und
hinter dem Schloß waren mit vielen auf Stöckchen aufgesetzten und
hierzu besonders gefertigten Laternen auf sehr angenehme Art be-
leuchtet. Am nächsten Tag wurde gejagt, nachmittags war Konzert im Gartentheater, und nach dem Souper fuhr man im Garten umher, um die Beleuchtung zu bewundern, zu der 7300
Lichter verwendet wurden. *Nach vergnügter Beschauung dieser*
wohl ausgefallenen Illumination retournierten Höchste Herrschaften
mit Pauken und Trompetenschall in das Schloß und wurde Feierabend
um 2 Uhr.

Seinsheims Nachfolger, Franz Ludwig Freiherr von Erthal,
hatte nicht viel Sinn für die großartige Anlage des Seehofer

Parks; er ließ einen großen Teil der Gartenplastik entfernen und in einem Schuppen verwahren. Die Säkularisierung des Hochstifts brachte weitere Verluste, bis Freiherr von Zandt 1840 das Gut kaufte. Der letzte Zandt hat viel für Seehof getan. Heute ist das Schloß Außenstelle des Bayer. Landesamtes f. Denkmalpflege.

In der Stille des Landes, in der Stille seines Gartens hat Seehof mit den mächtigen Türmen, den monumentalen Gauben in den hohen Dächern und den schweren Fassaden aus gelbem Sandstein etwas Märchenhaftes. Man muß es im Sommer sehen, wenn die Sonne brennt, die Wiesen blühen, das Wasser der Fischteiche blitzt, in deren schilfigen Ufern die Frösche ihre Litaneien singen.

Die Schönborn

Von Bamberg in Richtung Würzburg fahrend, biegen wir in Unterneuses links ab und erreichen über Steppach das großartigste Landschloß Frankens, Pommersfelden, oder richtiger Schloß Weißenstein ob Pommersfelden. Es sei mir erlaubt, das Kapitel über die Schönborn aus meinem vergriffenen Buch ›Fürstenhäuser und Herrensitze‹ zu wiederholen, um dem Leser die Familie Schönborn vorzustellen.

Es muß als ein Glücksfall für die rheinfränkischen Gebiete angesehen werden, daß in einer Zeit glänzender europäischer Kunstentfaltung drei Generationen einer ungewöhnlich begabten Familie die wichtigsten geistlichen Sitze dieser Lande innehatten. Dem alten Westerwälder Geschlecht der Schönborn war es möglich, einen sehr weitreichenden und tiefgehenden Einfluß auf das politische und kulturelle Leben ihrer Zeit auszuüben, weil sie als hohe Kirchenfürsten den größten Teil der Lande an Rhein, Mosel und Main beherrschten. Zudem haben sie es verstanden, sich durch die Schaffung einer kleinen reichsunmittelbaren Grafschaft um Wiesentheid in Franken festzusetzen. 1642 wird der erste bedeutende Schönborn, *Johann Philipp*, Fürstbischof von Würzburg, dann auch Kurfürst von Mainz, wo er als Freund des Philosophen Leibniz und kluger, energischer Staatsmann bekannt geworden ist. Fünf andere Schönborn sind dann in Wien, Würzburg, Bamberg, Trier, Mainz, Speyer,

Worms und Konstanz tätig gewesen. *Lothar Franz* war Fürstbischof von Bamberg und Kurfürst von Mainz, seine Neffen
waren *Johann Philipp Franz*, Fürstbischof von Würzburg, *Hugo
Damian*, Kardinal, Fürstbischof von Speyer und Konstanz, *Franz
Georg*, Kurfürst von Trier, und *Friedrich Karl*, zuerst Reichsvizekanzler in Wien, dann Fürstbischof von Bamberg und Würzburg. So lag eine Fülle von Macht in den Händen der Familie,
der Beherrscher der sogenannten Pfaffengasse an Rhein, Mosel
und Main.

Dank ähnlicher Charaktereigenschaften und eines ausgepräg-
ten Familiensinns gelang ihnen die Gründung einer Hausmacht,
welche sie in die Lage versetzte, Einfluß auf die Geschicke des
Reichs im 17. und 18. Jahrhundert zu nehmen, die ihnen aber
auch die notwendigen Mittel zur Verwirklichung ihrer großartigen künstlerischen Pläne gab. Der schnelle und glänzende
Aufstieg der Schönborn beruht auf dem engen Zusammenhalten
aller Familienmitglieder. In einer Zeit, da das Reich mehr und
mehr in politische Ohnmacht verfiel, vermochte es diese Familie, sich durch kluge Politik und eine klare, einheitlich gewahrte
Linie in allen Unternehmungen zu behaupten und durchzuset-
zen. Die Schönborn waren, wie alle ihre fürstlichen Zeitgenossen, von dem Bewußtsein ihres absoluten Herrscheramtes durchdrungen; sie liebten den Glanz und die Pracht, aber sie vergaßen
nie ihre Pflichten als Landesherren. So verschwenderisch sie bauten, so sparsam waren sie in der Verwaltung. Immer eingedenk,
daß sie ihre Stellung der Kirche verdankten, erfüllten sie ihre
Aufgaben gewissenhaft, bewiesen Verständnis für die Lage der
Untertanen und bewahrten politischen und wirtschaftlichen
Weitblick.

Als Erzkanzler des Heiligen Römischen Reichs, der seinen
Sitz in Mainz hatte, vertrat Kurfürst Lothar Franz eine kluge
Politik der Mäßigung und des Ausgleichs, worin ihn sein bedeutender Neffe Friedrich Karl als Reichsvizekanzler (Stellvertreter des Erzkanzlers in Wien) tatkräftig unterstützte. Ihre Politik beruhte ganz auf dem Gedanken von der Einheit des Reichs.

Anfänglich hatten die Schönborn keinen leichten Stand, denn

Landstände, Domkapitel und Bürgerkollegien waren in der Lage, auf Grund der Verfassung der geistlichen Staaten die regierenden Herren an allzu großer Selbständigkeit zu hindern. Allerdings betrachteten die Herren Domkapitulare ihre Stellung mehr und mehr als Sinecure und Versorgungsstellen für die jüngeren Söhne der alteingesessenen Familien. Während die erblichen weltlichen Dynastien im Zeitalter des Absolutismus den Einfluß der Stände weitgehend hemmen, sogar ausschalten konnten, blieben die geistlichen Fürsten stets von den Domkapiteln abhängig, die als geschlossene und immer sich erneuernde Partei das kirchliche und politische Leben beherrschten. Alles war dem Wechsel der Verhältnisse und dem Einfluß eines selbstsüchtigen Klerus überlassen. Der gewählte Bischof hatte daher einen schweren Stand, denn jeder Reformversuch brachte ihn in Konflikt mit seinem Kapitel, das eifersüchtig über seine Rechte wachte. Um so bewundernswerter erscheint eine Reihe von Männern, darunter die Schönborn Lothar Franz, Friedrich Karl und Hugo Damian, die unter diesen schwierigen Bedingungen als die Besten ihrer Zeit der Landeshoheit und ihrer bischöflichen Würde gerecht zu werden verstanden. Angesichts solcher Repräsentanten eines eigenartigen Staatssystems konnten die Zeitgenossen sagen, daß die geistlichen Fürstentümer vielfach besser regiert waren als die weltlichen.

Die größte Leistung der Familie Schönborn, an der auch die nichtgeistlichen Mitglieder beteiligt waren, liegt in der Förderung der Kunst. Auf Reisen und auf Universitäten hatten sie sich gebildet und den Blick für kommende Aufgaben geschult. Alle künstlerischen Belange wurden von ihnen mit echter Begeisterung und klugem Verständnis wahrgenommen. Dazu kam die Gabe der Menschenbehandlung, die Gabe, vielversprechende Talente ausfindig zu machen, sie ausbilden zu lassen und für ihre Planungen am rechten Platz einzusetzen. Unter den vielen, die sich des Schönbornschen Wohlwollens erfreuen durften, seien genannt die Dientzenhofer, Welsch, Neumann, Küchel. Die Schönborn aber beschäftigten nicht nur deutsche, sondern auch ausländische Künstler.

Oft überstiegen die großen Planungen die den Bauherren zur Verfügung stehenden Mittel, aber sie hatten Verantwortungsgefühl und Erfahrung und ließen sich nicht zu unausführbaren Projekten verleiten. Niemals vorher hatten die Gebiete am Rhein und in Franken eine solch einheitliche und glänzende künstlerische Kultur erlebt.

Lothar Franz baute die Favorite bei Mainz, die später von den Franzosen zerstört wurde; er baute das Schloß Gaibach in Franken aus. Hier entstand die umfangreiche Bibliothek, die später nach Pommersfelden gebracht wurde, hier wurden die ersten Gemälde zusammengetragen, die den Grundstein der Pommersfeldener Galerie bildeten. Er vollendete Schloß Seehof bei Bamberg und begann gleichzeitig den Bau der Bamberger Neuen Hofhaltung; er baute die Jägersburg bei Forchheim, nahm regsten Anteil am Bau von Bruchsal und Würzburg und überwachte die zahlreichen Kirchen- und Profanbauten seiner Lande durch eine eigene Baukommission. Für den Reichsvizekanzler *Friedrich Karl* entstand in Österreich Schloß Schönborn bei Göllersdorf von Johann Lukas von Hildebrandt. Der Kardinal *Hugo Damian*, von der Familie das ›rote Käppele‹ genannt, baute Bruchsal, *Franz Georg* von Trier Schönbornslust bei Koblenz, das ebenfalls von den französischen Revolutionsarmeen zerstört worden ist, ferner den Dikasterialbau in Ehrenbreitstein, St. Paulin in Trier und die Abtei Prüm in der Eifel. Die Baulust hatte sie alle mit gleicher Leidenschaft erfaßt, und der Kurfürst von Mainz mußte zugeben: »Das Bauen ist eine Lust und kostet Geld, aber einem jeden Narren die eigene Kappe gefällt.«

Eine Fülle von Macht lag in den Händen der Schönborn, welche sie durch Schaffung einer eigenen Grafschaft noch verstärkten. Der Bruder des Kurfürsten Johann Philipp von Mainz hatte den privaten Besitz beträchtlich vermehrt, indem er die Herrschaften Heusenstamm bei Offenbach und Gaibach bei Würzburg erwarb, und sein Enkel Rudolf Franz Erwein erhielt durch seine Heirat die Grafschaft Wiesentheid dazu, wodurch er Mitglied der fränkischen Grafenbank wurde. Trotz dieser stattlichen Anzahl von Schlössern und Residenzen schuf sich die

Familie die architektonische Repräsentation in Pommersfelden.
Dieser Schloßbau verkörperte, auch für sie, den Glanz und die
Macht des Hauses, und wenn man von den Schönborn spricht,
steht einem unwillkürlich dieser prachtvolle Sommersitz im
Frankenland vor Augen. Die Herrschaft Pommersfelden war
dem Kurfürsten Lothar Franz als Erbe des letzten Truchseß von
Pommersfelden zugefallen. Auch hatte der Fürst, der die Wahl
Karls VI. zum Kaiser durchsetzte, von diesem zum Dank eine
Dotation von 100000 Gulden erhalten. Das erklärt, warum der
Fürst daranging, in dieser etwas kargen und reizlosen Land-
schaft ein neues Schloß zu bauen, und zwar oberhalb der alten
Wasserburg. Die natürliche Schönheit der Landschaft spielte für
den barocken Bauherrn noch nicht die Hauptrolle, denn er
suchte vor allem ein ebenes Gelände für die Anlage eines aus-
gedehnten Schloßgartens nach Versailler Vorbild.

Kurfürst Lothar Franz von Schönborn

Wer war nun dieser Mann, der mit seiner Baukommission das
Bauwesen seines Kurstaats streng beaufsichtigte? Als Kurfürst
und Erzkanzler war Lothar Franz der erste Fürst des Reichs. Im
Kaiser sah er den berufenen Schutzherrn der geistlichen Staaten,
verpflichtet, den Besitz der Kirche zu garantieren. Daher war er
zeitlebens ein treuer Gefolgsmann Wiens, und Kaiser Karl VI.
nannte ihn den ›ehrlichen Patrioten zu Mainz‹.

Seine Stellung war freilich nicht einfach. Einerseits durch
Stand und Eid dem Papst verpflichtet, hatte er andererseits als
Reichsfürst die Interessen des Kaisers, als Landesherr die seiner
Staaten wahrzunehmen und sich dem System weltlicher Regie-
rungsformen anzupassen. Schon im Knabenalter wurde er auf
seinen Beruf vorbereitet; er war der geborene Herr, der die für
einen tüchtigen Regenten notwendigen Kenntnisse während
eines dreijährigen Studiums in Wien, auf der Kavalierstour durch
Holland, Frankreich und Italien, als Präsident des Bamberger
Hofrats und schließlich als Bischof von Bamberg gesammelt
hatte. »Solange das Rohr blüht, muß man die Pfeifen schneiden«, dachte der junge Mann und bewarb sich um die Stelle eines

Coadjutors in Mainz, die ihm die Aussicht auf den Erzbischöflichen Stuhl eröffnete, den er dann 1695 bestieg. Er übernahm
ein durch den Reichskrieg gegen Ludwig XIV. verwüstetes
Land. Als echter Vertreter des Absolutismus strebte er nach vollem Machtbesitz im Staate. Um dieses Ziel zu erreichen, richtete
er eine intensive Verwaltung ein und reorganisierte die Behörden. Alle Verhältnisse seiner Besitztümer wurden geprüft und
geordnet, so daß die Regierungsgewalt an innerer Festigkeit und
Stärke gewann. Er ging scharf gegen Mißstände vor, förderte
Handel und Gewerbe, sorgte für die Sicherheit der Untertanen.
Im Kampf mit den Domkapiteln erreichte er, daß sie sich daran
gewöhnten, im Fürsten die Macht zu sehen, die zur Aufrecht-
erhaltung der Sicherheit und Regelung von Verkehr und Ordnung die nötigen, allgemein verbindlichen Anordnungen zu er-
lassen hatte. Alle Sonderrechte der Kapitel wurden zugunsten
der Vormacht des Landesherrn zurückgedrängt. Der Kurfürst
hielt fest an der ständischen Ordnung und betrachtete eine ge-
regelte Justiz als eine Hauptaufgabe des Staates. Das langsam
zerbröckelnde Reichsgefüge machte die Anspannung aller Kräfte notwendig; überall griff er ein, organisierte und besserte; er
erließ Wohlfahrtsbestimmungen und schaffte veraltete Rechts-
bräuche ab, kümmerte sich um den wirtschaftlichen Aufbau der
Domänen, der Forsten und des Handels. Er gründete die Glas-
und Spiegelfabrik in Lohr im Spessart, baute das Kurhaus in
Schlangenbad, das bald das beliebteste Bad in Deutschland
wurde. Es gab kein Ressort, mit dem sich der Kurfürst nicht
selbst befaßte. Vor allem machte sich seine Fürsorge für Arme
und Kranke immer wieder bemerkbar. Krankenhäuser und Asyle
wurden gebaut. So nahm der Staat zu an innerer Kraft, und
Handel und Verkehr blühten auf. Heute noch spricht man in
den Gebieten des ehemaligen Kurstaates mit Stolz von den
›Schönbornzeiten‹.

Außenpolitisch tat Lothar Franz alles, um die Macht des Kaisers zu stützen. Um politisch nicht ganz bedeutungslos zu werden neben großen Staaten wie Brandenburg, Sachsen, Bayern
oder Hannover, schlossen die kleineren Fürsten ihre Truppen-

kontingente mit Hilfe der Kreisverfassung zu einem gemeinsamen Heer zusammen. Lothar Franz war der eifrigste Förderer
dieser Assoziation, und als Kreisdirektor von Franken war er der
emsigste Förderer der Neubildung einer schlagkräftigen Armee,
aber seine Bemühungen scheiterten schließlich an mannigfalti-
gen Widerständen, nicht zuletzt am Kaiser selbst, der die zu-
nehmende Macht der Reichsstände fürchtete. Es gelang nicht,
die angestrebte Assoziation auf das ganze Reich auszudehnen
und ein allgemeines Reichsheer zu schaffen.

Als Reichserzkanzler hatte der Kurfürst bedeutenden Einfluß
auf die Reichsgeschäfte. Die Sonderstellung Österreichs als selbständige europäische Macht erachtete er als unheilvoll; er hielt
daran fest, daß Österreich und das Reich eine geschlossene Einheit bilden müßten, da ja sonst auch das Erzkanzleramt unter der
zunehmenden Bedeutungslosigkeit des in Regensburg tagenden
Reichstages leiden mußte.

Lothar Franz wird von seinen Zeitgenossen als ein Mann von
ausnehmender Liebenswürdigkeit gerühmt. Er hatte Humor,
Temperament und Willensstärke. Während der Krönung
Karls VI. in Frankfurt erregten seine ehrwürdige Gestalt, die ihn
einem alten Patriarchen ähnlich erscheinen ließ, sein Anstand
und seine sanfte, immer noch volltönende Stimme Bewunde-
rung. Der englische Tourist Blainville, ein Mann von scharfem
Urteil, der den Fürsten in Bamberg sah, schreibt: *Es gibt wenig
Fürsten, die besser geschaffen sind, als der Kurfürst von Mainz. Er ist
gut gewachsen und hat ein sehr majestätisches Aussehen. In seinen
Zügen ist etwas natürliches Liebes und Reizendes, welches in jedem
Liebe und Ehrfurcht erweckt, und seine großmütige, gesprächige, leut-
selige und guttätige Gemütsart stimmt vollkommen überein mit seinem
Aussehen. Er ist ein sehr weiser und urteilsfähiger Herr, der mit seinem
eigenen und aller Mächte von Europa Vorteil wohl bekannt ist. Er
liebt die Wissenschaften und schönen Künste, besonders die Baukunst,
Malerei und Bildhauerei.* Das war der Mann, der ungeachtet stärk-
ster Inanspruchnahme durch Staatsgeschäfte und Politik Zeit
fand für die schönen Dinge des Lebens. Seine echte und tiefe
Liebe zur Kunst trieb ihn zu immer neuen Schöpfungen, ja er

war, wie er selbst sagte, vom ›Bauwurmb‹ besessen. Als der Neffe Friedrich Karl aus Wien vom Bau des Schlosses Schönborn berichtete, schrieb der Kurfürst: *Des Herren Reichsvizekanzlers Bau macht mir das Wasser in das Maul kommen!*

Pommersfelden – Schloß Weißenstein

Wir fahren also, von Bamberg kommend, durch das gewellte, mit Kiefernwäldern bedeckte Land und sehen plötzlich in der Ferne über den Laubmassen des Parks das Schloß Weißenstein aufragen. Betreten wir den Hof, so sind wir überwältigt vom Anblick dieses Baues, der sich in voller Majestät und heiterer Gelassenheit vor uns erhebt – Wohnsitz eines Herrschers. Es ist ein wahrhaft königliches Gebäude, die Wohnung eines großen Kirchenfürsten, und dennoch hat es eine gewisse Intimität, welche für diese Zeit typisch ist. Alles, was ein vornehmes Haus an architektonischer Kraft und Anmut, man möchte sagen, an lebendiger Verkörperung der Tradition auszudrücken vermag – hier ist es Gestalt geworden.

Johann Dientzenhofer, der nach einem vom Kurfürsten finanzierten Aufenthalt in Italien Hofbaumeister in Bamberg geworden war, entwarf die Pläne, und der Jesuitenpater Nikolaus Loyson amtete als Bauleiter. 1711 begannen die Bauarbeiten, 1716 war das Schloß im Äußeren vollendet. Alle Baupläne wanderten nach Wien, um vom Neffen Friedrich Karl und dem berühmten Baumeister Johann Lukas von Hildebrandt begutachtet zu werden. Lothar Franz ließ sich, trotz seines sicheren eigenen Urteils und seiner Kenntnisse, gerne beraten: »Ich will gerne anhören und annehmen, was Ihr Herren Virtuosi, Curiosi und Somptuosi zu Wien mir einraten werdet.«

Der hervorragendste Teil der breit hingelagerten Hufeisenanlage ist der Mitteltrakt, der auch in der Gestaltung der Fassade den wirkungsvollsten architektonischen und plastischen Schmuck erhalten hat. Auf der Hofseite rahmen mächtige Säulen paarweise die Mittelachse über dem Portal, zu dessen Seiten allegorische Figurengruppen stehen. Auf dem Giebel mit dem Schönbornwappen steht Merkur, der Gott des Handels, denn ohne

›Esel‹, wie der Fürst die Finanzen nach dem Träger der Dukaten nannte, hätte er nicht bauen können. Die Gartenfront des Mitteltraktes ist weniger stark akzentuiert, sie ist flächiger und mehr auf die Wirkung von Licht und Schatten angelegt. Sie wirkt ›westlicher‹, während die Hoffront ›östlicher‹ ist, also den Einfluß Österreichs und Italiens verrät. Pommersfelden liegt, so kann man sagen, im Schnittpunkt der französischen und italienisch-österreichischen Stilelemente. Der von dem Mainzer Hofbaumeister Maximilian von Welsch erbaute Marstall schließt in sanfter Schwingung den Hof ab, als wolle er den Druck des mächtig vorspringenden Mittelbaus auffangen. Dieser Mittelbau birgt die prunkvolle, damals ganz neuartige Treppenanlage – die eigentliche Erfindung des Bauherrn. In seiner großartigen, feierlichen Pracht ist das *Treppenhaus* eine der großen Leistungen deutscher Barockarchitektur. Lothar Franz hatte sich im dauernden Umgang mit Baumeistern und Künstlern, durch die Beschäftigung mit theoretischen Werken, die in der Bibliothek noch vorhanden sind, die Fähigkeit erworben, selbst Pläne auszuarbeiten, den Künstlern festumrissene Aufgaben zu stellen und mit Verstand Kritik zu üben.

Allen Wiener Vorschlägen zum Trotz hielt der Kurfürst an der Weite und Großzügigkeit des Treppenhauses fest. Die Grundidee der Stiege, *als welche von meiner Invention und mein Meisterstück ist*, müsse so bleiben und dürfe auf keinen Fall verändert werden. Die doppelläufige Treppe führt in ein Vestibül vor dem Marmorsaal; die beiden umlaufenden Galerien gehen auf die Verbesserungen der Pläne durch Hildebrandt zurück.

Über den *Marmorsaal*, den großen Festraum des Schlosses, schrieb der Kurfürst seinem Neffen, daß er *seinem Gusto nach ganz was besonders ist. Gleichwie aber das Bauen der Welt Urteil gleich anderen Sachen unterworfen ist, also zweifle ich auch nicht, daß er von den Kritiken noch seine Ausstellung leiden werde.* Dientzenhofer fuhr mit den Plänen nach Wien, doch hatte sich der Fürst bereits für die heutige Form des Saales entschlossen und ging nicht mehr auf die Vorschläge Hildebrandts ein. Gegliedert durch Säulen und Pilaster in rotem Stuckmarmor, auf denen die

Bögen der Gewölbe mit den starkfarbigen, leuchtenden Fresken J. M. Rottmayrs ruhen, macht der Saal einen würdigen und festlichen Eindruck, und der Bauherr schrieb, daß der Saal *anjetzo, da er ausgemalt und in völligem Stand ist, sich über die Maßen schön präsentiert*.

Alle Räume im Schlosse sind reich stuckiert von Daniel Schenk und Georg Hennicke, die Deckenbilder stammen von Giovanni Francesco Marchini, J. M. Rottmayr, Johann Jakob Gebhardt und Johann Rudolf Byß aus Solothurn, der 1719 den ersten deutschen Galeriekatalog für die Pommersfeldener Sammlungen herausgab. Das Material für die Innenausstattung wurde aus Wien und Venedig, aus Frankreich und den Niederlanden und aus dem Fernen Osten herbeigeschafft. Die Stuckierung des Treppenhauses kostete allein tausend Dukaten.

Östlich vom Saal liegt die Wohnung des Fürsten, die heute als Galerie verwendet wird, aber im großen ganzen noch so erhalten ist, wie er sie damals bewohnte. Eines der reichsten und zierlichsten Zimmer ist das Spiegelkabinett von Ferdinand Plitzner, dessen Wände mit Nußbaumholz getäfelt sind, worin die Spiegel sitzen, die wiederum von überaus reichen, vergoldeten Schnitzereien gerahmt werden.

Ebensoviel Vergnügen wie am Bauen fand der Kurfürst an der Anlage von Gärten und Wasserspielen. Er ließ Gemüse- und Obstbau betreiben, und die Orangerie von Pommersfelden ergab jährlich eine Ernte von dreitausend Früchten für die Hoftafel und den Verkauf. Er unterhielt Baumschulen, aus deren Beständen verkauft wurde, so an den Grafen von Hohenlohe für den Garten von Weikersheim. Im Briefwechsel mit Wien spielen die Gärten eine große Rolle: *Hier stehe ich alle Morgen um 5 Uhr auf, gehe ein paar Stunden im Garten herum, ebenso nachmittags und abends, und zwar mit dem größten Vergnügen von der Welt, von Hertzen wünschend, daß der Herr Vetter* (der Reichsvizekanzler) *vierzehn Tage bei mir wäre.* Mit den prachtvollen Parterres und den vielen Kaskaden, die von Salomon Kleiner in einem Stichwerk über Pommersfelden festgehalten worden sind, muß das Schloß noch großartiger gewirkt haben als heute. Der

Garten fiel in balustradengeschmückten Terrassen hinter dem
Schloß ab, Kaskaden ließen die Wasser springen, und Blumen-
beete und Bassins waren in perspektivischer Anordnung angelegt. Wir betreten den Garten vom Schlosse aus durch die ›Sala
terrena‹, einen niedrigen Gartensaal, nach dem Vorbild der italienischen Renaissance als Grottengewölbe angelegt, reich aus-
geschmückt mit glitzerndem Gestein, mit Malereien, Skulpturen und Stukkaturen. Ein solcher Raum mag vielleicht unserem
Geschmack nicht mehr entsprechen, doch muß man ihn einmal
in einer Sommernacht erlebt haben, erhellt von zahllosen Kerzen, in deren Licht das Gestein flimmert und funkelt, während
vor den geöffneten Türen der schweigende dunkle Park liegt.
Dann werden wir die Freude am Phantastischen begreifen, die
den Bauherrn zur Anlage dieser ›Sala terrena‹ bewogen hatte.

Die Bewunderung der Zeitgenossen für die Anlage von
Pommersfelden war allgemein. Johann Philipp Franz von
Schönborn, Fürstbischof von Würzburg und Bauherr der Residenz, dankt dem Onkel für die Ehre, daß er die besondere Pracht
des Schlosses hatte sehen dürfen, und der berühmte französische
Baumeister Germain Boffrand sagte beim Anblick des Treppenhauses: *Man sieht in ganz Frankreich nichts so Großes und Prächtiges.* Allerdings sagten mir Franzosen, die an die klassizistische
Kühle und Feinheit ihrer Bauten gewöhnt sind, sie könnten es
keine drei Stunden in diesem überladenen Hause aushalten.
Chacun à son goût!

Am Ende des 17. und zu Beginn des 18. Jahrhunderts zeigte sich
in der Sammeltätigkeit in Deutschland eine Wandlung. Noch
vor der Jahrhundertwende waren einige Fürsten zur Regierung
gelangt, die ein über das gewöhnliche Maß hinausgehendes in-
neres Verhältnis zur bildenden Kunst hatten. In ihren Ländern
setzte der glänzende Aufschwung der Architektur und des Kunst-
handwerks ein, und durch sie kam es zur allmählichen Abwen-
dung von den bis dahin beliebten Kunst- und Wunderkammern
mit der Vorliebe für das ›Rare‹, Kostbare und Wunderliche. Auf
Schloß Ambras bei Innsbruck und im Hohenloheschloß Neuen-

stein können wir solche Kunstkammern noch sehen. Das Interesse wandte sich nun mehr und mehr dem künstlerisch Wertvollen zu. Diese ganz andersartige Einstellung fand ihren Niederschlag in den Gemäldegalerien, die sich nun entwickelten. Kurz vor und nach 1700 entstanden die Galerien von Dresden, Kassel und Düsseldorf. Ihre Gründer sind einander als Mäzene in den Ausmaßen ihrer Baulust und Sammelleidenschaft verwandt: August der Starke von Sachsen-Polen, Landgraf Karl von Hessen-Kassel, Johann Wilhelm Kurfürst von der Pfalz. Zu ihnen gesellte sich Lothar Franz von Schönborn, der ebenfalls mehr und mehr ein leidenschaftlicher Bildersammler wurde. Ergebnis dieser Leidenschaft ist die umfangreiche *Galerie in Pommersfelden*, die aus den Privateinkünften des Fürsten erworben wurde und die heute noch die größte Privatsammlung Deutschlands ist.

Es ist nicht ohne Reiz, die Bemühungen des Kurfürsten für die Erreichung dieses Ziels zu verfolgen. Schloßbau und Galerie verschlangen viel Geld, und die Neffen mußten nach dem Tode des Onkels eine sehr erhebliche Schuldenlast tilgen. Was kümmerte das den kunstbegeisterten Sammler? Seit der Ernennung Friedrich Karls zum Reichsvizekanzler nahm der künstlerische Verkehr mit Wien ständig zu, worüber eine umfangreiche Korrespondenz vorliegt. Bei dem Ankauf von Bildern spielten die Bemühungen um Standeserhöhungen eine große Rolle. Die Anträge auf Gewährung von Adelsprädikaten mußten die Reichserzkanzlei in Mainz durchlaufen, und je nach Art des Titels standen dem Reichserzkanzler hohe Taxgebühren zu, die er für den Erwerb von Gemälden verwenden konnte. Er nahm auch Bilder als Taxgebühr entgegen. 1707 schreibt Lothar Franz an den Neffen: *Il y a quelque temps que j'ai commencé de ramasser une ou autre belle peinture pour un cabinet à Gaibach*, und 1728 hören wir, daß Hofrat Bauer aus Heppenheim, der zur Besitznahme der Herrschaft Muncacz nach Ungarn gereist war, dem Kurfürsten mitteilte, er wolle von dort zwei junge Burschen mitbringen. Lothar Franz lehnte ab, schrieb aber dann: *Es ist mir fast leid, daß ich es ihm contremandiert habe. Denn wann ich wüßte, daß*

es etwan extra lange Burschen wären, die für preußische Grenadiere
passieren könnten, so möchte ich doch sie wohl gern haben. Ich revocier
daher durch beikommendes, sub volante an ihn abgelassene ordere, wenn
es nicht zu spät damit ist und lege ihm zu dem Ende das Maß bei; wenn
sie aber diesem nicht beikommen, so verlange sie nicht, denn ich möchte
gern etwas extra großes von dergleichen Leuten haben und dem König
in Preußen ein extra Präsent damit zu machen, weil ich versichert bin,
daß ich ein hübsches Andenken von ein paar schönen Originalmalereien
oder sonsten was dagegen bekommen würde. Die Sammelleidenschaft hätte also den Kurfürsten beinahe zu einem kleinen Men-
schenhandel verführt.

Die ersten bekannten Bilderzugänge sind vier vom Fürsten
von Thurn und Taxis geschenkte Gemälde. Alle persönlichen
und politischen Beziehungen werden in den Dienst der Sache
gestellt, um den ›Malereiwurm‹ zu befriedigen. Seine sieben
Neffen, die oft auf diplomatischen Missionen Europa durchrei-
sten, die kurmainzischen Residenten in Wien, Rom und Venedig, die Herren der Domkapitel von Bamberg und Mainz, sie
alle hielten sich unterrichtet über die Vorgänge auf dem Kunst-
markt und erstatteten ausführliche Berichte.

Aus Brügge wurde der Maler Jan Jost van Cossiau als Gale-
riedirektor nach Gaibach berufen; Rudolf Byß leitete die Sammlung von Pommersfelden. Cossiau konnte als geschickter Ein-
käufer einige der besten Erwerbungen machen. Der Neffe Hugo
Damian kaufte Bilder in Wien von dem Maler Strudel, dem
Direktor der von Kaiser Joseph I. gegründeten Malerakademie.
Als kaiserlicher Gesandter in den Niederlanden sollte Hugo Damian versuchen, aus zwei dem König von Preußen gehörigen,
zum Verkauf stehenden Häusern Bilder zu erwerben, *weil ja be-*
kannt ist, daß dieser Herr die Gemälde weniger als einen Schuhlappen
achtet, schrieb Lothar Franz.

Byß hatte vorher die Galerie des Grafen Czernin in Prag geleitet und wurde vom Kurfürsten zum Hofmaler und Kammer-
diener ernannt. 1719 erschien der erste deutsche Galeriekatalog,
veröffentlicht von Cossiau und Byß. Die weitreichenden Beziehungen des Kurfürsten waren von großem Wert für die Ent-

stehung der Galerie, die außer durch Käufe auch durch Geschenke bereichert wurde. Er selbst korrespondierte mit Malern, so mit Trevisani in Rom, Benedetto Luti und Antonio Balestra in Verona, der vier von den großen Ovalbildern des Marmorsaals malte. Durch seine persönlich ausgedrückte Anteilnahme und seine Anerkennung spornte er die Künstler zu größtem Eifer an. Er wollte diese ihn tief bewegenden Dinge nicht den Agenten allein überlassen. In den letzten Lebensjahren führte er einen Briefwechsel mit Abbate di Gentili, der ausgezeichnete Kenntnisse mit geschäftlicher Sachlichkeit verband. Die Briefe beziehen sich auf römische Ausgrabungen, wofür sich das Interesse des Fürsten erst spät regte, vor allem auf die Ausgrabungen im Palast des Nero und in den Gräbern der Familie des Augustus. Lothar Franz besaß keine Antiken und hielt sie auch, im Gegensatz zum Zeitgeschmack, für ungeeignet, seine Sammlungen zu schmücken.

Wie sehr er sich um den Ankauf eines Bildes bemühen konnte, zeigt folgende Episode. In Sandrarts ›Akademie‹ von 1675 hatte er den Bericht über Matthias Grünewald gelesen, den Sandrart sehr lobt und dessen völliges Vergessensein er bedauert. Der Kurfürst meint, daß dieser Matthias von Aschaffenburg, wie ihn Sandrart nennt, auch dort geboren sei und also aus seinen Stiftslanden stamme; desto lieber besäße er ein Werk des einst gefeierten, nun ganz vergessenen Künstlers. Beim Weiterlesen findet er den Hinweis, daß in Eisenach ein verwunderlicher St. Antonius dieses Künstlers sei, mit gar artigen Gespenstern hinter den Fenstern; natürlich kann er nicht wissen, daß Sandrarts Eisenach ein falsch gehörtes Isenach oder besser Isenheim sein soll, wo ja dieser Antonius im Gefüge des weltberühmten großen Altars wirklich zu finden ist. Der Kurfürst spricht mit dem gothaischen Hofmaler Schilbach, der ihn eben porträtiert, über diese Sache, und dieser gibt des Kurfürsten Bitte, das Bild sehen zu dürfen, an den Herzog von Sachsen-Eisenach weiter; der Herzog aber findet das Bild nicht in seiner Kirche, dafür aber ein Antoniusbild in seiner Bibliothek, das er dem Kurfürsten zum Geschenk macht.

Aus der Hinterlassenschaft des Fürsten Mansfeld kaufte Lothar Franz zwei Paolo Veronese, die heute dem Luca Giordano zugeschrieben werden. Nach 1710 flaute die Sammeltätigkeit ab, da der Bau von Pommersfelden zu große Summen verschlang. Daher mußte sich Lothar Franz manches versagen, und einmal schreibt er ganz traurig: *Ich weiß ein Stück in Holland von dem van Dyck, so zwar nur ein Familienstück von dem Haus Nassau mit sehr viel Portraits repräsentiert, es soll aber groß und eines von den allerbesten sein, so dieser große Künstler jemalen gemacht hat; es hat sollen um 20000 fl verkauft werden, man ist aber schon herunter bis auf 7000 und dürfte wohl endlich pro 5000 gelassen werden. O Blumenherz, warum ist der Esel nicht da!*

Eine stattliche Reihe guter Niederländer und Flamen des 16. und 17. Jahrhunderts war der Galerie einverleibt worden. Darunter befanden sich einige Rembrandts, die im 19. Jahrhundert verkauft wurden, ferner Werke von van Dyck, Cranach, Elsheimer, Bruyn, Tizian, Veronese, Tintoretto, Breughel, Poussin und manch anderem. Das berühmte Bild des Jakob Muffel von Albrecht Dürer gelangte im 19. Jahrhundert über Rußland in das Kaiser-Friedrich-Museum in Berlin.

Es konnte auch vorkommen, daß der fürstliche Sammler übers Ohr gehauen wurde und ihm Nachahmer oder Schüler der großen Meister verkauft wurden. Auch die Agenten konnten sich irren, und so blieben ihm Enttäuschungen nicht erspart. *Was den vermeintlichen Tizian angeht*, schrieb er dem Neffen nach Wien, *so ist es freilich schade darum; will ihn der Vetter behalten, um ihn über ein Ofenloch zu hängen, so steht er zu Diensten.* Aus diesem Grund wandte er sich mehr und mehr den zeitgenössischen Künstlern zu. *Es gibt jetzt schon keinen lebenden italienischen Künstler von Bedeutung mehr, von dem ich nicht schöne Arbeiten habe*, schreibt er. Junge und strebsame Maler erfreuten sich der freigebigen Unterstützung des Kurfürsten, eines vollen Verständnisses für den schaffenden Geist. Den Bamberger Johann Scheubel schickte er auf die Wiener Akademie, bezahlte ihm die Studienreise nach Italien und ernannte ihn später zum Hofmaler. Ebenso unterstützte er den Blumenmaler Jakob Kaul. Er bestellte

Bilder bei dem Akademiedirektor Peter Strudel, und daß er nicht
kleinlich über die Sujets dachte, zeigt ein Brief an den Neffen,
dem er mitteilt, daß er keinen Anstoß am Nackten nehme, soweit die Darstellung nicht obszön sei. Man solle den Maler nicht
abhalten, *outre qu'un beau corps et visage de femme orne bien un
tableau.* Strudel war faul und mußte immerzu angetrieben werden. Der Reichsvizekanzler meldet: *Seit Strudel vom Podagra genesen und wieder in Arbeit ist, lasse ich stündlich an ihm treiben* oder
den Erzwurm Strudel kann unmöglich mehr treiben. Bei dem Wiener
Hofmaler Franz von Stampart bestellte der Kurfürst die großen
Bildnisse für den Marmorsaal in Pommersfelden und er berichtet dem Neffen, daß dessen Portrait ihm sehr gleiche, *und siehet
aus, als wenn er schon Bischof von Bamberg und Würzburg wäre.* Der
eigentliche Hausmaler der Familie aber war der Sohn des bekannten Matthäus Merian in Frankfurt, Johann Matthäus Merian. Graf Franz Erwein kaufte seinen Nachlaß für Wiesentheid,
doch ist nicht sicher, ob die ganze Sammlung oder nur Teile
in Schönbornschem Besitz blieben. In Frankfurt lebte auch der
Tiermaler Roos, »der liederliche Hund«, wie Lothar Franz ihn
nannte, der für das Gaibacher Bilderkabinett seltene Tiere malte.

Die Ausgaben für die Galerie waren so hoch, daß Lothar
Franz überlegte, ob er nicht durch Verkauf eines Teils der Gemälde seine Schulden abdecken könnte. Sie wurden dem Kurfürsten von Sachsen angeboten, doch kam man über Verhandlungen nicht hinaus. Erst 1867 büßte die Galerie auf einer großen
Auktion in Paris viele ihrer Hauptwerke ein.

1715 begann man mit dem Hängen der Bilder in Pommersfelden. Der Kurfürst war selbst anwesend, und es mag ihm große
Freude gemacht haben, daran teilzunehmen. *Über 250 Stück in
diese zwei Zimmer vom Montag morgens bis den Freitag abends ein-
folglich in fünf Tagen und zwar auf nur solche Art sind aufgehängt
worden, daß gewißlich der heiklichste Liebhaber und Connaisseur
schwerlich wird daran zu reformieren wissen. In summa ich glaube,
daß außer der kaiserlichen und kurpfälzischen Galerien keine in
Deutschland ist, die der Mainzer sowohl in der Ordinanz als den
Tableaux beikommen wird.*

Schließlich war der Bestand auf fünfhundert Gemälde ange-
wachsen; ebensoviel befanden sich in Gaibach. Ein Stich von
Salomon Kleiner zeigt, daß die Wände dicht mit Bildern be-
hängt gewesen sind, so wie es damals üblich war. Die Sammlung
füllte nur den Galerietrakt, und wir können uns gut vorstellen,
wie der alte Herr glücklich und zufrieden durch die Säle schritt,
bald hier, bald da vor einem Lieblingsstück stehenblieb und sich
am Glanz der Farben und an der Komposition erfreute. Hier in
Pommersfelden mit seinen Sammlungen und Gärten, in einer
Umgebung also, die ganz nach den Wünschen des Fürsten geschaffen worden war, fand er Ruhe und Erholung. Hier empfing
er seine Freunde und Verwandten zu vertraulichen Gesprächen
und zur Jagd.

Reichmannsdorf

Etwa 20 Kilometer von Bamberg entfernt liegt eines der schönsten kleinen Schlösser des Landes, Reichmannsdorf, das man
allerdings nur von außen besichtigen kann. Man erreicht es,
wenn man, von Bamberg die Straße nach Würzburg fahrend,
in Burgebrach links in Richtung Schlüsselfeld abbiegt. Da liegt
im Talgrund ein ansehnliches Dorf, darin das Schloß. Früher
führte die Straße nicht am Schloß vorüber, das mit den Wirtschaftsgebäuden einen vom Dorf getrennten Komplex mit zwei
jetzt verschwundenen Toren bildete. Das Gut gehörte den Freiherren Truchseß von Pommersfelden, deren letzter Herr den
Kurfürsten von Mainz und Fürstbischof von Bamberg, Lothar
Franz von Schönborn, als Erben von Pommersfelden einsetzte.
Dieser verkaufte Reichmannsdorf 1689 dem Freiherrn Wolf
Philipp von Schrottenberg, der zu den Bauliebhabern im Kreise
um den Kurfürsten gehörte, von diesem seine ›Baudirigierungs-
götter‹ genannt, während sie ihn als ihren ›Erzbaumeister‹ bezeichneten. Die Schrottenbergs entstammen dem steierischen
Uradel; sie hatten durch Ehen mit Hutten und Lautter Verbin-
dungen zu Franken geknüpft, und Wolf Philipp kam 1652 als
Page an den Bamberger Hof, wurde 1683 Obermarschall des
Fürstbischofs und drei Jahre später auch kurmainzischer Geheimrat. Kurfürst Lothar Franz betraute seinen Obermarschall häu-

fig mit diplomatischen Missionen; seine Grabschrift in der Dominikanerkirche zu Bamberg lobt ihn als ›frommen Christ und
herablassenden Edelmann‹. Wolf Philipp stand seinem Herrn
freundschaftlich nahe. Der Fürst, dem auch das Kuriose Freude
machte, schickte einst seinem Obermarschall das Maß der größten Pomeranze aus dem Mainzer Favoritgarten, und dieser erklärte, er zweifle, ob in Indien oder Spanien jemals eine dickere
Frucht gewachsen sei.

Wolf Philipp baute 1714 mit Johann Dientzenhofer, dem
Baumeister von Pommersfelden, das neue Schloß von Reichmannsdorf als kleine Hufeisenanlage um einen Ehrenhof. Es ist
ein außerordentlich schmucker Bau, der auf rotem Verputz
graue Architekturgliederung und im Dreiecksgiebel das Schrot-
tenbergwappen zwischen grauen Stuckranken trägt. Auf der
Rückseite des Hauses liegt ein Rasenparterre, das gegen den
tiefer gelegenen seeartigen Dorfweiher durch ein Balustergeländer abgeschlossen ist. Seitlich schließen sich Blumen- und Ge-
müsegarten sowie der kleine Park an. An frühen Herbstabenden,
wenn alles in rötlichem, opalisierendem Dunst schwimmt, liegt
eine besondere Stimmung über Schloß, Gärten und Weiher, wie
sie auf alten Bildern zu finden ist. Der Sohn des Bauherrn, Otto
Philipp, Kämmerer, Generalmajor und Kommandant der Festung Forchheim, beendete den Schloßbau 1719 und vollendete
die innere Ausstattung. Den graziösen Stuck schuf der Bamberger Georg Beutner, die Deckenfresken Johann Jakob Gebhardt.
In Reichmannsdorf arbeiteten Künstler, die auch in Pommersfelden tätig waren, und als ich einmal die Gräfin Schönborn dort
besuchte, sagte sie: du mußt wissen, daß Reichmannsdorf eigentlich schönbornisch ist, denn der Schrottenberg hat seine Bau-
rechnungen immer unter die Pommersfeldner geschoben! Ob
dies zutrifft, entzieht sich meiner Kenntnis. Otto Philipp begann
1736 mit der Anlage des Gartens, in dessen Planung Johann Jakob Michael Küchel eingriff. Im Juli 1736 schrieb Schrottenberg
seinem Verwalter, der Gärtner habe ihm mitgeteilt, daß der
Schloßbauer die »herrschaftlichen Ochsen und Gänse« in die
neuen Anlagen treibe. Der Mann sei zu bestrafen, weil »die ter-

rassen und gemachte neue Stiegen, auch die Alleen sehr ruinieret
würden«. Der Garten ist später in einen englischen Park umgewandelt worden, und von der alten Anlage sind nur noch die
Terrassen erkennbar. Zwei Statuen, Herkules und Theseus, von
der Hand des Bambergers Johann Georg Mutschele, die vormals
den Brunnen im Hof schmückten, fanden dort Aufstellung.
Der letzte Schrottenberg ist 1941 in Rußland gefallen; seine
Schwester Elisabeth Sachenbacher ist heute Besitzerin des Gutes.

Ist Pommersfelden die große, prunkvolle Sommerresidenz
eines geistlichen Fürsten, so ist Reichmannsdorf ein Pommersfelden en miniature, sowohl architektonisch als auch in der kostbaren Ausstattung. Bereits im Vestibül des Schlosses entfaltet
sich die Pracht und adlige Noblesse barocken Herrentums. Eine
doppelläufige Treppe führt durch das helle, heitere, wohlproportionierte Stiegenhaus ins Obergeschoß, wo an dem der Hofseite folgenden Korridor die Enfilade der Salons liegt, ausgestattet mit schönen fränkischen Möbeln, darunter Arbeiten von
Servatius Brickard und Ferdinand Plitzner. Glaslüster funkeln,
Fayencen schimmern, die Polituren der Möbel glänzen im Sonnenlicht. Es fehlt nur die Gesellschaft des 18. Jahrhunderts um
den Bauherrn Wolf Philipp, der Reichmannsdorf für seine Familie baute, welche es mit liebevollster Sorgfalt pflegte und
pflegt. Aber noch heute kann man etwas von der alten versun-
kenen Welt erleben, wenn sich hier Nachbarn fränkischer Familien treffen. Die Unterhaltung ist sicherlich nicht viel anders als
vor dreihundert Jahren. Damals beklagte man sich vielleicht
über mangelnde Rücksicht des ansbachischen Markgrafen gegenüber der Reichsritterschaft, besprach Bamberger Hofklatsch
oder das drohende Ende der Reichsritterschaft, und heute spricht
man nach wie vor von Familienangelegenheiten, von Steuer-
lasten, den Schwierigkeiten, ein Schloß zu halten, und von Politik. Reichmannsdorf ist ein glänzendes Beispiel adliger Wohnkultur in Franken, dazu in selten guter Erhaltung. Sitzt man in
einem der Räume und schaut über den Weiher, so hört man in
der Stille den eiligen Pendelschlag der Stutzuhr: es schwingt
zwischen Vergangenheit und Gegenwart, seit langer Zeit.

MAINFRÄNKISCHE PLATTE

Wenn wir von Bamberg auf der B 26 westwärts fahren, sehen wir wieder eine Landschaft von besonderer Schönheit. In Eltmann überqueren wir den Main und kommen nach *Ebelsbach,* wo die ersten Reben wachsen. Am Ostrand steht das Schlößchen, ein Bau wie aus dem Bilderbuch. Seit 1396 ist es im Besitz der Freiherren von Rotenhan, welche der kleinen Wasserburg – der Graben ist zugeschüttet und dient als Garten – 1564-69 die heutige Gestalt gaben. Durch ein hübsches Fachwerktorhaus, neben welchem die kleine Schloßkirche von 1580 liegt – ein heimeliger Raum mit schönem Altar aus der Zeit um 1700, einer prächtigen Kanzel und ebenso schöner Empore von 1688 –, gelangen wir in den geräumigen Wirtschaftshof und stehen vor dem Schloß, das noch von der alten Ringmauer umzogen ist. Fachwerk schmückt das Obergeschoß des Wohnbaues, der von Ecktürmen unter geschweiften Hauben flankiert wird. Im breiten Graben blühen im Frühling Flieder, Jasmin und Goldregen in verschwenderischer Fülle, stehen Blutbuchen, Ahorne und Kastanien – es ist ein Bild von Behaglichkeit und Frieden. Und doch haben die Besitzer nicht geringe Sorgen, denn die Erhaltung von Gebäuden und Mauern ist kostspielig – das alte Klagelied in einer Zeit, die von Schlössern nichts mehr wissen will, ja geradezu schlösserfeindlich gestimmt ist.

Wir fahren zurück nach Eltmann, verlassen dort die B 26 und folgen dem Fluß unter den Hängen des Steigerwalds bis Limbach. Dort steht außerhalb des Dorfes neben einer gewaltigen Linde, dicht über der Straße, Balthasar Neumanns letzter Kirchenbau, die *Wallfahrtskirche Maria Limbach* mit ihrer strengen, von Pilastern gegliederten Fassade, mit dem lustig geschweiften Turmhelm. Sie wurde 1751-54 gebaut. Neumanns Interesse galt vor allem der Gestaltung der Innenräume, für die er immer wieder neue überraschende Einfälle hat. Hier in Maria Limbach scheint Sparsamkeit maßgebend gewesen zu sein, denn der helle, kühle, schon klassizistisch anmutende Raum ist fast nüchtern zu nennen. Er wird von Pilastern gegliedert, von einer

Empore umlaufen und ist sehr zurückhaltend mit Rahmenwerk und Rocaille stuckiert. Farbe bringen einzig Altäre, Orgel und Kanzel in den weißen Raum. Hier sehen wir noch einmal das reichste Rokoko, die Welt der Putten und Heiligen in gebauschten, flatternden Gewändern. Altäre, Kanzel und Orgel entstanden 1760-62 in der Werkstatt des Johann Peter Wagner; sie sind zartgrün, rosa und gelb marmoriert, die Figuren weiß und gold gefaßt. Das gotische Vesperbild, heute in der Pfarrkirche, ein Werk des 15. Jahrhunderts, war Mittelpunkt der Wallfahrt. Das heutige Gnadenbild, eine schöne Muttergottes von 1480, sehen wir im Hochaltar, wo es nach 1500 aufgestellt wurde. Zur Zeit der Reformation geriet der Gnadenort in Vergessenheit; er lebte wieder auf, als man nahe der heutigen Kirche das Gnadenbrünnlein entdeckte. Fürstbischof Friedrich Karl von Schönborn fand in Limbach Heilung von einem Hüftleiden und stiftete in seinem Testament dankbar 12 000 Gulden für die Erweiterung der Kapelle. Mit diesem Geld begann Neumann im Auftrag des Würzburger Fürstbischofs Karl Philipp von Greiffenklau den Bau der neuen Kirche.

Wir fahren weiter auf der Landstraße Haßfurt zu. Wenn wir aus dem Wald die Höhe herabkommen, sehen wir eine langgestreckte gotische Kirche, umgeben von Mauern und Wirtschaftsgebäuden. Es ist *Mariaburghausen*, ein 1237 gegründetes Zisterzienserinnenkloster, das 1287 durch Brand fast ganz zerstört wurde. Noch vor 1300 erfolgte der Neubau, doch Bischof Julius Echter säkularisierte 1582 das Stift und übergab es der Universität Würzburg, die es noch besitzt. Die Kirche ist ein hoher, langer, strenger Bau. Durch die sogenannte ›Gruft‹, eine dreischiffige, kreuzgewölbte Halle von feierlicher Schönheit, mit Ziegelfußboden und darin eingelassenen Grabsteinen, betritt man den hohen, hellen Chor. Altäre und Kanzel entstanden in der Zeit um 1700; an der nördlichen Wand steht in Rokokorahmung eine Muttergottes, um 1480.

Während des Bauernkrieges wurde das Kloster 1525 verwüstet. In diesem Jahr waren drei Edelknaben vom Hofe zu Bayreuth auf dem Heimweg, um den Ihren beizustehen:

Gerold Graf zu Castell, Kunz von Giech und Gieso von Steinau.
Als Landleute verkleidet trafen sie unversehens bei Mariaburghausen auf das Bauernlager und mußten sich diesem zugesellen.
Da brachte man in die entweihte, geplünderte Kirche eine Frau,
die ein Kind auf dem Arm trug. Castell erkannte zu seinem
Schrecken seinen kleinen Bruder, aber auch die Bauern sahen
am feinen Leinen, daß es ein vornehmes Kind sein mußte, und
wollten es sogleich totschlagen. Die drei Jünglinge zogen ihre
Schwerter, doch konnten sie gegen die Übermacht nichts ausrichten und fielen. Das Kind aber wurde gerettet. Gerold Castell
und sein kleiner Bruder waren die Söhne der Gräfin Castell, von
der wir noch hören werden.

Wir fahren über die Mainbrücke und kommen nach Haßfurt.

Haßfurt

Es ist ein hübscher Ort, der Länge nach von der breiten Hauptstraße durchschnitten, die sich in der Mitte zum geräumigen
Markt erweitert. Von der Stadtbefestigung sind ein Mauerzug
am Mainufer sowie drei Tore des 16. Jahrhunderts erhalten, das
Würzburger, Bamberger und Maintor. Die Stadt ist einer der
ältesten Orte des Haßgaus, eine planmäßige Anlage des frühen
13. Jahrhunderts, wahrscheinlich von dem Würzburger Bischof
Hermann von Lobdeburg errichtet; sie war bald eine bedeutende Oberamtsstadt des Hochstifts.

1632 wüteten Tillys Truppen abscheulich in der Stadt. In
jener Zeit ereignete sich auch der ›Silbacher Krieg‹, von dem
Ludwig Braunfels berichtet. *Es hatten nämlich nach der Verheerung
Tilly's die benachbarten Bauern der Stadt in ihrem Unglück noch allerlei Bedrängnis angetan. Da nahmen die Haßfurter eine eben einge-
rückte Schar Kroaten zu Hilfe, fielen über einige Dörfer her, tödteten
die Bewohner, und trieben alles Vieh weg. Indessen sammelten sich aus
der ganzen Gegend die Bauern; die Haßfurter aber legten an der Oberen
Mühle bei dem nahen Dorf Silbach einen Hinterhalt, dem das Land-
volk nicht zu entgehen wußte. Viele Bauern blieben auf dem Felde;
noch zeigt man die blutige Stätte in der so sanften, lieblichen Gegend.*

Am Markt stehen Rathaus und Stadtpfarrkirche. Das Rathaus, ein stattlicher Bau des späten 15.Jahrhunderts, wurde im 18. und 19.Jahrhundert verändert. Die *Stadtpfarrkirche*, deren beide Osttürme in den Untergeschossen auf einen älteren Bau zurückgehen, ist 1390 begonnen und um 1500 als weiträumige Hallenkirche mit stark überhöhtem Mittelschiff vollendet worden. Sakristei und darüberliegende Kapelle im Nordturm,um 1440, werden Niklas von Schaffhausen zugeschrieben, der auch als Baumeister und Steinmetz an der Ritterkapelle tätig gewesen ist. Von der Innenausstattung seien erwähnt ein Johannes der Täufer, den Tilman Riemenschneider um 1490 schnitzte, und eine ihm nahestehende liebliche Muttergottes; die Figuren der Frankenapostel stammen aus seiner Werkstatt, die sechs Reliefs mit Szenen aus dem Leben der Heiligen Familie sind vermutlich in der Werkstatt des Georg Brenck zu Windsheim gearbeitet worden. Vor dem Bamberger Tor steht die *Heiliggeistkirche* von 1452 mit einem aus Haßfurt stammenden Flügelaltärchen, um 1480, einer Muttergottes der gleichen Zeit und einer hl. Ottilia von 1450.

Der schönste Bau aber ist die Liebfrauenkirche, *Ritterkapelle* genannt. Es würde sich lohnen, Haßfurt zu besuchen, nur um sie zu sehen. Mit ihrem Chor von hoher Eleganz des Aufrisses und Sicherheit der Dekoration ist sie eines der besten Bauwerke Ostfrankens. Von der alten Marienkapelle ist nichts bekannt. Der Grundstein zum Chor wurde 1390 gelegt, doch schritt der Bau nur langsam fort. Erst die von Pfarrer Ambundi und Herrn von Fuchs 1408 ins Leben gerufene Ritterbruderschaft brachte die Arbeiten wieder in Gang. Die häufige Anwesenheit der Ritterbruderschaft in Haßfurt, die stark besuchten Versammlungen von Fürsten, Grafen und Herren, die sich hier zu Beratungen über die oft heftig kritisierte Tätigkeit der Würzburger Bischöfe zusammenfanden, sind wohl der Anlaß für den überaus reichen Wappenschmuck an der Ritterkapelle gewesen. Zudem war die Kapelle eine Marienwallfahrt, deren Gnadenbild eine Pietà von 1430 ist. Daß die Ritterkapelle eine rein ritterschaftliche Stiftung ist, trifft nicht zu. 1431 wurde der Grundstein zum Langhaus gelegt, und neun Jahre später holte der Würzburger Bischof Sigmund von Sachsen Meister Niklas nach Haßfurt, wahrscheinlich von der Bauhütte Königshofen im Grabfeld, wo er an der Kirche gearbeitet hat. Niklas nannte sich erst ›von Haßfurt‹, dann ›von Schaffhauen‹. 1465 ist die noch nicht ganz vollendete Kirche geweiht worden.

1603–05 ließ Fürstbischof Julius Echter die Kirche von seinem Baumeister Kaut überholen. Die Inschrifttafel von 1614 lobt den Erneuerer, der »diese Capell – mit Costen gros baut Neu heraus«. Nun erhielt das Langhaus die Wölbung. 1859 ging Carl Alexander von Heideloff – der berühmte Denkmalpfleger der Romantik, der in Haßfurt seine Tage beschloß – an eine Restaurierung der Ritterkapelle, um sie in den ›ursprünglichen Zustand‹ zu versetzen. Er starb 1865 und konnte nur den Außenbau des Chors restaurieren. Der Dachreiter stammt aus dem Jahre 1890. Bei der Instandsetzung, die 1960 begann, wurden die neugotischen Altäre, bis auf den Hochaltar, entfernt.

Strebepfeiler und hohe, mit reichem Maßwerk geschmückte Fenster gliedern den zierlichen Chor, den am Dachansatz eine Maßwerkbalustrade mit Fialen umzieht. Diese Balustrade sowie die Wappenhalter und die Fialen sind Zutaten Heideloffs. Alt ist der mit Dreipässen gefüllte Rundbogenfries, mit dem sich die dreifache, hochinteressante Reihe von Wappenschilden verbindet. Nicht allein fränkische Familien sind vertreten, es erscheinen Pommern, Thüringer, Elsässer, Tiroler, Hessen, Bayern, Schwaben, Rheinländer, Schweizer, Westfalen, die Wappen der Herzöge von Bayern, Österreich, Braunschweig, der Landgrafen von Hessen, der Grafen von Oldenburg, um nur einige zu nennen. Heideloff versuchte nachzuweisen, daß die Kapelle mit ihrem Wappenfries »das Denkmal Kaiser Ludwigs (des Bayern) in geschlossenem Bruderbund mit Friedrich von Österreich« darstelle. Das Tympanon des mit Fialen und Wimperg geschmückten Westportals zeigt den Zug und die Anbetung der Heiligen Drei Könige, etwa 1438. In der schmalen Vorhalle ist den Rippen des Gewölbes eine Männergestalt aufgelegt, der ›Viertugendmann‹, der die Zeichen der Mäßigkeit und Klugheit emporhebt, während die gespreizten Beine auf zwei unvollendet gebliebenen Emblemen der Tugend und Klugheit stehen. An den Westfenstern sind an Stelle von Maßwerk Figuren angebracht, darunter die auf ein Andreaskreuz gespannte Mannesfigur, wie wir sie in der Tübinger Stiftskirche ebenfalls finden. Es ist wohl eine seltene Darstellung des hl. Georg.

Das Südportal zeigt eine Kreuzigung aus dem Jahre 1455. Das Chorgewölbe ist mit zahlreichen Wappen geschmückt, eine Ergänzung des Chorfrieses. Eine Fülle von Grabsteinen findet sich in der Kirche, zum Teil von hoher Qualität wie das Schaumberg-Epitaph von 1501.

Die Sage erzählt, daß sich um Mitternacht vor dem Georgiustag ein großer Zug von Geistern fränkischer Ritter aus der Kapelle erhebt und durch die benachbarten Eichenforste in ein Tal des Steigerwalds zieht. Dort wird ein Turnier abgehalten. Erst beim Hahnenschrei kehrt der Zug zurück und trägt in seiner Mitte die verwaiste Krone des Heiligen Römischen Reichs Deutscher Nation.

Zeil

Wir wollen nun von Haßfurt einen Abstecher mainaufwärts machen nach dem am rechten Mainufer gelegenen Zeil. Diese anheimelnde, sehenswerte kleine Stadt am Fuß des Kapellenbergs gehörte zum Hochstift Bamberg, war 1383 Stadt und erhielt 1450 ihre kräftige Befestigung, von der auf der Mainseite große Teile mit einem starken Torturm erhalten sind. Wenn wir in das Städtchen einfahren, sehen wir gleich rechter Hand das einstige bischöfliche Schloß, einen schlichten Bau des 17. Jahrhunderts, der heute als Finanzamt dient. Am Marktplatz, der steil zur Pfarrkirche aufsteigt, wollen wir aussteigen und uns umsehen. Die meisten der prachtvollen Häuser, zum Teil mit Fachwerk und reichen Schnitzereien, sind nach dem Dreißigjährigen Krieg gebaut worden, und das *Rathaus* von 1540 erhebt sich beherrschend über die malerische Häusergruppe des Marktes. Die *Pfarrkirche*, deren Turm unter Spitzhelm mit Ecktürmchen in das späte 13. Jahrhundert zurückgeht, wurde 1761 gebaut. Das Innere wurde 1761 von Peter Hellmuth reich stuckiert, die Altäre wurden um 1730 angeschafft, und die schönen Decken- bilder malte Johann Peter Herrlein 1761. Sie zeigen im Schiff eine Kuppelarchitektur mit den vier Weltteilen, darunter die Hölle, darüber die Dreieinigkeit und Verehrung der Eucha- ristie. In den Eckkartuschen sehen wir die Kirchenväter, im Chor das Abendmahl. Am Langhaus angebaut ist die Ölberg- kapelle mit guten, bewegten Figuren des Rokoko.

Es lohnt sich, zum ›Käppele‹ hinaufzufahren, der kleinen neu- romanischen, 1894-97 erbauten Wallfahrtskirche. Der Berg trägt Reste einer vorgeschichtlichen Burg. Rings um die Kirche stehen alte Linden, Faulbaum und Kastanien. Es ist ganz still, man hört nur Vogelschlag, Hühnergackern und Heuschrecken- gezirp. König Ludwig I. von Bayern war so begeistert von dem Blick über Haßberge, Steigerwald und an klaren Tagen bis zur Hochrhön, daß er hier seine Walhalla bauen wollte.

Man sollte sich Zeit nehmen und eine Fahrt durch die *Haßberge* über Dörflis, Bühl nach Königsberg machen, durch ein abseiti- ges, liebliches Land mit kleinen Dörfern und Schlössern, in dem Laubwälder mit Wiesen und Ackerbreiten, mit erlenbestandenen Bachgründen und langgestreckten Bergzügen wechseln. Josef Dünninger, ein Kind jener Landschaft, hat sie anschaulich ge- schildert. *Einsame tiefeingeschnittene Wege führen aus der Ebene die Graswände und die waldigen Berge hinauf, zwischen dichtem Hecken- wuchs ist die Erde geöffnet, bunte Schichten von Mergel und Gips über- lagern einander, Steinbrüche sind hineingeschnitten, und unter den brombeerüberrankten, verwachsenen Schutthalden leuchtet der grau- grüne Fels. Die warmen, rasigen Hänge, die zuweilen schon das Ge- fühl der Weite geben, sind nun im Herbst überschüttet mit dem Laub der Nußbäume und Haselsträucher, umzogen vom Duft reifen und faulen Obstes. Von hier geht es steil bergan in die Wälder, deren Wipfel in vielfarbigen Flammen lodern, gemischt vom Laub der Eichen, Buchen, Birken, bis man die Höhenkante erreicht hat. Im weitgespannten Halb- rund umgeben nun die Waldhöhen die nach Westen sich dehnende Wiesen- und Ackerflur des Dorfes. Wie ein breites Band lagern sich*

die hohen Laubwaldhänge um die wellige Ebene. Von der Hochfläche
aber geht der Blick nach Osten über abfallendes Waldland, in dessen
dunklem Feld wie farbige Skizzen die kleinen Rodungen von Feldern
und Dörfern eingezeichnet sind.

Dort, wo die Haßberge zu dem weiten Grabfeld abfallen,
fährt man durch das Haßfurter Tor in *Königsberg* ein, das auch
zu den anmutigen, wohlerhaltenen kleinen fränkischen Städten
gehört. Auf dem Marktplatz, der von prächtigen Fachwerkbau-
ten des 15. und 16. Jahrhunderts umstanden ist, plätschert zwischen Kastanien ein Brunnen mit der Statue des Johannes Müller,
der als Astronom Regiomontanus Berühmtheit erlangt hat. In
Königsberg ist er 1436 geboren worden. An dem schönen, behäbigen Rathaus von 1659-68 steht eine lustige Rolandsfigur, die
früher auf dem Brunnen dem Rathaus gegenüber gestanden haben soll. Wenn die Glocke vom Kirchturm die Mitternacht
anschlug, so verneigte sich der Ritter dreimal vor dem Rathaus, um dem Magistrat seinen Respekt zu erweisen. Königsberg
war erst andechsisch, dann hennebergisch, kam an Sachsen-Weimar und schließlich an Sachsen-Coburg-Gotha, bis es 1920 bayerisch geworden ist. Die Pfarrkirche brannte 1460 bis auf den
Grund nieder, sie wurde richtig erst 1898-1904 wieder aufgebaut.
Nur ein Teil des Chors stammt aus dem 14. Jahrhundert. Sie
birgt eine schöne Muttergottes, um 1480 geschaffen, und trägt
an der Außenwand eine steinerne Madonna aus dem ersten
Kirchbau, eine Kopie. Das Original befindet sich in den Sammlungen auf der Veste Coburg.

Es macht Vergnügen, in der kleinen Stadt umherzuwandern,
vom Markt zum Salzmarkt, der als langgestreckter Straßenmarkt
den Berg hinaufzieht. In der Marienstraße wurde 1733 das
›Uhrmacherhaus‹ gebaut, dessen Balkenwerk mit geschnitzten
Ornamenten, Fratzen und Kinderköpfen verziert ist. Ein anderes
prachtvolles Fachwerkhaus steht an der Ecke Goldene Röhren-
gasse-Lingelstraße. Es trägt Medaillons mit kreuzförmig einge-
schnitzten Buchstabenfolgen, die als fromme Sprüche gedeutet
werden: MEMEM– mein einziger Mittler erlöse mich; GSMSG
Gott sei meiner Seele gnädig; SSESS– so stirbt ein Sünder selig.

Bamberg.

500   1000   2000 Schritte

1 Dom u. Residenz
2 Obere Pfarrkirche
3 Spital
4 Kettenbrücke
5 Maxplatz

*Fortsetzung auf den Seiten
202, 276, 310 und 400-401*

Nach Haßfurt zurückgekehrt, fahren wir die B 26 weiter in Richtung Schweinfurt durch ein stilles, heiteres Weinland, kommen durch den Ort Obertheres und sehen zur Rechten auf dem Hang zwischen Bäumen des kleinen Parks die langgestreckte Fassade eines Barockbaues. Wer nicht weiß, daß es sich um die ehemalige Benediktinerabtei Obertheres handelt, denkt: Welch ein prächtiges Schloß! Wie schön liegt es über dem Fluß. Fährt der Besucher durch den großen Wirtschaftshof ein – Obertheres kann besichtigt werden –, gelangt er in den eigentlichen Schloßhof und wird erst recht denken: Das ist wirklich ein vornehmes fränkisches Landschloß! Die Kirche nämlich, welche einst den vierten Flügel der Anlage bildete, fehlt heute; sie fiel der Säkularisierung zum Opfer.

Der Name Obertheres erscheint schon am Ende des 8. Jahrhunderts, und die Legende nennt Adalbert von Babenberg als Stifter, der hier am 9. September 906 in seiner Burg ›castrum tarissa‹ hingerichtet wurde, da er sich gegen den Kaiser empört hatte. Eigentlicher Stifter des Klosters war zwischen 1040 und 1045 Bischof Suidger von Bamberg, der spätere Papst Clemens II. Von der älteren Baugeschichte wissen wir nichts; es ist auch nichts mehr vorhanden, denn ein neuer Bauabschnitt begann, als im Jahre 1715 ein Mann von echt barockem Charakter an die Spitze des Konvents trat, Abt Gregor II. Fuchs. Der Prälat war von der allgemeinen Leidenschaft jener Zeit ergriffen – er mußte bauen. »Anno 1716 den 6. May ist der Anfang geschehen mit Abbrechen der alten Kirche...«, heißt es im Diarium des Abtes. In diesem Jahr wurde der Grundstein zum Neubau gelegt, der 1724 geweiht worden ist. Joseph Greising aus Würzburg war der Baumeister, mit dem der Abt wahrscheinlich auch die Abteigebäude errichtete, und zwar 1724 den Konventbau, 1726–43 die Prälatur. 1802 wurde das Stift säkularisiert und kam in den Besitz des Ministers Freiherrn von Kretschmann, der 1809 die Kirche abbrechen ließ. 1828 folgte Freiherr von Ditfurth und seit 1856 sind die Freiherren von Swaine im Besitz des Gutes.

Wir stehen vor einer stattlichen Dreiflügelanlage, deren Hauptportal mit Freitreppe auf der Westseite, deren Schaufront, gegliedert durch Risalite, auf der Südseite über dem Main liegt. Das Innere ist vielfach verändert worden, aber noch tragen einige Räume zierlichen Stuck von Antonio Bossi, wie auch der große Ecksaal im Ostflügel eine reiche Stuckdecke von seiner Hand zeigt. Man steigt durch das vornehme, weite Stiegenhaus zu den Wohnräumen hinauf, die sich an den langen, im Winter eiskalten Korridoren hinziehen, in denen man nicht mehr die Welt eines geistlichen Stiftes findet, sondern die Atmosphäre eines fränkischen Landschlosses, dessen Gänge und große Räume gefüllt sind mit kostbaren Möbeln des 17. bis 19. Jahrhunderts, mit Heerscharen von Familienbildnissen und kulturhistorisch interessanten Sammlungen von Porzellan, Glas, Bronzen, Volkskunst und anderen Dingen, die insgesamt von der Familie Swaine erworben wurden.

Besonders amüsant sind die von Ditfurth eingerichteten Räume. Ditfurth war, ehe er Obertheres erwarb, kurhessischer General und hatte in Kassel die Hofskandale um die beiden Favoritinnen der Kurfürsten Wilhelm II. und seines Sohnes Friedrich Wilhelm erlebt. Es war Emilie Ortlepp, Gräfin von Reichenbach-Lessonitz, welche Wilhelm II. nach dem Tode seiner Gattin geheiratet hatte, eine sehr ehrgeizige, geldgierige Frau, die sich mit Hilfe des Finanzrats Deines ein großes Vermögen erworben hatte und wegen der es in Kassel 1830 zu einem regelrechten Aufstand kam. Die andere Dame, welche Friedrich Wilhelm ihrem Ehemann für 20 000 Gulden abgekauft hatte, war Gertrud Falkenberg, Fürstin von Hanau, und allmächtiger Minister zu ihrer Zeit war der verhaßte Hassenpflug. Sicher erinnerte sich Ditfurth auch des Spottverses, der in Kassel umging:

> Oh Cholera verschone mich,
> nimm doch den Fürsten Metternich,
> doch willst du etwas Feines,
> so nimm die Gräfin Reichenbach
> und den Finanzrat Deines.

Die von Ditfurth eingerichteten Räume liegen im Ost- und
Südflügel. Da ist der sogenannte Fuchssaal, dessen Wände mit
starkfarbigen Fresken aus der Geschichte des Reineke Fuchs um
1835-40 bemalt wurden, ganz in der Manier Moritz von
Schwinds. Sie beziehen sich vermutlich auf den kurhessischen
Minister von Hassenpflug. Da ist eine Enfilade im Südflügel mit
den schönsten Wanddrucktapeten der Firma Zuber aus dem Elsaß, um 1830, und der Firma Dupont aus Paris, wozu die hübschen Supraporten mit griechischen Götterdarstellungen gehören. Den ehemaligen Kapitel-, jetzt Musiksaal ließ Ditfurth
ebenfalls mit Malereien in der Wölbung schmücken, die Begebenheiten aus der Geschichte seiner Familie erzählen, darunter
die Aufnahme in den bayerischen Freiherrnstand 1833. An den
Wänden befinden sich Stuckembleme und die überlebensgroßen
Stuckbildnisreliefs Ditfurths und seiner Frau in antiker Kleidung.
Die Benediktiner sind gegangen, geblieben ist der Widerschein
ihres Wirkens, das Abteigebäude mit seiner klaren, schönen
Fassadengliederung.

Schloß Mainberg

Wenn wir nun weiter Schweinfurt zufahren, kommen wir
durch Mainberg, einen reizvollen alten Ort mit dem stattlichen,
von Joseph Greising oder Pezani 1702 gebauten Amtshaus, und
sehen hoch über den Rebterrassen *Schloß Mainberg*, eine weitläufige Anlage, welche die seltsamsten Schicksale hatte. Schon
im 13. Jahrhundert stand hier eine Burg, wie das Mauerwerk des
hohen Bergfrieds zeigt. Sie gehörte den Herren von Wildberg,
kam dann an die Herren von Gründlach, welche die Herrschaft
1303 an die Grafen von Barby verkauften. Zwei Jahre später
erwarben die Grafen von Henneberg Mainberg; sie schufen sich
damit einen strategisch wichtigen Stützpunkt in unmittelbarer
Nähe der Reichsstadt Schweinfurt, aber sie vertauschten das
Gut 1542 gegen das thüringische Amt Meiningen an den Würzburger Fürstbischof Konrad von Bibra, der dort einen Amtssitz
einrichtete. Nach der Säkularisierung ging das Schloß durch

viele Hände. 1822 besaß es der Fabrikant Wilhelm Sattler, 1900
kam es an A. Erbslöh, 1916 an Ernst Sachs, der 1895 die Schweinfurter Kugellagerwerke Fichtel & Sachs gegründet hatte, und
1955 in den Besitz des Haarwuchsmittelfabrikanten Heger, der
Bankrott machte, weil die Benutzer seiner Tinktur gar keinen
Erfolg feststellen konnten. Das Schloß wurde zwangsversteigert
und von der Stadt Schweinfurt erworben, die allerdings nicht
recht weiß, wie sie eine Nutzbarmachung finanzieren soll.

Um die Jahrhundertwende wirkte Doktor Johannes Müller
auf Mainberg. Der Münchner Schriftsteller und Verleger
Korfiz Holm, der einige Male in dieser Keimzelle der späteren
›Elmau‹ zu Gast war, berichtete aus jenen Tagen:

Hier war es ja, wo Dr. Müller damit begann, seine Gedanken über
eine neue, persönlichere Lebensformung, für die er früher schon durch
Vorträge und seine Vierteljahrsschrift ›Grüne Blätter‹ eingetreten war,
am lebenden Subjekte zu erproben.

Nun ist es nicht verwunderlich, wenn sich gerade in den Anfängen
eines solchen Unternehmens der Hang zeigt, das erstrebte ›Neue‹ auch
nach außen sichtbar darzutun. Während man jetzt auf Schloß Elmau
nicht anders angezogen geht als überall, war bei den richtig zielbewuß-
ten ›Mainbergern‹ jener Zeit eine Art Wandervogeltracht im Schwang.
Wer etwas auf sich hielt, ging in Sandalen ohne Strümpfe, die Män-
nerwelt war auf den Schillerkragen eingeschworen, die Damen, und
zumal die jungen Helferinnen, zogen zeitlose ›Gewänder‹ richtigen
Kleidern nach der Mode vor. Im nahen Schweinfurt schüttelte die Bür-
gerschaft den Kopf ob dieser höchst auffälligen Gestalten (mit nix an
die Füß und ä Kränzel im Hoor) und sah Schloß Mainberg allen Ern-
stes als so etwas wie ein Irrenhaus für nicht direkt gemeingefährliche
Patienten an …

Und die vielen Male, die ich zwischen 1906 und dem Kriegsaus-
bruch nach Mainberg kam, habe ich regelmäßig Menschen von beson-
derem Gehalt und ungewöhnlich angenehmer Art dort kennen lernen
dürfen. Dasselbe war auch stets von der Elmau zu sagen, nur daß hier
trotz aller Mannigfaltigkeit der Stände und Berufe das gesellschaftliche
Niveau gleichmäßiger ist … In Mainberg war die Mischung sehr viel
pittoresker. Die soziale Spitze bildete wohl der mit Doktor Müller

*eng befreundete Prinz Max von Baden, nach unten zog kein Vorurteil
engherzig einen Strich. Und Standesdünkel ist mir dort bei niemand
aufgefallen ...*

Um den Hof des Schlosses gruppieren sich vier Flügel der Spätgotik und nachgotischen Zeit mit Staffelgiebeln. Um 1485 ist der
Nordflügel errichtet worden, der Kapelle und Saal birgt; aus dem
15. Jahrhundert stammt auch in der Anlage der Südflügel mit der
zweischiffigen Dürnitz. Am Fuß des Bergfrieds steht der Brunnen
mit einer Herkulesfigur von 1625. Wappensteine der Henneberg,
Braunschweig und des Fürstbischofs Bibra sowie eine steinerne
Muttergottes, um 1370, schmücken das Schloß. In der Kapelle
trägt das Netzgewölbe acht Ahnenwappen der Henneberg und
Braunschweig; dort befinden sich auch drei Steinfiguren, Muttergottes, um 1370, hl. Magdalena, zweite Hälfte 14. Jahrhundert, und hl. Barbara, um 1500. Es ist nicht bekannt, ob sie zum
alten Bestand gehören oder erst im 19. Jahrhundert dorthin versetzt worden sind.

Schweinfurt

Die ehemalige Reichsstadt trägt heute, nach den schweren Ver-
wüstungen des letzten Krieges, das Gesicht einer modernen
Industriestadt. Es war die dritte Zerstörung in ihrer langen
Geschichte. Um 1240/50 erlitt Schweinfurt sein erstes ›Stadtver-
derben‹, als es in einer Fehde des Bischofs von Würzburg mit
dem Grafen von Henneberg eingeäschert wurde. Damals dauerte
es bis 1282, bis die Stadt wieder planmäßig, wie der Stadt-
grundriß ausweist, aufgebaut worden ist. Das zweite furchtbare
›Verderben‹ erfolgte dann im Markgräflerkrieg, als die Truppen
der Hochstifte Bamberg und Würzburg, der Reichsstadt Nürnberg und des Herzogs von Braunschweig die Stadt, in der sich
Markgraf Albrecht Alcibiades festgesetzt hatte, im Dezember
1553 einschlossen und im Juni des folgenden Jahres, nach der
Flucht des wilden Markgrafen, an allen Ecken in Brand steckten.
Die Bauern der Umgebung vollendeten die Vernichtung.

An einer Furt über den Main lag die ursprüngliche Siedlung.
Die Deutung des Wortes ›Schwein‹ ist nicht ganz sicher. Ob es

sich von ›Furt des Svino‹ oder von dem altfränkischen ›swin‹, Sumpf, ableitet, ist nicht eindeutig entschieden. Wahrscheinlich handelt es sich um das letztere, also die ›Furt im Sumpf‹. Jedenfalls erscheint Schweinfurt in Urkunden von 740/750, 777, 791 und 804 als ein in der Gemarkung des Königshofs Geldersheim liegender Ort, der den Markgrafen von Schweinfurt gehörte, die eines Stammes mit den Grafen von Babenberg und Henneberg waren. 1112 vermachte Eberhard von Schweinfurt, Bischof von Eichstätt, die Stammburg seinem Hochstift. Genau hundert Jahre später erscheint Schweinfurt nachweislich als Stadt; 1254 wird es Reichsstadt genannt, und 1282 bestätigte König Rudolf von Habsburg die Reichsfreiheit. Da dem Stadtstaat ein eigenes Territorium fehlte, kaufte der Rat im 15. Jahrhundert Güter der Herren von Thüngen und des Deutschen Ordens sowie 1620 noch das Dorf Madenhausen von den Herren von Massbach. 1802 ist Schweinfurt bayerisch geworden. Unter der Uhr der Salvatorkirche war zu lesen:

Seht Bürger, so ändert sich das Spiel in unseren Tagen,
Reichsfreie Bürger bauten mich und bayerisch muß ich schlagen.

Fast alle Befestigungen, welche noch Merians Stich zeigt, fielen im 19. Jahrhundert der Spitzhacke zum Opfer, und die nach 1945 wieder aufgebaute Stadt hat nichts ›Reichsstädtisches‹ mehr, sie ist durchaus ein Gebilde unserer Zeit geworden, mit Ausnahme einiger erhaltener historischer Bauten. Die großen Lücken im Gefüge der Altstadt sind durch Architekturen von sachlicher, funktioneller und zum Teil guter Form geschlossen worden. Viele Grünanlagen und Brunnen beleben die modernen Bauten.

Schweinfurt war einst nicht allein ein wichtiger Handelsplatz, es spielte auch eine gewisse Rolle im geistigen Leben. Die 1581-82 gebaute *Lateinschule* am Martin-Luther-Platz, ein schöner Renaissancebau mit Volutengiebel und strenger Pilastergliederung, heute Städtisches Museum, war das Zentrum des geistigen Lebens. Aus einer früheren Schweinfurter Schule sind bedeutende Männer hervorgegangen, so der Humanist Konrad Celtis (1459-1508), der berühmte Jurist Gregor Heimburg (1400-72), der Ratsherrnsohn, Arzt und Diplomat Johannes Spießhaimer, in der gelehrten Welt bekannt unter seinem latinisierten Namen Cuspinian (1473-1529), von dem gesagt wird, daß die Entstehung der österreichisch-ungarischen Doppelmonarchie auf seine diplomatische Tätigkeit am Kaiserhof zurückgehe. Sein Landsmann Lukas Cranach hat uns in seinem ausdrucksvollen Bildnis in der Sammlung Oskar Reinhart in Winterthur die jugendlichen Züge dieses großen Humanisten überliefert, der bereits mit 27 Jahren zum Rektor der Universität Wien berufen worden ist und Konrad Celtis in diesem Amt abgelöst hat.

1550 wurde Andreas Grundler als erster Stadtarzt angestellt. Er hatte in Italien studiert und sich von dort seine Frau mitgebracht, die hochgebildete Dichterin Olympia Fulvia Morata, deren Haus der Mittelpunkt eines gebildeten, vielseitig interessierten Kreises war. Im Markgräflerkrieg 1554 floh die Familie aus der brennenden Stadt. *Ich wünschte*, schrieb Olympia Fulvia später, *ihr hättet mich in meinem damaligen, bejammernswürdigen Zustand sehen können: Mit fliegenden Haaren, zerrissenen Kleidern, mit wunden Füßen und kaum mit einem Hemd umhüllt. Man hatte uns gänzlich ausgeplündert, auf der Flucht hatte ich noch meine Schuhe verloren und wir waren genötigt, längs am Ufer des Flusses auf Steinen und Kies zu gehen. Bei jedem Schritt schrie ich: Ich kann nicht mehr! Ich bin tot! Herr, wenn du mich retten willst, befiehl doch deinen Engeln, daß sie mich tragen auf ihren Händen, denn wahrlich, ich kann nicht mehr weiter!* Sie fanden schließlich beim Grafen Erbach im Odenwald gastliche Aufnahme, und der Graf Eberhard empfahl Grundler dem Kurfürsten Friedrich von der Pfalz, der ihn zum Professor an der Universität Heidelberg ernannte. Aber im Jahr 1555 starb bereits er und auch Olympia Fulvia, deren Gedichte in geschliffenem Latein von hohem Rang sind.

Bald nach Beendigung des Dreißigjährigen Krieges, 1652, gründeten vier Schweinfurter Ärzte die älteste europäische Naturforscher-Akademie, die ›Academia Naturae Curiosorum‹, die 1672 von Kaiser Leopold bestätigt und 1687 von ihm zur ›Kaiserlich Leopoldinischen Deutschen Akademie der Naturforscher‹ erhoben worden ist. Da der Sitz der kurz ›Leopoldina‹ genannten

Akademie jeweils mit dem Wohnort ihres Präsidenten verbunden war, verlor Schweinfurt bereits 1686 mit der Wahl des dritten Präsidenten diese Funktion. Unter dem Namen einer ›Deutschen Akademie der Naturforscher Leopoldina‹ besteht diese ehrwürdige Vereinigung heute noch in Halle.

Auf dem Martin-Luther-Platz, dessen alte Häuser zum Teil erhalten sind, steht die aus leuchtend gelbem Sandstein erbaute evangelische *Pfarrkirche St. Johannes*, einst eine Kirchenburg. Der romanische Chor wurde 1400-17 neu gebaut. Turmuntergeschoß und Querschiff zeigen noch romanische Formen aus der Übergangszeit zur Gotik. Das dreischiffige Langhaus wurde im 14. Jahrhundert errichtet und erhielt 1739 das große Satteldach. Der Herrenchor auf der Nordseite, vorher Heiliggrabkapelle, wurde um 1560/64 mit dem hübschen Volutengiebel geschmückt. Materno Bossi aus Würzburg schuf den klassizistischen Stuckmarmoraltar, und die reiche Kanzel entstammt dem Jahre 1694. Die schwer beschädigte Kirche war 1957 wiederhergestellt.

Der eindrucksvollste Bau jedoch ist das alte *Rathaus* am Marktplatz, 1570-72 durch Nikolaus Hoffmann aus Halle mit einem älteren Gebäude verbunden. Dem Haupttrakt mit figurenbesetzten Volutengiebeln ist in der Mitte der zum Markt stehenden Langseite ein breiter, ebenfalls in einen Volutengiebel endender Vorbau angefügt, von dessen Altane ein turmartiger Erker mit Kuppel und Laterne aufsteigt. An der Altane sehen wir die Wappen der sieben Kurfürsten. Ein zweiter Erker schmückt die Ostseite, und unter dem Dach verläuft eine schöne Maßwerkbalustrade. Mitten auf dem Marktplatz steht das Denkmal des in Schweinfurt 1788 geborenen Dichters Friedrich Rückert, der uns allerdings heute als Orientalist und sensibler Übersetzer östlicher Dichtung bedeutender erscheint.

Wir nannten die Stadt schon eingangs eine Industriestadt. Das sind größere, auch mittlere Städte heute ja fast alle. Schweinfurt nimmt aber unter ihnen doch einen besonderen Rang ein. Durch seine Pionierleistungen in der Frühzeit der Industrialisierung in Deutschland und die zum Teil atemberaubende Entwicklung in verschiedenen Spezialzweigen darf es bei dem modernen, technisch orientierten Menschen ein solches Interesse beanspruchen, daß es gewiß angebracht ist, diesen technischen Leistungen und Errungenschaften einen besonderen Exkurs zu widmen.

Die Anfänge der heute weltberühmten *Schweinfurter Industrien* gehen noch auf die reichsstädtische Zeit zurück. Ende des 14. Jahrhunderts gab es hier die Mainmühle, 1777 die Farbenmühle als ersten industriellen Betrieb. Es folgten Farbwerke, Leder-, Tabak- und Seifenfabriken, Essig-, Likör- und Zuckerfabriken sowie Brauereien. Martin Schmidt begründete 1780 die chemische Industrie, indem er eine Bleiweißfabrik ins Leben rief. Einige Jahre später gründete auch Johann Georg Gademann eine Bleiweißfabrik; zudem betrieb er ein Werk für Klicker oder Schusser. Wilhelm Sattler, ein in vielen Sätteln gerechter Mann – er hat auf Schloß Aschach bei Kissingen einen keramischen Betrieb, auf Schloß Mainberg seit 1822 eine Tapetenfabrik besessen –, erfand 1814 das ›Schweinfurter Grün‹, das den Namen der Stadt in aller Welt bekannt machte. Es handelte sich um eine Verbindung von essigsaurem und arseniksaurem Kupfer, und es war damals das einzige lichtbeständige Grün, das auch bei künstlichem Licht seine Farbe behielt, allerdings hochgiftig war. So ist mit den Firmen Sattlers, Gademanns, Schmidts und später, ab 1833, noch Theodor Wirsings Schweinfurt zu einem Zentrum der Farbenherstellung geworden, eine Stellung, die es solange behielt, als Mineralien die überwiegende Grundlage dieses Industriezweigs bildeten.

Erst in der zweiten Hälfte des vorigen Jahrhunderts fand Schweinfurt seine zukunftsträchtigste industrielle Bestimmung, die Metallverarbeitung. Die Entwicklung begann 1867, als der Schlossergeselle Theodor Vogel die heutige ›Dr. Ing. Vogel GmbH‹ gründete, die hochwertige Spezialeisenkonstruktionen für das Bauwesen liefert und mit mehreren Zweigwerken im In- und Ausland vertreten ist. Einige Jahre zuvor aber war dem Instrumentenmacher Philipp Moritz Fischer eine Erfindung gelungen, die anfangs wenig Beachtung fand, in der Folgezeit aber den Grund für Schweinfurts Aufstieg zu weltweiter Bedeutung und Berühmtheit legte: zur Kugellagerindustrie. Es begann damit, daß Fischer etwa um 1852-53 in sein Fahrrad eine von ihm entwickelte zweiarmige Tretkurbel einbaute. Damit wurde das Fahrrad erst zu dem, was wir uns heute unter diesem Begriff vorstellen, und das erste Modell dieser Neuentwicklung ist heute noch im übrigens sehr sehenswerten Städtischen Museum zu besichtigen. Der Sohn Friedrich Fischer, der von seinem Vater offensichtlich das Erfindertalent geerbt hatte, gründete 1872 eine mechanische Werkstätte, in der er Nähmaschinen und Fahrräder baute. Da er die für die Kugellager benötigten Kugeln, die damals noch einzeln hergestellt werden mußten, zu hohen Preisen aus England einführen mußte, sann er auf Abhilfe und erfand schließlich eine Maschine, die Kugeln in größerer Anzahl, zudem mit höherer Genauigkeit und verbesserter Rundheit, schleifen konnte. Damit war auch der grundlegende Anstoß zur Entwicklung der Wälzlagerindustrie in Schweinfurt erfolgt. Im Jahre 1906 gründete dann Georg Schäfer einen Schlossereibetrieb, der sich mit der Herstellung von Eisenkonstruktionen, Tresoren und bald auch mit der industriellen Fertigung von Kugeln und Kugellagern befaßte. 1909 übernahm Schäfer die Fischersche Werkstätte und vereinigte beide Betriebe zu der Firma ›Kugelfischer Georg Schäfer & Co.‹, die sich seitdem zu einem der namhaftesten Unternehmen der Stadt und dieser Branche entwickelte und nach den Zerstörungen des Zweiten Weltkrieges und den anschließenden Demontagen von den Söhnen Georg und Otto Schäfer zielstrebig wiederaufgebaut worden ist.

1890 machte sich Wilhelm Höpflinger, der 1872 zusammen mit Friedrich Fischer das Fahrrad-Kugellager entwickelt hatte, selbständig und gründete mit seinem Kompagnon Engelbert Fries eine Kugellagerwerkstatt, die so rasch expandierte, daß schon nach sechs Jahren die Umwandlung in eine Aktiengesellschaft erfolgte. Diese ging dann in die ›Deutsche Gußstahlkugel- und Maschinenfabrik KG vorm. Fries und Höpflinger‹ ein, die später Teil des Weltunternehmens der SKF wurde.

1894 ist ein weiteres wichtiges Jahr auf dem Weg Schweinfurts zur Weltgeltung. Damals kam Ernst Sachs nach Schweinfurt und brachte eine Erfindung mit, die jene des industriell gefertigten Kugellagers sinnvoll ergänzte: die Fahrradnabe. Am 22. November 1894 meldete Sachs seine Neukonstruktion zum Patent an und gründete im Jahr darauf zusammen mit dem Enkel Wilhelm Sattlers, Karl Fichtel, die ›Schweinfurter Präzisions-Kugellager-Werke Fichtel & Sachs‹. Auch hier wuchs ein Betrieb aus kleinsten Anfängen – mit einem Lehrling, zwei Gesellen und einem Startkapital von 15 000 Mark – zum Großunternehmen. Der Name des Gründers aber ist noch mit weiteren Erfindungen und Entwicklungen verbunden: so etwa mit der Torpedo-Freilaufnabe, der Zwei- und Dreigangschaltung und dem Sachs-Motor, der ja sozusagen die erste Welle der Volksmotorisierung einleitete.

Mit großen sozialen Einrichtungen sorgen die Schweinfurter Firmen für ihre Arbeiter, deren viele schon in der dritten Generation in ›ihrem‹ Betrieb tätig sind. So verbinden sich in Schweinfurt Erinnerungen an reichsstädtische Vergangenheit mit berechtigtem Stolz auf die große wirtschaftliche Bedeutung der Gegenwart. Den aller industriellen Entwicklung und technischer Leistung innenwohnenden kulturellen Auftrag aber erfüllen in vorbildlicher Weise die Söhne von Georg Schäfer. Auf Schloß Obbach – im Westen von Schweinfurt, auf halbem Weg nach Hammelburg – hat Georg Schäfer die großartige, nach ihm benannte Sammlung deutscher Malerei des 19. Jahrhunderts aufgebaut, die in mehreren Ausstellungen bereits der Öffentlichkeit vorgestellt worden ist. Kennern und Forschern ist die Privatsammlung nach Voranmeldung auch in Obbach zugänglich.

Otto Schäfer in Schweinfurt aber widmet sich den illustrierten Inkunabeln und Büchern vom 16. bis zum Beginn des 19. Jahrhunderts. Auch diese kostbare Bibliothek und die damit verbundene Sammlung von Einblattgraphik des gleichen Zeitraums genießen unter den Spezialisten einen besonderen Ruf.

Werneck, südlich von Schweinfurt an dem Flüßchen Wern, war seit 1250 Würzburgischer Besitz. Im Bauernkrieg wurde die Burg 1525 niedergebrannt, wieder aufgebaut, achtundzwanzig Jahre später von Markgraf Albrecht Alcibiades erneut zerstört und wieder instand gesetzt. Zum dritten Mal vernichtete ein Feuer 1723 die Vierflügelanlage mit Ecktürmen. Als Friedrich Karl von Schönborn Fürstbischof geworden war, ging er mit Balthasar Neumann daran, ein neues großes Sommerschloß zu bauen, zog aber Johann Lukas von Hildebrandt zu Rate, dem sogleich Neumanns erster Entwurf zugeschickt wurde. Friedrich Karl war ein großer Herr, ein sehr gescheiter Staatsmann, stolz auf seine hohe geistliche Würde und seines Einflusses in der Politik wohl bewußt. Dem Prinzen Eugen schrieb er einmal: »Ma fois, d'une ou de l'autre manière il importe à la Maison d'Autriche d'attirer ou d'intimider les grands Chapitres … Morts les bons Schönborns, Adieu partie et autorité Impériale et Autrichienne.«

1733 sandte Neumann den Gesamtplan nach Wien, auf dem Hildebrandt die Pavillons etwas stärker akzentuierte. Der Schloßbau muß wohl als ein Gemeinschaftswerk der beiden Baumeister und des Fürstbischofs verstanden werden, doch geht die Gesamtplanung sicher allein auf Neumann zurück. 1734 ist das Jahr des eigentlichen Baubeginns, und je weiter die Anlage fortschritt, desto mehr entfernte man sich vom alten Baubestand.

Am 28. August 1745 konnte der Fürstbischof die Kirche des vollendeten Schlosses feierlich weihen, doch mußte er die Fertigstellung des Inneren seinen Nachfolgern überlassen. Nach der Säkularisierung des Hochstifts wurde dem letzten Fürstbischof Freiherrn Georg Karl von Fechenbach Werneck als Wohnung zugesprochen, der es dann für Veitshöchheim und schließlich für eine Wohnung in Bamberg vertauschte, während Werneck für die kurze Zeit des Großherzogtums Würzburg Sommersitz des Landesherrn, Großherzogs Ferdinand von Toskana, war. 1853 übernahm der Bezirk Unterfranken das Schloß, richtete eine Irrenanstalt darin ein, baute quer durch den Hof einen Arkadengang, der das architektonische Bild empfindlich beeinträchtigte.

Schon der überaus bewegte Grundriß läßt die reiche Architektur des Schlosses und die Hand Neumanns erkennen. An die große Hufeisenanlage schließen sich die Wirtschaftsgebäude an, deren nordöstliche Frontflügel sich im Halbkreis um den Vorhof legen. Die geschickte Gruppierung der Gebäude steigert den Eindruck des prachtvollen, feingegliederten Hauptbaues, dessen vier Ecken durch vorspringende Pavillons betont, dessen innerer Hof von je einem den Seitenflügeln vorgestellten Turm gerahmt werden. Vom Park her sieht man nur die lange Front des Haupttrakts mit dem kräftig ausladenden Mittelrisalit und die seitlichen Pavillons. Jeder Bauteil hat sein eigenes Dach, so daß eine richtige ›Dächerlandschaft‹ entstanden ist, wie Alexander von Reitzenstein bemerkt, der Werneck »eine der gelungensten und auch deutschesten Schloßanlagen des reifen 18. Jahrhunderts« nennt. Die Schloßkirche hat noch ihre alte Ausstattung; sie wurde 1745 stuckiert und bildet fast ein Quadrat, in das die eingestellten Wandpfeiler ein Oval schreiben. Stuck und Schmuck des Hochaltars schuf Antonio Bossi, Seitenaltäre und Kanzel um 1786 Materno Bossi. Zur Freskierung des Raumes ist es nicht mehr gekommen. In dem barocken Drang zum Ausdruck – er beherrscht das ganze Leben des Jahrhunderts – ist Werneck eines der glänzenden Beispiele, in dessen prächtigem Gewand sich kühnes Planen und gedankenreiche Empfindung ausdrücken, alles das mit einem Zug in die Monumentalität.

Die Reichsdörfer Sennfeld und Gochsheim

Ein hübscher Ausflug von Schweinfurt aus führt uns in die in der weiten, von Wäldern umgrenzten Ebene liegenden ehemaligen Reichsdörfer Sennfeld und *Gochsheim*, die als ›reichsfrei‹ 1234 zum ersten Mal erscheinen. Die Reichsdörfer haben keine Rolle in der fränkischen Geschichte gespielt, sie waren nicht mit Sitz und Stimme im Reichstag vertreten, aber gerade das Kuriose ihrer Stellung gehört zum farbigen Reichtum fränkischen Lebens. Im 14. Jahrhundert gab es im Reich mehr als hundert Reichsdörfer, und die Bauern nannte man »des Reiches Nachbarn« oder »des Reiches Hausgenossen«. In der Gochsheimer Dorfordnung des 15. Jahrhunderts heißt es, daß *ein jitzlicher der zu Gochsheim sein wolt, und sich daselbst in der Marck Wunne und Weyde geprauchen, der muste ein Hausgenossen worden und dazu mitt Trewen geloben und einen gelerrten Eidt schweren der Gmeind, iren Schaden zu bewaren, iren Frumen zu werben und Recht daselbst im Dorffe zu geben und zu nemen, und kein Ausflucht zu suchen noch auch niemandt anderswohin zu mühen oder zu laden.*

Zeichen der Reichsfreiheit war Freiheit von Fron, das Recht, Pfarrer und Lehrer anzustellen, Selbstverwaltung und Gerichtsbarkeit. So ist das stattliche Rathaus von 1561, das an der Gadenanlage steht, ein Zeichen der selbstbewußten Bauernschaft. An der Spitze der Gemeinde stand der Reichsschultheiß, der ein freier Bauer sein mußte. Dreimal im Jahr wurden im 17. und 18. Jahrhundert, immer an Heiligenfesten, Festessen zu Ehren von Kaiser und Reich gehalten. 1648 ist Gochsheim zerstört worden, »von den schwedischen Völkern, unseren Glaubensgenossen!... Gott vergelts ihnen!« 1649 wurde den Reichsdörfern ihre Freiheit feierlich bestätigt.

Durch das kleine Schwebheimer Tor fährt man in das stattliche Dorf ein. Gleich hinter dem Rathaus, vor dem ein hübscher Brunnen mit weinlaubumrankten Säulen steht, liegt die Kirchenburg des 13. und 14. Jahrhunderts, die älteste in Unterfranken, denn zwei der Gaden stammen noch aus romanischer oder frühgotischer Zeit. Es ist ein hoher, auf drei Seiten erhaltener Mauerring mit steilen Ziegeldächern und hölzernen Gaden, zum Teil in Fachwerk, das Ganze ein Bezirk von großer Heimeligkeit. Die Pfarrkirche ist, mit Ausnahme von Turm und Chor von 1511, in den Jahren 1872-73 neu gebaut worden. In der Mönchsgasse, nahe dem Dorfrand, steht das schönste Wohnhaus, ein Bau von 1612 mit Volutengiebel, den die Statue St. Peters bekrönt, mit behelmten Köpfen an den Hausecken und einem Erker mit derben, aber reizvollen Reliefs der Kreuzigung und Auferstehung.

Der Erbauer des Hauses ließ eine Inschrift anbringen, welche auf die ständige Bedrohung der Reichsfreiheit hinweist:

> Schweig, leid und lach,
> Mit Geduld überwindet
> Man alle Sach.
> Veracht nicht mich und die Meinen,
> Siehe zuvor an Dich und die Deinen.
> Frag nicht, wer ich bin.
> Welcher Teufel weiß,
> Wer du bist.

Alljährlich wird die 1649 bestätigte Freiheit mit dem Gochsheimer Plantanz gefeiert. Auf dem Plan, dem Platz vor dem Rathaus, ziehen die Paare auf, eine, wie Ludwig Braunfels sagt, stolze, großgewachsene Rasse. Die Burschen tragen einen schwarzen Gehrock und Zylinder, der mit Blumen und Bändern geschmückt ist. Dieses Fest erinnert an die beiden letzten Reichsdörfer in Franken. – Nun kehren wir nach Schweinfurt zurück und begeben uns zu dem Städtchen Volkach.

Von Schweinfurt nach Volkach

Wir verlassen Schweinfurt auf der B 26 in Richtung Karlstadt und biegen bei Bergrheinfeld links ab, überqueren den Main und gelangen auf der sogenannten ›Bocksbeutelstraße‹ nach *Grafenrheinfeld*, dessen schöne Heiligkreuzkirche im letzten Krieg ausbrannte, so daß die gesamte Ausstattung verlorenging. Sie ist instand gesetzt worden, aber im Innern ein recht nüchterner Raum. Neumann plante 1748 den Bau, doch ist er dann wohl nach Planung des Hauptmanns Johann Michael Fischer ausgeführt worden. Die Fassade war 1766 vollendet. Der Ort hat gute Häuser, teils mit üppigem Fachwerk und vielen Heiligenfiguren des 18. Jahrhunderts. Hervorzuheben sind das alte Pflegerhaus (Gasthaus zum Adler) aus dem frühen 17. Jahrhundert, mit Staffelgiebel und polygonalem Treppenturm, daneben das ansehnliche Schreibersche Haus von 1766, das Rathaus mit Treppengiebeln und Fachwerk von 1602.

Ein Kind Grafenrheinfelds war der Bauernsohn Johann Georg Wüst, der hier 1720 geboren wurde. Er trat mit zwanzig Jahren in ein würzburgisches Regiment ein, zeichnete sich im Türkenkrieg aus, lebte zu flott und geriet in Schulden. Daraufhin nahm er französische Dienste und ging 1752 nach Indien, wo er den Oberbefehl über die französischen Kolonialtruppen erhielt und gegen die Engländer unter Lord Clive kämpfte. Er war eng befreundet mit dem Moghul von Delhi, der ihm den Königstitel verlieh. Wüst reiste nach Paris, um Bericht zu erstatten, erlitt auf der Rückfahrt nach Indien einen Schlaganfall und gelobte, von nun an ein Leben der Entsagung zu führen, worauf er gesundete. Er legte den Oberbefehl nieder, pilgerte nach Rom und Loreto und stand eines Tages, 1776, vor dem Juliusspital in Würzburg, um hier zu bleiben. Aber doch immer wieder trieb ihn die Abenteuerlust hinaus und immer wieder kehrte er zurück, bis er eines Tages ausblieb und verschollen war.

Der nächste Ort ist *Heidenfeld* mit dem ehemaligen Augustinerchorherrenstift, 1069 von der Gräfin Alberada gestiftet. Von der ursprünglichen Anlage ist nichts mehr vorhanden, die Kirche von 1628 wurde nach der Säkularisierung abgerissen, doch sind die nach Plänen von Balthasar Neumann 1723-32 errichteten Konventsgebäude sehenswert. Die imposante Dreiflügelanlage mit ihrem 21achsigen, in der Mitte und seitlich durch Risalite gegliederten Ostflügel und ihrem Bossenquadernportal wurde 1935 durch einen vierten Flügel modern geschlossen. Im Innern stoßen wir auf ein schönes Treppenhaus und im zweiten Stock auf den heute als Kapelle dienenden Festsaal mit reicher Stuckierung von Johann Bajerna. Der Nordflügel birgt ein elegantes Refektorium.

Den Main entlang fahrend, kommen wir nach *Wipfeld*, dem Geburtsort von Konrad Celtis und des berüchtigten Eulogius Schneider, der während der Französischen Revolution in Straßburg eine üble Rolle spielte, bis er selbst unter der Guillotine endete.

Von Wipfeld können wir einen Ausflug nach *Heiligenthal* machen, um die Kirche des ehemaligen Zisterzienserinnenklosters zu besuchen. Sie ist ein typischer frühgotischer Zisterzienser-Bau

Würzburg.

Schritte

```
        500    1000                  2000
```

1 Dom
2 Residenz u. Hofplatz
3 Julius-Spital
4 St. Burkard
5 Markt
6 Stift Haug

Fortsetzung auf den Seiten
184–185, 274, 310 und 400–401

aus der Mitte des 13. Jahrhunderts mit durch den Lettner abge-
trennter Nonnenkirche. Zu den besten Leistungen würzburgischer Plastik gehören die Grabsteine Eberhards und Friedrichs
von Wolfskehl, 1379 und 1408.

Bei Stammheim links abbiegend erreichen wir auf schmaler
Straße über Offershausen den Ort *Gaibach*. Hier werfen wir einen
Blick auf das große Schönbornschloß, das Kurfürst Lothar Franz
1694-1710 von Leonhard Dientzenhofer umbauen ließ, während
sein Neffe, Fürstbischof Friedrich Karl von Schönborn Balthasar
Neumann 1742-45 mit dem Bau der Pfarrkirche beauftragte. Ein
Kreuz bildet den Grundriß, dessen Armen innen Ellipsen einge-
schrieben sind, die sich mit der Ellipse der Vierung durchdringen.
Im Äußeren ist die Kirche durch Pilaster gegliedert; das Innere
enthält sparsame Stuckierung. Antonio Bossi aus Würzburg
schuf die Altäre 1747-48, der Kitzinger Rainer Wierl die Skulpturen.

Mit dem sehenswerten Park – heute in englischem Stil, einst
aber ein herrlicher Barockgarten – ist eine für die Verfassungsge-
schichte des frühen 19. Jahrhunderts interessante Begebenheit
verbunden. Franz Erwein Graf von Schönborn hatte als erster der
mediatisierten fränkischen Reichsunmittelbaren, nun Standesherren, 1807 in Gaibach die Urkunde der Unterwerfung unter
bayerische Hoheit unterzeichnet. Dieser Schritt bedeutete eine
Demonstration für den neuen bayerischen Staat, und Schönborn
ließ sich in seiner Haltung auch nicht durch die bürokratische Un-
höflichkeit bayerischer Beamter beirren, die ihm die Anrede
›Herr‹ verweigerten. Er war mit dem Kronprinzen Ludwig befreundet, begeisterte sich für die bayerische Verfassung von 1818,
und um diese zu ehren, beauftragte er Leo von Klenze, für den Gaibacher Park die ›Konstitutionssäule‹ zu entwerfen, für die 1821 in
Anwesenheit des Kronprinzen der Grundstein gelegt wurde. Wir
sehen auf dem Gemälde von Peter Heß (als Leihgabe im Mainfränkischen Museum zu Würzburg) Schönborn mit seinem fürstlichen Gast und Klenze. Auch 1828 bei der feierlichen Einwei-
hung der Säule war Ludwig, der mittlerweile als Ludwig 1. den
Thron bestiegen hatte, zugegen. Nahezu dreißigtausend Men-

schen waren zu diesem Ereignis erschienen. Doch trübte die Verfassungsfeier von 1832 das freundschaftliche Verhältnis empfindlich, denn der König sah in den freimütigen Ansprachen des Würzburger Bürgermeisters Behr und anderer Teilnehmer eine Gefahr für den Bestand der Monarchie. Daraufhin zog sich Schönborn aus dem Reichsrat zurück, die Säule aber steht noch.

Dann ist es nicht mehr weit nach *Volkach*. Es sei erlaubt, zuerst etwas zur Geschichte zu bemerken. ›Folkaha‹ hieß der Ort, den König Arnulf 889 dem Kloster Fulda schenkte. Er kam 1190 in den Besitz der Grafen zu Castell und wird 1258 erstmals Stadt genannt. Damals hatte Volkach seine große Zeit, als es sich vom Dorf zur Stadt entwickelte, denn es war der Mittelpunkt der Grafschaft geworden. Graf Heinrich II. vor allem liebte seine Stadt, aber seine Söhne teilten, schwächten dadurch die Grafschaft, und 1328 kaufte Würzburg, immer bestrebt, Territorialherren wie die Castell auszuschalten, eine Hälfte der Stadt. 1429 folgte ein weiterer Teil und 1520 war das Hochstift Alleinherr in Volkach. Die Befestigungen, die zwischen 1540 und 1600 neu gebaut wurden, sind nur noch in Resten erhalten; von vier Tortürmen stehen zwei aus dem 13. Jahrhundert, der Gaibacher- oder Krakenturm, mit Spitzkuppel von 1579, und der Sommeracher- oder Diebenturm mit hübschem Volutengiebel und dem Wappen Fürstbischof Julius Echters von 1597. Von einem Tor zum anderen führt die Hauptstraße, von der Seitengassen abzweigen. An dieser Hauptstraße liegt die beherrschende Stadtpfarrkirche.

Treten wir unseren Rundgang am Marktplatz an, vor dem Rathaus von 1544 mit doppelläufiger Freitreppe. Schräg gegenüber steht ein prächtiger wuchtiger Fachwerkbau und in der Mitte des Platzes der Brunnen von 1488, bekrönt von der Kopie einer Maria Immaculata von 1720. Vielleicht treffen wir hier den Kreisheimatpfleger Buschmann, der gerade eine Reisegruppe führt, die trotz seines lebhaften Vortrags – denn das kann er – verstohlen gähnend vor sich hinschaut. Er wird uns sogleich in die Pfarrkirche St. Bartholomäus und Georg bringen, die überragt wird von ihrem hohen, 1514 begonnenen Turm, der über einer Brüstung mit vorgelegten Balustern ins Achteck übergeht und in einer Kuppelhaube endet. Der Chor mit Strebepfeilern, Rippengewölbe und Sternfiguration wurde 1413-42 gebaut, das Langhaus nach 1472. Die Flachdecke des Schiffs – sie wurde 1750 eingezogen – hat Nikolaus Huber reich stuckiert; die Deckenbilder in hellen Farben malte der Würzburger Johann Michael Wolker 1753. Sie zeigen als Hauptbild die Verehrung des Allerheiligsten. 1727-39 arbeitete Johann Georg Nestfell aus Wiesentheid den Hochaltar, dessen Figuren der Haßfurter Hans Becker schnitzte. Das Altarblatt, Himmelfahrt Mariae, malte Sebastian Urlaub aus Würzburg. 1771 hat Peter Wagner aus Würzburg den Altar verändert. Die vier eleganten, sehr bewegten Seitenaltäre und die Kanzel schuf Rainer Wierl, der 1759 bezahlt wurde. Eine eindrucksvolle Pietà (Ton?) steht in der südlichen Seitenkapelle, um 1450.

Herr Buschmann wird uns alsdann ins Schelfenhaus locken, in dem ein Museum eingerichtet werden soll. Das Haus ist ein imposanter Barockbau, den sich der Bürgermeister und Kaufmann Johann Georg Adam Schelf 1719-20 gebaut hat. Zwei üppige Portale betonen die Straßenfront, und im Innern gibt es Räume mit zierlichem Stuck, der an Arbeiten der Bamberger Vogel erinnert, leuchtende Deckenbilder mit Szenen aus der Mythologie sowie einen prachtvollen schwarzen Kachelofen, der 1711 entstanden ist. Gegenüber dem Eingang zur Schelfenstraße steht das schöne ehemalige bischöfliche Amtshaus von 1605 mit Volutengiebeln und einer Portalrahmung aus Diamantquadern. Volkach besitzt Bürgerhäuser aus dem 16. bis 18. Jahrhundert in seltener Fülle; das Straßenbild gewinnt dadurch eine künstlerische Geschlossenheit, wie sie nicht mehr viele Städte Frankens aufweisen können. Es ist ›altfränkisch‹ im doppelten Sinn des Wortes, wenn wir es einmal auf das eigentliche ›Fränkische‹ beziehen, zum andern auf das nicht planmäßig Gewordene, auf das Wechselspiel alles frei und zwanglos Gewachsenen im großen und im kleinen und auf das hohe Maß an Urbanität, die in diesem reichen Land Bürger der kleinen Städte auch Bauern oder Winzer sein, oder Dörfer wie Sulzfeld Städten gleich erscheinen läßt. Sind wir vom Rundgang müde geworden, so können wir im ›Schwanen‹ vor-

trefflich essen und dazu ›Ratsherr‹ oder ›Kirchberg‹ trinken. Als
ich dort das letzte Mal einkehrte, traf ich ein Ehepaar Schönborn,
das sich auf dem Weg nach Pommersfelden befand. Was hätte
besser gepaßt, da ich mich inmitten der ›Schönbornlande‹ befand?

Wallfahrt auf den Kirchberg

In unmittelbarer Nähe der Stadt erhebt sich der Hügel mit der
kleinen Wallfahrtskirche ›Unserer lieben Frau im Weingarten‹.
Bequem steigt man durch die Rebgärten, vorüber an Kreuzweg-
stationen, zur Höhe, von wo man auf den Fluß schaut, auf die
gegenüberliegende Vogelsburg und über das vielfältig gegliederte Land mit seinen Ortschaften, darunter bekannte Wein-
dörfer wie Escherndorf, alles in Weinberge und Obstgärten ein-
gebettet. Innerhalb der hohen Mauer, von Obst- und Nußbäu-
men umstanden, liegt die kleine Kirche, geistliche Mitte dieses
Gebietes. Die Legende erzählt, daß im Dreißigjährigen Krieg
die Schweden auch auf den Kirchberg kamen, um die Kirche zu
plündern. Maria aber, die darin ihre Wohnung hat, verwandelte
die Kirche in drei Sterne, die hoch am Himmel leuchteten,
bis die Gefahr vorüber war.

Sie soll die Urkirche des Volkacher Gebiets sein, die heutige
Anlage wurde an Stelle eines Baues aus dem 13. Jahrhundert
1450-1520 errichtet und erhielt 1750 den schmucken Dachreiter.
Der ganze Bau ist mit Strebepfeilern besetzt, und die Fenster sind
mit feinem Maßwerk gefüllt. An den, wie die Rippenansätze
zeigen, dreischiffig geplanten Raum stößt der gewölbte Chor mit
dem Wappen des Fürstbischofs Gottfried Schenk von Limpurg.
An der Westempore sehen wir die Wappen des Fürstbischofs
Rudolf von Scherenberg und der Grafen zu Castell samt der
Jahreszahl 1492. Beide Teile, Chor und Schiff, bilden infolge verschiedener Dachhöhen eine sehr reizvolle Gruppe. Der kühle,
stille Raum birgt bemerkenswerte Kunstwerke wie das fröhliche
Bild der um 1520 entstandenen Anna Selbdritt, sowie eine Pietà
um 1400 – das eigentliche Gnadenbild – und einen steinernen
Kruzifixus von 1555, wahrscheinlich von dem Würzburger

Thomas Kistner gearbeitet, während die Assistenzfiguren um 1500 anzusetzen sein dürften. Das schöne Alabasterrelief des Gnadenstuhls stammt aus dem Jahre 1649, das große hölzerne Kruzifix aus der Zeit um 1500. An der Wand sehen wir das Fresko eines riesigen Christophorus aus der Erbauungszeit der Kirche; ferner gibt es eine Reihe guter Grabsteine, darunter den des Vogts von Prosselsheim, Jörg Spilman, von Peter Dell d.J. und das schöne Grabmal des Ehepaars von Schaumberg, um 1540, sowie gute gemalte Holzepitaphien des späten 16. Jahrhunderts und von 1660. Und schließlich, unter dem Chorbogen schwebend, der größte Schatz der Kirche, Tilman Riemenschneiders herrliche Madonna im Rosenkranz. Sie wurde dem Meister 1521 in Auftrag gegeben und 1524 in die Wallfahrtskirche gebracht. Zuwendungen der weitverbreiteten ›Bruderschaft Unserer lieben Frau auf dem Kirchberg‹, der alle Stände angehörten, gaben wohl dem Kapellenpfleger die Mittel an die Hand, die Madonna bei Riemenschneider zu bestellen. Das Bildwerk wurde im Barock farbig gefaßt, 1874 erneut grell übermalt und 1954 in den Werkstätten des Bayerischen Landesamtes für Denkmalpflege in den ursprünglichen farbfreien Zustand zurückversetzt. Was den Schweden nicht gelungen war, erreichten 1962 skrupellose Diebe. Sie stahlen die Madonna und ließen gleich Anna Selbdritt und Gnadenbild mitgehen. Die Illustrierte ›Stern‹ setzte 100 000 DM aus, die Bildwerke wurden daraufhin zurückgegeben und die Täter später gefaßt. Das Schnitzwerk war beschädigt und mußte wieder instand gesetzt werden. Lebensgroß schwebt Maria in einer Gloriole, umgeben von musizierenden Engeln – die Engelknaben sind Werkstattarbeit – im Rosenkranz, der auf der Vorderseite fünf Medaillons feinster Arbeit mit den freudenreichen Geheimnissen, auf der Rückseite die später eingeschnittenen Wundmale des Herrn zeigt. Es ist wirklich die ›wunderschön prächtige, große und mächtige, liebreich holdselige, himmlische Frau‹, die in die Ferne blickt und allem Irdischen entrückt zu sein scheint. Das ganze Werk atmet die zarte Lieblichkeit, Hoheit und Frömmigkeit Riemenschneiderscher Gestalten.

Am Ende der Spätgotik steht die menschlich so sympathische Gestalt *Tilman Riemenschneiders*, als ›Bildschnitzer von Würzburg‹ in Franken schon zu Lebzeiten hoch geschätzt. Er ist zwar ein Würzburger geworden, aber seiner Herkunft nach keiner gewesen, denn als Sohn des Münzmeisters Tilman Riemenschneider wurde er, wohl um 1460, in Heiligenstadt am Harz geboren und kam 1483 nach Würzburg, wo der Bruder seines Vaters, Kanonikus Nikolaus, Rat und Notar des Fürstbischofs war. Auf seiner Wanderschaft hat er vielleicht die schwäbischen und oberrheinischen Werkstätten besucht, war möglicherweise bei Jörg Syrlin in Ulm, doch vor allem hatte er sich mit dem Werk Martin Schongauers vertraut gemacht. Das Stichwerk dieses Meisters gehörte zum festen Bestandteil seiner eigenen Werkstatt. 1483 also ließ sich der junge Tilman in Würzburg nieder, doch wissen wir nicht, bei wem er gearbeitet hat. 1485 heiratete er die Witwe des Goldschmieds Ewald Schmidt und erhielt Meistertitel und Bürgerrecht. Seine Arbeit fand bald begeisterte Aufnahme; es fehlte nicht an Aufträgen für Altäre, Grabmäler und Statuen. 1505 wurde er Ratsherr und hat als solcher verschiedene Ämter verwaltet wie das Bauamt, die städtischen Fischwasser, die Pflege der Marienkapelle, für welche er den schönen Figurenzyklus schuf, das Steueramt und die Bürgerspitalpflege. 1509 wurde er in den inneren Rat berufen und 1520-21 amtierte er als Bürgermeister, eine Ehre, die auch Albrecht Altdorfer in Regensburg und Lucas Cranach in Weimar zuteil geworden ist. Tilman selbst war wohlhabend geworden, besaß mehrere Häuser und Weinberge und beschäftigte Gehilfen in seinem Atelier. 1525 schlug sich die Stadt auf die Seite der aufständischen Bauern, mußte sich jedoch nach der Niederlage des Bauernheeres dem Fürstbischof auf Gnade und Ungnade ergeben. Riemenschneider wurde ins Gefängnis geworfen; daß jedoch seine Hände durch Folterungen verstümmelt worden seien, gehört ins Reich der Sage. Man strafte den berühmten Meister durch Ausschluß aus dem Rat und Einziehung eines Teils seines Vermögens. Nach dieser

15 Sulzfeld am Main

←

14 Schloß Mainberg
   bei Schweinfurt

16 Kirchhof-Känzele
in Sommerhausen

17 Mainschiffer

18 Ochsenfurt von der Ostseite

20 Das Falkenhaus in Würzburg

19 Blick auf die Festung Marienberg
in Würzburg

21 Grafeneckart mit Vierröhrenbrunnen in Würzburg

22 Blick auf Würzburg vom Steinberg.
Federzeichnung von Erich Heckel, 1927

Drei Schönborn-Generationen. *Ausschnitt aus einem Altarbild in Gaibach* →
(Die Dargestellten sind auf S. 449 erläutert)

23

24

Katastrophe, die ihn tief verstört haben mag, hat er nichts mehr geschaffen.

Wie Tilman Riemenschneider ausgesehen hat, wissen wir, denn auf der Predella des Marienaltars in Creglingen wie auf der Beweinung in Maidbronn bei Würzburg, hier als Nikodemus, erscheint er als älterer Mann mit mildem, gütigem Antlitz und freundlich beobachtenden Augen. Dieselbe Haltung ist seinen Figuren eigen; sie sind still, verhalten, es gibt keine erregten Gesten, keine heftige Gemütsbewegung, eher Schwermut und seelische Empfindsamkeit. Ein für Riemenschneider charakteristischer Zug, vor allem bei den Frauengestalten wie der Gräfin von Wertheim in der Pfarrkirche von Grünsfeld, der Eva von der Marienkapelle, der Büste der hl. Afra in München oder der vielen Marien, ist das ›Holde‹, ein Wort, das kaum mehr verwendet wird, das aber das Wesen der Dargestellten gut trifft. So ist auch der Gekreuzigte kein schmerzverzerrtes Opfer, sondern der stille Dulder.

Was Riemenschneider von seinen Zeitgenossen unterscheidet, ist also einmal das Stille, Adlige, sodann die Farblosigkeit seiner Bildwerke. An Stelle lebhafter, leuchtender Fassung tritt der seidige Glanz des Lindenholzes, das höchstens eine leichte Färbung der Augen erhielt oder eine zarte Lasur. Der Verzicht auf die Farbe – wahrscheinlich entsprach das dem allem Lauten, Auffallenden abholden Charakter des Meisters – erlaubte eine sehr große Nuancierung der Schnitzarbeit, eine ganz besondere Feinheit der Wirkung von Licht und Schatten. In Münnerstadt wurde der Altar – einige Figuren sind noch in der Pfarrkirche, die anderen in den Museen von München und Berlin – auf Wunsch der Bürger, denen das rohe Holz wohl nicht gefiel, farbig gefaßt. Diese Arbeit führte Veit Stoß aus, als er sich, aus Nürnberg verbannt, in Münnerstadt aufhielt. Die Bemalung ist längst wieder entfernt worden.

1492, als Columbus sich auf dem Weg nach Amerika befand, begann Riemenschneider die letzten Statuen für die Würzburger Marienkapelle, die zwölf Apostel, Christus und Johannes den Täufer für die Chorstrebepfeiler, das erste Menschenpaar für das

Portal. Heute sind die Figuren zum Teil im Dom, zum Teil im Mainfränkischen Museum. Der Adam ist mit den schönsten Männerfiguren der griechischen Antike verglichen worden, aber er hat, bis auf die Nacktheit, gar nichts Griechisches. Er hat nicht die geschlossene Oberfläche, den flüssigen Umriß, die Übereinstimmung mit sich selbst und der Welt in fröhlicher oder ernster Gelassenheit. Tilmans Adam ist überschlank, eckig, empfindlich, nervös und, möchte man meinen, in einer durchaus anderen psychischen Verfassung, eben ein Geschöpf der Spätgotik.

Es ist kaum vorstellbar, daß Riemenschneiders Name bald nach seinem Tode vergessen war, daß man sich nur noch dunkel erinnerte, ein berühmter Künstler habe die Bischofsgrabmäler im Dom geschaffen. Erst als man 1822 den Grabstein des Künstlers bei Bauarbeiten im alten Domfriedhof fand, begann man sich wieder für ihn zu interessieren und 1849 erschien die erste Biographie. Vieles von seinem Werk ist zugrunde gegangen, nicht erst im letzten Krieg, sondern bereits in den Zeiten der Renaissance und des Barock. Von den großen Schnitzaltären sind erhalten der Creglinger Marienaltar, der Rothenburger Blutaltar, ein anderer Altar gelangte, wenn auch verstümmelt, in das Kirchlein von Dettwang bei Rothenburg und der Windsheimer Altar befindet sich im Heidelberger Kurpfälzischen Museum. Riemenschneiders Werk lebte, wenn auch zeitweilig vergessen, und es lebt weiter als inniger Ausdruck der gläubigen Welt des Mittelalters, deren letzter Vertreter er gewesen ist; als solcher hat er auch seinen festen Platz in der europäischen Kunstgeschichte. 1531 ist er gestorben; im Leichhof zwischen Neumünster und Dom liegt er begraben. Sein Sohn Jörg schuf das Epitaph mit dem Bildnis des Vaters und der Inschrift:

Anno domini 1531 am abent Kiliani starb der ersam und kunstreich Tilman Riemenschneider bildhauer, burger zu Würzburg, dem got genedig sey. Amen.

Astheim und Vogelsburg

Volkach gegenüber, am Bogen der großen Mainschleife, liegt *Astheim*, wo man die ehemalige Kartause besuchen sollte, einen

Bezirk von ganz eigenartiger Stimmung. Kirche und Priorats-
gebäude stehen noch, alles andere ist verschwunden. Wir betreten durch einen kleinen Torbau neben dem Pfarrhaus den einstigen Klosterbereich. Über dem Torbogen steht die spätbarocke
Figur des hl. Bruno von Köln, der 1084 im Tal Chartreuse bei
Grenoble den Kartäuserorden gründete. ›Pons Mariae‹ nannte
sich Astheim im Gegensatz zur Vogelsburg, dem ›Mons Dei‹.
Erkinger von Seinsheim – seine Familie ist eines Stammes mit den
Fürsten von Schwarzenberg – hat 1409 die Kartause Astheim
gestiftet, wo vier Jahre später das klösterliche Leben nach strenger Ordensregel begann. 1437 wurde Erkinger im Chor der
Konventskirche beigesetzt. 1525 besuchte Johann Freiherr von
Schwarzenberg das Kloster, das die Bauern verwüstet hatten, und
ließ es wieder aufbauen. Prior Haupt begann den Bau der Pro-
kuratie und der Johanniskapelle. 1603–06 ist die neue Kirche mit
Hilfe des Grafen Wolfgang von Schwarzenberg gebaut worden.
1803 wurde die Kartause säkularisiert, das Inventar verschleu-
dert, und ein Jahr später kaufte Fürst Schwarzenberg die Klosteranlage, die erst 1951 in Gemeindebesitz übergegangen ist.

   Durch ein sehr üppig ausgebildetes, 1860 vom Priorat hierher
versetztes Portal mit Säulen, den Statuen der Apostel Paulus und
Petrus, einer Muttergottes unter dem Dreiecksgiebel, betritt
man die Kirche, einen der interessanten gotisierenden Räume
des frühen 17. Jahrhunderts, der von einem Lettner mit Maßwerkbalustrade geteilt wird, dessen Durchgang um 1700 eine Rah-
mung vorgeblendet wurde. Sehr schön sind die wahrscheinlich
von dem Würzburger Hans Georg Hübner in hellen, zarten
Farben ausgeführten Fresken in den Flächen des zierlichen Rip-
pennetzes der Laienkirche vor dem Lettner. Sie zeigen die neun
himmlischen Chöre und die Genealogie Christi. Der reiche,
qualitätvolle Hochaltar wurde 1723–24 eingebaut. Das Altarblatt, Bruno vor der Muttergottes, malte Onghers. Vor den
Säulen stehen die großen, weißgefaßten Statuen von Kartäuser-
heiligen, im Auszug des Altars befindet sich die Dreifaltigkeit,
und über den seitlichen Durchgängen sitzen die Wappen des
Fürsten Schwarzenberg und seiner Gemahlin, einer Prinzessin

Lobkowitz. Das prachtvolle Chorgestühl mit reichstem Schnitzwerk wurde 1606 angefertigt, erhielt um 1700 einen Aufsatz
und im Rokoko die reizenden Puttenköpfchen.

Von Fahr steigt die Straße nach Würzburg steil an. Auf der
von der prächtigen Mainschleife umflossenen Höhe, rings umgeben von Weinbergen, steht die *Vogelsburg*, die in einer Urkunde von 847 ›Fugalesburc‹ genannt wird. Das mag vielleicht
Fluchtburg bedeuten, denn in der älteren Eisen- oder Hallstatt-
zeit saßen hier schon Menschen, und nach 400 v. Chr. hatten die
Kelten dort eine Fliehburg mit Heiligtum. Solche Flußschleifen
um Berge sind immer für Besiedelungen gewählt worden, weil
man dort den natürlichen Schutz von Fluß und Höhe fand. Nach
Norden und Süden fällt das Gelände steil ab, im Osten gleitet es
sanft zum Tal hinunter, im Westen ist es mit der Hochebene verbunden. Deshalb mußten Ost- und Westseite befestigt werden.
Beide Wälle sind noch kenntlich; der östliche fällt zum Teil mit
dem Ostende des Klosters zusammen, im Westen ist er zwischen
vier und sechs Meter hoch. Beide Anlagen waren einst mit
Brustwehren und innerer Holzverkleidung versehen. Nach der
fränkischen Landnahme seit dem 6. nachchristlichen Jahrhundert
kam die Höhe in königlichen Besitz, und in die vorgeschichtlichen Verteidigungsanlagen wurde ein Königshof gebaut. 906
bestätigte König Ludwig das Kind, der letzte Herrscher aus
karolingischem Hause im ostfränkischen Reich, die Schenkung
seines Vorgängers Kaiser Arnulf von Gütern an Fulda, darunter
Vogelsburg und Astheim. Gemäß einer Verordnung des Papstes
Gregors des Großen waren die Missionare gehalten, ihre Kirchen
an Orten heidnischer Kultstätten zu errichten, um heidnische
Tradition unmerklich in die christliche zu überführen. So stand
hier oben die in der Urkunde von 906 erwähnte Kapelle, die
vielleicht kirchlicher Mittelpunkt für das Gebiet um die Mainschleife war, wie gegenüber Maria im Weinberg für das Volkacher Land. 1282 ist sowohl die Vogelsburg als auch der größte
Teil der Fuldaer Güter im Besitz der Grafen Castell, die auch
Vögte der Abtei Fulda waren. Sie dürften diese Güter im 11. und
zu Beginn des 12. Jahrhunderts an sich gebracht haben.

Als die Bauern 1525 die Anlage niederbrannten, gingen auch
die Archivalien größtenteils zugrunde, so daß man über die
Gründung des Klosters auf Vermutungen angewiesen ist. Der
Tradition zufolge soll Hermann Graf zu Castell 1282 seine Burg
den Karmelitern als eine der frühesten Besitzungen dieses Ordens
in Deutschland geschenkt haben. Der Graf wird als Stifter des
›Mons Dei‹ auf seinem Grabstein in der Kirche von Rüdenhausen
genannt. Er bestimmte den ›Mons Dei‹ als Grablege seines Hauses. Nach der Zerstörung im Bauernkrieg sind die Gebäude not-
dürftig instand gesetzt worden; die Verwaltung übernahm das
Karmelitenkloster zu Würzburg. Anscheinend erfolgte im Jahre
1700 eine gründliche Erneuerung des Gebäudekomplexes, vor
allem der Kirche, die inmitten der Ruine der alten kleiner, aber
unter Verwendung des spätgotischen Chors gebaut worden ist.
Damals wurden auch die Castellschen Grabdenkmäler nach
Rüdenhausen verlegt. Ein Graf Castell war zugegen, denn es
heißt: *Da haben ihre Gnaden des alten Grafen zu Castell Schienbein
gegen den ihren aufgestellt und gemessen. Wiewohl dann ihre Gnaden
ein langer, gerader Herr gewesen, hat doch der alten Schienbein eins
ihren Gnaden mehr dann ein Zwerchhand (Querhand) über dem Knie
herauf gereicht. Daraus abzunehmen, daß die große, ansehnliche Leute
müssen gewesen sein.*

1803 ist das Kloster säkularisiert und verkauft worden, das
Gnadenbild war schon 1797 im Würzburger Käppele aufgestellt
worden. 1957 kam die Vogelsburg in den Besitz der Gemeinschaft der Augustinus-Schwestern, die dort eine Tagungsstätte
eingerichtet haben.

Das Ende einer Abtei – Münsterschwarzach

Südwärts weiterfahrend, gewahren wir die gewaltig aufgetürmte
Masse des Benediktinerklosters *Münsterschwarzach*, das ›Fränkische Speyer‹. Kirche und Kloster sind, mit Ausnahme des
Westflügels der alten Abtei, 1935-38 von Albert Boßlet neu gebaut worden, als ein strenger Bau mit weitem, feierlichem Innenraum. Doch was vorher dort stand, war eine der prachtvollsten

Kirchen Deutschlands, welche nach der Säkularisierung ein schmähliches Ende genommen hat.

Zur Geschichte sei kurz vermerkt, daß Münsterschwarzach im 8. Jahrhundert als Damenstift gegründet und 877 mit Benediktinern besetzt wurde. Die Abtei erlebte ihre höchste Blüte im 11. Jahrhundert; sie fand 1480 Anschluß an die Bursfelder Kongregation und dadurch eine neue geistige Grundlage. 1696 ging der Abt an einen Neubau des Klosters, dessen erster Abschnitt unter dem Trientiner Valentin Pezani, der als Stukkator den Würzburger Nikolaus Wentzel mitbrachte, 1704 vollendet war und im zweiten Bauabschnitt 1714–42 von Joseph Greising fortgesetzt wurde. Balthasar Neumann wurde sodann mit dem Bau der neuen Kirche beauftragt, welche 1727 begonnen und 1743 von Fürstbischof Friedrich Karl von Schönborn geweiht worden ist. Berühmte Künstler waren an der Innenausstattung beteiligt: Tiepolo, Johann Evangelist Holzer, Johann Georg Bergmüller, Johannes Zick, Giovanni Battista Piazzetta als Maler, Franz Xaver Feichtmayr als Stukkator, Johann Wolfgang van der Auwera als Bildhauer. Diese Kirche mit ihren eleganten, zierlichen Türmen und der mächtigen Vierungskuppel war der Ausgangspunkt für Neumanns Kirchenbauten von Gößweinstein, Vierzehnheiligen und Neresheim. Am Ende des Barock, wenn wir das Rokoko als späte Spielart hinzurechnen, wuchsen Kirche und Kloster zu einem Gesamtkunstwerk zusammen, man könnte sagen zu einem Kirchenschloß. Es entstanden architektonische Meisterleistungen, in denen, ähnlich der Romanik, noch einmal formale und geistige Geschlossenheit erreicht worden sind. Der Glanz dieser prächtigen Abtei erlosch mit der Säkularisierung 1803. Damals schrieb ein Mönch aus Andechs am Ammersee:

> Vah! Quanta perturbatio!
> Cur talis transmigratio?
> Cur saecularisatio? ...

Am Samstag, dem 7. Mai 1803, fand das Klosterleben mit der Komplet sein Ende. Ein Jahr später ersteigerte Jakob Hirsch Kloster und Klostergut und stellte den Antrag, die Gebäude verkaufen zu dürfen, mit denen er nichts anzufangen wußte. Dem Antrag wurde stattgegeben, aber schon damals protestierte die ›National Zeitung der Teutschen‹ in Coburg heftig gegen diesen ›Teutschen Vandalismus im 19. Jahrhundert‹. 1818 hatte ein hessischer Architekt den abenteuerlichen Gedanken, die Kirche abzubrechen und in Darmstadt wieder aufzustellen. Auch dazu ist es nicht gekommen. Der Würzburger Domvikar Franz Nikolaus Baur, ein eifriger Aufklärer, war in Münsterschwarzach verliebt und *vergaß die Welt sammt ihren Herrlichkeiten beym Anschauen dieses Meisterwerkes in der freyen sanften Natur...* Er stellte sich die Kirche als Ruine vor, eine wahrhaft prophetische Vorausschau. Der schottische Pater Andrew Geddes, der bis 1803 Mönch im Würzburger Schottenkloster war, widmete 1807 der Prinzessin Eleonore von Thurn und Taxis ein Gedicht ›The banks of the Maine‹, in dem es heißt:

> This Volkach is a straggling market town
> And opposite to it a charterhouse,
> Before the secularisation stood.
> Some furlongs further, on the other side,
> You see a stately abbey, and a church
> The first in Frankony, whose cupola
> Presents the famous Holzer's masterpiece,
> But ah! Bavaria sold it to a Jew,
> Who soon will let the whole to ruin run ...

1810 schlug der Blitz in einen der Türme; der Verfall begann, bis die Gebäude abgebrochen wurden, und 1841 war alles verschwunden bis auf den Abteiwestflügel. 1837 heißt es in einer Würzburger Zeitungsbeilage: *Soeben fallen die letzten Steine von dem Prachtportale der ehemals so herrlichen Abtei-Kirche, und wahrlich! sie treffen in ihrem Herabstürzen gewaltiger das Herz der dortigen Bewohner, als den ringsum wüsten Boden. Vor wenigen Tagen stürzte das Schönbornwappen herab, und war wie spurlos zerschmettert, und nun steht noch die colossale Bildsäule des Heilands – ein mächtiges Werk der Skulptur – oben, welches aber in Kurzem gleichfalls von den Tempelzinnen herabgestürzt werden wird. Abgesehen von dem grauenerregenden Gefühle, das Bildnis des Erlösers einer sol-*

chen Zerstörung preisgegeben zu sehen, muß es den Freund der Kunst im Innersten verwunden, wenn er solche Werke, die unsere Zeit zu schaffen oft keinen Willen, und öfter keine Mittel hat, verschwinden sieht. Man hat Befehl erteilt, die Ruinen und Werke des Alterthums... zu erhalten; aber wenn man nun sieht, wie eigentliche Kunstwerke, die Glanzpunkte ganzer Gegenden, wie eben die Benediktiner-Abtei Schwarzach einer war, zugrunde gehen, da wird wahrlich ein heiliger Zorneifer rege, da blutet das Herz...

Ein anderer, ungenannter Kritiker dieser Zerstörungswut schrieb 1840, daß die Zeit sich freue, wenn aufgelassene Klöster zugrunde gingen, *und sieht es mit Gleichgültigkeit, wie ihre hohen Hallen, jüngst noch wohl erhalten, rasch dem Verfalle entgegen gehen; sie freut sich, wenn die Industrien darin ihren Sitz aufschlagen und die nimmer ruhenden Walzen und Räder schnurren oder wenn die Landwirtschaft sich Kirchen und Kreuzgänge zu Stallungen umgeschaffen und das Roß vom Altare sein Futter frißt; sie gibt ihren Beifall dazu, wenn man sie in Zuchthäuser oder Irrenhäuser oder Magazine umwandelt.*

Wenn niemand sonst sie will, werden sie abgebrochen.

1913 erwarb die Benediktinerabtei St. Ottilien in Oberbayern Münsterschwarzach und hat es wiederaufgebaut als das ›Fränkische Speyer‹. So gut auch diese moderne Architektur ist, den Glanz und die Pracht der verschwundenen Neumann-Kirche kann sie nicht ersetzen. Wir sehen sie auf einem Bild von Ludwig Richter vor uns, wie sie großartig und doch leicht und zierlich aus den Wiesen am Main aufragt.

Wir fahren weiter, besuchen Dettelbach und die Wallfahrtskirche Maria Saal, um dann, auf der B 22 zurückkehrend, bei Düllstadt rechts nach Wiesentheid abzubiegen.

Dettelbach

Dettelbach ist ein altes, sehr gut erhaltenes Städtchen am Main im Ring seiner Befestigungen mit sechsunddreißig Türmen und zwei Toren, dem Bruck- und Faltertor. 741 wird Dettelbach zum erstenmal urkundlich genannt; es war im Besitz des Frauenstifts Kitzingen, der Abtei Münsterschwarzach und der Grafen von Hohenlohe, aber immer wieder verstand es das Hochstift Würzburg, die Stadt zurückzugewinnen, welche 1484 von Fürstbischof Rudolf von Scherenberg das Stadtrecht erhalten hat.

In schöner Gruppenbildung verschiedener Bauteile liegt die *Stadtpfarrkirche St. Augustin* auf hoher Terrasse über der Stadt. Der kraftvolle, mächtige Turm von 1444 ist mit dem runden Treppenturm durch eine Holzbrücke verbunden. Die großzügige Choranlage, die 1489 begonnen wurde, sollte vermutlich eine dreischiffige Halle werden, die aber nicht ausgeführt wurde und flachgedeckt blieb. Den schmaleren Westteil baute 1769-74 Johann Michael Fischer, dem wir in Grafenrheinfeld begegnet sind. Von der alten Ausstattung ist jedoch leider nichts mehr vorhanden.

Um so hübscher ist es, durch das Auf und Ab der Gassen zu wandern, zu dem stolzen Giebelbau des *Rathauses*, das 1492-1511 errichtet wurde, mit doppelter Freitreppe, über der sich ein Erker auf Säulen in Form eines Chörleins erhebt. Die Sage erzählt, daß der Baumeister erklärt habe, das Rathaus über dem Stadtbach so errichten zu können, *daß es drei Personen betreten könnten, ohne einander zu sehen. Die ungläubigen Ratsherren hätten erwiedert, er vermöge das nicht, so gewiß er das Götz-Zitat nicht mit eigener Zunge an sich selbst erfüllen könne. Vom Triumph des Baumeisters kündet ein Scheitelstein des Durchgangs, die Fratze eines Mannes mit unheimlich langer Zunge darstellend.*

Außerhalb der Stadt, vor dem Faltertor, steht die bemerkenswerte *Wallfahrtskirche Maria im Sand.* Ein kleines Vesperbild von einem Bildstock war 1504 der Anlaß für den Beginn der Wallfahrt. Im Traum erhielt der schwerverletzte Winzer Nikolaus Lemmerer die Weisung, mit einer Kerze zu dem Bildstock zu gehen, dann werde er geheilt. So geschah es auch. Man baute eine kleine Kirche, doch Fürstbischof Julius Echter ließ 1610-13 von dem ›welschen Baumeister‹ Lazaro Augustino unter Beibehaltung des Chors eine neue Kirche bauen, deren Wölbungen Jobst Pfaff aus Würzburg und A. Zwinger aus Iphofen durchführten. Zwinger setzte den Nordgiebel, der Kitzinger Steinmetz Peter Meurer Süd- und Ostgiebel. Im September 1616 trafen die Franziskaner der Straßburger Observanz ein, die Bischof Julius gebeten hatte,

das Kloster zu übernehmen, das 1617-20 als Vierflügelanlage
gebaut worden ist und das, als die Wallfahrt immer mehr wuchs,
die Ordensschule aufnahm. Das Kloster ist während der Säkularisation nicht aufgehoben worden.

1613 stand das von Michael Kern und seiner Werkstatt ge-
schaffene, überreich geschmückte Portal, die einzige Zier der
Fassade mit Ausnahme der ebenso reichornamentierten Giebel.
In drei Zonen baut es sich auf, gleich einem Renaissancealtar.
Seitlich des Torbogens stehen zwischen Säulen die Apostelfürsten Petrus und Paulus, in der Mitte sitzt das Echterwappen.
In der zweiten Zone ist die Verkündigung dargestellt, in der
dritten, von Säulen und Voluten flankiert, die Anbetung der
Könige, und den Abschluß bildet eine Nische mit der Muttergottes, gerahmt von den Heiligen Kilian und Augustin. Neben
dem Portal melden zwei Inschrifttafeln in Rollwerkkartuschen,
die Peter Meurer arbeitete, vom Bau der Kirche. Das Innere, in
Form eines Kreuzes mit schmalerem Chor, bietet ein vortreffliches Beispiel des sogenannten Juliusstils, jener nachgotischen,
Altes und Neues mischenden Stilphase. Das wird besonders an
der Mannigfaltigkeit der Rippenfigurationen der Gewölbe
sichtbar, an dem prächtig ausgestalteten Dekor der Giebel. Die
Ausstattung ist auf einige große Akzente abgestimmt. Treten
wir ein, fällt unser Blick zuerst auf den Gnadenaltar, der in der
Vierung steht, etwas zur Seite gerückt, damit der Blick auf den
Hochaltar frei bleibt. Der üppig geformte, stuckmarmorne
Baldachinaltar mit Säulen und Figuren erinnert an den Gnaden-
altar von Vierzehnheiligen und wurde 1778-79 von Augustin
Bossi aus Würzburg geschaffen. In ihm steht das Gnadenbild,
eine Pietà, um 1500. Die prachtvolle Kanzel arbeiteten Michael
Kern und seine Werkstatt 1626. Sie wird getragen von Jesse, aus
dessen Brust Äste ausgehen, die den Kanzelkorb umranken, zum
Schalldeckel aufwachsen und im Wipfel die Gestalt der Muttergottes tragen. Aus den Ranken sehen siebenundzwanzig Ala-
basterbüsten der Ahnen Christi hervor, Salvator und die vier
Evangelisten. An der Treppenwand sind vier Kirchenväter angebracht. Das Kruzifix über dem Hochaltar soll aus der Werkstatt

Riemenschneiders stammen. Votivbilder des 16. und 17. Jahrhunderts erzählen von Heilungen und zeigen Interieurs jener Zeit.

Zum Schluß folge der Bericht Rudolf Schlauns von der Wallfahrt des Konrad von Tierberg, der an einem heißen Augusttag, am Tage Mariae Himmelfahrt, zur Kirche hinaufpilgerte. *Groß war die Hitze und groß war der Durst, aber die Herbergen hatten Weins genug vom fränkischen Main, um auch die trockensten Kehlen zu feuchten. Wie der Zufall es wollte, war der Wallfahrtsgenosse ein dicker Zuckerbäcker aus Dettelbach selber. Er hatte die Reue über seine mannigfachen Bäckersünden schon im Hinblick auf den steinigen Pfad mit Strömen Iphöfer Weins befördert, und ihm war so sündenelend auf dem Wege. Ritter Kunrad erbarmte sich des jammernden, lallenden Büßerwesens zu seiner Linken; er griff in die Tasche, um einige Muskatstückchen herauszuholen und sie dem Bäcker in den Mund zu stopfen. »Das«, sagte der Ritter, »haben wir immer im Heiligen Land so gemacht, wenn uns der Wein aus Damaskus zu sehr beschwerete.« Und o Wunder, der Bäcker spürte nach dem Mukatgenuß herrliche Erleichterung, das Knien auf dem staubigen Weg wurde ihm trotz der Schwere des Weins und der Sünden ganz leicht. Und als ihn dann noch das wundertätige Bild Unserer Lieben Frau wonniglich verzeihend anblickte, ward ihm große Erleichterung. Als er wieder in seiner Backstube angelangt war, begann er zu kneten und zu werken, zu wiegen und zu reiben, seine Backjungen hatte er vorher zu allen Krämern geschickt, und nun zauberte er ein Gebäck von köstlichem Duft. Als er es sachverständig gekostet hatte, machte er »Ah!« und nannte die leckeren Erzeugnisse seiner Kunst mit weinfroher Zunge ›Muskazinen‹.*

Seither steckt man zu Dettelbach, wenn der Wein eine ernsthafte Gefahr für eine reuevolle Wallfahrt bedeutet, solche Muskazinen in die Tasche, um während der Wallfahrt zur Erleichterung und Ernüchterung daran zu knabbern...

Wiesentheid

Zu Füßen des Steigerwaldes liegt in der fruchtbaren Mainebene Markt und Herrschaft Wiesentheid, die unter Graf Johann Otto von Dernbach den Charakter einer reichsunmittelbaren Grafschaft erhalten hatte. Es ist ein ansehnlicher hübscher Ort mit Fachwerkhäusern und schönen Rokokobauten wie Rathaus oder Apotheke entlang der Kanzleistraße, mit der Pfarrkirche St. Mauritius und dem großen Schloß. 1701 kam die Herrschaft durch die Heirat des Grafen Rudolf Franz Erwein von Schönborn mit der Witwe Johann Ottos von Dernbach, Eleonore Gräfin von Hatzfeldt-Gleichen, an das Haus Schönborn, das mit Erben und Erwerben fast ebenso glücklich war wie die Hohenzollern.

Rudolf Franz Erwein, Neffe des Kurfürsten Lothar Franz von Mainz, war der Bruder der Fürstbischöfe Johann Philipp Franz und Friedrich Karl von Würzburg, des Kardinals Hugo Damian, des Kurfürsten Franz Georg von Trier und des kaiserlichen Generals Anselm Franz auf Heusenstamm bei Offenbach. Wie seine Brüder hatte der 1677 geborene Rudolf Franz Erwein eine strenge und gründliche Erziehung genossen. Für den geistlichen Stand bestimmt, hatte er am Collegium Germanicum in Rom und in Leiden studiert, gab jedoch die Absicht, Geistlicher zu werden, auf und wurde im Jahre 1700 als kaiserlicher Kämmerer nach Wien berufen, wo sein Bruder Friedrich Karl als Reichsvizekanzler amtierte und großes Haus hielt. 1718 starb die überaus geliebte Gattin Eleonore, sehr betrauert von ihrem Mann, der damals die Elegie ›Einsamkeit‹ schrieb, deren letzter Vers lautet:

> Laß mich in der Einsamkeit!
> Ich habe es recht wohl bedacht,
> Und den festen Schluß gemacht:
> Reden andre, was sie wollen,
> Sie mich nicht umwenden sollen!
> Einsam sein ist halt mein Freud,
> Laß mich in der Einsamkeit.

Der Graf zog sich von der Welt zurück, was seinen Onkel Lothar Franz nicht wenig verdroß, weil er seine Pläne mit ihm hatte. Friedrich Karl redete dem Bruder 1723 gut zu: *Im übrigen – sit venia verbo – ist das Ding, wie Sie es zu nehmen scheinen, gar zu melancholisch. Gott hat Ew. Exz. Vermögen und Vernunft gegeben. Sie seyen ja Ihr eigener Herr undique können und werden es bleiben, ergo courage...*

Rudolf Franz Erwein aber fand keinen Gefallen mehr am Hofleben und an diplomatischen Missionen im Auftrag des Kaisers oder des Kurfürsten. Zwar wirkte er von 1713 bis 1732 als kaiserlicher Kommissar klug und gewissenhaft in Frankfurt, um in langwierigen, ermüdenden Verhandlungen im schweren Verfassungsstreit zwischen Rat und Bürgerschaft zu vermitteln, zwar bekleidete er das Amt eines Großhofmeisters am Hofe zu Mainz, das er erst nach langer Weigerung angenommen hatte, wodurch er sich das Wohlwollen des Onkels Lothar Franz verscherzte, doch zog er das Leben in Wiesentheid vor, wo er zudem mit der Verwaltung der Grafschaft genug zu tun hatte. Er war ein frommer Mann, er war auch ein großer Liebhaber der Gartenkunst und Musik und hinterließ eine Fülle von Musikalien-Manuskripten und Druckwerken zeitgenössischer Komponisten, unter denen sich Namen wie Vivaldi, Corelli, Scarlatti und viele andere finden. Er selbst spielte Cello sowie Geige und Flöte.

Markgräfin Wilhelmine von Bayreuth lernte sie kennen, als sie Gast des Fürstbischofs Friedrich Karl in Pommersfelden war. Sie schrieb ihrem Bruder, König Friedrich II. von Preußen, über das Abendkonzert in wenig schmeichelhaftem Ton, aber die Kammermusik am nächsten Tag gefiel ihr wesentlich besser, denn sie berichtet dem König: *Zwei Wiener Sängerinnen waren da, die recht hübsch sangen, der Oboist ist gut, der Cellist unvergleichlich durch die Zartheit seines Spiels. Der Bruder des Fürstbischofs ist ein sehr schmucker Mann und großer Musikfreund. Er begleitete sehr hübsch auf dem Cello, und wir haben zusammen musiziert.*

Dem Schönbornschen ›Bauwurmb‹ war Rudolf Franz Erwein ebenso verfallen wie seine Angehörigen, wenn er auch nicht so üppig bauen konnte wie die bischöflichen Brüder. 1727 gewann er Balthasar Neumann für den Umbau der *Pfarrkirche St. Mauritius* gegenüber dem Schloß, welche Antonio Petrini für Dernbach gebaut und 1684 vollendet hatte. Der Turm der alten Kirche sollte übernommen werden, und Neumann hat diese Aufgabe – Bauleiter war Johann Georg Seitz – glänzend gelöst, indem er dem Turm eine Fassade von schönster Geschlossenheit vorlegte, gegliedert von Säulen, Nischen, Giebel und Portal, über dem die Wappen Schönborn-Hatzfeldt sitzen. Der Innenraum ist von saalartiger Weite und wird bestimmt von den hohen Fenstern sowie den illusionistischen, schweren Freskomalereien Giovanni Francesco Marchinis, dem wir in Pommersfelden schon begegnet sind. Hier läßt er die flache Decke als ein gewaltiges, überkuppeltes Gewölbe erscheinen. Der sehr prächtige Hochaltar stammt von Johann Christian Mayer aus Dettelbach, die Altarfiguren schuf Jacob van der Auwera, Kanzel, Orgelprospekt und Beichtstühle arbeitete der Hofschreiner Johann Georg Nestfell. 1732 war die Kirche fertiggestellt. Nestfell hat die schöne Sandsteingruppe neben der Kirche mit Kruzifix und Assistenzfiguren gestiftet, sie wurde 1766 von Lucas van der Auwera geschaffen.

Das andere große Bauunternehmen betraf den Umbau des *Schlosses*, einer weitläufigen Vierflügelanlage mit vier runden Ecktürmen, der 1708-24 durchgeführt worden ist. Das alte Schloß war ein Konglomerat von Bauten des 15. bis 16. Jahrhunderts. Valentin Fuchs von Dornheim, der 1547 in den Besitz des Schlosses gelangt war, baute um 1550 den großen sogenannten Fuchsenbau, das Kernstück der Anlage; sein Sohn ließ sie ab 1576 durch Wolfgang Behringer zum Vierflügelbau erweitern. Rudolf Franz Erwein begann die Umgestaltung mit der Einrichtung einer Kapelle und Gemäldegalerie. Durch Vermittlung des Onkels Lothar Franz gewann 1711 der baukundige Jesuitenpater Nikolaus Loyson größeren Einfluß auf den Umbau, zu dem er wohl auch die Pläne geliefert hat. Dem Bauherrn lag vor allem daran, den vielgestaltigen Komplex von Gebäuden unter einer Dachhöhe zusammenzufassen. Ein großes Portal mit Pilastern, Rundgiebel und dem Allianzwappen Schönborn-Hatzfeldt schmückt die Straßenfront der Ostseite. Ab 1714 erfolgte die Ausstattung der Innenräume in prächtiger, eleganter Weise. Sie haben im Lauf der Zeit manche Veränderung erfahren, zeigen aber zum Teil noch den zierlichen Stuckdekor der Bamberger

Johann Kaspar und Johann Jakob Vogel und die Malereien des
Bambergers Johann Jakob Gebhardt.

Rudolf Franz Erweins Hauptvergnügen war die Gartenkunst; sie ist ihm ein unversieglicher Quell der Freude gewesen.
Er kannte die Gärten Österreichs, Italiens, Hollands und Frankreichs, wo er als Gast König Ludwigs XIV. die Anlagen von Versailles gesehen hatte. Onkel und Brüder haben ihn immer wieder
zu Rate gezogen. Alle Probleme, Sorgen und Freuden der Gartenkunst besprachen die Schönborns in ausgedehnter Korrespondenz. Scherzhaft nannte der Herr von Wiesentheid den Kurfürsten ›Dr. Wurzifex‹ oder ›Dr. Agricola‹, und er äußerte sich auf
Wunsch des Bruders Johann Philipp Franz eingehend zum Gar-
tenprojekt der Würzburger Residenz sowie zu den Anlagen der
Mainzer Favorite, von Pommersfelden, Schönbornslust bei Koblenz, Heusenstamm, Gaibach bei Wiesentheid und Seehof bei
Bamberg. Von seinem eigenen Garten schreibt er einmal: *hir
steht es gut damit; der hyazinten-, tulipanen-, auriculen-, ranunculen-
und anemonen-flor war und ist recht schön, und geht es jetzo auf die
sommergewächs mit aller gewalt los. Die wälsche bäum, wovon der
garten diese jahr wenigstens mit 500, meine – ut ita dicam – große bäum
a 7 schuhe im stamm, lassen sich sehr wohl an*… Er berichtet vom
»extra schönen Tulpenflor«, vom »Phasanengarten«, von seiner
Vorliebe für rote Lilien, die er sich vom Bruder aus Wien er-
bittet, von Spalierobst und Ananas und wie »das gartenwerk zum
lang-leben und gesund-sein beiträgt«.

Die Anlage des Wiesentheider *Gartens* begann unter Leitung
des Gartenmeisters Johann David Fülken 1716 und erhielt die
Form eines französischen Parterregartens mit Bassins, Kaskade,
Terrassen, Bowlinggreen, Orangerie, Treibhäusern und einem
Lusthaus am Ende, das Johann Seitz baute, mit Gartenfiguren
von Heinrich Stahler, der auch die Figuren der Pfarrkirchen-
fassade gearbeitet hat. Auch »zwei Sphinxe und sieben Nackt-
ärsch« fehlten nicht. Germain Boffrand kam aus Paris zu Besuch,
um seine Meinung zu äußern. Dieser prächtige Garten ist in den
zwanziger Jahren des vorigen Jahrhunderts von Graf Franz Erwein in einen englischen Park verwandelt worden. Das Lusthaus

wurde abgerissen, die Gartenfiguren wurden zertrümmert und zum Straßenbau verwendet. 1754 ist Rudolf Franz Erwein gestorben und wurde an der Seite seiner Frau Eleonore in der von Antonio Petrini 1686 gebauten Kreuzkapelle beigesetzt.

Schloß Wiesentheid ist ein wohnliches Haus, eine kleine Residenz, üppiger ausgestattet als die nahe gelegenen Sitze der Fürsten zu Castell, und immer noch umweht von der Aura der ›Schönbornzeiten‹.

Die Fürsten zu Castell

Am Westrand des Steigerwalds liegen die beiden Hauptorte der einstigen Grafschaft Castell: Rüdenhausen und Castell. Über Castell liegen auf vorspringendem Bergrücken, dessen Flanken mit Weingärten bedeckt sind, die Trümmer der Stammburg dieses uralten Geschlechts, von dem der bösartige Eduard Vehse sehr zu Unrecht bemerkt: »Ein altes nicht erst von Oestreich gebackenes, aber verkommenes Geschlecht.« Seine Anfänge liegen im Dunkel der Geschichte, und ungeklärt wie die frühe Geschichte des Hauses ist sein Name. Die Gelehrten fragen sich, ob bei Castell eine alte Gauburg lag, vor oder aus der Zeit, als das Land fränkisch wurde, oder ob es sich um eine Burg mit gelehrtem Namen handelt, wie es im Kreise des Stifters von Münsterschwarzach, des Grafen Megingaud, und der gebildeten Mönche möglich gewesen wäre. Es kann wohl sein, daß die Grafen zu Castell, die 1901 in den bayerischen Fürstenstand erhoben worden sind, Nachfahren eines fränkischen Großen sind, eben dieses Megingaud. Er war vermutlich ein Neffe des Bischofs Megingaud von Würzburg und eines Stammes mit dem ersten fränkischen Herzog von Thüringen, Radulf. Megingaud besaß auch Güter um Castell, wovon wir erst zwei Jahre nach dem Tode Kaiser Karls des Großen hören. 1057 wird Rupert von Castell als erster Herr der Familie genannt; zu seinem reichen Gut gehörte auch Megingauds Besitz in dieser Gegend. Alte mündliche Überlieferungen enthalten meist einen wahren Kern, und so heißt es im Hause Castell, daß es schon vor den Würzburger Bischö-

fen, zur Zeit der Merowinger, im Land gewesen sei. 1554 rief
Graf Heinrich dem Würzburger Domkapitel zu: *Es ist wissent-*
lich, daß die Grafen zu Castell nun etlich hundert Jahr hero in diesem
Land gesessen, und vielleicht ehe denn diese Stiftung geschehen...

Rupert ist also der Ahnherr des einst reichsunmittelbaren
Hauses, in dessen Händen das würzburgische Oberstschenken-
amt lag, das es auch behielt, als es protestantisch geworden war.
Mit dem Hochstift aber gab es immer wieder Streitigkeiten um
Castellsches, von den Bischöfen beanspruchtes Gebiet. Meist
zogen die Casteller den kürzeren und 1266 erlitten sie die schwerste Niederlage mit den ihnen eng verwandten Grafen von Henneberg bei Mühlberg zwischen Kitzingen und Sulzfeld. Die Sage
erzählt, daß alle Castells fielen bis auf einen. Zu Hause erwartete der alte, blinde Vater den Ausgang des Kampfes; immer
wieder fragte er den Türmer, ob sich die Staubwolke der Schlacht
nach Würzburg zöge. Endlich sagte der Mann: »Der Staub geht
dick auf Castell.« Da rief der alte Herr: »Heut ein Graf zu Castell
und länger kaum!« Den einzigen überlebenden jungen Grafen
wies der erzürnte Vater von der Schwelle. Er ging in die Nieder-
lande, hielt sich wohl und kam dann in der Heimat wieder zu
Ehren. Noch Jahrhunderte nach der blutigen Schlacht bei Mühlberg wurde in Würzburg das Banner des hl. Cyriacus in feierlicher Prozession durch die Straßen getragen, erscholl das Spott-
lied:

> Heut haben wir einen Feiertag –
> Aber zu Castell
> Mistet man die Ställ!

Da kein Erstgeburtsrecht die Erbfolge regelte, wurde die Grafschaft immer wieder geteilt, und so konnte es vorkommen, daß
bei solch freiem Verfügungsrecht über den Besitz manch wert-
voller Teil veräußert wurde. So geschah es auch zu Beginn des
14. Jahrhunderts. Graf Heinrich II. war in zweiter Ehe mit einer
Tochter des Burggrafen von Nürnberg vermählt. Er trat durch
diese Verbindung in nahe Beziehung zu König Rudolf von
Habsburg, aber Hofleben und Kriegsfahrten verschlangen große
Summen. Graf Heinrich geriet in Schulden, so daß seine Söhne

die Grafschaft dem Burggrafen verpfänden mußten. Graf Wolfgang I. heiratete Martha, eine Tochter des Grafen Michael von Wertheim, die ein ansehnliches Heiratsgut mitbrachte, welches das Ansehen des Hauses wieder hob. Der unmittelbare Hausbesitz jedoch war sehr zusammengeschmolzen und 1520 kam auch die Stadt Volkach in den Besitz Würzburgs. Graf Wolfgang arbeitete unermüdlich, sparsam, klug und fest an der Rettung des Hauses, unterstützt von seiner Frau, deren Charakter der Chronist Hieronymus Ziegler uns folgendermaßen beschrieben hat:

Ob einer vornehm war oder gering, sie blieb immer dieselbe: jedem gab sie in gleicher Lauterkeit und gleicher Zuverlässigkeit. Sie war eine sorgliche Seele und ließ die Leitung des Haushaltes niemals aus der Hand; sie war nicht nur Martha getauft, sie war eine Martha in Wahrheit ... Die Armen weit und breit suchten Zuflucht bei ihr; die im Unglück waren, konnten hier sicher vor Anker gehen. Ich hab es selbst gesehen, wie sie jederzeit von freien Stücken Kranke besuchte und ihnen mit eigenen Händen Umschläge auflegte. In ihr hatte sich das Pflichtgefühl verkörpert: man kann – ich spreche die Wahrheit und habe viele Zeugen dafür – nicht gottseliger, nicht sittsamer, nicht frömmer und reiner leben als sie. Und klug ist sie gewesen und besonnen, mehr als es sonst in weiblicher Art liegt.

Seine Söhne ließ Wolfgang sorgfältig erziehen und auf Universitäten studieren. Er hielt sie streng, wie wir einem Brief entnehmen können, in dem er seinem Sohn Heinrich nach Bologna mitteilt, er könne ihm das verlangte Geld nicht schicken,»denn ich kein Fugger bin«. Die Söhne bemühten sich ihrerseits, dem Vater alle Ehre zu machen. So schreibt der junge Friedrich dem ältesten Bruder Konrad 1544: *Ich hab allweg das Glück, daß mein Fürnehmen und Anfang einen Krebsgang hat. Derhalb Du, so es Dir widerfährt, dasselb auch desto duldiger leiden sollst; denn wir noch viel, das uns nit halb fürgehen wird, unterstehen werden.* An anderer Stelle heißt es: *Ich aber – um für mich zu sprechen – bekenne, daß ich gefehlt und vielfach verstoßen habe; denn ich war da nicht klug, dort nicht reif genug, mich vor Irrtum, Straucheln, Täuschung hüten zu können. Das ist eben eine Eigentümlichkeit der Jugend ... Aber so schwere*

Schuld finde ich nicht an mir, daß dadurch die Ehre unseres Hauses Gefahr liefe...

Die Grafschaft Castell war wieder ein wohlgeordnetes Territorium geworden, als der Dreißigjährige Krieg sie in die höchste Not stürzte. Zwei Generationen mußten die Lasten dieses fürchterlichen Krieges tragen. Das Hin und Her protestantischer und katholischer Truppen, ständige Einquartierungen, Kontributionen, Mord und Totschlag, Teuerung und allgemeine Verelendung brachten die kleine Grafschaft an den Rand des Ruins. 1632 heißt es: *Rüdenhausen ist dermaßen verwüstet und zugerichtet worden, dergleichen vormalen bei unterschiedlichen Ausplünderungen niemals beschehen.* Die Grafen hungerten ebenso wie die Landbevölkerung; die meisten Dörfer lagen in Schutt und Asche, die Schlösser waren ausgeraubt, das Land lag unbebaut und verödet. Unermüdlich waren die Grafen bemüht, die Lasten zu mildern, zu verhandeln, und sie selbst waren gänzlich verarmt. Man erzählt, daß noch im Jahre 1651 Graf Georg Friedrich auf einem Stuhl im Tore des Schlosses Rüdenhausen gesessen sei und Durchziehende gebeten habe, sich in der menschenleeren Grafschaft niederzulassen.

Im 18. Jahrhundert teilte sich Castell in die beiden heute noch bestehenden Linien Castell und Rüdenhausen, und 1806 ist die Grafschaft mediatisiert worden. *Stark in Zeiten der Not, gerecht und billig, mild und menschenfreundlich in Zeiten des Glückes – so hat sich Castell behauptet mit Ehren auf fränkischer Erde wohl seit mehr als tausend Jahren – und kraftvoll wird es sich behaupten in guten und bösen Tagen, wenn seine Söhne beharren in der Gesinnung, wenn sie festhalten an der Weisheit der besten ihrer Väter,* so schließt August Sperl sein Buch ›Castell‹.

»Es muß das Schloß herab!«

Obgleich es in der Grafschaft Castell schon seit langer Zeit keine Leibeigenschaft mehr gab, war das Leben der Bauern doch vielfachen Zwängen unterworfen. Daher fielen die Aufrufe der rebellierenden Bauernschaft von 1524 auf fruchtbaren Boden. Einer der sieben Artikel der Bauernschaft enthält den Hauptpunkt ihrer Forderungen. *Es sollen auch schädliche Schlösser, Wasserhäuser und Befestigungen, daraus gemeinem Mann bisher hohe, merkliche Beschwerungen zugestanden sein, eingebrochen oder ausgebrannt werden, doch was darinnen von fahrender Habe ist, soll den Besitzern, sofern sie Brüder sein wollen und wider gemeine Versammlung nichts getan haben, verabfolgt werden.*

Im April 1524 erfaßte der Aufruhr das Hochstift Würzburg. Verhandlungen führten zu keinem Ergebnis. Am 1. Mai übertrug Bischof Konrad von Thüngen dem Dompropst Markgrafen von Brandenburg-Ansbach das Kommando auf der Veste Marienberg. Zu den Kriegsräten gehörte auch Graf Wolfgang I. zu Castell. Er saß als würzburgischer Amtmann auf der Burg Stolberg, wo er seine Frau, die Gräfin Martha, mit einer sehr kleinen Besatzung zurückgelassen hatte. Sie mag voller Schrecken die brennenden Burgen ringsum gesehen haben, und sie hat ihrem Mann diese Tage brieflich anschaulich geschildert. Am 3. Mai nahmen die Bauern Schloß Stolberg und zündeten es an, aber sie ließen die Gräfin abziehen. Ihre Kinder waren in Sicherheit, teils beim Grafen von Limpurg in Speckfeld, teils auf dem Breuberg im Odenwald bei ihrem Bruder Georg von Wertheim. Die Gräfin ritt durch den Steigerwald nach Castell, um den Bauernhaufen auszuweichen, welche plündernd durch die Ebene zogen. In Castell war man in höchster Aufregung, da die Bauern im Anmarsch waren, um das alte Bergschloß zu zerstören. Gräfin Martha suchte Unterschlupf im Dorf bei dem Bauern Seubet. Sie ließ das Schloß räumen und alles in Bauernhäusern unterbringen. Die Burg wurde in Brand gesteckt, aber die Casteller Bauern standen auf seiten der beliebten Landesherrin. Da die Bauern auch Speckfeld bedrohten, mußte Gräfin Martha ihre dort befindlichen Kinder holen und mit diesen fand sie Unterkunft im Hause Hertleins, der ihr »viel Guts« getan hat, doch mußte er sie aus dem Haus weisen, um nicht selbst von den Bauern erschlagen zu werden. Hieronymus Ziegler erzählt, daß die Gräfin mit ihren Kindern einen Monat lang unter einem großen Nußbaum habe zubringen müssen, der auf dem Hofe Hertleins stand. Ihre Befreiung verdankte sie ihrem Bruder Georg von Wertheim, der für die Bauern mit der Besatzung von Marienberg verhandelte. »Es muß das Schloß herab«, verlangten die Bauern, und die Verhandlungen wurden abgebrochen. Graf Georg erreichte von den Bauern einen Schutzbrief für seine Schwester, aber man ließ sie dennoch nicht ziehen. Erst als die Hauptleute des Bauernheeres von Würzburg ein geharnischtes Schreiben nach Castell schickten, ließ man sie gehen. Sie ging nach Rimpar und von dort nach Wertheim ins väterliche Schloß, ohne zu wissen, was aus ihrem jüngsten Kind geworden war, das sie bei der Amme gelassen hatte, als sie nach Breuberg ritt, um die anderen Kinder zu holen. Die Amme hatte sich ebenfalls dorthin auf den Weg gemacht und geriet in höchste Gefahr, denn *unterwegs*, so berichtet der Chronist Papius, *sind die unsinnigen Bauern an sie kommen, und ob sie zwar nicht gewußt, wem das Kind zustünde, haben sie doch aus allerlei indiciis vermutet, es müsse von vornehmen Eltern und Geschlecht sein, darum sie es kurzum wider die Wand schmettern und umbringen wollen.* Die Amme aber beteuerte, es sei ihr eigenes Kind, und man ließ sie gehen. Noch im Juni wußte Gräfin Martha nicht, was aus dem Buben geworden war, denn sie schreibt ihrem Mann: *Wie es meinem Heinzen und dem Keterlen geht, weiß ich nit...*

Nach der Niederwerfung des Bauernaufstandes setzte sie sich nach Kräften für Schonung der Casteller Landeskinder ein. Sie mußten lediglich Frondienst zum Wiederaufbau der Burg Castell leisten. Als die Gräfin starb, schrieb Ziegler: *Nun weint um sie der Nachbar, der betrübte Arme, es weinen alle, denen diese Frau zu helfen gewohnt war aus der Fülle ihrer Barmherzigkeit.* Der älteste Sohn, Graf Konrad, teilte seinem Bruder die Nachricht vom Tode der geliebten Mutter mit:

Ich habe vor einigen Tagen von der Mutter Krankheit geschrieben. Der allgütige, allerhöchste Gott hat sie jetzt nach seiner Freundlichkeit in einen anderen Stand versetzt, ihm sei Lob und Dank für seine unaussprechliche Barmherzigkeit. Denn er hat der Mutter die große Gnade erwiesen, daß ihr immer bewußt blieb, was sie sprach und tat, daß sie gar nichts anderes mehr ersehnte als ihr Ende und nichts anderes zu erfüllen wünschte als den Willen des Allmächtigen, und also bei kla-

rem Bewußtsein und aufs beste vorbereitet am 24. Februar (1541) abends heimging. ... So wird es nun, mein Bruder, Deine und unser aller Pflicht sein, dieses Unglück mit Fassung zu tragen und Gott innigst zu danken, daß er sie so gnädig aus diesem Jammertal genommen hat... Dein Bruder.

Rüdenhausen und Castell

Es ist ein schönes, fruchtbares Land im Schutz der Steigerwaldhöhen, in dem die beiden Schlösser liegen. Am Rand des Marktes *Rüdenhausen* finden wir in seinem großen Park das Schloß, eine kleine Wasserburg, die einst Angehörigen fränkischer Adelsfamilien zu Lehen gegeben wurde. Erst Graf Georg II. zu Castell nahm 1544 ständigen Wohnsitz im Schloß, über dessen älteste Baugeschichte nichts bekannt ist. Die Miniaturansicht auf der Wildbannkarte von 1497 zeigt ein einfaches, festes Haus mit zwei Türmen, und das ist es geblieben. Größere Umbauten melden die Jahre 1615 und 1697, vor allem den Bau eines Treppenturms. Der Wassergraben ist zum Teil ausgefüllt und vom Bering der alten Burg steht noch die südliche Hälfte. Man betritt den engen, kleinen Hof durch die kreuzgewölbte Torfahrt. Auf der Südseite steht der hohe, überdachte Wehrgang, flankiert von gotischen Rundtürmchen, im Erdgeschoß in rundbogigen Arkaden geöffnet, über dem ein Inschriftstein mit den Wappen Castell-Limpurg und die Jahrzahl 1573 sitzen.

Wir betreten den Hauptbau auf der Ostseite durch den Treppenturm. Im ersten Obergeschoß befindet sich ein Raum mit hübschem Erker mit spätgotischem Rippengewölbe und den Wappen Castell, Wertheim, Limpurg, Helfenstein, Baden und Reitzenstein. Das Haus ist nicht üppig, aber behaglich ausgestattet und unter den guten Familienbildern gibt es einige von der Hand des Erlanger Malers Conrad Geiger, der sich Ende des 18. Jahrhunderts ein Jahr in Rüdenhausen aufgehalten hat. Er berichtet darüber: *Ich verbrachte in Rüdenhausen schöne, glückliche Tage; endlich war errungen, was ich so heiß ersehnt: Kunst und Freiheit. Mein Aufenthalt dort dehnte sich auf ein ganzes Jahr aus.*

Gegenüber dem winkligen, behaglichen kleinen alten Burgschloß steht der neue Bau, der 1803–07 von Baudirektor Brocard errichtet und 1873 von Professor Schulz aus Nürnberg umgebaut worden ist. 1945 war er von amerikanischen Truppen belegt, die sämtliche Möbel fortführten, dann war er von Flüchtlingen bewohnt, und da eine Instandsetzung außerordentlich kostspielig wäre, verfällt er langsam – ein Schicksal, dem viele Schlösser entgegengehen, da durch die neue Steuergesetzgebung die Erhaltung von Baudenkmälern in privater Hand in Frage gestellt wird.

Ringsum liegt der schöne alte, etwas verwilderte Park, Dohlen schreien von den Türmen und im Graben schnattern Enten.

Schloß und Dorf *Castell*, Sitz der Linie Castell-Castell, mit der eleganten, 1784–92 von dem Würzburger Landbaumeister Joseph Albert erbauten Kirche liegen an dem mit Weinterrassen bedeckten Hang des Steigerwalds, ganz nahe von Rüdenhausen. Castell war bis zur Mediatisierung von 1806 als Residenz wirtschaftlicher und kultureller Mittelpunkt der Grafschaft. Das ist es heute noch, vor allem als wirtschaftliches Unternehmen von Rang, zu dem Land- und Forstwirtschaft sowie ausgedehnter, mustergültig gepflegter Weinbau gehören, dessen Erzeugnisse in den tiefen, kühlen Schloßkellern lagern. Zu den wirtschaftlichen Unternehmungen des Gesamthauses Castell gehört auch die Castell-Bank, welche, 1774 als ›Landes-Credit-Casse‹ für die Grafschaft gegründet, heute ›Fürstlich Castell'sche Bank, Credit-Casse‹ heißt.

Mittelpunkt des Dorfes ist das Schloß, ein schlichter, vornehmer Vierflügelbau, den Graf Wolfgang Dietrich, kurpfälzischer Großhofmeister, 1687–91 von Peter Sommer aus Künzelsau bauen ließ. Von der Dorfstraße gelangen wir durch den hübschen Torbau mit dem Castellwappen im Giebel in den geräumigen Hof. Im Erdgeschoß des Mittelbaus liegt eine tonnengewölbte Halle, aus welcher man die Terrasse der doppelläufigen Freitreppe auf der Gartenseite über dem in Terrassen abfallenden Park betritt.

Es ist ein sehr behagliches Haus, dessen Räume mit gewirkten

Tapeten, schönen Möbeln, darunter Kommoden des Schweinfurter Kunstschreiners Johann Benedikt Voit (1777), und guten
Ahnenbildern eingerichtet sind. Das Schloß ist kein Museum,
es lebt, es ist mit unserer Zeit und ihren Forderungen aufs engste
verbunden, so wie die Familien in beiden Schlössern auch mit
der Bevölkerung eng verbunden sind. Man merkt es in der großen Bibliothek, die 1950-51 nach Plänen des Freiherrn von Velt-
heim-Lottum eingerichtet wurde, oder im Arbeitszimmer des
Fürsten – in allen Räumen. Schloß und Dorf in ihrer innigen
Gemeinschaft sprechen von der Fürsorge der Familie Castell für
das Land, das sie einst als kleine Souveräne beherrschten. Alte
Tradition wird als Verpflichtung zum Nutzen des Volkes betrachtet und aufrechterhalten.

Iphofen

Von Castell wollen wir über Wiesenbronn-Rödelsee nach Iphofen fahren, unter dem Steigerwald hin, der sich in einer Vielfalt
von Tälern und vorspringenden Hügeln auflöst. Eine dieser
Höhen ist der *Schwanberg*, an dessen Flanken die Weingärten
emporklettern, deren ›Lagen‹ einen nicht minder edlen Tropfen
geben als die Mainweine. Er ist einer der alten, von Mythen um-
wobenen Berge Frankens wie Staffelberg oder Vogelsburg, er
hat seine historischen Erinnerungen, die sich in sagenhafter Vor-
zeit verlieren. Funde bezeugen, daß er schon in der Altsteinzeit
besiedelt gewesen ist; der Sage nach soll König Pippin, der
Vater Karls des Großen, dort oben einen Königshof gehabt haben, und er soll in der Tiefe des Berges in einem dreifachen
Sarkophag aus Gold, Silber und Eisen ruhen. Von Pippins
Schwester Hadeloga wird erzählt, daß sie dort droben stand und
ihren Handschuh in den Wind warf, der ihn hinaustrug ins Land.
Wo er zur Erde fiel, habe sie das Frauenstift Kitzingen gegründet.
Der Donner der Gewitter verdichtet sich zum Bild des Stiers,
dessen Brüllen weit über das Land zu hören ist, und in den Wäldern ist der Hehe oder Huimann zu Hause, dessen Stimme die
vielfältigen Laute des Steigerwalds selbst sind. Hier am Rand des

Steigerwalds ist der Häcker oder Winzer zugleich Bauer, der die Felder auf der Ebene bestellt. Daher sind auch die Dörfer breiter angelegt, denn neben den tiefen Weinkellern mußte auch Raum für breite Scheunentore sein.

Eine Burg der Bischöfe von Würzburg ist auf dem Schwanberg für 1230 urkundlich belegt; sie fiel 1355 an die Krone Böhmen, welche sie an die Herren von Wenkheim zu Lehen gab. Bischof Julius Echter kaufte sie 1605 zurück; Alexander Graf zu Castell-Rüdenhausen erwarb das Schloß 1911 und legte den Park an. 1962 wurde der Schwanberg Ordenshaus der evangelischen Gemeinschaft Casteller Ring, und seit 1969 ist er Schulungsheim für soziale Frauenarbeit.

Wundervoll ist der Blick von da oben über das weite Land, auf die Städte Kitzingen und Dettelbach, über vielfarbige Ackerbreiten, über Waldstücke, Dörfer und Schlösser. Dicht am Südhang des Schwanbergs liegt das Städtchen *Iphofen*, ein berühmter Weinort, der Ende des 13. Jahrhunderts das Stadtrecht erhielt. Die Befestigungen wurden bereits 1293 in Angriff genommen, denn als Würzburger Amtssitz mußte der Ort durch Türme, Tore und Mauern geschützt sein. Das Stadtbild mit den guten alten Häusern, meist des 17. und 18. Jahrhunderts, gehört zu den besten Frankens. Von dreizehn Türmen stehen noch vier, das Rödelseer, Mainbernheimer, Einersheimer Tor und der Toten- oder Pestturm, außerdem noch sieben Rondelle an den Resten der Stadtmauer. In der Bahnhofstraße steht das 1726 gebaute ehemalige Zehntgericht, heute das sehr geschätzte Gasthaus zum Zehntkeller, geschmückt mit den Wappen der Fürstbischöfe Echter und Hutten. Der einstige Würzburger Amtshof, ein stattlicher Bau von 1688-93, mit dem Wappen des Fürstbischofs von Guttenberg, liegt in der Maxstraße, und am weiträumigen Marktplatz steht das stolze Rathaus, das 1716-18 gebaut wurde, wahrscheinlich von Joseph Greising aus Würzburg. Über der doppelläufigen Freitreppe mit Balustergeländer erhebt sich das Portal, in dessen Giebel sich das Wappen des Fürstbischofs Johann Philipp II. von Greiffenklau befindet, und auf den Giebelschrägen sitzen zwei gewappnete Männer, Fides und Fidelitas.

Der eindrucksvollste Bau aber ist die Pfarrkirche St. Veit, die nach Abbruch der alten Kirche aus dem 14. Jahrhundert neu errichtet worden ist. 1414 stand der Chor, 1508-24 ist am Langhaus gebaut worden, aber der Bauernkrieg unterbrach für längere Zeit die Arbeiten, die erst 1612 abgeschlossen waren. Es ist eine hohe, helle Halle, deren schlanke Säulen eine warme graublaue Tönung zeigen, deren Gewölberippen im Ockerton gehalten sind, Farben, die man bei der letzten Restaurierung als alten Befund festgestellt hat. Wahrscheinlich hat Jobst Pfaff die Gewölbe eingefügt. Der Raum in seiner Überschneidung von der Spätgotik zur Renaissance ist von schönster Klarheit. Der mächtige Hochaltar stammt aus dem späten 17. Jahrhundert. Die Ausstattung ist reich und enthält viel Sehenswertes, so eine Muttergottes aus der Zeit um 1420, eine andere um 1500, ein Relief des Marientodes aus der ersten Hälfte des 16. Jahrhunderts und eine Darstellung des hl. Blutes, Christus, aus dessen Händen das Blut in die von Engelsputten gehaltenen Kelche springt, um 1730 geschaffen. Am schönsten aber ist die Statue Johannes des Evangelisten von Tilman Riemenschneider, eines jungen Mannes von zarter Innigkeit. Die Figur Johannes des Täufers stammt aus seiner Werkstatt. In der Taufkapelle befindet sich das prachtvolle Grabmal des Ritters Jörg von Gnottstadt, gestorben 1533, eine kraftvolle Gestalt, das Portrait eines im besten Sinn ritterlichen Mannes, mit wachem, strengem Antlitz. Man fühlt, dieser Mann war kein Raubritter, er wußte um Recht und Unrecht und ritterliche Zucht. Die große Zeit des Ritterstandes war vorüber, aber in den Grabmälern erscheint sie noch im alten Glanz.

Nach Kitzingen

Von Iphofen führt der Weg nach Kitzingen an *Mainbernheim* vorüber, einem alten Städtchen, das in seinem zum größten Teil erhaltenen turmbewehrten Mauerring behaglich daliegt. Es lohnt sich, ihm einen Besuch abzustatten und dabei auch den Friedhof vor dem Unteren Tor nicht zu vergessen, wo sich als fränkische Besonderheit ein ›Känzele‹ von etwa 1618 findet: eine zwiebelbehelmte Predigtkanzel, von welcher – gegen Regen und Sonne geschützt – der Pastor die meist sehr langatmige Leichenpredigt hielt, während die Trauergemeinde ringsum in den Arkaden Schutz vor den Unbilden des Wetters fand. Diese ›Känzele‹ finden sich in manchen alten Friedhöfen der kleinen evangelischen fränkischen Städte, entweder, wie hier, inmitten des Gottesackers stehend, oder wie in Sommerhausen, das wir noch besuchen werden, nahe der Friedhofsmauer, von der sich dann ein Zeltdach schützend über sie breitet.

Kitzingen liegt am Main, gegenüber *Etwashausen* mit der bemerkenswerten kleinen, doch monumental wirkenden Heiligkreuzkapelle, die Balthasar Neumann 1741-45 baute. Über dem kreuzförmigen Grundriß schneiden die Gewölbetonnen in die Kuppel ein. Ungewöhnlich ist auch die Verstellung des Chors durch Arkaden.

Von der breiten Mainbrücke geht der Blick zur Stadt, zum hohen starken Turm der Kirche der Ursulinerinnen. *Kitzingen*, am Schnittpunkt alter Handelsstraßen, ist der Mittelpunkt des fränkischen Weinbaugebietes am Steigerwald und im Mainland und war von jeher ein bekannter Weinhandelsplatz. Vermutlich ist die Stadt alemannischen Ursprungs und verdankt ihre Entwicklung dem von Bonifatius vor 748 gegründeten Frauenkloster, einer Gründung, für welche auch König Pippins Schwester Hadeloga in Anspruch genommen wird, wie wir gehört haben. Im 14. Jahrhundert teilten sich der Burggraf von Nürnberg und der Bischof von Würzburg in die Stadtherrschaft. 1290 wird Kitzingen Stadt genannt; sie kam 1443 an den Markgrafen von Brandenburg-Ansbach und fiel 1629 an Würzburg zurück.

Der älteste Kern der Siedlung, das ehemalige Kloster, liegt an der zur Brücke führenden alten Hauptstraße. Es war im 14. Jahrhundert von einer festen Mauer umgeben, und gegenüber dem Kloster, jenseits der alten Hauptstraße, entwickelte sich die Stadt, welche von der sogenannten inneren Befestigung geschützt wurde. Dieser Mauerring war 1565 teilweise eingestürzt; ein Mauerzug an der Kapuziner-Grabengasse ist erhalten. In der zweiten Hälfte des 15. Jahrhunderts erfolgte eine Erweiterung

des Berings, der auch Etwashausen am anderen Ufer umschloß.
Nur geringe Teile stehen noch, so neben dem Rathaus der hohe
Marktturm, der 1546 Obergeschoß und Haube erhielt. Die
äußere Mauer hatte achtundzwanzig Türme und sechs Tore;
von der Nordmauer stehen noch vier Türme, auf der Mainseite
acht jetzt in Häuser eingebaute Türme, und an der Südwestseite
erhebt sich der Falterturm mit seinem schiefen Helm, der 1551
neu errichtet worden ist und heute das Fastnachtsmuseum birgt.

Das stattliche, behäbige Rathaus baute Hans Eckart aus
Schaffhausen 1561-63; die katholische Stadtpfarrkirche St. Johannes Baptista ist im 15. Jahrhundert als dreischiffige Hallenkirche gebaut worden, ihr Turm wurde 1593 erhöht. Auf der
Nordseite liegt das Hauptportal mit einem Relief des Jüngsten
Gerichts aus dem Anfang des 15. Jahrhunderts, das Westportal
zeigt die Marienkrönung von etwa 1430. Im nördlichen Seitenschiff sind Fresken aus der Wende zum 16. Jahrhundert aufge-
deckt worden, die Heiligen Georg und Barbara sowie Reste einer
Beweinung Christi. Das reichskulptierte Sakramentshaus entstammt dem Jahre 1470, und den Hochaltar schuf Materno Bossi
1793-94.

Die heutige evangelische, vormals Ursulerinnenkirche beherrscht Kitzingens Mainseite und wurde 1686-93 von Antonio
Petrini gebaut, der ihr eine reiche, schwere Fassade gegeben hat.

Fürstbischof Friedrich Karl von Schönborn war ein großer
Gönner der Stadt und förderte nach Kräften die Mainschiffahrt,
den Handel, baute das Lagerhaus und den Kranen. Eine betrieb-
same Handels- und Industriestadt ist Kitzingen geblieben.

Sulzfeld-Marktbreit-Frickenhausen

Zwischen Kitzingen und Ochsenfurt liegen diese drei pracht-
vollen Orte am Main. Da ist zuerst *Sulzfeld*, ein altes, schon im
Jahre 915 urkundlich genanntes würzburgisches Winzerdorf.
Es gleicht einer kleinen Stadt, die sich alle Schönheit bewahrt hat.
Eine fast vollkommen erhaltene Ringmauer aus dem frühen
15. Jahrhundert mit zahlreichen Türmen, darunter drei Tor-

türmen, umgibt das Dorf, welches Markgraf Albrecht Alcibiades 1461 vergeblich belagert hat. Schnurgerade verläuft die Mauer auf der Mainseite; jeder Turm sieht anders aus: hohe und schlanke, runde, dicke, behagliche, alle mit den verschiedensten Dachformen – ein jeder hat seine besondere Eigenart. Der Falterturm (Falltorturm) zeigt das Wappen Bischof Echters, der um 1600 die Befestigung erneuern ließ.

Betreten wir das Dorf durch Friesen- oder Maintor, sind wir inmitten schlichter hochgiebliger Häuser, in einem süddeutschen Dorfidyll schlechthin. Ein Idyll ist Sulzfeld insofern, als alles an seinem richtigen Platz steht und der Verkehr nicht hindurchbraust. In den Gassen geht es geruhsam zu. Hühner und Enten gehen ungestört ihren Geschäften nach, Feldgerät steht herum, Traktoren rattern durch die Tore hinaus. Die Metzgereien bieten als besondere Kuriosität die sogenannten ›Meterbratwürste‹, die allerdings genau genommen nur einen halben Meter messen. Das überraschend große Rathaus mit seinem Renaissancegiebel in sehr bewegtem Umriß baute 1609 Peter Meurer. Dort – beim Rathaus – steht auch die schöne Mariensäule von 1724. Das Dorf zieht sich den Hang hinauf zur beherrschenden Kirche, deren Chor und Turm 1482 gebaut worden sind. Unter Bischof Julius Echter wurde 1602 das Langhaus verlängert.

Ein kleines Stück weiter überqueren wir den Fluß und sind in *Marktbreit*, das gleichfalls im Schutz seiner Befestigungen liegt, beherrscht von der Gruppe Kirche-Schloß am Platz in seiner Mitte und der Gruppe Rathaus–Maintor am Stadtrand. Am Flußufer steht der mächtige Rundbau des alten Kranen aus dem Jahre 1773. Zwanzig Männer wurden benötigt, um den schweren Kranenarm durch zwei Treträder in Bewegung zu setzen. Wenn wir das 1600 gebaute Maintor mit den reichen Renaissancegiebeln durchschritten haben, liegt vor uns eines der reizendsten Straßenbilder in Franken. Der Turm ist mit dem 1579 von Hans Kessebrot aus Segnitz erbauten Rathaus und dem Schwarzen Turm zu einer höchst malerischen Wehranlage zusammengebaut, und besonders hübsch ist es, daß der Breitbach unter dem Maintor hindurchfließt. Der hohe Volutengiebel des

Rathauses ist gegliedert durch freistehende Säulchen, bekrönt von der Statue des hl. Georg und geschmückt mit dem Wappen der Seinsheim, welche als Stadtherren 1557 die Erhebung Marktbreits zum Markt durchsetzten. Erst 1819 ist Marktbreit Stadt geworden.

Gleich hinter dieser Gebäudegruppe erweitert sich die Straße zum Markt, an dessen Eingang das großartige, 1450 gebaute Fachwerkhaus des Gasthauses zum Goldenen Löwen steht. Links geht die Schustergasse ab, an deren Beginn das prächtige Haus mit reichem Eckerker unter Zwiebelhaube steht, das sich der Hoffaktor Samson Wertheimer auf Wunsch des Fürsten von Schwarzenberg gebaut hat. Das Gegenstück dazu ist Haus Marktstraße 5, welches der Kaufherr Georg Günther 1725 errichtete. Wir sind nun im Zentrum der kleinen Stadt, auf dem Schloßplatz. Diese Stadtresidenz mit geschnörkeltem Giebel bauten sich die Grafen von Seinsheim 1580. Gleich daneben steht die protestantische Pfarrkirche St. Nikolaus mit ihrem starken Turm, 1567 gebaut und dreißig Jahre später erweitert als hohe Renaissancehalle, die dem gotischen Chor unsymmetrisch angefügt worden ist. Die Kirche birgt eine schöne Kanzel, um 1730, eine Kreuzigungsgruppe der gleichen Zeit aus dem ehemaligen Hochaltar, einige gute Grabsteine der Seinsheim und Rechberg des 16. Jahrhunderts und einen prachtvollen, wappengeschmückten Taufstein von 1565. Die Emporenbrüstung bemalte der Ochsenfurter Johann Völck 1778 mit Szenen aus dem Alten und Neuen Testament, und am Aufgang zur Fürstenloge hängt die große Gedenktafel für Georg Ludwig von Seinsheim, welcher Marktbreit zum Markt erheben ließ. Neben der Kirche sehen wir noch ein sehr reiches Fachwerkhaus, die alte Knabenschule, wohl aus dem 16. Jahrhundert. Wohin wir uns wenden, immer erfreuen uns in den Gassen neue Bilder. Wieder am Maintor angekommen, sehen wir seitlich die lustigsten alten Fachwerkhäuser mit über den Breitbach vorkragenden Geschossen. Karl Treutwein erzählt über die an vielen dieser Häuser angebauten Holzverschläge, deren Zweck unschwer zu erraten sei: *In früheren Zeiten hatten diese Kemenaten einfach ein rundes Loch im Boden; was da bei*

Gelegenheit auf dem Wasser aufklatschte, wurde vom Bach in den nahen
Main geschwemmt. Nun entnahm aber auch die naheliegende Schloß-
brauerei dem Breitbach an dieser Stelle ihren Wasserbedarf. So mußte
der Gemeindediener von Zeit zu Zeit ausschellen: »Bräter, ihr dürft
die Abörtli drei Tag nit benütz – der Förscht will Bier bräu!«

1643 fiel Markbreit an die Fürsten von Schwarzenberg, die
mit Seinsheim eines Stammes sind. Auch sie wandten dem bedeutenden Handelsort ihr Wohlwollen zu und förderten ihn nach
Kräften. Im Rathaus werden sieben Gemälde von Christian
Urlaub aufbewahrt, welche die Erbhuldigung vor Fürst Christian
Adam im Jahre 1745 darstellen und als Dekoration der Ehren-
pforte dienten. Damals kam der Fürst zum erstenmal nach Marktbreit, und zwar auf der Reise zur Kaiserkrönung Franz' I., des
Gemahls Maria Theresias. Die Bürgergarde war angetreten und
schoß Salut, als der Reisewagen sich dem Städtchen näherte.
1837 ließ Fürst Johann Adam dem Markt für gute Bewirtung
danken: »Das Essen war herrlich. Ihre Durchlaucht erklärte, schon
lange nicht so gut gespeist zu haben, außer in England.« Als Gegengabe schickte er zwölf Fasanen aus dem böhmischen Frauen-
berg an den Rat. 1803 ist Marktbreit zu Bayern gekommen.

Wieder auf der anderen Mainseite, gelangen wir nach *Fricken-*
hausen, das 819 schon genannt wird, wie Sulzfeld würzburgisch
gewesen ist und ebenfalls noch seine türmereiche Befestigung
des 15. und 16. Jahrhunderts hat. Die Hauptstraße erweitert sich
in der Mitte zum Marktplatz, und hier steht das Rathaus des
15. und 16. Jahrhunderts mit seiner prächtigen Freitreppe des
späten 16. Jahrhunderts. Es lehnt sich an die Kirche, deren Langhaus Hans Bock 1514-21 baute. Es wurde erst 1605-16 eingewölbt, gleichzeitig mit der Erneuerung des Chors und der Erhöhung des Turms. Der Hochaltar, den der Windsheimer Georg
Brenck 1617 geschaffen hat, ist eines der besten Werke jener Zeit.
Brenck wird auch der Marienaltar im nördlichen Seitenschiff
zugeschrieben. Der Ölberg des 16. Jahrhunderts zeigt abweichend
von der üblichen Darstellung des Engels Gottvater, der Jesus den
Kelch reicht.

Wie in Sulzfeld oder Marktbreit, Mainbernheim oder Ip-

hofen muß man sich Zeit nehmen und in den Straßen umhergehen. Es gibt schöne alte Häuser, Weinstuben, breite Torbögen,
tiefe mostduftende Keller. An den Hausfronten lesen wir manch
alten Spruch, wie zum Beispiel

> Was mir vertraut,
> hat Gott gebaut,
> drum froh genießt,
> was von mir fließt.

Hinter der Ringmauer steigen die Rebgärten hügelan, wo vor
allem ›Kapellenberg‹ und ›Fischer‹ angebaut werden. Oben steht
die Valentinskapelle, die 1699 der wunderbar geheilte Büttner
Valentin Zang gestiftet hat. Schauen wir von solcher Höhe über
eine kleine Mainstadt, so erscheint sie spielzeughaft, wie ein
Modell in der Hand einer Stifterfigur. Alle Städtchen und um-
wehrten Dörfer am Main sind fröhliche Abwandlungen des gleichen Themas: alte Häuser um Kirche und Rathaus auf dem Platz
zwischen den Toren, alles das von bröckelnder Mauer umzogen.
Viele Orte sind im Zustand des Dörflichen geblieben, aber man
wird ihrer nie müde, denn immer entdeckt man neue Schönheiten in den Kirchen, erfreut sich an reichgeschmückten Portalen, an Fachwerk und Brunnen, Heiligenbildern und Wegsäulen,
alles ist Geschichte und gleicht einem aufgeschlagenen Bilderbuch.

Frickenhausens Weine waren sehr geschätzt. Bischof Otto
von Würzburg war dem Frickenhäuser so ergeben, daß er in
seinem Testament anordnete, man solle seinen rechten Arm ab-
schneiden und ihn mit einem Faß Wein dem Kloster von Au-
hausen senden, denn er wollte, daß diese beiden Dinge, die ihm
bei Lebzeiten so gut gedient hatten, an der Stelle begraben
würden, wo auch seine Eltern lagen.

Ein englischer Freund berichtet von seinem Besuch im Hause
Meintzinger in Frickenhausen: *In den tiefen, kühlen Kellern unter
dem Haus Meintzinger zeigte man uns die riesigen Gebilde aus Holz.
Jedes war ein Meisterstück der Küferarbeit, zuweilen mit besonderen
Verzierungen und geschnitzten Inschriften. Dicht oberhalb des Zapfens
befand sich eine festverschlossene Einstiegklappe. War ein Faß leer,*

so wurde sie geöffnet, damit ein schlanker Küfer sich hineinquetschen und das Faß vor der Neufüllung reinigen konnte... Unter den Lagervorräten an Bocksbeuteln, die im Keller des Hauses Meintzinger aufgestapelt waren, befand sich auch ein Wein, der dem besten Champagner überlegen war. Ein Mitglied der Familie feierte zufällig Geburtstag und wir stießen um Mitternacht mit diesem Spitzengewächs auf sein Wohl an. Anhand der Weinliste der Firma stellte ich nachher fest, daß ein Liter dieses Weins etwa 50.– DM kostet.

Ochsenfurt

Eine hohe Mauer, viele Türme daran, und aus ihr aufsteigend Giebel und immer wieder Türme – das ist Ochsenfurt, eine Stadt im Panzer, wie so viele am Main, in deren Wehrhaftigkeit der Bürger sicher zu leben vermochte. Wären nicht die großen Industrieanlagen, die modernen Vororte, in Ochsenfurt wäre man wie auf ein Zauberwort ins Mittelalter zurückversetzt.

Mitte der Stadt ist die über den Marktplatz führende Hauptstraße zwischen Oberem Tor und Klingentor. Hier steht das *Neue Rathaus*, ein 1513 vollendeter Bau mit Staffelgiebel und geschiefertem Uhrtürmchen in der Firstlinie, dessen Schmuck in sinnreicher Weise Himmlisches und Irdisches umschließt. Das Türmchen birgt eine Kunstuhr mit vielfigurigem Spielwerk, eine Arbeit des Würzburgers Hans Sycher aus dem Jahre 1560. Das Zifferblatt der Uhr zeigt Stunden, Datum und Mondphasen an, darunter steht der Tod, der, wenn die Stunde schlägt, mit dem Kopf nickt, das Stundenglas umdreht und den Pfeil hebt. Am offenen Fensterchen unter dem Gerippe erscheint der bärtige Kopf des Bürgermeisters, der zur Gemeinde spricht, und etwas oberhalb stecken aus kleinen Fenstern zwei Ratsherren lauschend die Köpfe heraus, während an der Turmspitze zwei Ochsen die Hörner aneinanderstoßen, im unteren Teil die Rathausjungfer erscheint, sich verneigt und das Stadtwappen vorweist. Am Ansatz der Treppe mit hübscher Maßwerkbrüstung steht eine schöne sandsteinerne Muttergottes von 1498, unter der Treppe liegt die ›äußere und innere Katharin‹, wo Übeltäter und Be-

trunkene eingesperrt wurden. Hier am Rathaus schlägt das Herz
Ochsenfurts, dessen Name mit Ochsen nichts zu tun haben soll.
Man sagt, er würde hergeleitet von Osege, Osegefurt, das heißt
Gerichtsfurt, da sich an dieser Stelle die Schöffen der rechtsmaini-
schen Orte zu Gerichtssitzungen auf das linke Ufer begeben hät-
ten. Das erscheint jedoch an den Haaren herbeigezogen. Wie bei
Oxford wird es sich um eine Furt, also die Ochsenfurt, handeln.

Die Stadt hat eine bunte Geschichte. Sie wird 725 zum ersten
Mal genannt, als die hl. Thekla als Oberin eines Frauenklosters
hierher berufen wurde; doch handelt es sich, wie festgestellt worden ist, um ein ehemaliges Kloster in Kleinochsenfurt am jenseitigen Ufer. 840 erfolgte der Bau einer Kirche durch den Bischof
von Würzburg.

Der englische König Richard Löwenherz ist in Ochsenfurt
gewesen, denn 1192 brachte ihn der Herzog von Österreich als
Gefangenen nach Regensburg, wo der Kaiser Hof hielt und mit
Herzog Leopold wegen des Lösegeldes verhandelte. König Richard war selbst nicht anwesend, sondern bereits nach Ochsenfurt gebracht worden. Im März 1193 einigte man sich auf die
Zahlung von 100000 Mark Lösegeld, wofür Kaiser Heinrich VI.
versprach, zwischen Richard und König Philipp von Frankreich
Frieden zu stiften. Die Gefangennahme König Richards, die auf
seiner Heimreise vom Kreuzzug erfolgte, weil er sich unziem-
lich gegen den Herzog von Österreich verhalten hatte, bewegte
ganz England und soll – so betont Walter von Coventry – der
Grund für die englische Abneigung gegen alles Deutsche gewesen sein.

1295 verkaufte der Bischof die Rechte an Ochsenfurt dem
Domkapitel, das zeitweilig hier residiert hat, vor allem, wenn es
mit dem Bischof in Streit lag. Ochsenfurt lag an der wichtigen
Handelsstraße Frankfurt–Würzburg–Donauwörth–Augsburg–
Brenner nach Italien; es verdankte seinen Wohlstand dem Wein-,
Salz- und Holzhandel. Die Herren vom Rat begaben sich im
Herbst mit einem Vertreter des Würzburger Domkapitels in die
Weinberge, prüften die Trauben und setzten den Beginn der
Lese fest. Dann gaben die Domherren in der Halle ihres Hauses

ein Fest, bei dem ein großer Humpen, der ›Kauz‹, geleert werden mußte. Jeder Trinker setzte seinen Namen in das Kauzenbuch. Das Bauholz kam auf Flößen und wurde in der Ochsenfurter Sägemühle verarbeitet, ehe es wieder auf Reisen ging; es gab einen einträglichen Tuchhandel; die Gerbereien waren berühmt. Gewerbe- und Industrieunternehmen sind bis in unsere Zeit weiterentwickelt worden. 1781 gründete man eine Tabakfabrik, etwas später folgten Tuch- und Papierfabriken, Brauereien, und im Osten der Stadt entstand das heutige Industriegebiet mit Steinwerk, Malzfabrik, Zuckerfabrik ›Franken‹, mit Zentralmolkerei, Käsewerk und anderen Betrieben. Im Industrieviertel West liegen Fabriken für Feinmechanik, Werkzeughallen, Tankstellen und Werkstattbetriebe aller Art. So hat die alte Handelsstadt den Anschluß an die Neuzeit gewonnen; so stehen in Ochsenfurt mit seinem Mauerring das schöne Alte und außerhalb das nützliche Neue mit modernen Industrieanlagen nebeneinander. Das Wirken geschichtlicher Vergangenheit wird heute vielfach in kleinen Städten lebendiger offenbar als in den großen, so auch in Ochsenfurt, das 1291 Stadtrecht erhalten hatte. Bis in die Gegenwart hat das Stadtbild seine charaktervolle Schönheit bewahrt und ist ein lebendiges, reges Gemeinwesen geblieben. Die Lage am Fluß bestimmte auch den Verlauf von Straßen und Gassen. Ein nicht ganz regelmäßiges Viereck bildet den Grundriß der Stadt, deren Straßen regelmäßig angelegt sind. Der fast vollständig erhaltene Mauerring wurde um 1200 gebaut und im 16. Jahrhundert sehr verstärkt. Kräftig und fein stellt sich Ochsenfurt dar, mit dem rechten Sinn für das Maß, und wenn wir die Straßen durchwandern, präsentiert sich uns die Stadt als ein Kunstwerk von eindrucksvoller Geschlossenheit und Behaglichkeit. Man sollte den Mauerring umschreiten, weil man auf diese Weise einen guten Überblick über Anlage und Ausdehnung der Stadt zu gewinnen vermag. Nahe vom Oberen Torturm an der Stadtmauer steht das Hirtenhaus von 1517 mit seinem Fachwerkgiebel, einst die Wohnung des Gänsehirten. Wenn wir dem Zwinger am teilweise erhaltenen doppelten Mauerring auf der Südseite folgen, kommen wir, vorüber am Pulverturm, zum

Nikolausturm, und hier liegt das *Landratsamt*, das sich im früheren sogenannten Tempelherrenhof aus dem Ende des 15. Jahrhunderts befindet, die Wohnung des Schultheißen und Kellerei des Würzburgischen Domkapitels, die wegen ihres Schieferdachs ›Blaue Kellerei‹ genannt wurde, »darin man über dreihundert Fuder Weins mit guten Raum legen kann«, wie es im Salbuch des Kapitels heißt. Weitergehend kommen wir am Klingentor vorüber und durch die Untere Klingengasse zum *Taubenturm* und *Untertor* mit Fachwerkobergeschoß, eine sehr malerische Gruppe am Main. Noch ein paar Schritte, und wir sind bei der Brücke und stehen vor dem Schlößlein mit seinem Treppengiebel, in dem ein Teil des *Heimatmuseums* untergebracht ist, ein Bau des 14. bis 15. Jahrhunderts. In der Spitalgasse dicht dabei sehen wir das hübsche Greisinghaus, einen reizvollen Barockbau von 1717 mit reicher Gliederung von Eckpilastern, Gesimsen und schönen Fenstergewänden. Hier befindet sich der andere Teil des Heimatmuseums, darunter die bunte Tracht des Ochsenfurter Gäus. Gegenüber liegt die *Spitalkirche*, jetzt Herz-Jesu-Kirche, mit einem Chor aus dem Ende des 15. Jahrhunderts. Der Turm wurde 1616 gebaut, und in dieser Zeit ist wohl auch das Langhaus verändert worden. Das Bogenfeld des Südportals zeigt Reliefs der Liebeswerke der hl. Elisabeth aus der ersten Hälfte des 15. Jahrhunderts.

Doch zurück durch die Brückenstraße mit ihren stattlichen Gasthäusern zur Hauptstraße und wieder vorüber am schönen *Alten Rathaus*. Gegenüber liegt die *Pfarrkirche St. Andreas*, die 1288 geweiht worden ist, doch erfolgte ein Neubau in der zweiten Hälfte des 14. Jahrhunderts, dessen Ausstattung zu Beginn des 17. Jahrhunderts zum großen Teil erneuert wurde. Es ist eine weiträumige, dreischiffige Halle mit schmucklosen Pfeilern und Kreuzrippengewölben, mit hohen Spitzbogenfenstern mit reichem Maßwerk. Der Turm dürfte der Zeit vor 1288 entstammen. Der Gesamteindruck des Innenraumes mit dem lichten Chor wirkt festlich und feierlich. Der prächtige Hochaltar, den Georg Brenck 1612 geschaffen hat, mußte im vorigen Jahrhundert einem neugotischen Altar weichen, ist jetzt aber wieder an

Ort und Stelle. Im nördlichen Seitenschiff sind noch zwei barocke Altäre vorhanden. Von der alten Ausstattung zu nennen ist das zierliche Sakramentshäuschen von 1496-98, das vielleicht aus der Nürnberger Werkstatt des Adam Krafft stammt, das bronzene Taufbecken, eine ausgezeichnete Arbeit vermutlich aus der Werkstatt Peter Vischers, mit vierteiligem Fuß, an dem Löwen mit dem Stadtwappen sitzen, während zwischen den Säulchen, die das Becken tragen, die Evangelistensymbole angebracht sind. Das achteckige Becken schmücken Reliefs Gottvaters, der Muttergottes, der Heiligen Elisabeth, Katharina, Barbara, Bonifatius, Andreas und Wolfgang. Im Blendfenster des nördlichen Seitenschiffs ist die Sandsteingruppe der Heiligen Drei Könige, eine vorzügliche Arbeit nach 1450, angebracht. Von den Statuen des 14. Jahrhunderts an den Pfeilern des Mittelschiffs seien genannt: eine Muttergottes, die vermutlich zur Gruppe der Drei Könige gehört, eine wundervolle, feingearbeitete, ausdrucksvolle Mater Dolorosa, um 1480, und schließlich die edle Gestalt des hl. Nikolaus von 1510, die wahrscheinlich Tilman Riemenschneider geschaffen hat.

Auf der Südseite der Kirche, im ehemaligen Friedhof, steht die zweigeschossige *Karnerkapelle St. Michael*, welche 1440 bis etwa 1470 von Hans Paur, der als Polier an der Nürnberger St.-Lorenz-Kirche gearbeitet hatte, errichtet wurde. Eine zweiläufige Treppe führt zu dem reich ausgebildeten spitzbogigen Portal mit Fialen und Krabben und mit zwei hölzernen Bischofsfiguren im Gewände. Das Tympanon schmückt in zwei Zonen die Darstellung des Jüngsten Gerichts, oben Christus als Weltenrichter zwischen Maria und Johannes dem Täufer, unten die Seligen und Verdammten. Die Wandfläche hinter dem Portal ist mit Maßwerkblenden in feinster Ausführung belegt. Im Altar sehen wir eine Sandsteinmuttergottes, um 1450, sowie zwei ausdrucksvolle Holzfiguren des Erzengels Michael und des hl. Sebastian, um 1480, die Veit Stoß nahestehen. Im Untergeschoß der Kapelle befand sich einst das Beinhaus, heute dient es als Kriegergedächtnisstätte.

Stadtpfarrkirche, Michaelskapelle und Altes Rathaus bilden

mit den stattlichen Häusern der Hauptstraße eine besonders
schöne städtebauliche Gruppe. Die langen Reihen hoher Giebelhäuser, zumeist in Fachwerk, zum Teil mit prächtigen Wirts-
hausschildern und Heiligenfiguren des Rokoko, setzen besondere Akzente in dieses altfränkische Bild. ›Altfränkisch‹, das kann
wohlwollend wie verächtlich gemeint sein, und daß der Begriff
›Altfränkisch‹ gerade mit Franken verbunden ist, hat seinen
Grund wohl in der Kraft des Beharrens, die den beweglichen,
allem Neuen zugewandten Bewohnern des Landes dennoch eigen ist, die ihre Geschichte und die aus ihr hervorgegangenen
Stadtbilder lieben und sie bisher auch erhalten haben.

In der Hauptstraße, im Haus 212, hat der sagenhafte Schmied
Hans Stock gewohnt, der 1267 mit Herzog Konradin von Schwaben, dem letzten Staufer, nach Italien zog, dort die Niederlage
durch Karl von Anjou bei Tagliacozzo erlebte und nach der Hinrichtung Konradins das deutsche Heer als das Double des jungen
Herzogs über die Alpen zurückgeführt haben soll.

Wandern wir weiter durch Straßen und Gassen, sehen wir,
daß alles noch seinen richtigen Platz hat im Rahmen des kraft-
vollen Mauerrings, erfahren wir das eindrucksvolle Kunstwerk
einer ›altfränkischen‹ Stadt. Schlendern wir über die Kais am
Fluß, hören wir das Tuckern der Schlepper, das Dröhnen der
Lastzüge über die nach dem letzten Krieg wiederaufgebaute
Mainbrücke, stehen wir mitten im Leben unserer geschäftigen
Zeit.

Es lohnt sich, einen Abstecher zur *Wallfahrtskapelle St. Wolfgang*
zu machen, die unweit der Stadt auf der Höhe inmitten alter
Bäume liegt, an der Straße nach Uffenheim–Ansbach. Der Bau
der Kapelle begann 1463, wie die Inschrift am nördlichen Eck-
pfeiler des Turmuntergeschosses meldet. Dabei stehen die Buch-
staben G. H. J. K., was gedeutet wird als ›gemacht Hans Johannes
Kreutzer‹. Der Turm erhielt 1738 die hübsche Zwiebelhaube mit
Laterne. Den Chor schmücken hohe Fenster mit Fischblasenmaßwerk und ein Rippengewölbe, das Langhaus trägt eine
Flachdecke mit einfachen Stuckleisten, um 1700, deren Mitte ein

Stuckrelief des hl. Wolfgang einnimmt. Zur gleichen Zeit entstanden die Altäre; die Kanzel schuf Peter Dell d. Ä. aus Würzburg 1551 und die Ölbilder auf der Westempore zeigen Szenen aus dem Leben des Heiligen. St. Wolfgang, das an Stelle eines Wotansheiligtums liegt, war einst ein stark besuchter Wallfahrtsort. Heute noch wird am Pfingstmontag der Pfingstritt gehalten, umreiten junge Burschen in der Tracht die Kirche, und anschließend wird der Pferdesegen erteilt. An den Pfingstritt erinnert auch das Bratwurstfest, das am zweiten und dritten Pfingstfeiertag in der Stadt gefeiert wird. Früher hielt man es im Wäldchen bei St. Wolfgang ab.

Südwestlich von Ochsenfurt, in einer lieblichen Hügellandschaft, liegt auf einer Anhöhe das ehemalige Kartäuserkloster *Tückelhausen*, einst ein Ort stiller kontemplativer Betrachtung. 1138 hatte Bischof Otto von Bamberg Tückelhausen den Prämonstratensern von Oberzell am Main übergeben. Um die Mitte des 12. Jahrhunderts wurde an Stelle der alten Lambertuskapelle eine neue Kirche gebaut, und 1305 verlegten die Klosterfrauen von Michelfeld bei Marktsteft ihren Sitz hierher; die Mönche zogen zwei Jahre später nach Zell zurück. 1350 sind die Kartäuser nach Tückelhausen gekommen, welche ihrer Kartause den Namen Cella Salutis gaben. 1803 erfolgte die Säkularisierung des Klosters, das heute eine Brauerei beherbergt. Wir betreten den äußeren Klosterhof durch das prächtige Portal von 1694-95, geschmückt mit den Statuen der Muttergottes, des hl. Bruno und des Abtes Hugo von Grenoble in giebelbekrönten Muschelnischen. Die von den Kartäusern ab 1350 umgebaute Kirche ist im 17. Jahrhundert erneuert worden. Michael Kern schuf 1615 das reiche Portal mit der Statue St. Michaels, mit Obelisken, verkröpften Gesimsen und Beschlägwerk. Der Gästebau entstand zwischen 1718 und 1724. Durch das Tor des Priorats kommt man in den inneren Hof, das eigentliche Claustrum, mit den sehr behaglichen Zellen der Mönche, eigentlich selbständigen kleinen Wohnhäusern, von denen jedes sein eigenes Gärtchen hat. Man kann in den heute darin eingerichteten Einfamilienhäusern noch gut die einstige Anlage erkennen und im Haus Nr. 20 sogar noch

die alte ›Fenestella‹, die Essensdurchreiche, entdecken. Die
1964-67 vorbildlich restaurierte Kirche erhielt im 18. Jahrhundert
eine prachtvolle Ausstattung. Den Hochaltar schuf Johann Wolfgang van der Auwera 1750-58 in züngelndem Rokoko. Er trägt
die Statuen der Apostelfürsten, der Heiligen Bruno und Hugo
Abt von Lincoln, Maria Magdalena und Hieronymus. Das Gemälde im Auszug, die Verklärung St. Georgs, malte 1757 Franz
Erasmus Asam, der Sohn Cosmas Damian Asams, dem allerdings das Genie seines Vaters versagt geblieben ist. Besonders
schön sind die neben dem Hochaltar stehenden Lektorien von
etwa 1755. Die Kanzel schuf Jacob van der Auwera 1710-20 ursprünglich für die Würzburger Karmelitenkirche. Kloster und
Kirche sprechen noch heute eindringlich vom Leben und Wirken
der Kartäuser.

Nach Würzburg

Zwischen Ochsenfurt und Würzburg fließt der Main unter steil
ansteigenden Weinbergen hin, vorüber an Sommerhausen und
Eibelstadt, wieder zwei schöne alte fränkische Orte.

Sommerhausen liegt im wohlerhaltenen Mauerring aus der
ersten Hälfte des 16. Jahrhunderts und hat drei Tore, das Würzburger, Ochsenfurter und Maintor. Es ist ein ansehnlicher
Markt, beherrscht vom Schloß mit dem hohen Staffelgiebel,
einem Bau, der zum Teil ins 15. Jahrhundert zurückgeht. Sommerhausen kam 1411 aus Hohenloheschem Besitz an die
Grafen Castell und Schenk von Limpurg. Diese kauften 1435
auch den Castellschen Teil, doch 1705 starb der letzte Schenk
von Limpurg, und das Erbe fiel an die holländischen Grafen
Rechteren, die durch das Limpurgische Erbe reichsunmittelbar
geworden sind. Aus der engen Hauptstraße ragt das Rathaus mit
dem hohen Treppengiebel, 1558 gebaut; gegenüber auf dem
Marktbrunnen, dessen Becken 1713 gefertigt wurde, steht ein
Geharnischter mit Limpurger und Sommerhauser Wappen, um
1600. Die Häuser in den engen Gassen zeigen schöne Fronten,
Erker und Wirtshausschilder. Etwas zurückgesetzt ist die protestantische Pfarrkirche mit einem Turm des 13. Jahrhunderts,

dem 1596 das Obergeschoß aufgesetzt wurde, und dem 1740 ganz neu gebauten Langhaus. Eine bemerkenswerte Arbeit ist die Kanzel, die 1620 geschaffen wurde. Als Schaft dient die Figur des Salvators; der Kanzelkorb ist mit Reliefs der vier Evangelisten, die Treppenbrüstung mit Jakobs Traum, die Türfüllung mit Sündenfall und Kreuzigung geschmückt. Im Friedhof vor dem Würzburger Tor finden wir auch ein köstliches ›Känzele‹, wie wir es ähnlich schon in Mainbernheim entdeckt haben.

Gegenüber Sommerhausen auf der anderen Mainseite liegt Winterhausen, und man möchte gern wissen, wie es zu diesen Namen gekommen ist. Karl Treutwein gibt Auskunft: *Gemeinsam war zunächst beiden Dörfern der Name ›aqua-hausen‹, aus dem später Ahausen wurde. Zur Unterscheidung nahm man dann die Namen des jeweiligen Kirchenpatrons hinzu. Weil aber das Fest des hl. Bartholomäus im Sommer gefeiert wird, wurde aus Bartholomeshausen Sommerhausen, dem winterlichen Fest des hl. Nikolaus entsprechend wurde das Dorf am anderen Ufer Winterhausen genannt.*

Wenn die Sage in volkstümlicher Erzählerfreude Namen zu deuten weiß und jede historische Wahrscheinlichkeit außer acht läßt, weil sie Bildhaftigkeit vorzieht, so scheint es sich bei Sommer- und Winterhausen doch um historisch greifbare Fakten zu handeln. Wie dem auch sei, Sommerhausen hat noch eine besondere Spezialität, das seit 1950 im nördlichen Torturm untergebrachte Zimmertheater. ›Der kleine Bogen‹ nannte Luigi Malipiero sein Theater. Sicherlich war es ein Wagnis, in dem kleinen Markt Theater spielen zu wollen, dazu in einem winzigen Turm. Malipiero aber, in Berlin ausgebombt, ist Schauspieler, Regisseur, Bühnenbildner, Schreiner, Maler und Dramaturg in einer Person, der sich durch Widerstände nicht abhalten ließ, seinen Plan durchzuführen. Und Unannehmlichkeiten aller Art mußte er überwinden, vor allem die Gegnerschaft der Behörden, denen dieses Theater nicht behagte. Es sollte wegen Baufälligkeit geschlossen werden. Malipiero aber fand Helfer im Regierungspräsidenten von Unterfranken und dem Oberbürgermeister von Würzburg, die Geld zur Instandsetzung des Turms flüssig zu machen wußten. Bei Malipiero spielen Menschen, die nie auf der

Bühne gestanden sind, oder junge, begabte Schauspieler, die einmal eine Rolle übernehmen wollen, die ihnen an großen Schauspielhäusern nicht zufällt. Jährlich besuchen etwa zwanzigtausend Menschen den ›Kleinen Bogen‹, der weit über Frankens Grenzen hinaus bekannt geworden ist.

Eibelstadt, das 1434 zur Stadt erhoben wurde, liegt in seiner 1580 vollendeten Befestigung, in deren Mauer dicke runde Türme eingebaut sind. Vor der Einfahrt durch das Ochsenfurter Tor kommen wir an der Heiligkreuzkapelle vorüber; sie wurde 1657-60 gebaut und enthält Altäre der gleichen Zeit. Drei Tore führen in die Stadt, deren Hauptstraße sich zum Markt erweitert, wo Pfarrkirche St. Nikolaus und Rathaus stehen und die von Gregor Demenick gearbeitete, 1661 aufgestellte Mariensäule. Ende des 15. Jahrhunderts begann der Neubau von St. Nikolaus am Chor; um 1520-25 folgten die Seitenschiffe, deren südliches Hans Bock, deren nördliches Stephan Baldt errichtete. Baldt hat wohl schon 1507 am Schiff gearbeitet, wie eine dort angebrachte Jahreszahl beweist. Um 1625 erfolgte die Einwölbung des Langhauses durch Jakob Bonallino. Es ist eine Hallenkirche mit prächtigem Hochaltar von Sebastian Betz, 1695-96 gearbeitet, bekrönt von der Statue des hl. Nikolaus vom Ende des 15. Jahrhunderts. Das Altarbild, die Ermordung des hl. Kilian, malte Oswald Onghers. Der Marienaltar, 1623-25 aufgestellt, wurde 1696 abgebrochen und in etwas veränderter Form neu aufgebaut. Er ist ein gutes Beispiel für Altäre jener Zeit. Die Holzfiguren der Muttergottes, von Petrus und Paulus und die Heiligenbüsten entstammen der Zeit zwischen 1470-80. Zacharias Juncker schuf den prachtvollen Taufstein 1613; der große eindrucksvolle Kruzifixus entstand etwa 1510 und wird der Riemenschneider Werkstatt zugeschrieben.

Eibelstadt hat eines der hübschesten Rathäuser, das der Baumeister des Würzburger Domkapitels Peter Zwerger 1706 gebaut hat, und am Heumarkt steht der Hof der Herren von Reibelt mit seinem wappengeschmückten Tor beherrschend in der stattlichen Häusergruppe.

Randersacker erscheint, dicht vor Würzburg, der berühmte

Weinort mit den sehr gesuchten Lagen ›Sonnenstuhl‹, ›Pfülben‹ oder ›Teufelskeller‹. Im Zentrum des Ortes, dicht an der Straße, liegt auch eines der beiden behaglichen Sommerhäuschen, die sich Balthasar Neumann 1743 auf dem vom Schwiegervater ererbten stattlichen Edelhof gebaut hat, wozu die Weinberge im ›Teufelskeller‹ gehörten.

Schließlich folgt das mit Würzburg schon zusammengewachsene *Heidingsfeld*, in dessen Kirche ein Relief der Beweinung von Riemenschneider aufbewahrt wird.

Würzburg

Im Sommer 1945 sahen wir Würzburg wieder. Wir standen inmitten des riesigen Trümmerfeldes, sprachlos, erschüttert über den Hingang eines Stadtkunstwerks von europäischem Rang, das Würzburg in ganz besonderem Maße gewesen ist. Diese schauerlichen Schuttberge wirkten keineswegs wie romantische Ruinen, denn diese sind meist von einer Patina der Jahrhunderte überzogen und gehören zum Gesicht unseres alt gewordenen Europa. Noch zu Beginn des Jahres war Würzburg nahezu unversehrt; es wurde nicht wie Berlin oder Köln durch immer wiederholte Luftangriffe zerstört, es starb in zwanzig Minuten am 16. März 1945 in einem Flammensturm von ungeheuerer Gewalt. Tausende von Toten lagen unter den ausgebrannten, zusammengestürzten Häusern, Tausende waren geflohen und etwa fünftausend Menschen hausten noch in Kellern oder Notunterkünften. *Nein ich kann nicht aufhören mit Dir zu hadern,* klagt Leo Weismantel in einem Nachruf auf die Nacht des Schreckens. *Sahst Du den Mann, der droben am Nikolausberg, im Westen der Stadt, aus dem Gartenhäuschen sprang und hinauf nach der Nordostecke starrte, wo der Himmel in einem blendenden Magnesiumlicht zu leuchten begann, so daß die Stadt, die unter ihm im Talkessel lag, wie auf einem riesigen Teller aus der Finsternis in dies Gleißen gehoben schien und ein Grauen wie aus heimlich geöffneten, unsichtbaren Toren der Welt aus dem Jenseits sich hereinschob in diese Welt, in der Flugzeuge nun ungestört wie ruhige Vögel in einem unheimlichen Beginnen hinzogen, Leuchtkugeln ausspien und fast lautlos jene gespenstischen Lichttrauben setzten, die das Volk in einer seltsamen Blasphemie ›Christbäume‹ zu nennen pflegte. So überzog's die Stadt, und jetzt dort hinten, von Nordosten her, kam's in geordneten Reihen schwebend, wie zur Parade – denn hier ist kein Kampf – so kommt es heran, das Bild einer zur Maschine gewordenen Welt, die jetzt, da sie die Grenzen der Leuchtsignale erreicht und einfliegt in den inneren Bereich der Stadt über den Türmen der Kirchen und Kathedralen die Hebel löst ihres Auftrags – die Luken öffnen sich, und der Mann auf dem Nikolausberg schlägt den Arm vor die Augen, um nichts zu sehen, und stürzt zu Berg in den Wald. Hinter ihm donnert die entfesselte Hölle, bricht das Tal auseinander; es hat begonnen, Feuer und Schwefel zu regnen, und aus der Tiefe spritzt krachend die Stadt in den Himmel. Hinter dem Fliehenden, der vor Entsetzen schreit, vollzieht sich das Gericht...* So ging die alte Stadt unter. Ihren einzig erhaltenen Teil finden wir in der Pleichervorstadt am Main, rechter Hand von der Juliuspromenade.

Was wir nicht für möglich hielten, geschah: Würzburg ist aufgebaut worden, wofür Oberbürgermeister Stadelmayer vor allem zu danken ist. Trotz schwerster Verluste an Architekturen und Kunstwerken ist es wieder eine heitere, lebensfrohe, lebendige Stadt.

Herbipolis – Würzburg – Stadt im Weinberg? So dachten mittelalterliche Gelehrte, die ›herba‹ mit Wurz übersetzten, doch wird die Stadt am Ende des 7. Jahrhunderts von dem ›Geographen von Ravenna‹ richtig Uburzisburg genannt. Er bezieht sich auf einen um nahezu drei Jahrhunderte älteren Gewährsmann – so Alexander von Reitzenstein in seinem Frankenbuch. Also war Würzburg schon um 500 vorhanden, als Kelten auf dem Marienberg saßen, denen die Franken gefolgt sind. Die von den merowingischen Herrschern über Ostfranken-Thüringen eingesetzten Herzöge residierten auf der anderen Mainseite in ihrem Saalhof bei der heutigen Neumünsterkirche. Der letzte Herzog, Hetan II., baute 752 auf dem Marienberg die kleine Rundkirche, die allerdings schon 706 geweiht worden sein soll, wo in Anwesenheit des hl. Bonifatius und des von ihm eingesetzten

ersten Bischofs, des hl. Burkart, die Gebeine des Frankenapostels
Kilian feierlich beigesetzt wurden. Kilian war der Legende nach
689 im herzoglichen Hof ermordet und in einem Pferdestall ver-
scharrt worden, an der Stelle des heutigen Neumünsters. Um
das Jahr 1100 zogen die Bischöfe auf den Berg, bauten inmitten
der keltischen Wälle ihren Burgsitz und blieben dort bis ins
18. Jahrhundert.

Würzburg ist keine römische Stadt, aber ein sehr altes Gemeinwesen, das sich im Laufe der Zeit zur festlichen bischöflichen Residenz entwickelte, beherrscht von der mächtigen, ausgedehnten Anlage des Marienbergs. Bischof Burkart baute unterhalb der Veste das Kloster St. Andreas, später St. Burkart genannt, wo er begraben liegt. Ein Kirchenneubau wurde 1042
geweiht, erhalten in Schiff und Türmen, welche in der ersten
Hälfte des 13. Jahrhunderts die Oktogone erhielten, während
Chor und Querschiff der zweiten Hälfte des 15. Jahrhunderts angehören. Der Barock beseitigte den Westteil des Schiffs, wölbte
den Chor, und 1857-58 wurde das Obergeschoß des südlichen
Turmes neu aufgeführt. Hier also lagen die Anfänge der Siedlung, doch wohl schon im 8. Jahrhundert dürfte sich um den
Herzogshof jenseits des Mains ein neuer Ort gebildet haben, über
den die Bischöfe nach und nach volle Souveränität erlangten.
Es ist deshalb vom 13. bis zum 16. Jahrhundert immer wieder zu
blutigen, erfolglosen Aufständen der Bürgerschaft gekommen,
die um die Rechte einer freien Reichsstadt kämpfte. Würzburg
erfreute sich kaiserlicher Gunst, vornehmlich der Staufer, und
Kaiser Friedrich I. ließ sich 1156 im Dom mit Beatrix von Burgund trauen, ein Ereignis, das Tiepolo in der Residenz dargestellt hat. 1168 verlieh der Kaiser Bischof Herold die fränkische
Herzogswürde, welche mehr ein Titel blieb, denn es war den
Bischöfen angesichts der zahlreichen kleinen Territorialherr-
schaften nicht mehr möglich, ein festgeschlossenes Herzogtum
Franken zu bilden. Nach der Reformation hatten die Bischöfe
nicht wenig zu tun, die durch Glaubensspaltung in Unordnung
geratene Welt ihres Sprengels zu reorganisieren. Vor allem war
es ein Mann, der nicht nur die fürstlich-absolutistische Ära des

Fürstbistums einleitete, sondern auch auf kirchlichem Gebiet
scharf durchgriff und seine Spur untilgbar im Land zurückgelassen hat. Es ist Julius Echter von Mespelbrunn, von dem noch
zu sprechen sein wird. Unter ihm begann Würzburg sein Gesicht zu verändern, erhielt es den ersten Zug ins Große durch
Juliusspital und Universität mit Neubaukirche. Der Anteil der
Stadt an Renaissancegebäuden ist heute gering; sicher war vor
der Barockisierung mehr vorhanden, und sicherlich ist 1945 vieles vernichtet worden.

Die älteste Stadt wird südlich von der Neubaustraße, östlich
von Theaterstraße und Balthasar Neumann-Promenade, nördlich von der Juliuspromenade und westlich vom Fluß begrenzt.
Dieser alte Kern wurde ab 1656 mit einem Gürtel starker Befestigungen umgeben und erst nach 1866, mit Ausnahme der den
Hofgarten rahmenden Teile, abgebrochen und durch Anlagen,
das Glacis, ersetzt. Um den alten Kern ist im 19. Jahrhundert die
Stadt weitergewachsen.

Erst die Schönborn haben das mittelalterliche Würzburg
grundlegend, ja radikal verändert. Fürstbischof Johann Philipp,
auch Kurfürst von Mainz, der erste bedeutende Herr dieser erstaunlichen Familie, umgab Stadt und Burg mit Hilfe des Trien-
tiners Antonio Petrini, dem wir schon in Seehof bei Bamberg
begegnet sind, mit einem System von Befestigungen nach Vau-
banschem Vorbild. Petrini brachte den italienischen Barock nach
Franken. Seine Bauten, welche damals fremd und ungewöhnlich
gewirkt haben mögen, werden von uns als durchaus ›fränkisch‹,
zumindest als ›süddeutsch‹ empfunden, und Petrini hat ja auch
viel Deutsches aufgenommen. Zwischen Petrini und dem großen Balthasar Neumann wirkte der Vorarlberger Joseph Greising, dem man in Würzburg auf Schritt und Tritt begegnet, dem
auch manches fränkische Landschloß zu verdanken ist. Drei Männer aber waren es, die der Stadt den Stempel der Großartigkeit,
einer Residenz, aufgedrückt haben: Johann Philipp Franz Graf
von Schönborn, sein Bruder Friedrich Karl und der Hofbaumeister Balthasar Neumann, als sie den Bischöflichen Palast bauten. Im barocken Würzburg vollzog sich kirchliches und höfi-

sches Leben wie ein nie abreißendes Schauspiel. Mit welchem Pomp kirchliche Feste gefeiert wurden, zeigt eine Aufstellung der Teilnehmer an der Himmelfahrtsprozession des Jahres 1713 unter Fürstbischof Freiherrn von Greiffenklau-Vollraths:

1. *Etliche Kirchenfahnen.*

2. *Die Schüler mit Lehrern, so laut das Vaterunser und Ave Maria beteten.*

3. *Die Stadt-Hautboisten.*

4. *Die Handwerker mit Kerzen auf langen schön gezierten Stangen, woran ihre Handwerkerzeichen gehangen.*

5. *Wieder eine große Kirchen-Fahne.*

6. *Die Musikanten mit Violinen.*

7. *Noch eine Kirchen-Fahne.*

8. *Ein Capuziner ein Bild tragend.*

9. *Die Capuziner selbsten.*

10. *Die Franziskaner mit einem Cruzifix.*

11. *Die Augustiner mit einem Cruzifix.*

12. *Die Carmeliten.*

13. *Die Dominikaner.*

14. *Die Benediktiner.*

15. *Zwo Kirchen-Fahnen.*

16. *Die Canonici und Vicarii von den geistlichen Stiftern.*

17. *5 silberne Bilder, jedes von 4 Personen auf Achseln getragen.*

18. *12 arme Brüder mit brennenden Wachs-Fackeln.*

19. *Eine Kirchen-Fahne.*

20. *Der Herr Obermarschall, die Domicellarii und Capitulares oder Domherren.*

21. *Der Fürst unter einem Himmel, mit dem Hochwürdigen, welchs 4 Viertels-Meister getragen, zu beiden Seiten 2 Domherren und hinten noch einer, so den Schweif trug, dann außer dem Himmel zu beiden Seiten die Trabanten mit ihren Hellparten.*

22. *Die Hof-Cavaliers.*

23. *Eine Kirchen-Fahne.*

24. *Der Herr Cantzler mit dem Geheimden und Hof-Räten, Wachs-Fackeln tragend.*

25. *Der Stadt-Rat, ebenfalls mit Wachs-Fackeln.*

26. Die Bürgerschaft.

27. Die kleinen Mägdlein.

28. Das Frauen-Zimmer, welche sungen.

29. Dann die alten Weiber, welche beteten.

30. Als man wieder nach der Domkirchen gekehret, und die Procession vollendet gewesen, sind die Stücke gelöset worden, nachdem selbige um 7 Uhr anngangen und bis gegen 10 gewähret. Ihro Hochfürstliche Gnaden haben an 4 Orten die Benediction gegeben.

Das Domkapitel hieß, zum Unterschied zu Bamberg, wo die hochmögenden Herren die ›verspieltesten‹ genannt wurden, das ›prachtliebendste‹, aber es muß auch recht trunkfest gewesen sein, denn Freiherr Karl Ludwig von Pölnitz berichtet von einer Weinprobe, zu der ihn die Hofkavaliere Freiherren von Zobel und Bechtolsheim eingeladen hatten: *Je trouvais la cave illuminée comme une chapelle qui devait servir à mes funerailles; elles se fissent avec pompe, les verres servirent de cloches, au lieu des pleurs on répandait du vin, et le service fait, deux Haiducks de Prince me portèrent dans une carosse et de là dans mon lit, mon tombeau. Il n'y a jamais ici un tête-à-tête sans un tiers, la bouteille: ce sont les descendants de Silène.*

Im Merianheft ›Würzburg‹ steht eine lustige Geschichte über die Entstehung des Schorlemorle. Marschall Augereau, von Napoleon zum Herzog von Castiglione erhoben, befand sich 1813 als Militärgouverneur der Großherzogtümer Frankfurt und Würzburg in der Stadt und besuchte gerne die bürgerlichen Weinhäuser. *Da ihm aber die kredenzten Stein- und Leistenweine zu stark waren, ließ er aus Niederselters bei Limburg an der Lahn Krüge mit Mineralwasser kommen und mischte vor den Augen der entsetzten Würzburger die unvereinbaren Elemente Wein und Wasser. Da er vor dem ersten Schluck den Trinkspruch »Toujours l'amour« auszubringen pflegte, die unkundigen Gäste aber so etwas wie »Schurlemurle« oder »Schorlemorle« im Gedächtnis behielten, setzte sich schließlich die Kurzform ›Schorle‹ für das Getränk fest…* Ehe wir aber dem Schorle oder dem Frankenwein zusprechen, wollen wir einen Rundgang durch die Stadt machen.

Beginnen wir unseren Rundgang auf der alten *Mainbrücke* mit den großen steinernen Heiligen- und Herrscherbildern, deren südliche Reihe 1727-29 von den Brüdern Johann Sebastian und Volkmar Becker, deren nördliche von Claude Curé aus Paris nach Entwürfen von Anton Clemens Lünenschloß geschaffen wurden. Die heutigen Figuren sind Kopien; sie zeigen den hl. Kilian, seine Gefährten Totnan und Kolonat, die Bischöfe St. Burkart und Bruno, König Pippin, die Kaiser Karl den Großen und Friedrich I., die Heiligen Johann Nepomuk und Karl Borromäus. Die Brücke selbst ist ein Werk des 15. und 16. Jahrhunderts an Stelle eines älteren Baus. Von hier aus also wollen wir die Stadt durchstreifen, gehen durch die Domstraße zur Kathedrale und Alten Universität, zur Residenz, durch die Theaterstraße zum Juliusspital und Stift Haug, folgen der Juliuspromenade, biegen ab in die Schönbornstraße, erreichen den Markt und gehen mainabwärts zur Pleichervorstadt. Wie in Speyer führt von der Brücke eine Art via triumphalis zum Dom, dessen helle Fassade mit roter Sandsteingliederung hoch, schmal und streng an ihrem Ende aufsteigt. Wir kommen am Grafeneckardturm vorüber, einst Sitz der Grafen von Henneberg, Burggrafen von Würzburg, die ihr Amt durch einen Stellvertreter mit der Amtsbezeichnung ›Graf‹ verwalten ließen. So war es ›Graf‹ Eckard, der das Haus zu Beginn des 13. Jahrhunderts bewohnte und den Turm baute. Die Stadt kaufte 1316 das Gebäude, benutzte es als *Rathaus*, ließ 1453 den Turm und vierzig Jahre später das Haus aufstocken, 1544 das reizende Chörlein anbringen und 1659-60 die schöne Spätrenaissancearchitektur des ›Roten Baus‹ anfügen. Vor dem Alten Rathaus steht der prächtige Vierröhrenbrunnen, eine mit Figuren reich geschmückte Pyramide, entworfen von Lucas van der Auwera und 1763-66 von Peter Wagner ausgeführt.

Wir sind am viertürmigen *Kiliansdom* angelangt, von dessen gewaltigen Ausmaßen – er ist Deutschlands drittgrößter Dom – wir den besten Eindruck vom Paradeplatz auf Chor und Querhaus gewinnen. Der Dom hat eine bewegte Geschichte. 788 wur-

den in Anwesenheit Karls des Großen die Gebeine Kilians an den
Ort der Ermordung, das heutige Neumünster, zurückgebracht
und im ersten Dom St. Salvator zur Ruhe gebettet. Dieser erste
Bau brannte 855 ab; der zweite Dom erstand etwas weiter südlich unter Bischof Arno (855-92) und wurde im Lauf der Jahrhunderte immer wieder verändert. Arnos Dom wurde 918 ver-
breitert und erhielt ein Westwerk mit zwei Türmen. Um die
Jahrtausendwende aber ist die Kirche abermals nach Westen verlängert worden und erhielt wieder ein Westwerk mit Kaiser-
empore. Der hl. Bischof Bruno (1034-54) aus dem Hause der
Salier und ein Vetter Kaiser Konrads II., der Speyer und die
Stiftskirche Limburg an der Haardt kannte, ging an einen neuen
großen Dombau, der im Osten mit der Krypta und zugleich im
Westen begann. Das Westwerk wurde aufgegeben und durch
die Doppelturmfassade ersetzt. Brunos Nachfolger, der hl. Adalbero (gest. 1085), führte den Bau weiter nach altem Plan. 1133,
als Enzelin, der die Mainbrücke gebaut hat, berufen wurde,
setzte erneute Bautätigkeit ein. Es handelte sich um den Ausbau
des Langhauses, Erhöhung des Querschiffs, einen neuerlichen
Chorumbau und wohl um die Erhöhung der Türme. 1187 sind
zwei Altäre geweiht worden. Bischof Hermann von Lobdeburg
(1225-54) ließ wiederum die Ostteile des Doms umbauen, und
um 1250 war der Bau der Kirche abgeschlossen. Dabei aber blieb
es nicht, denn jeder Bischof tat das Seine zur Verschönerung des
Gotteshauses. So erfolgte zwischen 1498 und 1502 die Einwölbung der Seitenschiffe, die Einsetzung von Maßwerkfenstern
unter Lorenz von Bibra, und schließlich wurde der Dom zwischen 1602 und 1750 durchgreifend im Inneren verändert. Zuerst wölbte man das Langhaus ein, wurden die Fenster im Querschiff verändert, die Kanzel aufgestellt, erhielten die Wände Re-
naissancemalereien. Fürstbischof Johann Philipp von Greiffenklau (1699-1719) ließ 1701-04 Gewölbe und Wände aller Schiffe
von Pietro Francesco Magno mit schwerer, üppiger Stuckzier
überziehen, während sein Neffe Karl Philipp Freiherr von Greiffenklau (1749-54) die Vierungskrypta beseitigte und das prachtvolle Chorgitter, heute auf der Westseite des Schiffs, sowie das

weiß-goldene, im Krieg verbrannte Chorgestühl aufstellen ließ. 1749 endlich legte Balthasar Neumann den Hochchor tiefer, wodurch die romanische Krypta zerstört worden ist. 1879-85 wurde die Westfront neuromanisch verändert; sie hat nach der Restaurierung wieder den alten Charakter erhalten. Das Innere brannte 1945 aus, die Gewölbe stürzten ein; die kostbare Einrichtung ging zum größten Teil verloren, darunter Tilman Riemenschneiders Chorbogenkruzifix und sein Hochaltar.

1967 ist St. Kilian neu geweiht worden, aber dieser Weihe gingen heftige Auseinandersetzungen um die Wiederherstellung zwischen Ordinariat und dem Bayerischen Landesamt für Denkmalpflege voraus, denn der Wiederaufbau des Doms stellte die Beteiligten vor die schwierigsten Probleme. Sechzehn Jahre lang kämpfte man um die Neugestaltung des Innern. Der gesamte noch erhaltene Stuck sollte auf Wunsch des Bischofs abgeschlagen, die Kirche wieder ›romanisch‹ hergestellt werden, was in Anbetracht der vielen im Lauf der Zeit erfolgten Veränderungen unmöglich war. Das Langhaus erhielt eine Flachdecke, im südlichen Seitenschiff blieben die spätgotische Wölbung und Magnos Stuck erhalten, das nördliche Seitenschiff wurde in vereinfachter Form rekonstruiert, während der reiche Stuckdekor in Querhaus und Chor wieder instand gesetzt worden ist. Ganz besonders häßlich ist das neue Sakramentshaus, ein wahrer Fremdkörper aus schwarzem Stein, ebenfalls der Bischofssitz an Stelle des Hochaltars. Zu Sakramentshaus und Altar bemerkt Doris Schmidt in ihrem ausgezeichneten Aufsatz in der Süddeutschen Zeitung, Mai 1967: *Aber warum enthalten diese von dem Schweizer Albert Schilling entworfenen Dinge so viel Chthonisches, wo es sich doch nicht um einen Aufbruch aus der Erde handeln kann? Warum sind die zwar höchst qualitätvollen strengen Formen dem so nah, was in Dornach von der Anthroposophie verbindlich als spezifisch anthroposophisches Formgut entwickelt wurde?* Wir wissen es nicht. Genauso unpassend erscheint, für meinen Geschmack, der Apostelaltar im südlichen Querschiff, der 1967 für Riemenschneiders Figuren Christus, Petrus und Andreas – sie standen an der Marienkapelle und sind dort durch Kopien ersetzt – geschaffen

Fortsetzung auf den Seiten
184-185, 203, 310 und 400-401

wurde, denn die Figuren stehen ganz ohne Beziehung zueinander.

Von der Fülle der Kunstwerke, welche den Dom schmückten, ist noch manches erhalten. Aus dem düsteren Langhaus mit seiner langweiligen, kunstgewerblich bemalten Flachdecke schauen wir in die strahlend helle Vierung und den Chor mit Magnos Stukkaturen. Wir sehen noch die schöne, reichgeschmückte Kanzel des Michael Kern von 1609-16 mit den Evangelisten am Fuß, den Kirchenvätern in den Säulennischen und Christi Passion am Corpus. Wir sehen die großartige Reihe bischöflicher Grabdenkmäler in den Seitenschiffen und chronologisch geordnet an den Langhauspfeilern. Einst standen sie so, wie es der jeweilige Bestattungsort notwendig machte; die heutige Aufstellung an den schmucklosen Langhauspfeilern wirkt recht langweilig und museal; sie beginnt mit Bischof Gottfried von Spitzenberg (gest. 1190). Welch prachtvollen Gestalten stehen wir gegenüber, aus deren Fülle einige herausgegriffen seien: Eines der eindrucksvollsten Werke ist das Monument Bischof Ottos von Wolfskeel (gest. 1345), von dem gleichen Meister, der den wundervollen Friedrich von Hohenlohe im Bamberger Dom und die herrliche Muttergottes geschaffen hat, die jetzt den Sammlungen auf der Veste Coburg gehört. Da ist die kräftige Gestalt Fürstbischof Gottfrieds Schenk von Limpurg (gest. 1455) von Linhart Remer, vor allem aber sind die Grabmäler Rudolfs von Scherenberg (gest. 1495) und des Lorenz von Bibra (gest. 1519) von Tilman Riemenschneider hervorzuheben, zwei der großartigsten Werke des ›Bildschnitzers von Würzburg‹, wie ihn die Zeitgenossen nannten. Ergreifend ist der Scherenberg, er starb vierundneunzigjährig. Ein uraltes, vergeistigtes, kluges und gütiges Antlitz schaut uns an. Bibra ist ein vornehmer, kluger, humanistisch gebildeter Mann gewesen, dessen Charakter Riemenschneider ebenso deutlich zu machen verstanden hat. Wir begegnen dem reichen Grabmal Julius Echters von Mespelbrunn, des Gegenreformators und großen Bauherrn (gest. 1617) von N. Leukart, und in den Seitenschiffen finden wir Fürstbischof Adam Friedrich Grafen von Seinsheim (gest. 1779), der den Garten von Veitshöchheim angelegt hat, oder das Denkmal des letzten Fürstbischofs Freiherrn Georg Karl von Fechenbach (gest. 1808), welcher die Säkularisierung des Hochstifts erlebte. An die Nordseite des Doms angebaut steht in leuchtend gelbem Sandstein die *Schönbornkapelle* mit kupfergrüner Kuppel und Laterne, eigentlich eine wohlproportionierte Kirche en miniature, von Balthasar Neumann 1721-36 gebaut; sie ist zum Dom durch die schönen Gitter von Johann Georg Oegg abgeschlossen. In der Raumkonzeption finden wir bereits architektonische Gedanken verwirklicht, wie sie Neumanns späteren Kirchen eigen sind. Die Grundidee stammt vielleicht noch von Maximilian von Welsch, dem Mainzer Hofbaumeister des Kurfürsten Lothar Franz von Schönborn, aber auch Lukas von Hildebrandt in Wien wurde zu Rate gezogen, und Neumann mußte die verschiedenen Einfälle zu einer Planung verschmelzen, die wie aus einem Guß erscheint. Der rechteckige kleine Bau, am Äußeren mit abgerundeten Ecken, mit Hauptportal, Figuren und Vasen reich geschmückt, umschließt die Kurvaturen des Innenraums, bestehend aus Mittelraum und zwei ovalen, in den Hauptraum einschwingenden Nebenräumen. Die Ausstattung ist reich und kostbar, in schwarzen, goldenen und grauen Tönen gehalten, wie es einer Grabkapelle ansteht. Antonio Bossi war Stukkator, Rudolf Byß malte das Jüngste Gericht, in den seitlichen Ovalen die Evangelisten sowie Gerippe als Zeichen der Vergänglichkeit und das Auferstehungsbild an der Altarwand. Claude Curé arbeitete die Statuen über dem Portal und für die Altäre. Hier liegen vier Schönborn begraben: Johann Philipp Kurfürst von Mainz, Lothar Franz Kurfürst von Mainz, Johann Philipp Franz Fürstbischof von Würzburg und Friedrich Karl Fürstbischof von Würzburg, deren Denkmäler Curé geschaffen hat.

Dicht beim Dom steht die zweite große Kirche Würzburgs, das *Neumünster*, einst mit einem Kollegiatstift verbunden, dessen Dechanthoffassade nach 1945 wieder aufgebaut wurde, so wie Petrini sie einst geplant hatte. Hier in Neumünster, wo ehemals der herzogliche Hof, später der erste Salvatordom stand, fand, wie wir gehört haben, der Iroschotte Kilian den Märtyrertod.

Die ›drei Häupter‹, die Schädeldecken Kilians und seiner Ge-
fährten, sind heute im Dom geborgen. Von der Kirche der ersten
Hälfte des 13. Jahrhunderts haben sich Teile im Langhaus und
Querschiff sowie der Turm erhalten, der einen lustigen barocken
Helm trägt. Als der eigentliche Gründer von Kirche und Stift
gilt Adalbero von Lambach nach 1058; ab 1710 erhielt die Kirche
Kuppel und prächtige Fassade in rotem und grünem Sandstein.
Baumeister von Kuppel und Rotunde war Joseph Greising; die
1716 vollendete Fassade, ausgeführt von Valentin Pezani, ent-
warf Johann Dientzenhofer. Alles das brannte mit dem größten
Teil der Ausstattung 1945 nieder und ist bis 1950 wieder aufge-
baut worden.

Dominikus Zimmermann, der Erbauer der berühmten Wies-
kirche, war an der Innenausstattung beteiligt und schuf 1715-30
die Stukkaturen des Chors, 1724 mit seinem Bruder Johann Baptist den Hochaltar. Die Deckenbilder im romanischen Teil malte
1732 Johann Baptist Zimmermann, das Kuppelfresko vier Jahre
danach der Münchner Nikolaus Stuber. Sie sind beim Wiederaufbau der Kirche restauriert und ergänzt worden.

Beherrscht wird die Kirche von der gewaltigen schönen Kuppel und der prachtvollen, reichen, konkav geschwungenen Fassade, die im unteren Teil gegliedert wird von Säulen, Fenstern
und Figurennischen mit den Statuen der beiden Johannes und
von einem schweren Gesims mit korbbogigem Giebel, in dem
das schöne Relief Mariae Himmelfahrt von Jacob van der Auwera sitzt. Darüber erhebt sich, hinter einer Balustrade, der lebhaft bewegte, mit Säulen und Pilastern gegliederte Oberbau, der
in einem geschwungenen Dreiecksgiebel mit dem Wappen des
Fürstbischofs Johann Philipp von Greiffenklau ausläuft. In der
Mittelachse steht der Salvator, auf der Balustrade sehen wir Kolonat und Totnan außen, Kilian und Burkart innen. *Geradezu
›musikalisch‹ aufgelockert wird die Fassade noch durch die ihren Windungen folgenden Treppenläufe, die wie ein ›tonus firmus‹ die gesamte
barocke Komposition begleiten, ja sie zu einer steinernen Symphonie
werden lassen, wie das bereits früher Pietro Francesco Magno mit seinem Stuckdekor im Innern des Doms ausgedrückt hatte. Die besonders*

*farbige Fülle des Buntsandsteins der Neumünsterfront offenbart sich vor
allem im sommerlichen Abendsonnenlicht* (R. Kuhn). Wenn das Innere auch durch die Vernichtung der Rokokoaltäre Auweras
verloren hat, so ist der Raum unter der Kuppel, der durch die
nach innen abgeschrägten Pfeiler achteckig erscheint, immer
noch sehr eindrucksvoll. Die Stuckierung von Kuppelraum und
Langhaus bis zum Querschiff wurde in der Art Magnos ausgeführt. In den Seitenkapellen ist noch einiges der alten Ausstattung
enthalten, so in der Taufkapelle vier Tafelbilder, um 1514, die
Mathis Neithart Gothart gen. Grünewald zugesprochen werden,
aber wohl älter und mittelrheinisch-niederländisch beeinflußt
sind. Die andere Kapelle birgt ein lebensgroßes Kruzifix aus der
Mitte des 15. Jahrhunderts, möglicherweise von Veit Stoß, und
das schöne Grabmal des Abtes Trithemius (gest. 1516) von Riemenschneider, das 1825 aus der Schottenkirche hierher versetzt
wurde. Die östliche Kapelle des Kuppelraumes enthält die früheste Sandsteinmadonna Riemenschneiders von 1493 und die
nördliche Kapelle einen eigenartigen Kruzifixus, der die Arme
über der Brust gekreuzt hält. Von diesem Bildwerk geht die
Legende, daß es einen schwedischen Soldaten, der die kostbare
Krone über der Dornenkrone rauben wollte, an sich gepreßt
habe, bis er durch das Gebet eines Chorherrn befreit worden sei.

Die Kreuzgruft unter dem Hochchor dient heute als Sakra-
mentskapelle, und unter dem Kuppelraum liegt die Kiliansgruft,
von Joseph Greising gebaut, auf deren Altar Nachbildungen der
1945 verbrannten Büsten Kilians und seiner Gefährten stehen,
welche Heinz Schiestl anfertigte. Hier befinden sich auch die
Sarkophage Kilians und des 785 verstorbenen hl. Megingaud. Ein
Teil des Chorgestühls blieb erhalten, ebenso der Hochaltar aus
Stuckmarmor von 1724.

Im Mittelalter war das Neumünsterstift ein Ort der Studien,
vor allem für die Pflege der Dichtkunst, und es gab dort eine
berühmte Bibliothek. Im Kreuzgang, dem ›Lusamgärtlein‹, liegt
Walther von der Vogelweide begraben. Der Überlieferung nach
durfte er mit Erlaubnis Kaiser Friedrichs II. seinen Lebensabend
im Stift verbringen, wo er um 1230 gestorben ist. Die Sage er-

zählt, in seinem Grabstein sollen vier Vertiefungen gewesen sein, in welche man auf Wunsch Walthers den Vögeln Körner schüttete. Auch Max Dauthendey (1867-1918), der Würzburger Dichter und Autor unter anderem eines fränkischen Frühlingsliederbuches mit dem Titel ›Lusamgärtlein‹, fand hier seine letzte Ruhestätte neben dem von ihm so verehrten Minnesänger Walther von der Vogelweide. Der allein erhaltene Nordflügel des romanischen Kreuzgangs, der 1883 bei Grabungen entdeckt und ins Museum gebracht worden war, kehrte 1953 nach Neumünster zurück. Er entstand um 1180 unter lombardischem Einfluß. Sechzehn Rundbogen, im Wechsel getragen von Säulen und Pfeilern, sind erhalten, auch zwei Reliefs: Christus Salvator und auf der Rückseite der hl. Kilian als Bischof.

Wohin wir uns wenden, begegnen wir noch Zeugen vergangener Jahrhunderte. Dazu gehören heute schon die üppigen, historisierenden, manchmal nicht üblen Bauten der ›Gründerzeit‹, und in der Herrenstraße hinter Neumünster ist noch ein altes Stück Würzburg mit seinen *Domherrenhäusern* bewahrt. Da ist der Hof Conti, das Bischöfliche Palais, um 1600 von den Echter gebaut und verziert mit dem hübschen Renaissanceerker, oder der Hof Guttenberg, um 1710, mit dem reichen Portal, der vornehme, klassizistische Thüngenhof von 1796. Östlich vom Dom, durch Plattner- und Domerschulstraße zu erreichen, liegt die alte *Universitäts-* und ›*Neubaukirche*‹, 1582-85 von Georg Robin aus Mainz gebaut. 1628 wurde der baufällige Turm neu aufgeführt, Petrini setzte ihm 1696 das Oktogon auf, wölbte das Schiff und schuf die prächtige Fassade. Auch die Ausstattung wurde bis 1713 erneuert. 1582-92 führte man nach Robins Plänen den Bau der Universität durch.

Weiter wandern wir, am weiten Platz der Residenz vorüber, die wir noch besuchen werden, durch die Theaterstraße zum *Stift Haug*. Wir können es von der Theaterstraße durch die Semmelstraße erreichen, wo noch eine Reihe hübscher Barockhäuser steht. Wie Neumünster war auch Haug (Haug-Hügel) ein Kollegiatstift St. Johannis, dessen heutiger Bau 1670-90 errichtet wurde. Er ist, nach M. H. v. Freeden, der erste monumentale

Barockbau Frankens nach dem Dreißigjährigen Krieg, aufgeführt von Antonio Petrini an Stelle eines älteren Baues. Die
schwergetroffene Kirche ist wiederhergestellt worden und setzt
mit ihrer festlichen Doppelturmfassade und der mächtigen Kuppel einen großartigen Akzent ins Stadtbild. Die gesamte alte
Inneneinrichtung wurde vernichtet und ist durch alte Altäre,
Figuren und Gemälde ersetzt worden.

Von hier sind es nur einige Schritte zum *Juliusspital*, von dem
schon die Zeitgenossen sagten, es gleiche mehr einem Fürsten-
schloß denn einem Spital. Die ausgedehnte Anlage stiftete Fürstbischof Julius Echter von Mespelbrunn 1576. Die Straßenfront
wurde nach dem Entwurf von Johann Philipp Geigel um 1796
neu gebaut, die Flügelbauten zwischen Mitteltrakt und Eckpavillons wurden 1950 um ein Geschoß erhöht und die Renais-
sancebauten des hinteren Nordflügels nach dem Brand von 1699
von Petrini um 1710 als sogenannter Fürstenbau neu errichtet,
dessen Erdgeschoß noch die alte Apotheke mit reizender Rokokoeinrichtung enthält. Im Durchgang zum Garten sehen wir das
Stiftungsrelief vom alten Hauptportal, um 1576 geschaffen und
Julius Echter als Stifter inmitten der Kranken darstellend. Hinter
dem Spital liegt der Garten mit dem schönen Brunnen von Jacob
van der Auwera (1706), die Flüsse Frankens, und mit dem reizvollen Pavillon Joseph Greisings, den er 1710 für Fürstbischof
Johann Philipp von Greiffenklau baute. Er diente für anatomische
Vorlesungen. Da das Spital über ausgedehnten Weinbergsbesitz
verfügt, gibt es in ihm eine Weinstube und riesige Keller.

Wir folgen nun der gegenüber dem Juliusspital beginnenden
Schönbornstraße und kommen vorüber an der *Augustinerkirche*,
vormals Dominikanerkirche, zu deren Bau der hl. Albertus Ma-
gnus 1266 den Grundstein legte. Balthasar Neumann hat die
Kirche ab 1743 umgebaut, behielt aber den frühgotischen Chor
bei, den er neu wölbte und mit modernen Fenstern versah, und
sehr geschickt paßte er das Langhaus dem hohen, hellen Chor an.
Auch hier ist die Rokokoeinrichtung ein Opfer des Luftangriffs
geworden. Erhalten blieben Antonio Bossis Stukkaturen im
Chor, um 1755. Wir kommen nun zum *Marktplatz*, der an Stelle

des Gettos am Ende des 14. Jahrhunderts angelegt worden ist, eine großzügige Platzanlage, an deren Westseite der schöne *Casteller Hof*, ein Renaissancebau, steht. Auf dem Platz steht auch das *Haus zum Falken* mit der schönsten, 1751 stuckierten Rokokofassade Würzburger Bürgerhäuser, die nach schwerster Beschädigung glänzend instand gesetzt ist und die Städtische Bücherei enthält. Würzburg ist eine fröhliche Stadt, das kann man an Markttagen in der bunten Fülle von Gemüse-, Obst- und Blumenständen erleben. Den Platz beherrscht die nach Mitte des 14. Jahrhunderts begonnene *Marienkapelle*, tatsächlich eine Kirche, deren Chor 1393, deren Langhaus 1441 vollendet waren. Den hohen, leichten Turm begann Eberhard Friedberger aus Frankfurt; er wurde um 1480 fertiggestellt, aber er erhielt 1856 den durchbrochenen Helm nach dem Vorbild der Eßlinger Frauenkirche, und er steht ihm gut. Reich geschmückt sind Süd- und Westportal mit Krönung Mariae und Weltgericht. Eine schöne Muttergottes, um 1420, befand sich am Mittelpfosten des Westportals; sie ist jetzt ins Innere versetzt. Am Südportal standen Riemenschneiders Adam und Eva, die wegen drohender Verwitterung ins Mainfränkische Museum gebracht wurden, wie auch sechs der Apostelfiguren aus den Nischen der Strebepfeiler. Sie sind durch Kopien ersetzt worden, so daß der alte Eindruck wieder erweckt wird. Besonders lustig ist die Darstellung der Verkündigung im Tympanon des Nordportals. Gottvater hält einen Schlauch am Mund, der in kühnem Schwung zum Ohr Marias führt. An einer Stelle ist er offen, damit wir das Christkind sehen können, wie es herunterrutscht. Das Innere der Kirche ist eine dreischiffige Halle mit Netz- und Kreuzgewölben, ein herrlicher lichter Raum, dessen Wiederherstellung 1961 abgeschlossen war. Von den Grabmälern ist vor allem das Konrads von Schaumberg (gest. 1499) von Riemenschneider zu nennen; das Bild des ›gestreng und ernvest‹ Ritters schaut uns nachdenklich, milde und fast schwermütig an. In der Marienkapelle liegt Balthasar Neumann begraben.

Am prächtigen Rückermaingebäude vorbei, das Greising 1716-19 als Verwaltungsgebäude des Ritterstifts St. Burkart baute, wandern wir in die Pleichervorstadt mit ihren behaglichen Gassen und Winkeln und der wiederaufgebauten Gertraudkirche. Und nun, ehe wir die Residenz betrachten, die wir uns als den architektonischen Höhepunkt der Stadt bis zuletzt aufsparen wollen, steigen wir jenseits des Mains hinauf zum ›Käppele‹ und besuchen dann Schloß Marienberg.

Ein stimmungsvoller Kreuzweg mit Kapellen, in denen Spätrokoko-Passionsgruppen in Sandstein nach Entwürfen des Hofbildhauers Peter Wagner stehen, führt zur Kirche hinauf, deren hohe, schlanke und zierliche Front sich zwischen den eleganten Türmen mit ihren seltsam geschwellten, kugeligen Helmen auf dem Nikolausberg erhebt, ein Werk Balthasar Neumanns aus den Jahren 1747-50 als Anbau einer etwa hundert Jahre älteren Gnadenkapelle. Die Wallfahrt, immer noch eine beliebte Wallfahrt, geht auf das kleine hölzerne Vesperbild zurück, das ein Fischerbub um 1640 in einem Bildstock aufstellte. Den wunderbaren Innenraum hat Neumann meisterhaft gestaltet. Der hohe zentrale Kuppelraum mit den leuchtenden Fresken – Szenen der Wallfahrtsgeschichte – des Augsburgers Matthäus Günther von 1752 und dem spritzigen Stuck Johann Michael Feichtmayrs ist umgeben von doppelten Säulenstellungen und kreuzförmig angeordneten Seitenräumen. Die Seitenaltäre gehören dem Rokoko an, der Hochaltar von Georg Winterstein ist ein kühles, klassizistisches Werk der Jahre 1797-99, und die Gnadenkapelle, die 1778 erhöht wurde, stuckierte Materno Bossi. Im Zusammenklang des Raumes und der Ausstattung an Altären, Kanzel, Orgel ist das Käppele eine der schönsten, anmutigsten Kirchen im fränkischen Land; es ist auch eine Kirche, bei der sich Wunderbares zugetragen hat. So erzählte der Kapuziner-Superior Johann Nepomuk Keilbert, der im Jahre 1800 während der Beschießung der Veste Marienberg die Kirche nicht verließ, welche Angst er um das Käppele ausgestanden habe. Aber es geschah ihm nichts, denn ein junger Holländer, Offizier im französischen Heer, sagte ihm, er habe eine Frau gesehen, welche mit ihrem weißen Schleier die Granaten aufgefangen habe. Alle fünfzig Jahre kommen die Engel mit brennenden Kerzen über den Berg

herunter, gehen in die Kirche und singen. 1852 wird berichtet,
daß man sie elf Jahre zuvor zum letzten Mal gesehen habe. Ob
sie seitdem wieder erschienen sind, ist nicht überliefert.

Von der Terrasse haben wir den schönsten Blick auf die
Stadt, die drunten steinrot, grau und gelb im rötlichen Dunst
liegt, über Weinberge wie die Lagen des ›Leisten‹ unter dem
Marienberg, weiter draußen des ›Steins‹. Goethe schrieb einmal:
*Sende mir noch einige Würzburger; denn kein anderer Wein will mir
schmecken, und ich bin verdrüßlich, wenn mir mein gewohnter Lieb-
lingstrank abgeht.*

Es ist dieser Blick, der immer wieder die Besucher Würzburgs
entzückt hat, so den Dichter Heinrich von Kleist, der schreibt:
*In der Tiefe, sagte ich, liegt die Stadt, wie in der Mitte eines Amphi-
theaters. Die Terrassen der umschließenden Berge dienten statt der
Logen. Wesen aller Art blickten als Zuschauer voll Freude herab und
sangen und sprachen Beifall, oben in der Loge des Himmels stand Gott.
Und aus dem Gewölbe des großen Schauspielhauses sank der Kron-
leuchter der Sonne herab, und versteckte sich hinter die Erde – denn es
sollte ein Nachtstück aufgeführt werden. Ein blauer Schleier umhüllte
die ganze Gegend und es war, als wäre der azurne Himmel selbst her-
nieder gesunken auf die Erde. Die Häuser in der Tiefe lagen in dunklen Massen da wie das Gehäuse einer Schnecke, hoch empor in die
Nachtluft ragten die Spitzen der Türme wie die Fühlhörner eines In-
sektes, und das Klingeln der Glocken klang wie der heisere Ruf des
Heimchens, und hinten starb die Sonne, aber hochrot glühend vor Entzücken wie ein Held, und das blasse Zodiakallicht umschimmerte sie,
wie eine Glorie das Haupt eines Heiligen.*

Auf dem Marienberg

Immer wieder haben wir aus den Straßen der Stadt den Blick
auf die vieltürmige *Burg*, die hoch und beherrschend über dem
jenseitigen Mainufer liegt. Wir können sie vom Käppele aus auf
einem Spazierweg durch den Leistengrund, durch die Rebterrassen des ›Leisten‹ und über den Oberen Burgweg erreichen
oder, von der Stadt kommend, den Fahrweg über die Alte Mainbrücke wählen. Fahren wir, so kommen wir durch das tiefe

Schönborntor in den Zeughaushof mit der Echterbastei. Das
Echtertor leitet uns zum zweiten Hof mit der Pferdeschwemme
und den Wirtschaftsgebäuden der Renaissance. Dann trennt ein
tiefer Halsgraben die mittelalterlichen Befestigungen mit ihren
Türmen, den eigentlichen Schloßbezirk, von den Vorhöfen.

Die Geschichte des Schlosses geht weit zurück, denn schon
um 1000 v.Chr. befand sich hier ein keltischer Ringwall, dann
im frühen 8.Jahrhundert n. Chr. das fränkisch-thüringische Her-
zogskastell ›Würzberg‹ mit Frankens ältester Kirche, zu deren
Ehren der Ort im 12.Jahrhundert den Namen Marienberg erhielt. – Bischof Konrad von Querfurt, vorher Kanzler Heinrichs VI., begann 1201 den Bau der Burg, aus dieser Zeit stammt
der Bergfried, und sie wurde Residenz, als Bischof Hermann
von Lobdeburg 1253 den Saalhof in der Stadt verließ. Bischof
Otto von Wolfskeel (1333-45) und Rudolf von Scherenberg
(1466-95) verstärkten die Befestigungen durch einen zweiten
Bering und das Scherenbergtor, das geschmückt ist mit dem
Scherenbergwappen, der Madonna, den Heiligen Kilian, Totnan und Kolonat aus dem 15.Jahrhundert, heute durch Kopien
ersetzt, während die Originale sich im Dom befinden. Fürstbischof Julius Echter von Mespelbrunn (1573-1617) baute die
Burg zum fürstlichen Schloß um und Fürstbischof Johann Philipp von Schönborn (1642-73) baute den Kranz gewaltiger Ba-
rockbastionen, welche dem Schloß den Charakter einer Festung
geben. Sie entstanden nach Vorbild Vaubanscher und nieder-
ländischer Fortifikationslehre zwischen 1644-58, doch wurde
bis ins 18.Jahrhundert daran weitergebaut, woran auch Maximilian von Welsch beteiligt war. Alle Bastionen haben Namen wie
Bellona, Mars, St.Michael, Teutschland, Frankenland, Höllen-
schlund oder Teufelsschanze. Julius Echter vor allem aber verdankt das Schloß, mit Ausnahme des späteren Zeughauses und
Kommandantenbaus im ersten Hof, seine heutige Gestalt. Er verwandelte die Burg in eine Residenz, die einst noch imposanter
gewirkt haben muß, da nicht alle seine Bauten in vollem Umfang erhalten sind. Erstmalig ist M.H. von Freeden der Bautätigkeit dieses Bischofs und den daran beteiligten Künstlern nach-

gegangen. Scherenberg ließ auf dem westlichen Teil des Südflügels einen großen Neubau, die Hofstube, errichten, die 1865
abgebrochen und im Stil der Renaissance wiederaufgeführt worden ist. Bischof Lorenz von Bibra (1495-1519) legte 1511 dem
Fürstenbau die zierliche ›Bibratreppe‹ vor und ließ den hübschen
Erker an der Außenseite anbringen. Der Brand von 1945, der
Fürstenbau, Kapellenchor, Teile der Vorburg und Zeughaus vernichtete, war nicht die erste Brandkatastrophe, welche Marienberg heimsuchte. 1575 und 1600 wurde die Burg durch verhee-
rende Brände teilweise zerstört, und nun ging Julius Echter ans
Werk. Zum Neubau des Nordflügels, der sogenannten Schot-
tenflanke, weil man von hier aus auf das Schottenkloster hinab-
schaut, zur Erneuerung der Marienkapelle, zum Bau von Kilians-
und Marienturm an den Ecken des Nordflügels sowie der Vorburg mit Echterbastei berief er zwischen 1600-01 Jakob Wolff
d. Ä. aus Nürnberg. Die Kapelle erhielt ein Kuppeldach, neue
Fenster und den hellen Chor mit der Fürstenloge. Ebenso entwarf er das elegante Brunnenhaus. Der Westflügelneubau, das
Alte Zeughaus, wurde nach Plänen des Mainzers Georg Robin
1578 errichtet; seine Portale stammen wohl von Wolf Behringer
aus Würzburg. Die Arbeiten waren im großen ganzen im Jahre
1604 abgeschlossen; die Echterbastei, deren Portal Michael Kern
geschaffen hat, wurde 1607 vollendet.

Der Fürstenbau mit seinen hohen, jetzt verschwundenen Volutengiebeln wurde besonders prächtig gestaltet und eingerichtet. Jedenfalls muß das Schloß zur Echterzeit sehr eindrucksvoll
gewesen sein, denn 1609 berichtet Graf Colloredo, Gesandter
des Großherzogs von Toskana, von einem Besuch bei Fürstbischof Julius: *Die Burg erhielt, jüngst von einem Brande heimgesucht,
durch die Gunst des jetzt regierenden Fürsten eine prächtige und schöne
Gestalt. Das Schloßgebäude wird von einer kunstvoll gebauten Ver-
teidigungsmauer umgeben. Es enthält viele Zimmer und Säle, geschmückt mit den verschiedensten Erfindungen der Malerei, Bildhauerei und Zierkunst, wobei überall die Kunst mit der Natur wetteifert.
Der Marstall steht voll der schönsten Pferde und das Zeughaus birgt
viele eherne Geschütze …*

Von der *Einrichtung* des Schlosses ist fast nichts erhalten. Schon die Schweden führten 1631 viele Stücke fort und brachten einen Teil der umfangreichen Bibliothek nach Uppsala, woraus Königin Christine von Schweden den Vatikan mit einem fürstlichen Legat bedachte. Im 19. Jahrhundert verlor der Fürstenbau die meisten Stuckdecken und Kamine – sie wurden abgeschlagen. Heute gehört zu den wertvollsten und thematisch interessantesten Einrichtungsstücken ein Wandteppich aus Schloß Mespelbrunn, gute Arbeit einer niederländischen Wanderwerkstatt nach deutscher Vorzeichnung. Er zeigt uns die Familie Echter: Vater Echter d. Ä., dreiundvierzig Jahre alt, seine Söhne Adolf, Julius, Sebastian, Valentin, Theodor sowie den Diener Michel Vetterer, der mit einem Brief durch die Gartenpforte tritt. Die Damen sind: Gertrud Echter-Adelsheim, ihre Töchter Margarethe, Maria, Magdalena und Cordula, und am Rand steht die Dienerin ›Critina‹. Neben den Gestalten ist das Alter vermerkt und über ihnen sind die Wappen der Echter, der Schwiegersöhne und Schwiegertöchter angebracht. Ein Spruchband sagt: *Liebe Kinder, das ist mein Gebot, meidet Schandt und forchtet Got.*

Im innersten Hof steht die wirkungsvolle Gruppe von Bergfried, *Marienkapelle* und Brunnenhaus. Die Kapelle ist wahrscheinlich an Stelle eines germanischen Heiligtums von Herzog Hetan II. errichtet worden, und wenn es mit der Jahrzahl 706 seine Richtigkeit hat, so ist sie die älteste Kirche Deutschlands; doch wird ihre Geschichte erst nach Abschluß der Grabungen mit Sicherheit erforscht sein. Sie ist ein außen mit spätromanischem Rundbogenfries geschmückter, im Oberteil zurückspringender Rundbau mit Kuppelraum und Nischen im Innern, das 1610-12 stuckiert wurde. Die Wände zwischen den Nischen sind mit Pilastern gegliedert, darüber sehen wir überlebensgroße Stuckfiguren: Verkündigung, Werke der Barmherzigkeit und zwischen den Stuckrippen der Kuppel Ecce Homo und Engel, alles Weiß auf Blau. In dieser Kapelle wurden die Eingeweide der Bischöfe beigesetzt, während ihre Herzen bis 1573 in der Klosterkirche von Ebrach die letzte Ruhe fanden.

Das *Brunnenhaus*, es steht über der 106 Meter tiefen Zisterne, ist ein achteckiger Bau von zierlichster Wirkung, bekrönt von einer vergoldeten Fortuna, die der Würzburger Fried Heuler 1938 nach alter Ansicht fertigte. Den Ecken des Gebäudes sind korinthische Säulen auf hohen, mit Beschlägwerk geschmückten Sockeln vorgestellt, und die Seiten öffnen sich in Nischen mit Figurengruppen: wasserspeiende Löwen in Verbindung mit Hieronymus, Daniel und Simson, vielleicht als Symbole von Glaube, Liebe, Mut.

Wenn wir durch das Scherenbergtor in diesen innersten Schloßhof gelangt sind und rings um uns die schweren Fassaden aufsteigen, umfängt uns eine Einheit trotz aller Verschiedenartigkeit der Stile und Maße. Es ist ein Geviert der Stille und Geborgenheit, über dem hoch die Wolken dahinziehen. Die runde Kapelle mit ihrer geschweiften Haube gebietet über diesen Hof als der älteste und ehrwürdigste Bau und prägt das geistige und geistliche Fluidum der Burg.

Unten im *Zeughaus*, das 1866 infolge preußischer Artilleriebeschießung in Flammen aufging, wieder instand gesetzt, 1945 durch den Luftangriff abermals vernichtet und erneut aufgebaut wurde, so wie es 1702-12 von Andreas Müller, dem Lehrer Balthasar Neumanns, errichtet worden war, befindet sich seit 1946 das von M. H. von Freeden eingerichtete und geleitete *Mainfränkische Museum*, eine der schönsten Sammlungen in Bayern und die schönste in Franken. Es ist kein Museum, in dem wir durch Überfülle bedrückt werden, obgleich es unendlich viel zu sehen gibt. Alles greift harmonisch ineinander, locker, elegant gruppiert um die Hauptsäle mit den Werken Tilman Riemenschneiders und Ferdinand Tietz', die Würzburger Kunst des 18. Jahrhunderts oder die gewaltige, prachtvolle Kelterhalle, vormals Arsenal, und die Volkskundesammlung. Durchwandern wir schauend und genießend Säle und Räume, so finden wir alles, was von der Frühzeit bis in unsere Tage in Würzburg und Franken geschaffen worden ist. Wie Freeden sagt, ist es ein ›Schaufenster‹, das Kunstfreunde aus aller Welt zu Besuch in die reiche Geschichte des Mainlandes einlädt. Und schließlich gedenke man drunten im Fürstengarten, den Fürstbischof Johann

Philipp von Schönborn um 1650 mit doppelter Freitreppe und
Wasserspielen anlegte, der Fürstbischöfe, die dieses Schloß gebaut und immer wieder verändert haben. Sie sind längst nicht
mehr, man erinnert sich kaum noch ihrer Namen, doch ihr Werk
besteht.

»Das schönste Pfarrhaus in Deutschland«

Wir begegnen in Würzburg immer wieder zwei Namen, die mit
der politischen und kulturellen Geschichte des Bistums besonders eng verbunden sind. Der eine ist Julius Echter von Mespelbrunn, eine fürstliche Renaissancegestalt, willensstark und hart,
der andere ist Schönborn, und zwar die ganze Familie durch drei
Generationen vom 17. bis ins 18. Jahrhundert. Ihr Werk ist die
Residenz, die in vornehmer Ruhe und Festlichkeit an dem riesigen Schloßplatz liegt, der freilich verloren hat, seit man die berühmten prachtvollen Gitter des Johann Georg Oegg entfernte.
Ohne Zweifel ist es eine der wohlgelungensten Architekturen
des Barock von europäischem Rang, mit der sich in Deutschland eigentlich nur das Berliner Schloß messen konnte, das nach
dem letzten Krieg auf Befehl Ulbrichts ohne Not abgebrochen
worden ist. In knapp einer Generation ist die Residenz, mit kur-
zer Unterbrechung, gebaut worden, unter Verwendung aller
künstlerischen Erfahrungen Österreichs, Frankreichs und Italiens und unter Hinzuziehung der bedeutendsten Baumeister.
Dem planenden und leitenden Architekten Balthasar Neumann
wurde es nicht leichtgemacht; er mußte sich mit seinen führenden Kollegen im Reich und in Frankreich auseinandersetzen, mit
dem Mainzer Hofbaumeister Maximilian von Welsch, mit Lukas von Hildebrandt in Wien, Germain Boffrand und Robert
de Cotte in Paris, mit Kunsthandwerkern wie dem Stukkator
Antonio Bossi oder dem Bildhauer Johann Wolfgang van der
Auwera und mit Giovanni Battista Tiepolo, seinem kongenialen
Mitarbeiter. Nicht minder wichtig waren der Bauherr Johann
Philipp Franz von Schönborn, sein Onkel Kurfürst Lothar Franz
von Mainz und sein Bruder Friedrich Karl. So wurde die Residenz das *Schönste Pfarrhaus in Deutschland*, wie Napoleon sagte.

Die Bischöfe wohnten auf dem Marienberg, und erst Johann Philipp Franz (1719-24) verlegte die Hofhaltung in die Stadt, zunächst in ein an Stelle der heutigen Residenz stehendes, von Petrini gebautes Schlößchen, das seinen Ansprüchen nicht genügte. Alle Unternehmungen dieses Fürsten hatten einen ungewöhnlichen Zuschnitt, alles mußte groß und prächtig sein; er selbst war maßlos hochmütig und rücksichtslos, ja er brachte durch Anmaßung und autokratisches Gebaren seine ganze Familie in Mißkredit. Kurfürst Lothar Franz von Mainz war manches Mal verzweifelt über seinen Neffen und belegte ihn mit nicht gerade schmeichelhaften Beinamen. So schrieb er 1723 dem Reichsvizekanzler Friedrich Karl: »Gott hat diesen Mann wohl zu der Familie Unglück auf die Welt geschickt.«

Vom Residenzbau aber konnte er sich doch nicht fernhalten. Da dem Fürstbischof aus einem Unterschlagungsprozeß gegen einen Beamten die ungeheure Summe von 500000 Gulden zugefallen war, konnte er bauen. Der Kampf um die Planung der Residenz begann; sie wurde ein Vorhaben von europäischem Interesse, denn sofort schalteten sich die Verwandten ein, vor allem Onkel Lothar Franz und der Reichsvizekanzler, deren Briefwechsel über die Würzburger Planungen sehr aufschlußreich ist. Sie machten sich nicht selten lustig über den in Bausachen unerfahrenen Neffen und Bruder, über den ›Episcobone‹ oder ›unseren guten Lips‹, der jedoch zäh an seinen Auffassungen festhielt. Neumann arbeitete Pläne aus, deren sich Mainz und Wien sogleich mit Feuereifer annahmen. »Nur Baukonzepten her«, schrieb der Kurfürst. Sie wurden von seinen Hofbaumeistern Welsch und Johann Dientzenhofer sowie einer Reihe erfahrener Kavaliersarchitekten geprüft und geändert, während in Wien Johann Lukas von Hildebrandt vom Reichsvizekanzler eingeschaltet wurde. Allen Vorschlägen dieser Baumeister lag Neumanns Konzept zugrunde. Auf Rat Welschs verdoppelte man die seitlichen Innenhöfe und betonte die Seitenfronten durch konvex vortretende querovale Mittelpavillons, welche Neumann jedoch auf der Hofseite durch rechteckige Pavillons ersetzte. Die Planungen Hildebrandts und der Franzosen – Neu-

mann wurde nach Paris geschickt, um ihre Meinung einzuholen
– betrafen mehr die Fassadengestaltung. Vor allem im Ehrenhof
spitzte sich die Auseinandersetzung zwischen französischer
Schloßarchitektur und ›Kaiserbarock‹ dramatisch zu. Hildebrandt siegte. Neumann und Hildebrandt stritten heftig bei der
Planung der Hofkirche, und Neumann, dem es immer wieder
gelang, die Initiative zu ergreifen, blieb Sieger. Johann Philipp
Franz wußte nun, was er an seinem Hofbaumeister hatte, der
bei Übernahme der Bauleitung noch fast unbekannt war. In der
Mannigfaltigkeit seiner Entwürfe liegt der Reiz immer wech-
selnder Ansichten. 1720 wurde der Grundstein gelegt, 1724 stand
der Eckpavillon der Westseite des Nordtraktes, dann ging Neumann nach Paris, um Robert de Cotte und Germain Boffrand
aufzusuchen. De Cotte fand die Planungen zu »italienisch«, auch
Boffrand, der 1724 nach Würzburg kam, hatte vieles auszuset-
zen, doch würde es hier zu weit führen, auf diese Meinungsver-
schiedenheiten und Planänderungen einzugehen. Im Jahre 1724
starb plötzlich und unerwartet Johann Philipp Franz; man munkelte, er sei vergiftet worden, was bei seiner Unbeliebtheit durchaus in den Bereich der Möglichkeit gehört. Sein Tod wurde von
der Opposition mit Jubel begrüßt, und die Bauarbeiten kamen
nun unter dem Nachfolger Freiherrn Franz von Hutten fast zum
Erliegen. Nur der Nordblock wurde unter Dach gebracht, und
Neumann konnte die Arbeit erst wieder aufnehmen, als 1729
Friedrich Karl von Schönborn auf den bischöflichen Stühlen von
Würzburg und Bamberg folgte, ein großer Herr, weltgewandt,
umfassend gebildet, politisch begabt und einfallsreich, der Wien
ungern verlassen hatte. *Ich mache mir meine Gedanken über die goldene Freiheit, seit ich in Würzburg im goldenen Käfig sitze*, schrieb
er dem Prinzen Eugen von Savoyen. *Ich kann mich an meinen
Fürstenkäfig noch nicht gewöhnen, und eine große Traurigkeit hängt
mir von Wien aus an.* Doch diese Traurigkeit hat er angesichts des
Residenzbaues überwunden, der nun wieder aufgenommen
wurde. Es begann der dritte Bauabschnitt. Neumann hatte sich
mit dem Favoriten des Fürstbischofs, Hildebrandt, auseinanderzusetzen, der die Dekoration der Hofkirche entwarf, die Fassa-

den der Flügel sowie die Gartenfront des Mitteltraktes. Man
fragt sich, was denn für Neumann übrigblieb. Es spricht für das
Genie dieses großen Baumeisters, dem der grundlegende Entwurf zu verdanken ist, daß er die Anregungen aus Mainz, Wien
und Paris nahtlos seiner Konzeption anpaßte, und seine ganz eigene Leistung sind Hofkirche und Treppenhaus. Ab 1730 entstand der Südtrakt, zehn Jahre später stand die Gartenfront und
nach abermals vier Jahren war der Palast im Äußeren fertig. Die
Ausstattung der fürstlichen Wohnung im Südflügel, der Parade-
zimmer im Ostflügel und der Hofkirche erfolgte noch unter
Friedrich Karl von Schönborn. 1745 starben Hildebrandt und
Welsch, 1746 folgte ihnen Friedrich Karl, und unter seinem
Nachfolger Anselm Franz Grafen von Ingelheim fiel Neumann
in Ungnade. Fürstbischof Freiherr Karl Philipp von Greiffenklau
setzte die Schönbornsche Tradition fort, indem er Neumann zu-
rückholte. Er ließ 1749-54 Treppenhaus und Kaisersaal ausstat-
ten, während sein Nachfolger, der Schönbornneffe Adam Friedrich Graf von Seinsheim, den weiten Ehrenhof gestalten und die
Innenausstattung fortführen ließ. 1802 wurde das Bistum säkularisiert, 1806 zog der Großherzog von Toskana, Erzherzog Ferdinand, als Großherzog von Würzburg in das ›schönste Pfarrhaus Deutschlands‹ ein, veränderte die fürstliche Wohnung im
Stil des Empire, und 1814 fiel Würzburg endgültig an Bayern.
1945 ging das Schloß in Flammen auf, und es ist dem Amerikaner John D. Skilton zu verdanken, daß die Fresken Tiepolos erhalten blieben, da er für das benötigte Baumaterial sorgte, damit
wenigstens die Dächer ersetzt werden konnten. Die Innenausstattung, welche die Residenz unter Friedrich Karl Schönborn
und Karl Philipp Greiffenklau erhielt, ist glänzend und kann
neben dem Besten der Welt bestehen, obgleich vieles durch den
Bombenangriff untergegangen ist. Italiener, Niederländer, Deutsche und Franzosen arbeiteten daran, so der Stukkator Antonio
Bossi, die Maler Johannes Zick und Rudolf Byß, die Bildhauer
Peter Wagner und Johann Wolfgang van der Auwera, der Franzose Claude Curé, um nur einige zu nennen. *Diese internationale
Künstlerschar brachte in ständiger Wechselwirkung eine Stilvariante*

des Rokoko von bemerkenswerter Eigenart und Selbständigkeit hervor:
das ›Würzburger Rokoko‹, eine der reichsten und temperamentvollsten
unter den verschiedenen Spielarten in Deutschland (Erich Bachmann).
Johann Philipp Franz schon hatte die Herren seiner Hofkammer
zornig zurechtgewiesen: *Es sind die Künstler eben nicht wie andere*
hergelaufene Burschen zu traktieren und man kann wohl ein Einsehen
mit ihnen haben.

Für Würzburg waren die Kaiserzimmer wichtig, da die Habsburger auf dem Weg zur Krönung in Frankfurt in Würzburg
übernachteten. Wir betreten das Vestibül, hinter dem der Gartensaal mit den Fresken des Johannes Zick liegt. Es ist als Kontrast zur lichten Weite des Treppenhauses niedrig gehalten. Wir
folgen der dreiläufigen Treppe, die überspannt wird von einem
riesigen Muldengewölbe, zu dessen Entstehung uns Neumanns
Sohn eine Anekdote berichtet. Hildebrandt wollte sich unter dem
Gewölbe »auf eigene Kosten hängen lassen«, wenn es hielte. Neumann dagegen erbot sich, als Beweis für die Festigkeit der Decke
eine Batterie Kanonen darunter abfeuern zu lassen, wie es einst
in der Michaelskirche zu München praktiziert worden war. Unter Adam Friedrich von Seinsheim ist das Treppenhaus von Lu-
dovico Bossi klassizistisch stuckiert worden, und die Kinder-
figuren auf den Balustraden arbeitete Peter Wagner. Man hat
sich das Ganze mehr im Sinne des Rokoko vorzustellen, über-
spielt vom spritzigen Stuck der Jahrhundertmitte, dennoch aber
ist die Wirkung des Raumes außerordentlich, und das verdankt
er nicht allein Neumann, sondern auch Tiepolo, der 1750 mit
seinen Söhnen Domenico und dem erst sechzehnjährigen Lo-
renzo in Würzburg eintraf, um Stiegenhaus und Kaisersaal aus-
zumalen. Dem großen Meister aus Venedig war allerdings ein
sehr kleiner vorangegangen, ein Stümper, der Mailänder Giuseppe Visconti, der mit gefälschten Empfehlungsschreiben in
Würzburg erschien und sich als den ›stärksten Maler der Zeit‹
vorstellte. Er beabsichtigte, den Kaisersaal für 6000 Gulden aus-
zumalen und die Welt erstaunen zu lassen. Das gelang ihm ausgezeichnet, denn als man die Fresken begutachtete, fand man,
daß sie »nit einen Batzen« wert waren. Zwar hatte Visconti be-

reits einen Vorschuß von 1000 Gulden erhalten, doch das hielt
den Fürstbischof nicht ab, ihm im März 1750 mitteilen zu lassen,
»daß er seine Bagage zusammenmachet, heut noch den Hof,
morgen die Stadt meyden sollte«. Tiepolo verlangte 15000 Gulden für das Treppenhaus und 10000 für den Kaisersaal, eine stattliche Summe, aber es hat sich gelohnt. Markgräfin Wilhelmine
von Bayreuth schrieb: »Die Treppe ist wundervoll!« Sie ist wirklich wundervoll, wenn wir aus dem dämmerigen Vestibül hin-
aufsteigen in die Helle und in den von Göttern erfüllten Himmel
schauen, während sich an den Randzonen die vier Weltteile zeigen, um Bischof Greiffenklau zu huldigen. Bei der Europa sehen
wir Neumann selbst lässig hingelagert sowie Tiepolo und seinen
Sohn Domenico. Aus der glänzenden, farbenfrohen Welt des
Treppenhauses gelangen wir in den ›Weißen Saal‹ oder ›Salle
des Gardes‹, der in der Raumfolge Vestibül, Gartensaal, Treppe
und Kaisersaal sehr raffiniert als »koloristische Zäsur« (Bachmann)
eingeschaltet ist, denn er wurde von Antonio Bossi auf das schönste ganz weiß auf lichtgrauem, jetzt zu dunklem Grund und in
wenigen zartgelben Tönen stuckiert. Es ist ein flammendes, wild-
bewegtes Rocaille mit Vögeln und Figuren auf Wänden und
Decke. Höhepunkt der Raumfolge aber ist der Kaisersaal. Ein
solcher Saal fehlt in keiner geistlichen Residenz, in keinem Kloster; er ist ein echt deutscher Raumtypus, dessen Ausschmückung
nach feststehendem ikonographischem Programm erfolgte, dessen Mitte die Verherrlichung der Reichsidee, des ›Guten Regi-
ments‹ und des Kaiserhauses bildet. Hier im Würzburger Saal
entfaltet sich einer der vollkommensten Räume des Rokoko in
strahlender Farbigkeit, im Glanz von Gold und Marmor; hier
zeigen sich uns über der schweren, reichen Gliederung der unteren Wandzone Tiepolos großartige Bilder aus Würzburgs Geschichte staufischer Zeit. Wir sehen in einer mittelmeerischen
Landschaft die Belehnung des Bischofs – es ist ein Portrait Greif-
fenklaus – mit der Herzogswürde in Franken durch Kaiser Friedrich I. Barbarossa, die Trauung des Kaisers mit Beatrix von Burgund in einer großen Kirche und im Deckenspiegel die Allegorie des ›Genius Imperii‹ in Gestalt des jungen Friedrichs I. mit

Würdenträgern, während von rechts aus einem Abgrund von Blau und Goldglanz Apollo mit der Braut Beatrix im Sonnenwagen aufsteigt. Die Szenen aus dem Leben von Kaisern der römischen und frühchristlichen Zeit malte Domenico Tiepolo. Die südlichen Kaiserzimmer, für den Besuch des Herrschers besonders kostbar eingerichtet, bilden mit den nördlichen Kaiserzimmern eine grandiose Enfilade von hundertsechzig Metern Länge. Im Spiegelzimmer, das 1945 ganz zerstört worden ist, schufen Antonio Bossi und Johann Wolfgang van der Auwera einen Höhepunkt eleganter, köstlicher Rokokodekoration. Und schließlich ist da noch die *Hofkirche*, eine geistvoll geplante Wandpfeilerkirche mit geschweiften Emporen, Kuppeln, alles das nach Hildebrandts Vorschlägen prachtvoll dekoriert und von Rudolf Byß aus Solothurn ausgemalt, während Tiepolo die Bilder der Seitenaltäre gemalt hat: Engelsturz und Himmelfahrt Mariae.

Im Osten und Süden des Palastes liegt der durch die herrlichen Gitter Johann Georg Oeggs geschlossene Hofgarten, den erst Seinsheim ausgeführt hat, wobei Rücksicht auf die Befestigungen genommen werden mußte. Peter Wagner bevölkerte Balustraden, Laubengänge und Rondelle in den siebziger Jahren des 18. Jahrhunderts mit zahlreichen Kindergruppen und Statuen, die fast durchweg durch Kopien ersetzt sind, während man die Originale im Mainfränkischen und Münchner Nationalmuseum untergebracht hat. Seinsheims Garteninspektor Prokop Mayer verteidigte seinen Hofgarten gegenüber Anhängern der englischen Richtung. *Es soll hier keine einfache Schäferin, die ihren Schmuck in den Wiesen pflückt, sondern eine stolze Schönheit des Hofes mit aller Schminke und allem Putz vorgestellt werden, welcher weder durch ihren Stand noch durch eine Kleiderordnung der Gebrauch des Schmuckes und des Goldes untersagt ist, sondern die in einem dem Palast würdigen Aufzug erscheinen soll, und welchem Palaste, einem der schönsten Europas!*

Wir fahren nun in Richtung Frankfurt, nicht auf der Autobahn, sondern auf der alten Straße, und sehen alsbald jenseits des Flusses die Ortschaften *Ober- und Niederzell*, wie der Name sagt, einst zwei Klöster. Oberzell wurde in Zusammenhang mit dem Wirken des hl. Bischofs Norbert von Würzburg 1126 gegründet und erhielt zwei Jahre später die bischöfliche Erlaubnis zum Klosterbau. Es handelte sich ursprünglich um ein Prämonstratenserdoppelkloster, bis sich um 1170 die Klosterfrauen in Unterzell niederließen. Die Abtei Oberzell erlitt im Bauernkrieg und im Dreißigjährigen Krieg schwere Schäden und wurde 1803 säkularisiert. Seit 1901 ist Oberzell im Besitz der Kongregation der Dienerinnen der hl. Kindheit Jesu. Nur das Langhaus der Kirche geht auf das 12. Jahrhundert zurück; seine Einwölbung erfolgte um die Mitte des 17. Jahrhunderts. Kurz davor wurden Chor und Querhaus neu gebaut. Zwischen 1710 und 1738 ist die Kirche reich stuckiert worden, selbst die romanischen Würfelkapitelle erhielten Stuckzier. Die westliche Vorhalle erhielt 1696 eine vornehme Sandsteinfassade. 1838 sind Turm und Chor abgebrochen, jedoch 1901 in alter Form wiedererrichtet worden. Durch die schöne romanische Doppeltoranlage aus dem späten 12. Jahrhundert betreten wir den Klosterhof mit den prächtigen Gebäuden. Sie wurden 1744-60 nach Plänen von Balthasar Neumann gebaut. An den pavillonartigen Mitteltrakt schließen sich Eckpavillons an. Prachtvoll ist das wohl von Materno Bossi stukkierte Stiegenhaus.

In der engen, malerischen Marktstraße steht als stattliche Dreiflügelanlage Haus 13, um 1720-30 in der Art Neumanns gebaut.

Von 1817 bis 1901 hatte im Kloster die Firma Koenig & Bauer ihre Schnellpressenfabrik eingerichtet, die später auf Klostergrund am Fluß verlegt wurde. Friedrich Koenig, einer der frühen, energischen, klugen Unternehmer, hatte in England die Schnellpresse erfunden, auf der die erste Ausgabe der ›Times‹ gedruckt worden ist. Die zweite, verbesserte Maschine entwik-

kelte Koenig mit seinem Freund Andreas Bauer. Sie gründeten
1817 die Firma, in deren Vertrag es heißt: *Freundschaft und Ehre
waren hinlänglich, die Verbindung unter dem Wechsel der Umstände
und Aussichten zusammenzuhalten und beider Kräfte und Mittel zum
gemeinsamen Ziel zu leiten, und ein beiderseitiges grenzenloses Vertrauen ließ jeden vom anderen Theile erwarten, daß bei glücklicher
Vollendung der Erwerb nach Billigkeit und Gerechtigkeit freundschaftlich unter ihnen getheilt werde...* Ein schönes Dokument menschlichen Vertrauens und Anstands, dem die Firma bis heute Treue
gehalten hat. Wie angesehen das Werk war, zeigte sich während
der Inflation, als das Notgeld, das Koenig & Bauer mit Genehmi-
gung der Regierung ausgeben durfte, lieber genommen wurde
als die amtlichen Banknoten. Nach der Zerstörung im letzten
Krieg ist das Werk wieder aufgebaut worden und gehört zu den
bedeutendsten Industrien Frankens.

Der Garten von Veitshöchheim

Nun folgen wir weiter dem Lauf des Mains. Alsbald sehen wir
Veitshöchheim, das 1619 in den Besitz des Hochstifts überging.
Hier baute sich Fürstbischof Peter Philipp von Dernbach 1680-82
ein Sommerschlößchen durch Heinrich Zimmer und ließ einen
Tiergarten anlegen. 1753 wurde das Schloß nach Plänen von
Balthasar Neumann um zwei Seitenpavillons erweitert. Es ist
ein hübsch gegliederter Bau, eine noble Villeggiatur von festlicher Wirkung, umgeben von einer Sandsteinbalustrade mit
Puttengruppen von Peter Wagner aus dem späten 18. Jahrhundert. Antonio Bossi stuckierte die Räume des Obergeschosses,
die mit Möbeln des Rokoko und Klassizismus eingerichtet sind.

Zur Schloßanlage gehört der Garten; er ist ebenso alt wie
diese, und vor allem brauchten Renaissance, Barock und Rokoko die Gärten für Feste. Wir haben von solch einem Garten-
fest in Seehof bei Bamberg gehört, vom Leben auf der Eremitage
bei Bayreuth. Die Gärten von Wiesentheid, Gaibach, Werneck
und Pommersfelden kennen wir nur aus Kupferstichen, Plänen,
Briefen und Reisebeschreibungen, da sie in englische Parks um-

gewandelt worden sind. Als 1726 Salomon Kleiners Stichwerk der Schönborngärten erschien, schrieb der Verleger: *Obwohl der allmächtige und allweise Schöpfer diesen Weltbau in der schönsten Perfektion dargestellt, so hat doch die Kunst, und zwar immer galanter und glücklicher, der Natur durch Anlegung prächtiger Gebäude und schöner Gärten einige Beihilfe gegeben.*

Lothar Franz Kurfürst von Mainz bevorzugte mehr den niederländischen Gartentypus, der die in Quadrate und Rechtecke aufgeteilte Anlage zentraler gruppierte, als es in Frankreich und Italien üblich war. Was den Schönborn die Gärten bedeuteten, nicht nur ihnen, sondern allen Schloßherren der damaligen Zeit, zeigen ihre Briefe. Es sei einiges daraus zitiert. Rudolf Franz Erwein von Schönborn schrieb aus Wiesentheid seinem Bruder Friedrich Karl: *Den Aufputz Euer Exzellenz Gartenwerk stelle ich mir ganz vor, zumalen die zwei kleine fruchtbare Regen alles haben so bald machen herauskommen; hier haben sich die frühe Blumen auch alle auf einmal herausgeben ... Zu Gaibach haben Ihro Kurfürstl. Gnaden den Garten auch hübsch gefunden, von Tulipanes aber waren noch keine 30 heraus; und ist schon wegen der Rhön etwas winterischer da.* So könnten sich Gartenfreunde noch heute ihre Sorgen und Freuden mitteilen. Meist bestanden die Gärten aus den Parterres mit buchsgesäumten Rabatten in ornamentaler Ordnung beim Schlosse. Angefügt waren die schattigen Boskets, regelmäßig gepflanzte Haine und Heckenwände, und stets bildete eine von Querwegen gekreuzte Allee die Hauptachse, im französischen Garten zumeist ein Kanal mit Kaskaden. Neumanns Pläne für den Garten in Veitshöchheim sind wegen seines Todes und des Siebenjährigen Krieges Preußens gegen Österreich nicht ausgeführt worden. Veitshöchheim besitzt einen dem Umfang nach bescheidenen Garten, eingezwängt zwischen Main und Weinberge, jedoch den berühmtesten neben der Bayreuther Eremitage und den bezauberndsten, denn hier ist die Anlage des Rokoko ganz erhalten, eines recht deutschen Rokokogartens: Das Schloß steht nicht im Mittelpunkt wie in französischen und italienischen Anlagen, sondern fast abseits in der Nordwestecke, auch gibt es keinen französischen Kanal und keine italienischen

Terrassenfolgen. Seinen außerordentlichen Reichtum an Motiven aller Art verdankt Veitshöchheim dem Fürstbischof Adam Friedrich Grafen von Seinsheim und seinem Bauamtmann Johann Philipp Geigel.

Der einstige Tiergarten war durch drei parallele Alleen in ebenso viele ungleich große Zonen geteilt, und an dieser Anlage hat jeder Fürstbischof arbeiten lassen. Unter Johann Philipp Freiherrn von Greiffenklau wurde 1702-03 die Umgestaltung in Angriff genommen, entstand vor dem Schlößchen ein Parterre, das durch Mauern mit zwei Pavillons gegen das zum Main abfallende Gelände abgesetzt ist. Man hob zwei Bassins vor dem Schloß aus, das dritte im Baum- und Heckengarten, und wo dessen Mittelachse den unteren Gartenteil erreicht, legte man den ›Großen See‹ an, das beherrschende Motiv der gesamten Anlage. Johann Philipp Franz von Schönborn setzte das Werk fort, indem er südlich vom großen Bassin den ›Kleinen‹ oder ›Balustersee‹ ausheben ließ, der seinen Namen nach der einstigen Einfriedigung trug. Karl Philipp Freiherr von Greiffenklau war ebenfalls in Veitshöchheim tätig und erteilte dem Hofbildhauer Johann Wolfgang van der Auwera den Auftrag für Figuren: Chor der Musen, Göttergruppe, während ein zweiter Vertrag mit dem Künstler Heroen, Monatsallegorien und Ziervasen vorsah. Adam Friedrich von Seinsheim ließ 1755 die Greiffenklauschen Pläne für die Ausstattung mit Figuren wieder aufnehmen, und als Auwera 1756 starb, trat Johann Peter Wagner an seine Stelle. 1763 entschloß sich Seinsheim, den Garten ganz neu zu gestalten, denn er habe *mit eigenen Augen wahrzunehmen gehabt, wie sehr das dortige schöne Gartenwerk unter dem Namen einer Fasanerie bishero vernachlässigt worden und wie man vielartige Decorationes besonders an Alleen als die beste Zierde des Gartens größtenteils völlig eingehen lassen.* Es entstand nun ein durchgebildeter Lustgarten. 1765 begannen die Arbeiten und gingen in den drei Zonen rasch von West nach Ost voran, so daß sie zwei Jahre später fast vollendet waren. Ferdinand Tietz, der schon für den Seehofer Park bei Bamberg gearbeitet hatte, einer der großen Bildhauer des Jahrhunderts, schuf für den Parnaß im Großen See den Pegasus,

Apollo und die neun Musen, eine Gruppe, die Seinsheim in Versailles und bei seinem Vetter Schönborn auf Schloß Schönborn
bei Wien gesehen hatte. *Der See nimmt durch dieses ›ovidische
Bronnenwerk‹ die Bedeutung der von Jupiter über die Menschheit ver-
hängten Sintflut an, aus der einzig der Parnaß herausragt. Hier erscheint eine neue musische und zum Himmel gerichtete Ordnung, für
die Pegasus das Symbol ist* (Walter Tunk). Ein weitgespannter
Heckenrahmen birgt in seinen grünen Nischen graziöse Allegorien der Künste und Jahreszeiten als Gefolge Apollos. In der Mittelzone des Gartens sehen wir die besten Figuren Tietz', wie
Erdteile, Tänzer, Schäfer, Putten und vieles mehr, von köstlicher
Frische, Heiterkeit und Ausdruckskraft. Und wenn wir uns vorstellen, daß diese Skulpturen einst farbig gefaßt gewesen sind –
der Pegasus soll sogar vergoldet gewesen sein und ein Glocken-
spiel in seinem Bauch getragen haben, das gestohlen wurde –, so
können wir uns denken, daß der Garten dadurch noch fröhlicher
gewirkt haben muß. Die dritte Partie, die Waldzone, enthält ein
Heckentheater, Tier- und Figurengruppen von Tietz in schattigen Wegen. Jede der drei Zonen hat ihren besonderen Charakter, gekennzeichnet durch das Figurenprogramm. So versinn-
bildlicht das Tänzerpaar in der Mittelzone die gesellige Zusam-
menkunft der Hofgesellschaft. In der Südostecke steht das Bel-
vedere über einer Grotte mit Drachen, Affen und Löwen, und
hier, in diesem ›Schneckenbau‹, hat Seinsheim oft gevespert und
über den Garten geblickt. Man muß die Anlagen durchwandern,
um die Atmosphäre, den schwer beschreibbaren Zauber eines
echten Rokokogartens, die überraschenden Kontraste ver-
schwiegener Abgeschiedenheit und großartiger Durchblicke
empfinden zu können. Er hat nicht die leise Schwermut mancher
alter verwilderter Parks mit verwitterten Teehäuschen und brök-
kelnden Tempelchen, er ist umweht von einer champagnerhaft
leichten Heiterkeit. Man könnte hier ein Wort Meister Ekke-
hards anwenden: *Gott schläft im Stein, atmet in der Pflanze, träumt
im Tier und erwacht im Menschen.*

Der Bocksbeutel

Es ist an der Zeit, etwas vom Wein zu erzählen, zumal sich in Veitshöchheim die Lehranstalt für Wein-, Obst- und Gartenbau befindet. Der Frankenwein nimmt in der deutschen Weinlandschaft einen so geachteten Platz ein wie Mosel, Rhein oder Pfalz, und wie jeder Wein ist auch der Frankenwein ein Individuum von ausgeprägtem Charakter. Wie hübsch sind schon die Namen: Stein, Leisten, Iphöfer Kalb, Escherndorfer Lump, Pfaffensteige, Kallmuth, Küchenmeister, Teufelskeller, Schwalbenwinkel, Maustal, Paradies, Katzenkopf, Ratsherr, Abtsberg und viele andere mehr.

> Zu Bacharach am Rhein,
> Zu Klingenberg am Main
> Und Würzburg am Stein
> Sind die besten Wein.

Die Legende erzählt, St. Adelheid habe den Weinbau in Franken heimisch gemacht und sei deshalb ohne langen Prozeß heiliggesprochen worden. Der hl. Kilian aber, Schutzpatron Frankens und seiner Winzer oder, wie sie hier heißen, Häcker, brachte seinen Meßwein noch in Schläuchen mit, als er um 680 in die Mainlande kam. Hundert Jahre später hören wir schon von Weinbergen, denn 777 schenkte Karl der Große dem Stift Fulda das Kloster Hammelburg mit den dazugehörenden Rebleiten.

Ebenso hübsch wie die Weinnamen sind die alten Wirtshäuser in den Weinstädtchen mit ihren großen Toren in die tiefen Keller. Wo soll man anfangen, wo aufhören? Am besten, man trinkt sich den Main entlang langsam durch, dann lernt man den Bocksbeutel in allen Spielarten kennen. Der Wein *benimmt Trauer und bringt Freud, er wandelt der Seele Laster in Tugend, er kehrt von Unmilde in Milde, von Unsanftheit in sanften Mut, von Hoffahrt in Demut, von Trägheit in Schnelligkeit, von Furcht in Kühnheit, er ändert des Mutes Unwitz in eine Kundigkeit oder Klugheit und Ungespräch in Wohlgespräch und Unsinn in Sinnigkeit, und darum nahmen ihn die weisen Leut, Perser und Hellenen, wenn sie mit jemanden weislich reden wollten oder etwas neues finden oder Rat ge-*

ben zu gemeinem Nutz der Leut. Das schrieb in einem Buch der
Natur Konrad von Megenberg, der 1374 als Domherr zu Regensburg gestorben ist. Er kannte natürlich den Frankenwein,
denn Megenberg ist das heutige Mainberg bei Schweinfurt,
wo ebenfalls Wein gebaut wird, an Mainleite und Petersstirn.
Südlich davon ist noch ein zusammenhängendes Weinbaugebiet
um Volkach, bei Zeil, Eltmann, Ebelsbach, Ziegelanger und
Schmachtenberg, ebenso am Südhang des Steigerwalds bei Fran-
kenberg, Seinsheim und Ippesheim, dann um Kitzingen, Castell,
Dettelbach, Rödelsee, bei Kreuzwertheim am Main und bei
Homburg, gegenüber von Kloster Triefenstein die köstliche
Lage des Kallmuth der Fürsten zu Löwenstein. Zwischen Miltenberg und Aschaffenburg finden wir Weinberge, aber am berühmtesten sind wohl die Würzburger Lagen und das Würzburger Umland. Im Mainfränkischen Museum auf dem Marienberg steht Tilman Riemenschneiders Figur des Weinheiligen
Urban, der die Traube in der Hand hält. Der Wein also spielte
und spielt eine große Rolle. Wir haben die Schilderung des Ba-
rons Pölnitz von einem Besuch im Würzburger fürstbischöflichen Keller gehört, und auch heute noch kann man sich im
Juliusspital, im Bürgerspital zum Heiligen Geist, in den vielen
Würzburger Weinwirtschaften einen guten Tropfen zu Gemüte
führen, ebenso im ›Zehntkeller‹ zu Iphofen, dem einstigen
Mönchshof, wo die Fürstbischöfe gern abstiegen. 1552 gab es
hier so viel Wein, daß die Einwohner ihre *Vorräte aus geringeren
Jahrgängen einfach auslaufen ließen und die Maurer den Mörtel damit zubereiteten* (Gottfried Stein).

   Franken hat seine charakteristischen Rebsorten, vor allem die
Silvanerrebe und Müller-Thurgau. Die Silvanerrebe, auch
›Fränkisch‹ genannt, wird 1680 hoch gepriesen: *Fränkisch geben
die herrlichsten süßesten Weine, so alle anderen Weine gut machen.*
Kenner nennen die Weine vom Steigerwald rassig, die Eschern-
dörfer schmalzig, die aus Kitzingens Umgebung elegant, die
vom Untermain würzig, die Hörsteiner geistvoll, den Würzburger Steinwein feurig, kernig und den Leistenwein fein, mild,
lieblich, von unwiderstehlicher Blume. Es wird auch Riesling

gebaut, wie er vor allem im Elsaß, an Mosel und Rhein vor-
kommt, jedoch in Franken nicht viele Lagen, weil er längere
Zeit zur Reife braucht. Wir finden die Rieslingrebe an den ge-
schützten Lagen des Würzburger Steins und der Leiste, in Randersacker, Escherndorf, Iphofen am Julius-Echter-Berg, am Kallmuth bei Homburg, in Frickenhausen und Hörstein. Auch Spät-
burgunder wird gezogen, bei Klingenberg, Bürgstadt vor und
Großheubach nach Miltenberg. Castell am Steigerwald ist eine
der fortschrittlichsten Weinbaugemeinden Frankens. Das geht
auf die Initiative des Fürsten zu Castell-Castell zurück, der in
enger Zusammenarbeit mit der Staatlichen Rebenzüchtung in
Veitshöchheim ein mustergültig bearbeitetes Weingebiet geschaffen hat. Hier werden Traminer, Riesling, Silvaner, Scheu-
rebe, eine Kreuzung von Riesling und Sylvaner, Perle und Burgunder angebaut.

Die Bocksbeutelflasche – Name und Form sind unmißverständlich – ist seit langer Zeit in Gebrauch. Die keltische Ton-
flasche im Mainfränkischen Museum zeigt die gleiche Form wie
die moderne Bocksbeutelflasche. Der Ruhm des ›Bocksbeutels‹
ist in alle Welt gedrungen und die Macht des Steinweins habe
ich einst am eigenen Leib erfahren, kurz vor dem letzten Krieg,
als ich mit einem älteren Kollegen in Würzburg zu tun hatte.
Abends waren wir beim Geistlichen Rat des Juliusspitals eingeladen. Der alte Herr mit silberweißem Haar und schmalem, feinem Gesicht, ganz und gar ein Prälat des Rokoko, setzte uns die
köstlichsten Weine des Stifts in verstaubten Flaschen vor und be-
obachtete lächelnd, wie sich unsere Sprache allmählich leicht ver-
wirrte. Gegen Mitternacht brachen wir auf, leise schwankend,
und ich hatte größte Mühe, den laut singenden Professor ins
Hotel zu bringen.

Nach Lohr

Wenn wir weiterfahren, sehen wir bald die schöne Silhouette
Karlstadts, das 1204 von Bischof Konrad von Querfurt gegründet
wurde, 1225 erstmals als Stadt erwähnt wird und damals schon
befestigt war. Teile des Mauerrings, vor allem an der Mainfront

mit Rotem Turm, Maintor und einem Rundturm unter spitzem Helm sowie auf der Nordseite der Stadt, sind erhalten. Obertor und Maintor stehen noch. Ersteres ein behaglicher kleiner Barockbau, hinter dem sich der hohe, schlanke Stadtturm erhebt. Das Rathaus mit Staffelgiebel und eleganter doppelläufiger Freitreppe wurde 1422 als Kaufhaus gebaut und 1605 als Rathaus eingerichtet. Die Pfarrkirche St. Andreas, deren Turm dem frühen 13. Jahrhundert angehört – er mußte 1954-55 wegen Baufälligkeit abgetragen werden, ist aber in alter Form wiederaufgebaut worden –, erhielt im 14. Jahrhundert das neue Querschiff und den Chor, während der Bau des Langhauses 1386 begonnen hatte. Das Innere schmücken Fresken des 15. Jahrhunderts, darunter eine interessante Gregoriusmesse. Die prachtvolle Kanzel von 1523 stammt aus Riemenschneiders Werkstatt; sie zeigt die vier Kirchenväter und Christus. Es gibt ausgezeichnete Grabsteine der Voit von Rieneck aus dem 15. und 16. Jahrhundert, ferner eine Totenleuchte des späten 12. Jahrhunderts im südlichen Querschiff. Ringsum in den Straßen und Gassen begegnen wir noch dem Bild einer wohlerhaltenen fränkischen Stadt, über welcher die im Bauernkrieg zerstörte Karlsburg liegt, dort, wo schon die Kelten eine Fliehburg angelegt hatten.

Das Maintal wird schöner und schöner. *Gemünden* am Hang des Spessarts unter den Ruinen der Scherenburg taucht auf. Hier an der Mündung der Fränkischen Saale in den Main stoßen drei ganz verschiedene Landschaftsformen zusammen, der Spessart mit seinen roten Sandsteinbrüchen, die Rhön mit ihren dunklen Basaltkuppen und die Kalkhöhen der Fränkischen Platte. Julius Langbehn, der ›Rembrandtdeutsche‹, sagte angesichts dieser lieblichen Landschaft: *Das ist die deutsche Landschaft, die ich so lange gesucht!* Auch Gemünden ist ein sehr alter Ort, von dem wir bereits im Jahre 837 hören. Aber die heutige Stadt wurde im 13. Jahrhundert von Graf Ludwig II. von Rieneck als Stützpunkt gegen Würzburg gegründet und 1945 durch Fliegerangriff fast völlig zerstört, jedoch wieder aufgebaut.

Weiter geht es nach Lohr. Drüben steht über dem Fluß vor den alten Bäumen seines kleinen Parks das reizvolle Schlößchen

Steinbach der Freiherren von Hutten, 1725-28 unter entscheidender Mitwirkung Balthasar Neumanns für den Würzburger Fürstbischof Franz von Hutten gebaut. Das Schloß, es wurde 1945 zerstört, aber wieder aufgebaut, hat einen streng symmetrischen Grundriß. Der Hauptbau wird von zwei Querflügeln so durchschnitten, daß an den Schmalseiten flache Risalite vortreten.

Und nun liegt im Rahmen der Waldberge *Lohr* vor uns, der Hauptort der einstigen Grafschaft Rieneck, aus dessen Dächergewirr der schlanke Pfarrturm, der Bayersturm und die beiden festen Rundtürme des Rieneckschen, dann kurmainzischen Amtsschlosses aufsteigen. Wenn ich im letzten Krieg in Urlaub nach Kreuzwertheim fuhr, hatte ich stets stundenlangen Aufenthalt in Lohr. Dann wanderte ich in die Stadt und landete, aus alter Gewohnheit, immer wieder im gleichen Gasthaus, wohl dem häßlichsten der Stadt, wo es ein kärgliches Frühstück gab und gratis dazu ein langes Lamento der Wirtin über ihren Mann. Man sollte denken, auch schlechte Bahnverbindungen schaffen die gute Gelegenheit, den Ort des unfreiwilligen Aufenthaltes kennenzulernen. Dazu aber war ich zu müde nach endloser Reise in überfüllten Zügen. Nach dem Krieg kam ich wegen des schönen Spessartmuseums öfters nach Lohr und lernte es besser kennen. Es ist eine hübsche, winklige alte Stadt mit spitzgiebligen Häusern, Erkern und Heiligenfiguren, aber sie hat sich nicht zur kleinen Residenz entwickelt wie etwa Wertheim, denn die Grafen von Rieneck saßen auf ihrer Burg im Sinntal. Das Ganze bildet etwa ein Rechteck, durchschnitten von der Hauptstraße mit dem Rathaus. Im Osten der Stadt liegt die Pfarrkirche St. Michael, in der Nordwestecke der ehemaligen Befestigung das zwischen 1501 nnd 1611 gebaute Schloß. Geringe Reste des alten Mauerrings sind vorhanden, aber die Stadttore sind verschwunden.

Das Rathaus, welches Michael Imkeller 1601 baute, erfuhr im 19. Jahrhundert geringe Veränderungen, und die Pfarrkirche aus der zweiten Hälfte des 13. Jahrhunderts mit ihrem Turm von 1496 birgt eine Fülle bedeutender Grabmäler des Rienecker Grafenhauses aus der Zeit von 1408 bis 1599, dem Todesjahr des letzten Grafen, Philipps III. (von Peter Dell, Würzburg?). Die Rienecker saßen im nordöstlichen Spessart, im Sinn- und Maintal, von Gemünden bis Rothenfels, und Lohr war bald ihre bevorzugte Stadt. Ende des 11., Anfang des 12. Jahrhunderts wird eine Familie faßbar, welche mit Rieneck in Verbindung gebracht wird. Es sind die sogenannten Stadtpräfekten von Mainz, deren Stamm von den Grafen von Loon (Looz) weitergeführt wurde. Arnold Graf von Loon, Mainz und Rieneck ist für die Jahre 1008 bis 1035 gesichert. Das Mainzer Burg- und Stadtgrafenamt war recht eigentlich das Amt des Gaugrafen. Als Graf von Rieneck findet sich Graf Arnold von Loon erstmals 1015. Diese Familie teilte sich am Ende des 12. Jahrhunderts in die Häuser Loon und Rieneck, und es wird angenommen, daß die alten ›Stadtpräfekten‹ von Mainz Hattonen waren, die an der Nahe saßen, wo nachher die Grafen von Sponheim erschienen. Die Hattonen sind seit 745 urkundlich faßbar und besaßen den Wormsgau. Rieneck gehörte zu den vier Burggrafen des Reichs, den ›Quaturnionen‹, wie Nürnberg, Magdeburg und Stromberg.

Lohr war bekannt durch seine mainzische Spiegelglashütte, deren Erzeugnisse, neben anderen prächtigen Spessartgläsern, wie solchen aus der von 1801-93 bestehenden Fürstlich Löwensteinschen Glashütte Lichtenau im oberen Hafenlohrtal, im Spessartmuseum zu sehen sind. Das Glas herrscht vor; es ist eine Besonderheit dieses Museums, hebt es aus der Reihe der vielen anderen heraus, die sich ja oft verzweifelt ähnlich sehen. Übrigens betrieb der Baumeister Balthasar Neumann von 1733 bis zu seinem Tode die Glashütte zu Fabrikschleichach im Steigerwald, versorgte daraus seine sämtlichen Kirchen- und Schloßbauten und exportierte seine Erzeugnisse bis nach Holland.

So also ist Lohr ein Ort, wo es manches zu sehen gibt, und es hat noch einen Vorzug, denn von hier aus führen viele Wanderwege in den Spessart.

ZWISCHEN SPESSART UND ODENWALD

Er ist eines der schönsten deutschen Waldgebirge »und drinnen erzählt man sich seltsame Geschichten«, heißt es. Weithin ziehen sich die runden bewaldeten Kuppen mit herrlichen Buchen- und Eichen-, Fichten- und Kiefernbeständen, durchbrochen von tiefeingeschnittenen Tälern. Noch im 16. Jahrhundert war das Gebirge mehr eine ungeheure Urwaldwildnis als ein im heutigen Sinn gepflegter Forst; und es war berühmt für seinen Wildreichtum. Dort, wo das Mainviereck bei Aschaffenburg zum Norden hin geöffnet ist, setzt sich der Spessart fort bis zum Vogelsberg und zur Rhön. Den Kern bildet der Hochspessart mit seiner geschlossenen Waldmasse, und bei Rohrbrunn liegt die höchste Erhebung, der 585 Meter hohe Geyersberg, umgeben von schmalen Wiesengründen und einsamen Dörfern. Noch etwas aber hat diese Landschaft, das berühmte ›Wirtshaus im Spessart‹, dem Wilhelm Hauff zu literarischem Ruhm verholfen hat. Ich besitze einen um 1900 erschienenen Band seiner Märchen noch heute. Auf dem grauen Deckel steht, in Gold gepreßt, eine Jungfrau an einer Quelle. Man denkt sogleich an die Echtersche Ahnfrau oder an die Quellnymphe der Elsawa. Beschaue ich die Illustrationen im schönsten Jugendstil, bin ich gleich wieder verzaubert, wie als Kind. »Vor vielen Jahren, als im Spessart die Wege noch schlecht und nicht so häufig als jetzt befahren waren, zogen zwei junge Burschen durch den Wald...« So fängt es an. Ich selbst bin der junge Goldschmied Felix, der mit dem Zirkelschmied durch den dunkelnden Wald wandert, »unter riesengroßen Buchen und Fichten«, bis sie in der Ferne das Wirtshaus erblicken, in dem sie das unheimliche Abenteuer mit den Räubern erfahren sollten. Wir lauschten voller atemloser Spannung den Geschichten vom Hirschgulden oder vom Kalten Herz, die sie sich erzählten, um nicht einzuschlafen und ermordet zu werden; wir erlebten die Ankunft des gräflichen Reisewagens und endlich die Rettung aus höchster Gefahr. Pirscht man an einem Regentag im Wald, wenn der Nebel zwischen den hohen Buchenstämmen und tropfendem Unterholz zieht und man im ungewissen Nebeldämmer nichts anderes sieht als Baumstrünke und immer wieder Stämme, wenn kein Laut zu hören ist als das Tropfen im Laub, das Sausen in den Wipfeln von einem jähen Windstoß oder der Schrei eines Hähers, so kann man sich gut Räuber auf ihren verschwiegenen Pfaden vorstellen oder Wilderer, wie den Adam Hasenstab, der im 18. Jahrhundert sein Unwesen trieb. Der Kurfürst von Mainz erließ seinetwegen 1751 eine Verfügung, die den Raubschützen vogelfrei erklärte und die Bevölkerung aufforderte, ihn zu greifen. Den Bauern, Köhlern und Glasbläsern aber galt er als Held, und so ist Hasenstab nie gefaßt worden. Nun, die Räuber von damals gibt es nicht mehr, und die modernen Banditen verirren sich nicht in die grüne Wildnis, denn in Banken ist mehr zu holen. Das Wirtshaus steht heute dicht an der Autobahn, umringt von Tankstellen und Restaurants. Es wurde vor 283 Jahren am gefürchteten Reiseweg über den Rohrbrunner Paß gebaut, war aber damals weder Wirtshaus noch Räuberschenke. 1686 erhielt der kurmainzische Oberjäger Melchior Uzuber aus Aschaffenburg die Erlaubnis, in Rohrbrunn ein Posthaus zu bauen. Uzuber wurde zum Thurn und Taxisschen Posthalter befördert, als dort die Poststation eröffnet wurde. Das Posthaus war fast ein Jahrhundert im Besitz der Familie, bis es der letzte Uzuber 1790 verließ. Er erhielt von Thurn und Taxis einen Ehrensold und sein Nachfolger, der neue Posthalter, baute ein neues Posthaus.

Stundenlang kann man gehen, ohne einem Menschen zu begegnen. Der Wald entzückt durch immer neue Schönheiten und von jeher haben die Jäger ihn geliebt, die Kurfürsten von Mainz, die Grafen von Rieneck und Wertheim, die Fürsten zu Löwenstein-Wertheim und die mitten im Spessart gesessenen, durch manche Sage mit ihm verbundenen Freiherren Echter von Mespelbrunn, deren Schloß wir besuchen werden. Farbig bunt müssen einst die Jagdzüge der großen Herren gewesen sein, wenn sie mit Jägermeister, Knechten, Förstern, Meuten und Pferden zur Jagd aufbrachen. Die Zeiten der Parforcejagden, der blutigen Jagdfeste sind vorbei, aber noch immer klingen zur Zeit der winterlichen Wildjagden die Hörner durch die Spessartwälder.

Aschaffenburg

Fortsetzung auf den Seiten
184-185, 202, 274 und 400-401

Von Lohr aus geht die Straße immer dicht am Fluß entlang. Es ist eine der hübschesten Fahrten, die man machen kann, auch ist mancherlei Sehenswertes am Weg zu finden. Als ersten Ort von Bedeutung erreichen wir *Neustadt* mit seinem uralten einstigen Benediktinerstift, das Bischof Megingaud von Würzburg, ein Schüler des hl. Bonifatius, um 770 gegründet hat. Die heutige Kirche stammt aus der ersten Hälfte des 12. Jahrhunderts. Abt Adalgerus (1095-1100) kam aus Hirsau; er begann wohl den Bau, der sich bis nach 1150 hinzog. Die Kirche ist eine dreischiffige Basilika mit zwei Osttürmen und einer ganz erneuerten Westfront. Außen trägt der Bau sparsame Gliederung von Lisenen und Rundbogenfriesen. Von feierlicher Strenge und Eindrücklichkeit ist das Innere mit seinem Wechsel von Säulen und Pfeilern. Von Steinfiguren sehen wir das strenge Relief des hl. Martin aus dem 12., in einer Rundbogennische Maria, Karl den Großen und St. Martin wohl aus dem späten 14. Jahrhundert. Allerdings sind nur noch Teile der Kirche aus der Erbauungszeit. 1857 schlug der Blitz in das Gotteshaus, das samt den Klostergebäuden niederbrannte. Nur die Kirche ist in alter Form wieder aufgebaut worden. Seit 1907 wirken hier Dominikanerinnen, die ein großes modernes Kloster gebaut haben.

Bald nimmt uns die Hauptstraße des kleinen Städtchens *Rothenfels* auf, und wir fahren durch ein Spalier fränkischer Giebel- und Fachwerkhäuser, geschmückt mit Heiligenfiguren und schmiedeeisernen Auslegern. Das hübsche Rathaus baute 1599 Michael Imkeller, und die stattliche Pfarrkirche ließ Bischof Julius Echter 1610-11 errichten, während der Turm 1750 hinzugefügt wurde. Über eine steile Stiege geht es hinauf zur Burg Rothenfels, die Marquard von Grumbach, Vogt von Neustadt, mit Erlaubnis des Bischofs von Würzburg 1148 baute. Die Burg kam dann an Rieneck, nach ihrem Aussterben an Würzburg zurück und nach der Säkularisierung des Hochstifts an die Fürsten zu Löwenstein, welche sie 1919 verkauften.

Weiter geht es nach *Hafenlohr*, einst Sitz eines bedeutenden

Hafnergewerbes, nach *Marktheidenfeld*, wo das Maintal wieder weit wird. Von hier aus sollte man einen Abstecher über Erlenbach, Remlingen nach *Holzkirchen* machen, das in einem stillen Waldtal am Aalbach liegt. 775 ist das ehemalige Benediktinerkloster wahrscheinlich von einem Grafen des Waldsassengaus gestiftet worden. Propst Reinhard von der Tann baute in der ersten Hälfte des 16.Jahrhunderts Propsteigebäude, Südflügel und Klostermauer; 1679-82 baute Propst Ildefons von Havichorst eine neue Propstei, die ab 1759 als Konventsbau diente, und 1725 fügte Propst Bonifatius von Hutten den Treppenturm an. Das Schönste jedoch ist die Klosterkirche, welche 1725-30 Balthasar Neumann gebaut hat. Es ist ein kleiner achteckiger Zentralbau, im Äußeren gegliedert von Pilastern in rotem Sandstein, im Innern durch Säulen auf hohen Sockeln. Über dem Portal sitzen die Wappen des Fürstabts von Fulda, Adolf von Dalberg, und des Propstes von Hutten. Die reichen Stukkaturen in den Fenstergewänden und in der Kuppel – Bandwerk, Blumen, Urnen, Kartuschen und Allegorien der Kardinaltugenden – wurden unter Propst Casimir von Sickingen geschaffen. An der südlichen Außenseite ist ein Relief aus rotem Sandstein eingemauert; es zeigt einen Jünglingskopf mit Nimbus, vermutlich den thronenden Christus, aus dem späten 12.Jahrhundert. Die unteren Reliefs, Christus auf der Eselin, Mann mit Einhorn (Gottvater?), gehören dem ausgehenden 11.Jahrhundert an. An den festlichen kleinen Kirchenbau schließen die Klostergebäude an, deren Südflügel im Erdgeschoß romanisch ist und auf der Hofseite noch den ursprünglichen Kreuzgangflügel mit gekuppelten Rundbogenfenstern, zum Teil mit gebündelten Säulchen und mit Kapitellen mit Fabeltieren vom Ende des 12.Jahrhunderts, zeigt. 1803 ist die Propstei säkularisiert worden, kam erst in den Besitz der Fürsten zu Löwenstein, dann des Prinzen von Nassau-Oranien, Napoleons, der es seinem Marschall Duroc schenkte, des Prinzen Leopold von Sachsen-Coburg, dem Max Joseph von Bayern folgte, der sie 1816 an die Grafen zu Castell verkaufte. Still und verlassen liegt diese kleine schöne Anlage am Aalbach. Ein Abglanz der großen geistlichen Welt des 18.Jahrhunderts liegt noch über dem Kloster, dessen Pröpste meist dem fränkischen Adel angehörten. Wo ein Fürstbischof aus reichsritterschaftlicher Familie amtierte, wie Guttenberg, Bibra, Thüngen oder Hutten, wehte auch der Wind ihrer großen Planungen bis in die entlegensten Winkel.

Von Marktheidenfeld folgen wir weiter dem Main, kommen nach *Lengfurt*, in dessen nächster Nachbarschaft *Homburg* mit dem kleinen würzburgischen Schloß und den Rebterrassen des Kallmuth liegt. Wir überqueren den Main und fahren hinauf nach *Triefenstein*, dessen hohe, schlanke Kirchtürme über dem Steilufer aufragen. Dekan Gerung vom Würzburger Stift Neumünster gründete 1102 das Augustinerchorherrenstift, dessen Kirche Petrus und Paulus geweiht ist. 1160 brannte sie ab, wurde jedoch vier Jahre später erneut geweiht. 1687 kam es zu einem vollständigen Neubau von Kirche und Kloster; 1694 war die Kirche fertig, während sich die Vollendung der Klosterbauten von Valentin Pezani und Joseph Greising bis 1715 hinzog. Die Ausstattung und Einrichtung der Kirche – sie gehört zum Besten dieser Epoche in Bayern – wurde unter Propst Melchior Zösch (1783-1815) geschaffen, und zwar stammen Stuck, Altäre und Kanzel von Materno Bossi, die Deckenbilder von Januarius Zick, während die Figuren am Hochaltar, Chorgestühl und Beichtstühle von Peter Wagner gearbeitet sind. Der Propst hatte zuerst den Italiener und kurmainzischen Hofmaler Joseph Ignaz Appiani mit der Ausmalung der Klosterkirche beauftragt. 1784 oder 1785 begann er die Arbeit, aber er wurde krank und starb in Triefenstein, wie wir aus einem Brief des Kanonikus Carlo Matteo Oldelli, Mitglied des Kölner St. Ursula-Stiftes, wissen, den Josef Heinzelmann – ein einmaliger Glücksfall – im Archiv von Bellinzona entdeckte: *Am 19. des verflossenen August (1785) starb im Alter von 73 Jahren der Herr Ignaz Appiani in einer gewissen Abtei von Regular-Kanonikern – ich weiß nicht, welchen Ordens – in der Stadt oder dem Flecken Trieffenstein in Franken, zehn Stunden über Aschaffenburg, wo er die Kirche ausmalte, er litt an einer Verdauungsstörung und Konstipation und dann an innerlicher Entzündung, die neun Tage Zeit dauerte. Seine sehr alte Frau lebt noch und ich glaube, sie ist Alleinerbin.* Appiani ist in der Kirche begraben worden.

Die Kirche ist ein großer einschiffiger Bau mit zwei Osttürmen, außen schmucklos, im Innern von klassizistischer Kühle und Noblesse, ein Raum von hoher Qualität, gegliedert von Halbsäulen in Stuckmarmor, durch Pilaster im Chor. Die Gurtbögen sind alternierend kassettiert und mit Bandwerkornament geschmückt. Das Ganze ist in schönstem farbigen Dreiklang von Weiß, Meergrün und Gold gehalten. Zicks Deckengemälde – Appianis begonnene Arbeit wurde wieder abgeschlagen! – von 1786 zeigen im Langhaus die Schlüsselübergabe an Petrus, Paulus in Athen, Pauli Bekehrung und Heilung des Lahmen durch Petrus. Das kühle, zarte Kolorit paßt gut zu den Farben des Stucks, der Altäre und Beichtstühle. Die Altarbilder malte Christian Onghers Ende des 17. Jahrhunderts. Um die große alte Hoflinde gruppieren sich die schlichten, vornehmen Klostergebäude, welche den Fürsten zu Löwenstein-Wertheim-Freudenberg, denen Triefenstein nach der Säkularisierung zugefallen war, zeitweilig als Wohnort dienten. Hier haben wir als Kinder schöne Sommerferientage verlebt. Die Klosterkirche wird zur Zeit von Besitzer und Bayerischem Landesamt für Denkmalpflege instand gesetzt.

Wir fahren nach Lengfurt zurück. Der Main fließt nun in langer Schleife um den weit nach Süden vorspringenden Bergrücken Wertheim zu. Wir kommen durch das Dorf *Urphar* und sollten nicht versäumen, das St. Jakobs-Kirchlein zu besuchen, dessen romanischem Chorturm 1297 das Langhaus, 1497 die Sakristei angefügt wurde. Es ist ein behaglicher Raum, der die interessantesten Fresken birgt. In der Apsis sehen wir Christus als Weltenrichter, umgeben von den Evangelistensymbolen, geschaffen um 1297. Der Turmchor wurde in der ersten Hälfte des 14. Jahrhunderts ausgemalt und zeigt die Apostel.

Wertheim ist ganz nahe gerückt. Ehe wir in die Stadt einfahren, sehen wir linker Hand über der Straße das schlichte Rokokoschlößchen des *Eichelgartens*, das einst den Löwenstein als Sommersitz diente. Der kleine Park war ehemals mit einem

Vestatempelchen, einer Orangerie und Eremitagen »würdig zur Bequemlichkeit und Lust« geschmückt, ein Veitshöchheim en miniature. Im Kreuzwertheimer Schloß hängt ein Bild, das sich auf den Eichelgarten beziehen könnte. Da sitzt vor dem prächtigen Himmelbett die Gräfin zu Löwenstein-Wertheim, eines der Kinder auf dem Schoß, und läßt sich von ihrer Kammerfrau frisieren. Eine kleine Tochter spielt mit einem weißen Windhund; der Graf wendet sich gerade zwei Beamten mit Briefschaften zu, und vor der offenen Tür warten Bittsteller. Dieses Bild gibt die Atmosphäre des Familienlebens an einem kleinen reichsgräflichen Hof recht ansprechend wieder.

Wertheim

Der Zusammenfluß von Main und Tauber bot die günstigste Lage zur Gründung der Stadt. Auf halber Höhe über ihr, die Täler der beiden Flüsse beherrschend, liegt die mächtige *Burg*. Der strategisch wichtigste Punkt wurde im frühen 12. Jahrhundert befestigt, und man schützte die einem Angriff am leichtesten ausgesetzte Südseite durch einen künstlichen tiefen Graben. Dann entstand die obere Burg mit dem aus starken Buckelquadern gefügten quadratischen Bergfried, und um 1170 wurde das Ganze mit einer ersten Ringmauer umgeben, in deren nordöstlichem Winkel der Palas steht, der im Laufe der Zeit manche Veränderung erfahren hat. In Verbindung mit dem ersten, in Resten erhaltenen Mauerring wurden Schenkelmauern hangabwärts angelegt, an welche sich die Stadtbefestigung anschloß. Im 13. Jahrhundert entstanden die Kapelle mit dreiteiliger Fensteröffnung in der Stirnwand und eine zweite Ringmauer. Im 14. Jahrhundert erhielt die Burg ihren im wesentlichen erhaltenen heutigen Umfang. Damals wurde auch, auf die Kapelle übergreifend, der Palas umgebaut, später erfolgte die Befestigung der unteren Burg mit einer dritten Mauer mit Torbau, Zugbrücke und Rundtürmen. Zwischen 1330 und 1385 wurde jenseits des breiten Grabens im Süden eine Außenburg errichtet und in der ersten Hälfte des 15. Jahrhunderts noch vergrößert. Auch die Mauern zur

Stadt wurden verstärkt, der Palas erneut umgebaut und auf der Südwestseite ein weiterer Mauerring angelegt. Die Unterburg erhielt den Johannesbau mit Treppenturm und Kasematten, später noch die Hausvogtei. So stand die Burg als eine der stärksten fränkischen Wehrbauten über dem Flußtal, dazu in schönster Lage, denn man schaut weit den Main hinab und hinauf. Sie ist dann in der Renaissance zum repräsentativen Burgschloß ausgebaut worden. Jetzt baute man den Palas zum letzten Mal um, wie die Jahrzahl 1562 am reichen Portal des Treppenturms zeigt. Ein Jahrhundert später brach das Verhängnis über das Schloß herein, als es 1634 durch die Artillerie des kaiserlichen Feldmarschalls Piccolomini zerstört wurde. Seitdem liegt die Burg als imposante Ruine über der Stadt. Kaiser Friedrich I., Wolfram von Eschenbach, der zu den wertheimischen Vasallen gehörte, König Gustav Adolf und Luther zählten zu den berühmtesten Gästen der Grafen von Wertheim und der Grafen zu Löwenstein-Wertheim auf der Burg.

Unten liegt die anmutige Stadt mit Türmen, gotischen Kirchen, Brunnen und schönen alten Häusern, kurz allem, was zu einer alten fränkischen Stadt gehört. Leider wird die schöne Silhouette, wenn man von der anderen Mainseite hinüberschaut, durch den hohen und breiten Bau des neuen Krankenhauses empfindlich gestört. Die Befestigungen sind zum Teil erhalten. 1306 verlieh König Albrecht den Grafen die Rechte der Stadt Frankfurt, die 1333 von Kaiser Ludwig dem Bayer in eine Verleihung des Gelnhausener Stadtrechts umgewandelt wurden. Damit war Wertheim aber keineswegs Reichsstadt geworden, vielmehr sind diese Verleihungen Privilegien der Landesherren gewesen, deren Stadtgründung dadurch in die große Linie der Reichspolitik einbezogen wurde und vom Frankfurter beziehungsweise Gelnhausener Oberhof Rechtsbelehrung erbitten konnte. Im Jahre 1362 löste Kaiser Karl IV. diese Rechtsverbindung und machte die Stadt zu einem Lehen der Krone Böhmen.

Innerhalb der Mauern drängen sich an den schmalen Straßen hohe, engbrüstige Häuser des 16. bis 18. Jahrhunderts mit Renaissance- und Barockfronten, vor allem aber mit reichem Fach-

25 Burg Freudenberg

26 Wertheim von Westen

27 Blick über Miltenberg und das Maintal nach Kleinheubach

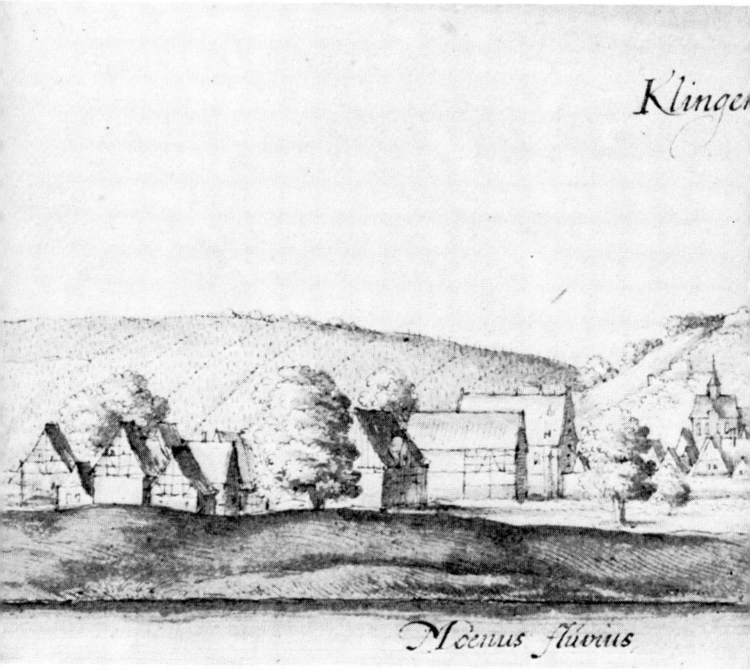

Klingen

Moenus fluvius

28 Klingenberg.
Zeichnung von Wenzel Hollar, 1636

29 Panorama von Aschaffenburg mit Pompejanum,
Schloß und Mainbrücke

30 Blick von der Mainbrücke auf Frankfurt

31 Blick über die Weinberge von Hochheim nach Mainz

32 Die Mündung des Mains, →
Ausschnitt aus einer Lithographie von 1829

werk, mit Inschriften und Jahrzahlen. Charakteristisch für das Stadtbild ist der Zusammenklang der drei Plätze: Marktplatz, Engelsbrunnen- und Kirchplatz. Jeder von ihnen ist in sich geschlossen und von grundverschiedener Erscheinung, doch der bewegte Rhythmus ihrer Aufeinanderfolge gibt dem Wertheimer Stadtbild seine besondere Eigenart.

Langgestreckt ist der *Marktplatz*; er erfreut durch die Mannigfaltigkeit der Linien und Flächen, jedes Haus hat sein eigenes Gesicht, spricht von der Phantasie seines Besitzers und des Baumeisters – im Gegensatz zur Unpersönlichkeit heutiger Bauten. Stellung und Anlage der Häuser nehmen Rücksicht auf das Bedürfnis der Bewohner, nach allen Seiten möglichst alles beobachten zu können, was draußen geschieht. Das ist sicher nicht nur der Neugier zuzuschreiben, sondern dem Gefühl einer bürgerlichen Zusammengehörigkeit, die in jenen kleinen Städten viel ausgeprägter war als in großen. Der einzelne will teilnehmen am Leben der Gemeinde in ihrer städtischen Regsamkeit und Beweglichkeit. Bewegung und Getriebe herrschten ohne Zweifel, wie wir in Schilderungen alten Stadtlebens lesen können, eine fast wüste Symphonie aller erdenklichen Geräusche: Glockenklang und fromme Gesänge der Prozessionen, das Brüllen, Grunzen, Schnattern und Gackern von Vieh, Enten und Hühnern, das Grölen Betrunkener in den Schenken, Wagenrattern und Peitschenknall und die Rufe der Marktschreier und fliegenden Händler. Der Lärm ist heute nicht geringer geworden, aber eintöniger, denn er besteht größtenteils aus dem Heulen der Motoren, dem Geknatter der Motorräder und dem Rasseln der Lastkraftwagen.

Das Plätzchen mit dem *Engelsbrunnen* ist wieder anders; den Brunnen ließ 1574 der Rat von Matthias Vogel anfertigen, und das Programm seines Schmuckes zeugt vom Gedankengut der Renaissance. Unten sehen wir den Schultheißen Heinrich Rüdiger mit seiner Frau, also die Obrigkeit, und Vogel selbst. Die oberen Figuren zeigen die Planeten und die dazugehörigen Tierkreiszeichen: Venus mit dem Stier deutet auf Tugend und Laster, Mars mit Widder auf Krieg und Heerfahrt, Jupiter mit

Wassermann und Fischen auf Arbeit und gerechtes Gericht, Merkur und Jungfrau auf Handel und Kunst. Eine der Inschriften gibt ein Rätsel auf. Sie lautet:

> Ez ist ein Wort
> das hat ein L
> wer es sieht der begert es schnell
> wen das L nich darinen ist
> kein höher schatz in der Welt ist (Gold-Gott)

Von hier aus schauen wir in drei Gassen, deren Schnittpunkt eben dieses Plätzchen bildet.

Der *Kirchplatz* bildet die Fermate der drei Plätze und ist eine kräftige Steigerung des Gesamtbildes: Gemeinde, Obrigkeit, Kirche. Den Chor der 1384 begonnenen Stadtpfarrkirche schmücken die prächtigen Gräber der Wertheim, Stolberg, Ysenburg, Manderscheid und Löwenstein aus dem 15. bis 18. ahrhundert. Es ist eine fürstliche Grablege. Da ist Graf Johann I. von Wertheim mit seinen beiden Frauen, einer Gräfin Rieneck und einer Herzogin von Teck, Anfang 15. Jahrhundert; da ist das prunkvolle Grabmal des Grafen Georg zu Ysenburg und seiner Gemahlin Barbara von Wertheim aus dem frühen 17. Jahrhundert, ein äußerst mürrisches Paar im prächtigsten Rahmen. Da ist das Grabmal des Grafen Ludwig von Stolberg-Königstein und seiner Frau Walburga Gräfin zu Wied, dann das Epitaph des anmutigen Grafen Philipp von Manderscheid, des letzten seines Hauses, der mit achtzehn Jahren in Padua starb, 1590. In der Mitte des Chors steht das üppige Freigrab, die ›Bettlade‹ Ludwigs II. zu Löwenstein und seiner Frau Anna von Stolberg, 1614-16 von Michael Kern geschaffen. Über der Tumba, auf der die Gestalten des geharnischten Landesherrn und seiner Gemahlin ruhen, erhebt sich ein von Säulen getragener Baldachin mit phantastischen Kartuschen aus Engelsköpfen und Totenschädeln, an dessen vier Ecken trauernde Putten sitzen. Am Gebälk hängen Festons von Früchten, und in den Interkolumnien sind die Wappen der großen europäischen Verwandtschaft angebracht: Löwenstein, Stolberg, Mansfeld, Königstein, Mark, Wied, Nassau,

Virneburg, Hessen, Waldburg, Montfort, Königseck, Savoyen, Burgund, Wertheim und Burggrafen von Nürnberg.

Wie vielen alten Geschlechtern fehlt auch den Löwenstein nicht ihr Hausgeist, das ›Ahneweible‹, das ›Familienweibchen‹, oder schlicht die ›Gräfin Kätterle‹ genannt. Immer vor einem Todesfall in der evangelischen Linie des Hauses erschien sie, bald im Schloß, bald in den Gassen, meist aber in der Nähe der Pfarrkirche. Einige halten sie für die Ahnfrau des Hauses, andere für die 1634 verstorbene Gräfin Katharina, die in der Gruft bestattet ist, wo vormals die mumifizierten Leichname der Familie besichtigt werden konnten. 1847 sollen würzburgische Studenten mit der Gräfin Kätterle ein Tänzchen gewagt haben, wobei sie den Kopf verlor, und früher trieben die Kinder ein Spiel, wozu sie sangen:

> Gräfin, Gräfin Kätterle
> Kann ich dich wohl sehen?
> Nein, der Turm ist viel zu hoch,
> Mußt ein Stein abbrechen.

Gegenüber der Pfarrkirche steht, sehr geschickt in den engen Platz hineinkomponiert, die *Kilianskapelle* von 1472, ein zierlicher, eleganter Bau mit reichem gotischen Zierat.

Wie viele andere Städte ist Wertheim ein stark befestigter Platz gewesen, aus dem Wunsch nach einem möglichst sicheren Schutz nach außen und einer möglichst umfassenden wirtschaftlichen Autarkie im Innern entstanden. Durch die zahlreichen Festungswerke, Wälle, Türme und Tore, erhielt die Silhouette der Stadt den überaus malerischen Charakter, den sie sich bis heute bewahrt hat, wenn auch viele der Wehranlagen und alten Häuser im 19. Jahrhundert fallen mußten. Noch pittoresker muß im Mittelalter das Stadtinnere gewirkt haben. Die Straßen verlaufen selten gerade, meist sind sie krumm und gewunden, so daß viele Winkel und Ecken entstehen, eine Vielfalt sich kreuzender und einander durchdringender Häuserfronten, wie zum Beispiel das *Rathaus*, das aus drei Gebäuden zusammengebaut und öfters verändert wurde.

Am rechten Mainufer liegt das ehemals ebenfalls befestigte

Dorf *Kreuzwertheim* mit seinem langgestreckten Schloß, das 1736 als Witwensitz für die Gräfin Amöne Sophie gebaut und Ende des 19. Jahrhunderts umgebaut und mit schweren Renaissancegiebeln versehen wurde. Von Kreuzwertheim aus zeigt sich Wertheim am anmutigsten. Einst glitt die Fähre gemächlich hinüber und herüber, in den still ziehenden Wassern des Mains spiegeln sich die Türme und Häuser; und vom Bergfried der Burg weht die löwensteinsche Hausfahne, weiß und blau.

Jenseits von Wertheim, im Taubertal, liegt das einstige Kloster *Bronnbach*, das die katholische Linie Löwenstein 1803 als Entschädigung für verlorenes linksrheinisches Gebiet erhielt. Das Kloster, das die Grafen von Wertheim mit großzügigen Schenkungen bedachten, wurde 1151 gegründet, und die Kirche gehört zu den bedeutendsten romanischen Zisterzienserbauten Süddeutschlands. Sie entstand in enger Anlehnung an burgundische und provenzalische Ordensbauten. Der strenge Bau, dessen reiche Barockausstattung im Zug der Wiederherstellung des alten Eindrucks größtenteils entfernt wurde, der elegante Kreuzgang, die vornehmen Klostergebäude, die im 16. und 17. Jahrhundert gebaut wurden, das zweigeschossige ehemalige Sommerrefektorium, in dem sich der große, prachtvolle Barocksaal befindet, dies alles liegt, von Wald umgeben, über der Tauber und an der Straße, die über Tauberbischofsheim ins Hohenloher Land führt.

Das Haus Löwenstein-Wertheim

Die Grafen von Wertheim waren ein sehr altes Geschlecht. Wie eng verflochten die Familien des hohen Adels im frühen Mittelalter gewesen sind, läßt sich am Werdegang der Wertheimer feststellen. Sie entstammten einer Linie der Konradiner, denen auch Konrad Herzog von Franken, als deutscher König Konrad I. (911-18), angehörte. Der Konradiner Gebhard, Herzog von Lothringen (gest. 910), hatte einen Sohn Tedo d. Ä., Graf im Rheingau und der Wetterau, und dessen Sohn Heribert (gest. 992) war Graf im Kinziggau. Sein Enkel Wolfram nannte sich zum ersten Mal Graf von Wertheim; er baute um 1130 die Burg.

Wertheim war kein aus einer Gaugrafschaft gewachsenes reichs-
freies Territorium, sondern eine Herrschaft, deren Inhaber den
angeborenen Grafentitel führten, die jedoch auf Grund der hohen
Gerichtsbarkeit und der Verfügung über einstiges Königsgut im
Bachgau reichsunmittelbar war. In der Konsolidierung ihrer
Grafschaft gingen die Wertheimer ähnliche Wege wie die Zollern als Burggrafen von Nürnberg. Zur Grafschaft Wertheim
gehörten weite Gebiete in Franken südlich und nördlich des
Mains im Spessart und Odenwald – darunter die Herrschaft Breuberg mit der mächtigen, noch stehenden Burg westlich von Miltenberg –, als würzburgisches Lehen großer Besitz zwischen Urphar und Gemünden. Der dichtgedrängte Lehenshof der Grafschaft lag im Tauber-, Waldsassen- und Maingau, am Neckar,
im Würzburger Umland bis an den Steigerwald und im Nürnberger Raum. Seit 1401 waren die Grafen Erbkämmerer von
Würzburg, und 1480 titulierte der Bischof sie als Landesfürsten.

Die Löwenstein sind ein sehr neues Geschlecht, leitet Eduard Vehse
boshaft den Abschnitt Löwenstein in seiner ›Geschichte der kleinen Höfe‹ ein, und er fährt fort: *Die Stammeltern sind Kurfürst
Friedrich der Siegreiche, der sogenannte böse Fritz von der Pfalz, Erbauer des Trutzkaisers in Heidelberg, der sich gegen Kaiser und Papst
setzte, und Klara Dettin, Hoffräulein und Sängerin zu München.*

Klara Tot, so lautet ihr richtiger Name, eine Augsburgerin,
hatte ein freundlicheres Schicksal als ihre Mitbürgerin Agnes
Bernauerin, die mit Herzog Albrecht von Bayern vermählt war
und auf Befehl ihres Schwiegervaters bei Straubing in der Donau
ertränkt wurde. Friedrich lernte die schöne, kluge Frau am Hof
seines Vetters in München kennen und heiratete sie. Jakob Wimp-
feling, der Straßburger Humanist, huldigte ihr mit einem lateinischen Gedicht, in dem es heißt:

> Fromme, freundliche Klara, o gütige Klara,
> Leuchtende unter den ausgezeichneten Frauen, heitere,
> Reine, züchtige, holde, demütige, bescheidene,
> Herrliche Frau, mild und bekannt reizend,
> Göttliche Klara von lieblicher Schönheit,
> O herrlichste sei gegrüßt ...

Da die Kinder aus dieser Ehe den damaligen Bestimmungen zufolge nicht ebenbürtig waren und daher als Erben der Pfalz nicht in Frage kamen, verlieh ihnen der Kaiser die Grafschaft Löwenstein bei Heilbronn, welche der letzte Graf aus habsburgischem Stamm 1493 an Kaiser Maximilian I. verkauft hatte. Der Kaiser bestätigte 1494 die neuen Löwensteiner Grafen als Herren der Herrschaft. Ludwig II. Graf zu Löwenstein, kaiserlicher Rat, Reichshofratspräsident, Stellvertreter des Kaisers auf vielen Reichstagen – das schöne Portrait seines Vaters von Hans Baldung Grien befindet sich in den Berliner Museen –, erbte durch seine Frau Anna Gräfin von Stolberg-Königstein die Mitherrschaft an Wertheim, denn ihrem Vater hatte die Witwe des letzten Wertheimer Grafen 1556 die Grafschaft übertragen. Dessen Töchter, die Gräfinnen Eberstein, Manderscheid und Löwenstein, erbten gemeinsam. Eberstein verzichtete, und Ludwig II. verstand es geschickt, seinen Schwager Manderscheid auszuschalten und dadurch der alleinige Herr der Grafschaft zu werden. Im 17. Jahrhundert, nach der Teilung in die beiden Linien, gewannen die evangelischen Löwenstein noch die Grafschaft Virneburg in der Eifel, im 18. Jahrhundert noch Teile der Grafschaft Limpurg und die gefürstete Grafschaft Umpfenbach. Die katholischen besaßen die Herrschaften Rochefort und Chassepierre, aber alles das ist wieder verlorengegangen. Graf Maximilian Karl von der katholischen Linie wurde 1712 in den Reichsfürstenstand erhoben, denn er stand als ein Mann von außergewöhnlicher politischer Begabung und integrem Charakter in hoher Gunst bei den Kaisern Leopold I., Joseph I. und Karl VI. Er war ein Freund des Prinzen Eugen von Savoyen, verwaltete 1704 während des Spanischen Erbfolgekriegs den von den Österreichern besetzten bayerischen Kurstaat, war kaiserlicher Gesandter am Fränkischen und Oberrheinischen Kreis, kaiserlicher Prinzipalkommissar in Regensburg und dann als Nachfolger Eugens von Savoyen Gouverneur und Generalkapitän des Herzogtums Mailand. Generalfeldmarschall Fürst Carl Thomas, korrespondierendes Mitglied der Académie Française, verwandelte sein Land in einen aufgeklärten absolutistischen Kleinstaat mit

sauberer, rationeller Verwaltung, durchgreifenden Wirtschafts-
maßnahmen wie Ausbau der Mainschiffahrt, Hebung des Le-
bensstandards der Bevölkerung und Förderung des Erziehungs-
wesens. Fürst Dominik Konstantin war ein Schulfreund des Herzogs von Talleyrand und versuchte, sich mit dessen Hilfe bei
dem Reichsdeputationshauptschluß von 1803 die Nachfolge in
Bayern zu sichern für den Fall, daß die Wittelsbacher aussterben
sollten, von denen er ja abstammte. Die evangelische Linie Löwenstein-Wertheim-Freudenberg erhielt 1812 den bayerischen
Fürstenstand. Fürst Wilhelm vertrat zeitweise als Legationsrat den
preußischen Gesandten in London und unterhielt enge Beziehungen zu den meisten europäischen Höfen, wie sein umfang-
reicher Briefwechsel zeigt. Er war ein sehr enger Freund des
Prinzgemahls Albert der Königin Viktoria von England. Im
Kriege von 1866 wohnte er mit seiner Familie in Triefenstein
am Main. Als die preußischen Truppen durch den Spessart gegen Würzburg vorrückten, wurde Triefenstein von bayerischen
Soldaten besetzt. Den Fürsten nahmen sie als Mitglied einer
preußischen Gesandtschaft gefangen, obgleich er als Inhaber
einer Standesherrschaft Mitglied der Kammer der Reichsräte
der Krone Bayerns war. Die Bayern ließen es sich in Triefenstein
sehr wohl sein, aber als eine preußische Aufklärungsschwadron
erschien, ergriffen sie die Flucht und vergaßen in der Aufregung,
den wichtigen Gefangenen mitzunehmen, denn der fürstliche
Wein hatte ihre Köpfe so umnebelt, daß der Kommandant in
einen Landauer verladen und abtransportiert werden mußte.
Der Fürst war so verärgert, daß man ihm Verrat an Bayern zu-
getraut hatte, daß er alle bayerischen Orden zurücksandte und
nie mehr in der Kammer der Reichsräte erschien.

Daß der Name Löwenstein zu Verwechslungen führen
konnte, zeigt ein Erlebnis meines Großvaters in Berlin. Er
hatte dort auf dem Landwirtschaftsministerium zu tun und
nannte dem Sekretär des Ministers seinen Namen: Löwenstein-
Wertheim-Freudenberg. Durch die halboffene Tür hörte er
den Minister ausrufen: »Was! Drei Juden auf einmal? Sollen
warten.«

Die beiden Linien sind durch den Main getrennt, daher werden die evangelischen das ›fürstliche Diesseits‹, die katholischen das ›fürstliche Jenseits‹ genannt.

Ein Liberal-Konservativer

Napoleon bezeichnete den Kontinent als einen Maulwurfshaufen, der ihn langweile, da er seinem Begriff von Größe nicht genüge. Sei dem, wie es wolle, er hat sein Gutes gehabt, und es wäre töricht, es leugnen zu wollen. Wir sehen die Geschichte, vor allem die des 19. Jahrhunderts, wie durch einen Zeitraffer zusammengefaßt, als eine schnelle Folge von Kriegen, Revolutionen, technischem Fortschritt, Entdeckungen und Neuerungen auf allen Gebieten der Wissenschaft. Unseren Urgroßvätern erschien das sicherlich nicht so; vielen ging die Entwicklung zu langsam, vielen zu schnell. Das 19. Jahrhundert ist für uns vielleicht eine der interessantesten Epochen deutscher Geschichte, denn einmal ist es uns noch verhältnismäßig nahe, zum anderen haben wohl wenige Epochen ein solches Ausmaß an Gegensätzen zwischen Altem und Neuem, eine solch reiche Blüte von Dichtung und Wissenschaft, technischer Entwicklung sowie politischer Kämpfe in sich vereinigt.

Als das alte Reich zerbrach, geriet Deutschland in Bewegung. Man suchte nach neuen Formen und Inhalten, stets im Kampf mit alten Ordnungen, die sich verständlicherweise nicht ohne weiteres ihrer Geltung, ihres Einflusses berauben lassen wollten.

1806, im Prozeß der Auflösung des Reichsgebildes, waren auch die reichsunmittelbaren Fürsten- und Grafenfamilien durch die Rheinbundakte mediatisiert worden. Waren sie bis dahin allein dem Kaiser verpflichtet, unterstanden sie nun als Untertanen den einzelnen Staaten. Es ist bekannt, daß Preußen und Bayern ihre ›Mediatisierten‹, die nun ›Standesherren‹ hießen, am zuvorkommendsten behandelten, Württemberg am schlechtesten, ja geradezu mit despotischer Willkür. Von den wichtigsten politischen Vorrechten konnten die mediatisierten Familien bis 1918 den erblichen Landschaftsstand in den Ersten Kammern der deutschen Staaten behaupten wie etwa im preußischen Herrenhaus oder dem bayerischen Reichsrat. Nicht wenige Männer der vormals souveränen Häuser sind loyale Diener ihrer neuen Herren gewesen, obwohl sie lange den Kampf um durch die Wiener Schlußakte von 1815 festgelegte, aber nicht eingehaltene Rechte mit teilweisem Erfolg führen mußten. Vor allem sind sie, das ist aktenmäßig für fast alle betroffenen Familien nachweisbar, der Abneigung, ja dem Haß der staatlichen Bürokratie ausgesetzt gewesen, welche sich aus der Beamtenschaft als meist recht fähiger Dienerin der Monarchen und Staaten herausgebildet hatte. Nicht nur sah diese Bürokratie in den Vorrechten des hohen Adels eine gefährliche Beeinträchtigung des staatsbürgerlichen Gleichheitsprinzips, sie empfand diese Schicht auch als unerträglich arrogant. Die Herren brachten deutlich zum Ausdruck – meist in der höflichsten Form, die ärger zu treffen vermag als das gröbste Schimpfwort –, daß sie nicht gewohnt waren einer Beamtenschaft unterworfen zu sein. Es fehlte selbst den höchsten Staatsbeamten an dem, was Familien des hohen Adels durch jahrhundertelange Erziehung zur Selbstverständlichkeit geworden war, nämlich freies sicheres Auftreten, Verbindung zu allen Schichten, Verständnis für den Vorrang der Außenpolitik. Hinter diesen Begebenheiten, schreibt Heinz Gollwitzer in seinem augezeichneten kritischen Buch über die Standesherren, »verbirgt sich eine Fülle politisch-sozialer Ausführungen, von Angriffen und Abwehr, Trotz und Nachgeben, von Unbeugsamkeit, notgedrungener Anpassung oder schlauer Benutzung neuer Chancen und schließlich nach weiteren Einbußen eine gewisse Konsolidierung«. Nicht zuletzt waren die Mediatisierten auch Anfeindungen von seiten der Monarchen selbst ausgesetzt, die sich nicht daran gewöhnen konnten, daß ihre neuen Untertanen, deren Gebiete einen willkommenen Zuwachs ihrer Staaten bildeten, ihnen sozial durchaus gleichgestellt waren und das unmißverständlich zum Ausdruck brachten. Fürst Chlodwig Hohenlohe, bayerischer Ministerpräsident, später als Nachfolger Bismarcks Reichskanzler, einer der höflichsten, wohlerzogensten Männer seiner Zeit, rief dennoch 1869 dem

Prinzen Ludwig von Bayern, dem späteren König Ludwig III.,
im Reichsrat zu: »Was Sie sind, bin ich auch!«

Als König Friedrich von Württemberg vom Chef eines der
Hohenloheschen Häuser die Vorlage des Adelsdiploms forderte,
erklärte dieser, nicht dazu in der Lage zu sein. Er legte jedoch,
sicherlich mit Schmunzeln, Urkunden vor, welche den hohen
Adel der Familie nachwiesen: 1. Beschreibung eines Turniers,
auf dem ein Graf Hohenlohe einen Grafen von Württemberg in
den Sand streckte. 2. Eine Urkunde über eine Hochzeit im Hause
Hohenlohe, auf der ein Württemberg der Gräfin Hohenlohe die
Schleppe trug. 3. Einen Schuldbrief eines Grafen von Württemberg an einen Hohenlohe.

Ungeachtet dieser Anfeindungen sind, wie Gollwitzer fest-
stellt, viele Chefs einstiger reichsunmittelbarer Familien unter
Zurückstellung ihrer Privatinteressen sachliche, den allgemeinen
Nutzen bedenkende Mitarbeiter der Staatsführung gewesen. So
arbeitete Graf von Schönborn-Wiesentheid aus hoher, idealer
Gesinnung und Begeisterung im Reichsrat für ein liberales
bayerisches Staatswesen, wie es sich bei der Thronbesteigung
Ludwigs I. abzuzeichnen schien. Als sich die Hoffnungen nicht
erfüllten, trat er aus dem Reichsrat aus. Die gleiche Haltung zeigten Carl Graf von Giech aus dem oberfränkischen Thurnau, Karl
Fürst zu Leiningen, Halbbruder der Königin Viktoria von England, von dem ich an anderer Stelle berichten werde, und Wilhelm
Fürst zu Löwenstein-Wertheim-Freudenberg, um nur einige
wenige zu nennen. Löwenstein lebte von 1817 bis 1887, hatte eine
sorgfältige, noch in der Aufklärung wurzelnde Erziehung genossen und auf den Universitäten von Bonn und Berlin studiert.
Er war ein Jugendfreund des englischen Prinzgemahls Albert
von Sachsen-Coburg und Gotha, ein Intimus des späteren Kaisers
Wilhelm I., eng befreundet mit den Familien der preußischen
Minister von Radowitz und Savigny und mit Gustav Freytag.
Löwenstein, dessen ›Vaterländer‹ Bayern, Baden und Württemberg waren, wo seine Besitzungen lagen, hatte das Recht, sowohl
seinen Wohnsitz nach freier Wahl zu bestimmen als auch dem
Hof und Staat zu dienen, dem er dienen wollte. Das war ein den

Mediatisierten zugestandenes Recht. Auch eine Vermittlertätigkeit der Standesherren in zwischenstaatlichen Angelegenheiten entsprach keineswegs den Vorstellungen der Staatsbürokratie, ja man empfand sie als unwillkommene Einmischung. Der englische Prinzgemahl Albert nahm lebhaftesten Anteil an der politischen Entwicklung in Deutschland im Sinne nationaler und liberaler Reformen. Er korrespondierte darüber ausführlich mit seinem Schwager Leiningen und mit Löwenstein. Diesen drängte es zum Staatsdienst, und als einer der ersten ›Mediatisierten‹ trat er in preußischen diplomatischen Dienst, wirkte als Legationssekretär in London, später als preußischer Gesandter in München.

Solange der Deutsche Bund bestand, sahen die Standesherren in ihm die oberste Instanz für ihre Angelegenheiten, nicht im jeweiligen Landesherrn. Dieser Bund, der in Frankfurt seinen Sitz hatte, war kein Parlament, sondern ein von Österreich geleiteter ständiger Diplomatenkongreß, der Bundestag. Die Idee nationalpolitischer Einheit, die ganz Europa ergriffen hatte, führte 1848 mit Zustimmung des Bundestages zum Zusammentritt der Nationalversammlung in der Frankfurter Paulskirche. Sie gab sich ein Jahr später eine Spitze in Gestalt des liberalen Erzherzogs Johann von Österreich als Reichsverweser. Aber nach den Aufständen der Jahre 1848-49 fand dieses Parlament, das seine Arbeit mit den größten Hoffnungen begonnen hatte, ein Ende. 1850 trat der Bundestag wieder in volle Funktion. Prinzgemahl Albert hatte den deutschen Standesherren geraten, der Frankfurter Nationalversammlung beizutreten. Löwenstein wirkte damals, allerdings vergeblich, in Berlin für eine Fusion der preußischen Diplomatie mit der von der Nationalversammlung geplanten Reichsgründung.

Schon Freiherr von Gagern wünschte in einer Denkschrift des Jahres 1823 die Bildung eines Oberhauses für die Mediatisierten. Auch einige der Fürsten verfolgten diesen Plan einer Pairskammer, in der die Standesherren vertreten sein sollten, so der Großherzog von Baden und der König von Preußen. 1861 schrieb Löwenstein aus München an den Minister Carl von Savigny: *Ich weiß nicht, ob in der Nähe die Dinge besser ausschauen, aber aus der*

*Ferne macht der Gang unserer landtäglichen Angelegenheiten einen
peinlichen Eindruck. Das Herrenhaus mit seinem weitaus überwiegen-
den Element von beschränktem Junkerthum macht allen Fortschritt unmöglich. Ich kann mich nun nicht enthalten in betreffs desselben Ihnen,
verehrter Freund, eine Unterredung mitzutheilen, die ich neulich mit
dem hiesigen Professor von Sybel hatte, und die einen Punkt berührte,
der ohne Zweifel schon mehrfach in Bayern erörtert worden ist... Es*
ging um eine Auflösung von Herrenhaus und Reichsrat. 1863
ist der Verein der Deutschen Standesherren gegründet worden.
In einer ungedruckten Denkschrift heißt es, daß die Standesherren
dank ihrer oft in mehreren Staaten liegenden Güter die »einzigen
wirklichen Repräsentanten einer deutschen Einheit« seien, »die
sonst nur ein Gedankending ist«. Die seit 1848 nicht mehr zur
Ruhe kommenden Auseinandersetzungen zwischen großdeut-
schem und kleindeutschem Verhalten spiegeln sich auch im Verhalten der Mediatisierten wider. Mehrere Herren nahmen publi-
zistisch Stellung, was Bismarck verdroß. Nicht wenige traten
für die Hegemonie Preußens ein, wie Chlodwig Hohenlohe,
Karl Leiningen, Karl Giech, Otto Solms-Laubach und Wilhelm
Löwenstein. Dieser war eine der liberal-konservativen Gestalten
des hohen Adels, die, unter Wahrung ihrer besonderen Stellung,
den liberal-aristokratischen Stil Englands als vorbildlich empfan-
den und liberalen Gedankengängen zugänglich waren, ja eine
echte demokratische Gesinnung entwickelten. Der ›Deutsche
Whig‹ aber war kein Schwärmer wie viele Mitglieder der Pauls-
kirchenversammlung, sondern ein real denkender, für seine Zeit
aufgeschlossener großer Herr, überzeugt von der Notwendigkeit eines deutschen Verfassungsstaates, den er sich nach englischem Vorbild wünschte. So veröffentlichte Löwenstein 1849
eine Broschüre ›Die neue preußische Verfassung und der große
Besitz‹, welche das englische Vorbild preist. Eine andere Schrift
trägt den Titel ›System der Vermittlung‹. Er selbst wünschte nur
einem freiheitlichen Preußen zu dienen, und daher zog er sich
während der Ära Manteuffel zurück. 1859, mit Beginn der
›Neuen Ära‹, ging er als preußischer Gesandter nach München.
Als er jedoch die Verwaltung der Standesherrschaft übernehmen

mußte, verließ er den preußischen Dienst, um von nun an im bayerischen Reichsrat und als Präsident der Ersten Kammer Badens zu wirken. Er hatte ein scharfes Auge für unmoralisches Verhalten, das dem Ansehen des Adels schädliche hochmütige Auftreten von Standesgenossen in der Öffentlichkeit. In solchen Fällen sparte er nicht mit offener Kritik, und schließlich schrieb er eine Abhandlung über eine Reorganisation des hohen Adels.

Alle Versuche, alles Streben der zwischen Staat und Liberalismus vermittelnden Standesherren scheiterten am Widerstand der Einzelstaaten, die eben gerade diesen hohen Adel und seine selbständige Meinung fürchteten – vielleicht aus schlechtem Gewissen.

Löwenstein und seine Gesinnungsgenossen sahen zwischen 1866 und 1870 die Notwendigkeit des Anschlusses Süddeutschlands an den von Preußen geführten Norddeutschen Bund (1866–70). Es gab keine andere Möglichkeit mehr, denn Österreich war ja nicht mehr Deutschland. 1870 sahen die Verfechter deutscher Einheit ihren Wunsch in Erfüllung gehen. Damals schrieb Löwenstein der Königin Viktoria von England: *Und ich darf wohl mit Sicherheit annehmen, daß Allerhöchst-dieselben mit uns und mit der deutschen Sache sympathisieren, wenn auch im allgemeinen die Sympathien des englischen Publikums uns nicht zugewendet sind...*

Der Nationalliberale L. v. Rochau übt scharfe Kritik am Unwert des Adels und sagt unter anderem: *Die echte Aristokratie ist ein Fleisch gewordenes Stück der Staatsgewalt...* Man wollte sie aber nicht und will sie heute weniger denn je, sofern sie sich nicht dem Parteigeist, ganz gleich welcher Richtung, verschreibt. Beschäftigt man sich mit der verantwortungsvollen Tätigkeit der Mediatisierten in Politik, im öffentlichen Dienst, in der Armee, heute auch in der Wirtschaft und auf anderen Gebieten, so dürfte das Material mehr als ausreichend sein, Rochau zu widerlegen. Lassen wir Gollwitzer das Schlußwort. *Die Mediatisierten sind im 19./20. Jahrhundert verfassungsgeschichtlich gesehen letzte Überreste der ›monströs‹ gewordenen alten Reichsverfassung, in dem weit wichtigeren gesellschaftsgeschichtlichen Zusammenhang bilden sie die Nachhut des Feudalismus. Sie stehen damit gegen die mächtigeren, ge-*

gen die siegreichen Tendenzen ihrer Zeit, aber sie stehen nicht gegen die Zeit schlechthin. Und wahrscheinlich haben in der Ökonomie der Geschichte die vorwärtsgerichteten, fortschrittlichen wie die traditionellen und verlangsamenden, die offensiven wie die defensiven Kräfte, jede auf ihrem Platz, ihr Recht und ihren Sinn.

Nach Miltenberg

Wir verlassen Kreuzwertheim und bleiben auf der rechten Seite des Mains, der zwischen Spessart und Odenwald hinfließt. Blutrot stehen die Sandsteinbrüche in den Laubwäldern, stattliche Dörfer und kleine Städte säumen den Fluß, eine hübscher als die andere, Burgruinen stehen an den Bergflanken. Da ist *Stadtprozelten* mit der großartigen Ruine der Henneburg, die Ende des 13. Jahrhunderts den Grafen von Wertheim gehörte und von 1317 bis 1484 Eigentum des Deutschen Ordens war, der sie an Mainz gegen anderen Besitz vertauschte. Sie soll im Pfälzischen Erbfolgekrieg von den Franzosen 1688 zerstört worden sein. Der mächtige Block des Bergfrieds stammt aus dem 12. Jahrhundert, der östliche Palas zeigt die Formen der Zeit um 1250, den westlichen Palas, kleinen Bergfried, und die Ringmauer mit den runden Türmen ließ der Orden im 15. Jahrhundert errichten. Von dort oben hat man den schönsten Blick auf die Höhen des Odenwalds und ins Maintal. Die Einwohner des Städtchens tragen einen lustigen Spitznamen. Man nennt sie die ›Geißhockler‹, weil sie gezwungen waren, bei Hochwasser ihre Ziegen huckepack zu den höher gelegenen Weideplätzen zu tragen.

Wir fahren durch *Fechenbach*, das mit *Reistenhausen* ein langgezogenes Doppeldorf bildet, und können einen Blick auf das schöne, zwischen den Bäumen des verwilderten Parks am Main gelegene Schloß tun, das 1750 für die Freiherren von Reigersberg gebaut worden ist, dann längere Zeit dem Frankfurter Bankier Freiherrn von Bethmann gehörte. Auf einem Ausläufer des Fechenbergs liegen die Trümmer der Collenburg, welche einst den Rüdt von Collenberg gehörte, und bald darauf kreuzen wir den Main und sind in dem allerliebsten Städtchen *Freudenberg*, das sein mittelalterliches Gesicht durch die Zeiten bewahrt hat und sich auf engstem Raum zwischen Fluß und Berg entwickeln mußte.

In *Bürgstadt*, vor den Toren Miltenbergs, machen wir halt. Die Stadt hat nicht nur ein großes, schönes, 1590 gebautes Rathaus mit kühn geschwungenen Volutengiebeln, hübsche Häuser und den vortrefflichen Gasthof zum Adler, es hat vor allem die Martinskapelle, einen im Äußeren schlichten Bau mit Dachreiter des 12. bis 13. Jahrhunderts. Das Westportal von etwa 1430 ist reich ausgebildet. An den Konsolen unter dem Türsturz sitzen zierliche Engel mit Hackbrett und Laute, im Tympanon reitet der hl. Martin. Wenn wir eintreten, werden wir überrascht, denn das ganze Innere ist 1593 mit den originellsten Wandmalereien geschmückt worden. Medaillons in Rollwerkrahmungen mit Spruchbändern bedecken die Wände des Schiffs und schildern die wichtigsten Ereignisse aus Altem und Neuem Testament wie eine Bilderbibel für die des Lesens unkundigen Kirchenbesucher. Im Chor sind spätgotische Freskenreste erhalten, und über alles spannt sich eine farbig bemalte flache Holzdecke mit Grotesken und Medaillons. Die schöne Kreuzigungsgruppe sowie der hl. Martin im Renaissancehochaltar sind um 1500 entstanden. Die Kirche wurde in den siebziger Jahren restauriert.

Miltenberg

Ich saß im Erker des alten Hauses, in dem ich das *Städtische Museum* einrichtete, machte eine Pause und schaute hinaus auf den Marktplatz, einen der allerschönsten im fränkischen Land. Das Museum sollte man nach einem Stadtrundgang besuchen, denn es birgt in seinen schönen Räumen so manch gutes Stück, wie sie solchen kleinen Sammlungen im Lauf der Zeit zuwachsen, Dinge, die sich auf den Ort und seine Familien beziehen. Sie sind nicht immer von hohem kunstgeschichtlichen Wert; man mag darüber die Nase rümpfen, und doch sind sie durch nichts zu ersetzen, denn sie haben als authentische Dokumente der Stadtgeschichte ihren Wert und Reiz. Ursprünglich war das 1541 gebaute, im frühen 17. Jahrhundert umgestaltete Haus wohl ein

adliger Sitz, der seit 1625 als kurmainzische Amtskellerei, dann
als Pfarrhaus diente. Im Erdgeschoß liegt ein kleiner Saal mit
gefelderter Stuckdecke, geschmückt mit Beschlagwerk, Masken und Fruchtstücken, der ausgezeichnet instand gesetzt worden
ist. Dem Marktplatz zu zeigt das Haus eine Fachwerkfassade mit
Erkern; im Seitenflügel ist die große barocke Einfahrt mit dem
Wappen des Ambrosius Brosamer, der das Haus 1593 kaufte.
Das Wappen saß ursprünglich über der Schneckenstiege zum
Garten. Das Haus liegt an der Stadtmauer, welche ein Gärtchen trägt.

Zum Museum ging ich täglich vom Gasthaus ›Zum Riesen‹
an der Gabelung Markt- und Riesenstraße, einem stattlichen
und behaglichen, verwinkelten Bau mit Fachwerkobergeschoß,
mit einem Labyrinth von Stiegen und Zimmern, 1504 Fürsten-
herberge genannt, doch 1590 in die jetzige Form gebracht.

Ich ging durch die Marktstraße, in der sich die Fachwerkhäuser zu selten prachtvoller Einheit verbinden, ein allerliebstes
Straßenbild. Schauen wir diese Straße entlang, spüren wir etwas
vom Geist der alten Städte, der sich in den geschwisterlich ähn-
lichen Häusern zu erkennen gibt. Und doch hat jedes sein eigenes Gesicht, geschaffen von altfränkischer Handwerkskunst. Man
hat sie vor sich mit ihren steinernen Erdgeschossen, geschnitzten
Haustüren, skulptierten Türschlußsteinen mit Handwerkerzeichen oder bürgerlichen Wappen, mit geschmiedeten Auslegern,
Heiligenfiguren, vor allem aber mit teilweise überaus reichem
Fachwerk. Wir kommen am *Rathaus* vorüber, dem einstigen
Mainzer Kaufhaus aus dem frühen 15. Jahrhundert, unter dessen
klassizistischem Dach ein kräftiger Rundbogenfries auf figür-
lichen Konsolen verläuft, welche Tiere, eine nackte Frau, einen
Steinmetz und einen trinkenden Mönch zeigen. Und dann stehen wir auf dem *Marktplatz*, der Apotheose des Stadtbildes, einem
der schönsten Plätze am Main überhaupt. Wie die Häuser am
steil ansteigenden Terrain gesetzt sind, wie sie geschmückt sind
mit dem wundervollen roten Holzwerk, das die Flächen füllt!
Es sind gute, alte Hausgesichter, heiter, nobel; sie tragen hübsche
Namen, wie zum Beispiel Haus Güldenkron, und stammen in

der Hauptsache aus dem 16. und 17. Jahrhundert, bis auf das größte und schönste, das noch dem 15. Jahrhundert angehört. Vollkommen ist der sich verengende Raum des oberen Platzteils am Stadttörchen Schnatterloch, vollkommen das Verhältnis der Giebelhäuser zueinander und zum Platz selbst; unten liegt die Pfarrkirche, oben steht die Burg. Dort plätschert der vielleicht von Michael Juncker geschaffene Brunnen von 1583, aus dessen mit Säulchen an den Ecken und im Wechsel mit Masken- und Rosettenfeldern geschmücktem achteckigem Becken die schlanke Brunnensäule mit Masken und tanzenden Putten am Schaft und reichem Kapitell aufsteigt. Zwischen Main und Platz steht das schöne 1750 aus rotem Sandstein als Wohnhaus des Architekten Johann Martin Schmidt errichtete Haus, steht die *Stadtpfarrkirche St. Jakob d. Ä.* Die Kirche aus dem Ende des 14. Jahrhunderts ist, so scheint es, durch einen Neubau ersetzt worden, wie die noch erhaltenen Teile des ausgehenden 15. Jahrhunderts zeigen. Im späten 18. und frühen 19. Jahrhundert wurden einschneidende Veränderungen vorgenommen. Ab 1825 erhielt die Kirche die beiden Türme, wurde das Langhaus erhöht, um Emporen zu gewinnen, und 1862 erhielt sie den neuen Chor und die kassettierte Holzdecke im Schiff. Über dem linken Seitenaltar befindet sich das eindrucksvolle Sandsteinkruzifix von 1527 aus der Werkstatt des Mainzers Hans Bachofen. Von der alten Einrichtung ist einiges erhalten, so das vom letzten Abt von Amorbach gestiftete, von Dittmann gefertigte klassizistische Prälatenaltärchen, sodann ein Altaraufsatz von 1624 mit Alabasterreliefs, Szenen aus dem Marienleben und Christi Jugendgeschichte darstellend, aus der Werkstatt des Zacharias Juncker. 1635 hat Zacharias Juncker die Kanzel gearbeitet, deren Korb Reliefs der Passion schmücken, um deren tragende Pfeiler die Kirchenlehrer stehen. Und schließlich sehen wir den hübschen Orgelprospekt des späten 17. Jahrhunderts mit dem Wappen des Mainzer Oberamtmanns Freiherrn von Bettendorf.

Besuchen wir von hier aus gleich beim ›Spitzen Turm‹ den Laurentiusfriedhof mit der *Laurentiuskapelle* von 1380, mit Chor von 1456 und dem 1594 erweiterten Schiff, einen reizvollen Bau.

Die nach 1456 entstandenen Wandmalereien im Chor zeigen
Engel mit Leidenswerkzeugen, in den Fensterlaibungen Mariae
Verkündigung, die Heiligen Ottilia, Katharina, Barbara, Margaretha und Rankenwerk. Es gibt einen schönen Altar von etwa
1700 mit den Statuen der Heiligen Laurentius, Ottilia und des
Antonius Abbas um 1500, ein Seitenaltärchen von 1509 mit den
Heiligen Laurentius, Katharina und Barbara, und auf den Innen-
seiten der außen bemalten Flügel sehen wir Reliefs des hl. Wen-
delin und eines Bischofs. Die Predella trägt eine besonders reizende Geburt Christi aus einer Mainzer Werkstatt.

Im *Friedhof* liegen viele bekannte Miltenberger begraben,
darunter, unter einem Obelisk, der 1814 verstorbene Buchhalter
des Frankfurter Kaufherrn Peter Brentano, Schwab, dem Clemens Brentano das Märchen von Gockel, Hinkel und Gakeleia
verdankte. Seine Schwester Bettina schrieb 1807 an Frau Rat
Goethe: *Hier in dem traubenreichen Mildeberg sitze ich bei meinem
Herrn Schwaab, der ehemals bei unserem Vater Schreiber war und uns
Kinder alle mit seinen Märchen großgezogen hat. Er kann zum wenig-
sten so gut erzählen wie Sie, aber er schneidet auf und verbraucht Juden
und Heidentum, die entdeckte und unentdeckte Welt zur Dekoration
seiner Abenteuer…*

Auch in Miltenberg gibt es unentdeckte Welten, denn un-
zählige Einzelheiten lassen uns immer wieder den Schritt verhalten, Durchblicke öffnen sich zwischen Türmen und Häusern
auf die Flußlandschaft. Miltenberg wird 1237 zum ersten Mal
genannt – es ist schon in Römerzeit ein wichtiger Punkt im Wall
des Limes gewesen –, und es war von Anbeginn auf Handel und
Verkehr angelegt, denn die Straße von Frankfurt nach Würzburg ging durch den Ort hindurch. Die ältesten Befestigungen,
über deren Verlauf wir durch Grabungen unterrichtet sind, zogen von der Burg über den Marktplatz zum Main hinunter und
folgten dem Fluß bis zum heutigen Landratsamt, um dann zur
Burg zurückzukehren. Die Mainzer Erzbischöfe ließen den Bering im Osten bis zur heutigen, 1667 unter Leitung von Antonio
Petrini begonnenen Franziskanerkirche und im 15. Jahrhundert
bis zum hohen Würzburger Tor führen, während der Mauerzug

im Westen im gleichen Jahrhundert bis zum ›Spitzen Turm‹ verlängert wurde. Die Mauern der östlichen Vorstadt, mit Ausnahme des Würzburger Tores und des benachbarten, 1451 errichteten Zuckmantelturms, fielen im Lauf des vorigen Jahrhunderts, ebenso die Befestigungen am Mainufer. Die Enge des
Uferstreifens zwischen Main und Odenwald bedingte die lang-
gezogene Gestalt der Stadt, durchschnitten von der Marktstraße,
welche Seitengassen kreuzen.

Steigen wir nun vom Schnatterloch zur 1226 bereits genannten *Burg*, Sitz der kurmainzischen Oberamtmänner, hinauf, deren Bergfried und Ringmauern aus jenem Jahrhundert stammen. Erzbischof Konrad von Weinsberg baute im ausgehenden
14.Jahrhundert das Wohngebäude neu, Erzbischof Dieter von
Ysenburg erweiterte in der zweiten Hälfte des 15.Jahrhunderts
die Zwingerbauten, und die Vorbefestigungen stammen aus der
Zeit des Administrators Herzog Albert von Sachsen und wurden
am Ende des Jahrhunderts errichtet. Im Schloßhof steht der ›Tou-
tonenstein‹, dessen Inschrift bis heute ein Rätsel geblieben ist.
Vielleicht ist er ein Grenzstein gewesen, jedenfalls hat er nichts
mit den Teutonen zu tun, eher mit einem keltischen Stamm.

Es ist ein schöner Spazierweg dort hinauf. Die Luft ist weich,
ruhig fließt in der Tiefe der Main und liebenswürdige Geruh-
samkeit liegt über Landschaft und Stadt, die zur Reisezeit allerdings einem Bienenstock gleicht, so viele Menschen drängen sich
in ihren Gassen. Wer von der Höhe herabschaut oder sich über
den Stadtplan beugt, sieht, daß Miltenberg nicht ein zufälliges
Gemenge von Häusern ist, sondern daß es sich klar und über-
sichtlich an der Hauptstraße aufbaut. Und doch ist eine solche
Stadt nicht durch baumeisterliche Planung entstanden; sie hat
sich im Gang der Zeiten zu dem Gebilde zusammengeschlossen,
das heute vor uns steht. Sie spricht zu uns, jedes Haus spricht zu
uns als Heimstatt, während dagegen moderne Städte stumm
sind. Den Miltenbergern genügt ihre kleine Stadt am Fluß, ihre
Heiterkeit – es ist im wahrsten Sinn des Wortes ein holder Ort.
Man lernt ihn erst richtig kennen, wenn man einige Tage in ihm
zugebracht hat, wie ich es tat, als ich das Museum einrichtete.

Miltenberg hat auch dem Dichter Georg Britting gefallen, dem es vor allem die Miltenberger Kürbisse angetan zu haben scheinen, denn er schreibt:

Der fette Kürbis schwillt, erdkugelhaft,
Und Länder sind ihm, Meere eingezeichnet
Auf seiner Haut.
Die Traube glüht am Stock,
Das gelbe Korn steht weit den Fluß hinab.
Der Sommer schlief, vom großen Tagwerk müd,
Am Eichenhügel ein.
Als er erwacht,
Sieht er die Halme sinken,
Die frechen Mäher stehen.
Er lacht,
Und zeichnet schnell die letzte, schönste
Landschaft dem Kürbis ein,
Dem kleinen Abbild unsrer Erdenkugel.

Abstecher nach Amorbach

Amorbach gehört gewiß zu den merkwürdigsten Eindrücken für einen Reisenden, der Kunst und Geschichte zu erleben im Sinn hat, schreibt M. H. von Freeden. *Das weitläufige und großartige Denkmal, das die Jünger des heiligen Benedikt hier im Odenwald schufen, und die romantisch verklärte Atmosphäre behaglicher Monumentalität, welche die Duodezresidenz schuf – beides vermag ein aufmerksames Auge und ein empfindsames Gemüt heute noch auf mehr als eine Weise zu beschäftigen. Franken ist gewiß reich an Prälaturen, an Schlössern und Burgen, Amorbach aber leuchtet in ihrer Mitte mit jener heiteren Selbstverständlichkeit, die immer das Wesen der Vollkommenheit ausmacht und strahlt in liebenswürdiger Pracht, wie es eben nur hier sein kann, wo sich schon das leichtere Wesen der rheinischen Gegenden mit der tieferen Kraft des Frankenlandes in den sagenumwobenen Tälern des Odenwaldes mischen.* In Amorbach erleben wir, wie Baukunst und Musik sich mit der Landschaft in seltener Harmonie vereinigen können, wenn der volle Klang der großen Orgel aus den Mauern des Gotteshauses braust.

Von jeher waren die abgelegenen Gebiete des hinteren Odenwalds mit ihren dichten Laubwäldern ein Durchgangsland. In Amorbach kreuzten sich schon in früher Zeit zwei Straßen, deren eine das Rheintal und die Pfalz mit Franken, die andere das Neckar- und Maintal verband. 734 wurde hier ein Kloster gegründet und 1253 erhielt die Siedlung das Stadtrecht. Die Klosterlegende berichtet, daß der hl. Amor, ein Schüler des hl. Pirmin, der erste Abt gewesen sei. Wie dem auch sei, der Amorsbrunn ist eine Stätte alter Verehrung gewesen; die Quelle stand im Ruf, wunderbare Heilungen zu bewirken, und Amorbach wurde ein berühmter, vielbesuchter Wallfahrtsort.

Als 1734 das große Fest der Tausendjahrfeier der Klostergründung begangen wurde, faßte der Konvent den Entschluß, das alte Gotteshaus durch einen Neubau zu ersetzen. Es war ja das Jahrhundert der großen barocken Architekturen, die allenthalben in deutschen Landen in ungewöhnlicher Pracht und Anmut entstanden. Viele fränkische Prälaten hatten bereits neue Abteien gebaut oder waren mitten in reger Bautätigkeit. Banz besaß schon die neue Abtei; Ebrach und Schönthal standen vor der Vollendung; Greising hatte den Neubau von Obertheres durchgeführt, und Balthasar Neumann baute an der großen Kirche von Münsterschwarzach. Es ist die große Zeit der Schönborn, denen wir schon häufig begegnet sind, und da Amorbach zur Diözese Mainz gehörte, ist es nicht verwunderlich, daß die Schönborn ihrem Hofbaumeister Maximilian von Welsch den Bauauftrag verschafften.

1742 wurde der Bau begonnen. Johann Georg Üblherr und Johann Michael Feichtmayr, beide aus der Wessobrunner Stukkatorenschule hervorgegangen, und der Freskomaler Matthäus Günther aus Augsburg schufen die reiche Innenausstattung der Kirche, welche der festlichen vornehmen Architektur Welschs die alles durchdringende Heiterkeit verleiht. Auf weißem Grund stehen graublaue und mattrosa Ornamente; hellrot bis grau marmorierte Pilaster gliedern die Wände, alles strahlt im zartesten Farbenglanz. Was die profane Architektur nicht kannte, wird gerade im Kirchen- und Klosterbau sichtbar, nämlich die Aufgabe, weltliche Repräsentation und geistliche Andacht zu verbinden, eine Synthese zu schaffen zwischen Kirche und Schloß. Denn der Abteibau gleicht außen und innen mehr der Wohnung eines Fürsten als der eines strengen Ordensregeln unterworfenen Mönchs. Die Aufgabe, diese einander entgegengesetzten ›Weltanschauungen‹ in eine Harmonie zu bringen steigerte die künstlerische Gestaltungskraft, die sich vor immer neue Forderungen gestellt sah, welche sie in stets neuen, überraschenden Lösungen bewältigte; sie verstand es, die unerschöpflicher Phantasie entsprungene Dekoration von Putten, Rocaille, Goldglanz der Altäre und Kanzeln wie die leuchtenden Farben der Deckenbilder auf die Wirkung von Licht und Schatten hin anzulegen und zu einer großartigen Einheit zusammenzufassen, ein ›Theatrum sacrum‹ zu schaffen, in dem sich Feierlichkeit und Heiterkeit durchdringen.

1747 weihte der Kurfürst von Mainz, Erzbischof Graf Ostein, das neue *Marienmünster*. Vom alten romanischen Bau blieben nur die Türme erhalten, die dank dem Geschick des Architekten mit der bewegten Kirchenfassade, die sich über der prächtigen, statuengeschmückten, doppelläufigen Freitreppe erhebt, eine harmonische Einheit bilden. So fügt sich das Münster in unvergleichlicher Weise in die Waldlandschaft des Odenwalds ein. Heute scheint es kaum noch möglich zu sein, einen alten Kirchenbau mit einer neuen Einrichtung zu einem einheitlichen Ganzen zu verbinden, ohne daß die Stile sich stören. Baumeister und Künstler des 18. Jahrhunderts sind dazu in der Lage gewesen. Ein Stil steigerte noch die Pracht und den Glanz des anderen.

Nach der Kirche, deren Innenausstattung in den siebziger Jahren des 18. Jahrhunderts durch den Einbau der großen Orgel abgeschlossen wurde, sollten auch die *Klostergebäude* dem Zeitgeschmack angepaßt werden. Balthasar Neumanns Sohn, Franz Ignaz Michael, der auch die Dome von Mainz und Speyer restauriert hat, wurde für den Umbau gewonnen. Sein Projekt sah aber einen völligen Neubau der Gesamtanlage vor, doch nur der langgestreckte Ostflügel wurde in einer ruhig gegliederten, von einem Mittelbau und zwei Eckrisaliten betonten Fassade ausgeführt. 1793 war dieser Bau im Innern weitgehend vollendet. Es ist die Zeit, da der Mainzer Kurfürst bereits in Aschaffenburg residierte, die Archive und Kirchenschätze zum Abstransport nach Osten bereitlagen, um dem Zugriff der französischen Revolutionsarmeen entzogen zu werden. Es ist die Zeit, da die Odyssee des aus seiner Heimat vertriebenen Fürsten zu Leiningen begann, der später für den Verlust seiner linksrheinischen Besitzungen mit Amorbach entschädigt werden sollte, die Zeit, da das französische Königspaar auf dem Schafott endete.

Ungeachtet dieser unsicheren und aufgeregten Verhältnisse wurden in Amorbach die letzten Arbeiten an *Bibliotheks-* und *Theatersaal* durchgeführt. Beide sind Glanzstücke des sterbenden Rokoko. Als der Bamberger Joseph Bonaventura Berg die Schnitzereien im Bibliothekssaal vollendete, mußte sich das Reich auf dem Rastatter Kongreß zur Abtretung des linken Rheinufers verstehen.

Erzbischof Graf Ostein, der eine Schönborn zur Mutter hatte, ließ in der Stadt von dem Mainzer Hofkavalier und hochbegabten Baumeister Franz Anselm Freiherr von Ritter zu Grünstein die stattliche *Pfarrkirche* bauen, deren Ausstattung die Stukkatoren Antonio und Materno Bossi und der Maler Januarius Zick besorgten. Das heutige fürstliche *Palais Leiningen* wurde 1723 ebenfalls von Ritter zu Grünstein als kurmainzisches Amtshaus errichtet, ein vornehmer Bau von eleganten Proportionen.

Die Stadt war einst von Graben, Wall und Türmen umgeben, die weitgehend verschwunden sind. Es gibt schöne Fachwerkhäuser des 16. und 17. Jahrhunderts, die kurmainzische Amtskellerei von 1482-87, welche das gute Heimatmuseum birgt, und vieles andere, was zu einem alten Städtchen gehört. Amorbach hatte schon zur Zeit des letzten Abtes den Charakter einer kleinen Residenz angenommen, und eine solche ist es unter den Leiningen als Hauptstadt des souveränen Fürstentums bis 1806 geblieben. Im gleichen Jahr wurde unter Leitung des berühmten Gartenarchitekten Friedrich Ludwig von Sckell der Seegarten in einen englischen Park verwandelt.

So liegt die alte Stadt unter dem Schutz des hl. Amor zwischen den Waldbergen, überragt von der festlichen Fassade des Münsters, deren Türme sich über dem Gassengewirr erheben. Es gewährt einen besonderen Reiz, durch die Straßen zu wandern und die Atmosphäre geistlicher und weltlicher Herrschaft zu erleben, die sich dem Beschauer in reicher Fülle an Denkmälern erschließt.

Und noch ein anderes hat Amorbach, das *Bauernhausmuseum in Breitenbuch*, ganz in der Nähe. Dort hat man eines der ältesten unterfränkischen Bauernhäuser, es stammt aus Watterbach, aufgestellt, dessen Alter durch eine Holzanalyse des Forstbotanischen Instituts München für die Jahre 1530-40 festgelegt werden konnte. Das schöne Fachwerkhaus wird zusammen mit einem bereits vorhandenen alten Bauernhof, einer Kapelle von 1752, dem Wallfahrtsbründl und einem Bildstock des 15. Jahrhunderts in dem landschaftlich sehr anmutigen Tal ein kleines Freilichtmuseum von besonderem Reiz bilden.

Die andere Besonderheit Amorbachs ist ein Stück England, verborgen im Wald, einige Kilometer von der Stadt entfernt. Umrauscht von alten Buchen und Eichen liegt am Wiesenhang lang hingestreckt, mit zinnenbekrönten Türmen, Waldleiningen, Nachahmung eines englischen neugotischen Schlosses.

Zu dem Einbruch Englands in den Odenwald kam es durch die Gattin des Fürsten Emich Karl Leiningen, die Prinzessin Victoire von Sachsen-Coburg, welche in zweiter Ehe Herzogin von Kent und Mutter der Königin Viktoria, der Großmutter Europas, wurde. 1808-10 wurde das erste Schloß *Waldleiningen* gebaut, das später einem Neubau wich, ein echtes Kind der Romantik, denn es war als Ruine einer großen gotischen Burg ausgeführt worden, in der nur das untere Stockwerk Wohnzwecken diente. Zu Füßen dieser ›Ruine‹ lag eine Anzahl kleiner Häuser, die ein Odenwälder Dörfchen vorstellen sollten und Beamten-, Bedientenwohnungen und Stallungen enthielten. Auch sie verschwanden später. Ein ähnliches Dorf, dessen Häuser einer Musterkarte neugotischer Architektur gleichen, baute der Herzog von Devonshire um 1830 in der Nähe seines großartigen Schlosses Chatsworth in Derbyshire. Der Sohn der Fürstin Vic-

toire, Fürst Karl, kam als Halbbruder der Königin Viktoria oft
nach Windsor und auf andere englische Schlösser und studierte
die neugotische Architektur gründlich. 1828 begann Bauinspek-
tor Brenner den Neubau von Waldleiningen, dessen Entwürfe
vielleicht auch von Skizzen beeinflußt worden sind, die der Hofmaler Eckardt aus England mitgebracht hatte. Obgleich Waldleiningen ein echter neugotischer Bau ist, kann es einem Vergleich mit dem in seiner Art vollkommenen neugotischen Wasserschloß Anif bei Salzburg nicht standhalten, doch ist es ein
wichtiges Beispiel für das dem Klassizismus entwachsene Denken der ersten Hälfte des vorigen Jahrhunderts. So stehen in
Amorbach geistliche, fürstliche und bäuerliche Lebenshaltung
nebeneinander.

Der Engelberg

Bei Miltenberg senken sich die Spessarthöhen sanft ins Tal hinab.
Hier springt der von seiner Wallfahrtskirche gekrönte Engelberg in die heitere Tallandschaft vor. Von *Großheubach* geht es
über steile Stufen hinauf, vorüber an Wegkapellen mit Passions-
szenen des 17. Jahrhunderts. Die Legende erzählt, daß Engel das
Baumaterial für die Kirche herbeigetragen haben. Jedenfalls
stand dort oben eine alte Michaelskapelle, die im Jahre 1406 als
instandsetzungsbedürftig genannt wird. 1630 haben Kapuziner
ein kleines Kloster gebaut, das 1828 den Franziskanern übergeben worden ist. Die heutige *Wallfahrtskirche* war 1639 fertiggestellt und erhielt um 1700 als Anbauten Marien- und Antonius-
kapelle; 1899 ist sie nach Westen verlängert worden. Die große
Statue des Erzengels Michael an der Fassade ist ein Werk von
Zacharias Juncker d. Ä. aus dem Jahre 1635. Das Gnadenbild
ist eine gute Arbeit der Zeit um 1310. Seit 1728 dient der Engelberg als Begräbnisstätte des fürstlichen Hauses Löwenstein-
Wertheim-Rosenberg. Hier wurde 1952 Fürst Alois zur letzten
Ruhe gebettet, eine der letzten wahrhaft fürstlichen Gestalten
unserer Zeit in Haltung, vornehmer Gesinnung und echter, tiefer Frömmigkeit, ein Mann, der das Signum des großen Herrn
auf unaufdringliche, aber unwiderstehliche Weise getragen hat.

Ein Professor sagte seinem Schüler, einem Sohn des Fürsten: *Wissen Sie, wenn der Löwenstein zu irgendeiner Frage in einem Artikel Stellung nimmt, da muß jeder hinhören, ob Monarchist oder Sozialist, denn, wenn der Löwenstein etwas schreibt, dann schreibt nicht der Aristokrat, der Zentrumsmann oder sonst wer, sondern dann schreibt immer der Christ.* Dieser gütige, vornehme Mann schrieb in den zwanziger Jahren in einem Artikel für das Staatslexikon der Görres-Gesellschaft unter dem Stichwort ›Adel‹: *Adelsfamilien sollen ihre Daseinsberechtigung durch besondere Leistungen erweisen,* und an anderer Stelle heißt es: *Weil der Edelmann von Geburt ›Jemand‹ ist, hat er es nicht nötig, nach sozialer Stellung zu streben. Dieses großen Vorteils darf er sich nicht durch Trägheit unwürdig machen, eine Gefahr, in die er oft fällt. Vielmehr soll er ihn nutzen, indem er sich aller Streberei enthält und niemals einen Grundsatz preisgibt, um eine Ehrenstellung festzuhalten. In einer Zeit, die dem Streber- und Klebertum günstig ist, muß er das Vorbild eines Mannes darstellen, der selbstlos, nur der Sache wegen, einen Posten einnehmen und hergeben kann. Er muß Mut zeigen. Nicht die Ungnade eines Höheren und nicht die Drohung der Masse darf ihn von der Erfüllung einer erkannten Pflicht abhalten. Damit stärkt er auch anderen den Rücken. Der Daseinskampf in unserer zerrütteten Wirtschaft läßt viele den Weg über Leichen nehmen. Nie darf ein Edelmann ihn gehen. Das ist eine ernste Mahnung, sich von allen Unternehmungen fernzuhalten, die nur unter Vernichtung kleiner Existenzen gedeihen können. Lieber Steine klopfen, als Wucher treiben in irgendeiner Form. Ritterpflicht ist vielmehr, den Kleinen und Schwachen nach Möglichkeit zu helfen.*

Er wünschte sich am Ende seines Lebens ganz auf den Engelberg zurückziehen zu dürfen, sah aber davon ab, weil er fürchtete, den Franziskanern zur Last zu fallen.

Vom Engelberg führen Wanderwege durch die herrliche Landschaft; der Mainhöhen-Ringweg geht nach der einen Seite über Miltenberg – Lohr nach Gemünden, auf der anderen nach Aschaffenburg; der Eselsweg, die alte Salzstraße, führt mitten durch den Spessart. Weit geht der Blick in die Runde. Wir sehen den Park von Kleinheubach und die noble Baugruppe des Schlosses, das wir nun besuchen, aus den Bäumen aufragen.

Eines der vornehmsten Schlösser in Franken, eine wahrhaft fürstliche Sommerresidenz, ist Kleinheubach vor den Toren Miltenbergs, dicht am Main gelegen. Fürst Dominikus Marquard zu
Löwenstein-Wertheim-Rochefort (heute Rosenberg) kaufte
1721 die Herrschaft von den Grafen von Erbach um 108 000 Gulden und baute das neue *Schloß*, von dem Karl Julius Weber sagte:
*Es liegt ganz isoliert am Main und ist mit Recht unter baierischer Ho-
heit, denn es ist erbaut mit baierischem Geld* – das ist wohl ein Hinweis auf die kurpfälzische Abstammung des Hauses Löwenstein.
1723 schloß der Fürst einen Vertrag mit Johann Dientzenhofer,
dem Erbauer von Pommersfelden, der den Bau nach Plänen des
hessischen Hofbaumeisters Louis Remy de la Fosse mit ganz ge-
ringfügigen Änderungen bis 1732 aufführte.

   Der Mitteltrakt der Hufeisenanlage, mit wappengeschmück-
tem, von Figuren flankiertem Giebel, trägt, wie auch die Eckpavillons, eine reiche Bedachung. Gegenüber Pommersfelden
etwa wirkt das Schloß viel ruhiger und schlichter, und das französische Gepräge ist unverkennbar. Namhafte Künstler waren
in Kleinheubach tätig, darunter der Bildhauer Jacob van der
Auwera aus Würzburg und der Freskenmaler Ambrosius Reith.
Aus dem Vestibül, das sich mit drei Flügeltüren in den Park öffnet, führt eine doppelläufige Treppe durch das mit jonischen
Pilastern gegliederte Stiegenhaus ins Obergeschoß. In der Nord-
ecke des Hauptbaus liegt der Thronsaal, dessen Wände mit herr-
lichem altem Samt bespannt sind; das Gobelinzimmer enthielt
große niederländische Wandteppiche, die jetzt in Bronnbach
sind. All das zeigt das Bedürfnis des lebensfrohen 18. Jahrhunderts
nach Pracht und Glanz. Die ursprüngliche Einrichtung der Räume wurde zum größten Teil im frühen 19. Jahrhundert verändert, und die schöne Ausstattung der Schloßkirche fiel erst 1871
bis 1872 einer romanischen Erneuerung nach Entwürfen von
Eduard Steinle, dem Nazarener, zum Opfer. Heute ist das Schloß
an die Post vermietet, die Räume dienen dem Unterricht, das
alte Mobiliar ist weggebracht worden.

Großzügig und kühl liegt die vornehme Sommerresidenz in der Stille des großen Parks vor uns. Eleganz und Grazie liegen über der Fassade, über Sälen und Stiegenhaus, und die schöne Harmonie des Ganzen und seiner Teile wird jeden beeindrucken, der den Schloßplatz betritt. Hier also führte der Fürst eine glänzende Hofhaltung; hier wurden in Schloß und Garten Feste gefeiert, hier entfaltete sich der ganze Prunk, der auch kleinen Höfen nicht fehlen durfte. Ich habe das Schloß in den zwanziger Jahren zur Sommerszeit noch bewohnt erlebt, allerdings ganz prunklos, dafür sehr behaglich.

Im *Park*, der nach dem Geschmack der Zeit einst mit geschnittenen Hecken, Laubengängen, Rasenflächen, blumenreichen Bosketts und mit Statuen geschmückt war, promenierte die Gesellschaft im zartfarbigen Kostüm des 18. Jahrhunderts.

Der Fürst hielt fünfzig Grenadiere, die in einem eigenen Gardistenbau untergebracht waren, aber weniger zu kriegerischen Zwecken verwendet wurden als zu allerlei Arbeiten in Schloß und Garten. Sie mußten am Schloßbau mithelfen, und einige waren sogar kommandiert, die Vorhänge für die neuen Räume zu nähen. Verreiste der Landesherr, so begleiteten berittene Hoftrompeter in bunter Livree – rote Weste und silberbordierte Samthose – den Reisezug. Sie hatten als Nachfahren der mittelalterlichen Herolde wichtige Kurierdienste zu leisten und nach altem Brauch die musikalischen Neujahrswünsche des Fürsten alljährlich auf weiten Ritten durch die Lande an befreundete Höfe zu bringen. Daneben spielten sie auch in der fürstlichen Hofkapelle.

Wie die meisten Herren jener Zeit unterhielt der Fürst ein kleines, gutgeschultes Orchester. Damals begann der Einfluß der wandernden böhmischen Musikanten, die sich der Fürst leicht von seinen böhmischen Gütern kommen lassen konnte. Zu ihnen gehörte auch der Musiker Johann Georg Lösel, dem der Fürst bald die Leitung des Orchesters übertrug. Die Bestallungsurkunde beginnt mit Aufzählung aller Titel:

Von Gottes Gnaden Wir Carl des Heyligen Römischen Reichs Fürst zu Löwenstein-Wertheim. Souveräner Prinz zu Chassepierre,

Graf zu Rochefort und Montaigne, Herr zu Scharpfenruh, Breuberg,
Kempen, Casselburg, Herbimont, Neufchâteau etc...

Festliche Konzerte gehörten damals zum Leben und vor allem
zur Ehrung hoher Gäste wie zum Beispiel des kaiserlichen Gesandten Grafen Colloredo-Mansfeld, der Fürstin von Nassau-
Siegen, des Fürsten Hohenlohe und anderer. Lösel ist allen Anforderungen gerecht geworden. Die Kapelle bestand aus zwölf
Berufsmusikern. Außerdem gab es eine ›Cantatrice Liesgen‹, die
1737 den Löwensteinschen Dienst verließ und nach Eichstätt
ging. Als »Discretion auf ein Kleidt, dann Reis- und Zehrgeld«
erhielt sie zum Abschied noch 50 Gulden verehrt ... Weilte der
Fürst in der Wertheimer Hofhaltung in der Mühlenstraße, verlangte er oft nach Hausmusik. Dann reisten die Musiker entweder in der Kutsche des Miltenberger Engelwirts nach Wertheim oder auf dem Nachen des Hoffischers Brönner. Wenn es
sich um größere Konzerte mit stärkerer Besetzung handelte, nahmen sie den ›Großen Musikantenwagen‹.

Enge Beziehungen wurden zu den Höfen von Würzburg und
Mainz, Mannheim und Kassel, Wallerstein und Schillingsfürst,
Usingen, Dresden, Prag, Wien und Paris unterhalten, man lebte
also in dem damals abseits gelegenen Maintal in enger Verbindung zum Zeitgeschehen.

Laudenbach und Klingenberg

Auf dem Weg nach Aschaffenburg erreichen wir kurz nach
Kleinheubach das Dorf *Laudenbach*, wo Odenwald und Spessart
nahe an den Main herantreten. Laudenbach war Eigentum der
Grafen von Rieneck und kam 1315 an die Herren von Fechenbach, die aus dem gleichnamigen Ort am Main stammten und
der Fränkischen Reichsritterschaft angehörten. Die Freiherren
von Aufseß haben das Gut geerbt. Die Fechenbachs spielten vor
allem eine Rolle im kirchlichen Leben, und einer der bemerkens-
wertesten Herren war Georg Karl Freiherr von Fechenbach,
Doktor der Rechte und Theologie, ein hochgebildeter, tatkräf-
tiger Mann, der sich als Fürstbischof von Würzburg (1795-1803)

einen Namen gemacht hat. 1805 ist er Bischof von Bamberg geworden, wo er drei Jahre später starb und im Dom beigesetzt wurde. Freiherr Friedrich Karl, der letzte Herr auf Laudenbach, war bekannt als Liberaler und Sozialpolitiker. Er gründete Bauern-, Handwerker- und Arbeitervereine und setzte sich als rastlos tätiger Publizist für ihre Rechte ein.

Das ansprechende kleine Schloß wurde im 18. Jahrhundert gebaut. Das aus zwei Flügeln bestehende Haupthaus ist mit dem zweiflügeligen Rückgebäude durch einen gedeckten Gang verbunden. Über dem Portal auf der Hofseite sitzt das Ehewappen Fechenbach-Eyb. Im Rückgebäude liegt die Schloßkapelle von 1755 mit guter Einrichtung, darunter einem Gemälde des Januarius Zick ›Erweckung des Lazarus‹. Im Rittersaal befindet sich eine Waffensammlung, welche Stücke aus der Türkenbeute des Feldmarschalls Philipp Reinhard von Fechenbach enthält und durch Porzellane, Möbel und Gemälde bereichert worden ist. Im großen ganzen aber ist sie im Stil der ersten Aufstellung des 19. Jahrhunderts belassen worden. Dieses interessante kleine Schloßmuseum ist zu besichtigen.

Durch die reizendste Landschaft weiter dem Main folgend, kommen wir nach *Klingenberg*, das zu Füßen des steil abfallenden Spessarts liegt, unter den Trümmern der Burg Klingenberg, wo die Schenken von Klingenberg saßen, dann die Herren von Bickenbach und die Grafen von Hanau. 1505 kam der Ort an Mainz und war bis 1803 Amtssitz. Es ist eine schöne kleine Stadt mit teilweise prächtigen Fachwerkhäusern, einem stattlichen Rathaus von 1561, behaglichen Gassen, Winkeln und dem Brunntorturm. An der Nordwestecke des Berings steht das kleine Stadtschloß, ein altes Burglehen, das an die Herren von Kottwitz-Aulenbach gelangte. Der kurmainzische Marschall und Amtmann Hans Leonhard von Kottwitz – sein prächtiges Grabmal von 1575, wahrscheinlich von der Hand des Aschaffenburgers Albrecht Frid, zeigt ihn mit seiner Frau Brigitta von Ehrenberg – baute 1560 das Schlößchen, welches 1657 samt Aulenbach an die Freiherren von Mairhofen kam. Über dem Einfahrtstor in den geräumigen, von Wirtschaftsgebäuden umstellten

Hof befindet sich die Jahreszahl 1563, darüber sitzt das Mair-
hofensche Wappen mit der Zahl 1693. Das Schlößchen ist ein
schlichter Bau mit Erker auf zwei Säulen, die die Wappen Kottwitz und Weiler tragen. Er diente vormals als Hauskapelle. Zum
Portal führt eine zweiläufige Freitreppe mit Steinbalustergelän-
der von 1693. Der hübsche Brunnen trägt die Jahreszahl 1576.

Wir fahren nun über die Brücke nach Wörth auf dem jenseitigen Ufer.

Mainschiffahrt

Wörth, ein langgestreckter, ansehnlicher, seit 1295 mit Stadtrecht
versehener Ort am Main – der Bürgermeister sagt: bei Hochwasser ›im Main‹ –, ist römischen Ursprungs und entstand aus
einem Kastell des Odenwald-Limes. Wörth gehörte seit dem
14. Jahrhundert den Herren von Breuberg, seit 1438 Kurmainz
wie später Klingenberg. Große Teile der Stadtmauer mit dem
hübschen Obertor sind erhalten; in den Straßen sehen wir noch
schöne Fachwerkhäuser, aber vieles ist abgebrochen worden, da
sich ein Teil der Bewohner wegen der Hochwasser in der Siedlung Neu-Wörth niedergelassen hat. In der neuromanischen Kirche St. Nikolaus befindet sich ein guter mittelrheinischer Flügel-
altar, um 1470-80 vom Grafen von Hanau und seiner Frau, einer
Pfalzgräfin von Zweibrücken, gestiftet, sowie ein bemerkens-
wertes Kruzifix, um 1510-20, aus der Mainzer Werkstatt des
Hans Bachofen. Der reizvollste Bau ist das kleine behagliche Rathaus von 1600 mit seinem rundbogigen Tor, über dem die Wappen des Kurfürsten Johann Schweikard von Kronberg und, so
wird angenommen, der Schwertzell von Willingshausen sitzen.
Das Erdgeschoß bildet eine geräumige Halle. Hier soll in einiger
Zeit das Schiffahrts- und Schiffsbaumuseum entstehen. Das hat
sich Bürgermeister Berninger, selbst einer alten Schiffer- und
Fischerfamilie entstammend, in den Kopf gesetzt und wird es
auch durchsetzen.

Wörth hat eine alte Beziehung zum Schiffsbau, zur Mainschiffahrt, welche der wichtigste Gewerbezweig des Städtchens
war, das auch am Verladegeschäft nicht schlecht verdiente. 1513

waren es zehn, 1750 dreihundertfünfundsechzig Schiffsladungen. 1737 erhielten die Schiffer vom Mainzer Kurfürsten eine neue Zunftordnung; zudem besaßen sie das Fischereirecht zwischen Obernburg und Kleinheubach, und heute noch wird der Schifferjahrtag festlich gehalten.

Früher, so erzählte Bürgermeister Berninger, wurde flußauf die Treidelschiffahrt betrieben, das heißt die Frachtkähne wurden von Pferden gezogen, die auf dem Treidelweg am Ufer gingen. Noch 1926 mußte sich der Amerikaner Negley Farson – er schildert das in seinem Buch ›Eine Segelfahrt durch Europa‹ – auf dem Ludwigskanal treideln lassen, weil dieser so verunkrautet war, daß er den Motor nicht benutzen konnte. Als die Eisenbahn ihren Siegeszug antrat, verlor die Schiffahrt an Bedeutung, außerdem floß der Main in einem sehr unregelmäßigen Bett; es gab Untiefen, die sich bei niedrigem Wasserstand unliebsam bemerkbar machten. Für die Mainschiffahrt hoffte man durch Einführung der auf dem Neckar bereits betriebenen Kettenschiffe eine günstige Wendung. 1883 wurde in Mainz die Aktiengesellschaft ›Mainkette‹ gegründet, und 1886 wurde die Kettenschiffahrt zwischen Mainz und Aschaffenburg aufgenommen. An der im Flußbett verankerten Kette, die über zwei auf Vor- und Hinterschiff angebrachte Trommeln lief, welche durch Maschinenkraft gedreht wurden und das Schiff in Bewegung hielten, lief das Kettenboot flußauf. 1897 gingen die Kettenschiffe bis Würzburg, dann bis Bamberg; zudem wurde der Main kanalisiert, erhielt Schleusen und Häfen. Gegenüber von Wörth, am Rand des anziehenden alten Winzerdorfs Erlenbach, liegt unmittelbar am Fluß die 1918 gegründete ›Bayerische Schiffsbau GmbH, vormals Anton Schellenberger‹. Es sind riesige Hallen, und immer noch steht ein Schellenberger der Werft vor.

Bürgermeister Berninger erzählte, als er uns die bereits für das Schiffsmuseum gesammelten Modelle zeigte, daß es einst am Main eine ganze Reihe von Werften gegeben hat, die, mit Ausnahme der Erlenbacher, verschwunden sind. Seit 1652 wurden in Wörth Schiffe gebaut, und zwar begann damit Hans Michel Schellenberger. 1841 fuhr das erste Dampfschiff ›Ludwig‹ den

Main hinauf und wurde in Wörth mit Böllerschüssen sowie von einer Ehrenabordnung der Stadt feierlich begrüßt. In Erlenbach werden seit 1951 auch Seeschiffe von 1980 Bruttoregistertonnen gebaut, deren Aufbauten wegen der zahlreichen niedrigen Brücken erst in Mainz aufgesetzt werden können.

Es ist ein eigenartiges, ja schönes Bild, wenn Nebelschwaden über den Fluß treiben und aus ihnen plötzlich, fast lautlos, ein mächtiger Frachtkahn auftaucht, vorübergleitet und wieder im Grau verschwindet.

Als ein Zeichen alter stolzer Schiffertradition errichtete der Wörther Schifferverein einen hohen Stahlmast, der an festlichen Tagen im Schmuck vieler bunter Reedereifahnen und Zierwimpel am Ufer steht. Ihren Dankgottesdienst halten die Schiffer an ihrem Jahrtag, dem Dreikönigstag, in der Nikolauskirche. Dann erschallt das Lied:

> Nach dem Sturme fahren wir
> Sicher durch die Wellen,
> Lassen, großer Schiffer, Dir
> Unser Lied erschallen.

Zurück in die Römerzeit

Die wohlerhaltene Altstadt von *Obernburg*, dem 1317 Stadtrecht verliehen wurde, liegt nur wenige Kilometer von Wörth entfernt. Zwar ist der größte Teil des Berings im vorigen Jahrhundert abgebrochen worden, doch ist ein Kranz von Toren und Türmen erhalten, darunter der schöne Almosenturm. Wo die Altstadt steht, dröhnte einst der Marschtritt der Legionen, denn hier lag ein römisches Kastell, das der 4. Auxiliarkohorte der 22. Legion als Garnison diente. Zahlreiche Ausgrabungsfunde aus Obernburg sowie der nächsten Umgebung sind im ›Römerhaus‹ gesammelt und geben einen guten Überblick über römisches Leben am Main. Obernburg lag am Limes, jener großartigen Befestigungslinie, die nach 85 n. Chr. entstand und von Rheinbrohl über den Taunus und Odenwald nach Lorch, von da über den Hesselberg in Mittelfranken nach Kelheim an der

Donau verlief. Zwischen Großkrotzenburg und Miltenberg bildete der Main die Grenze, lediglich besetzt mit Kastellen in Stockstadt, Niedernberg, Obernburg und Miltenberg. Das Castrum Obernburg wurde 117-38 n. Chr. angelegt. Neben ihm gab es das Lagerdorf, in dem Veteranen, Kaufleute und Handwerker mit ihren Familien lebten, außerdem die Holzhöfe, in denen Veteranen beschäftigt waren, die nach Beendigung ihrer regulären Dienstzeit bis zur endgültigen Entlassung bei der Armee blieben. Sie wurden für besondere Dienste verwendet; dazu gehörte die Arbeit in den Holzhöfen, denn der Holzverbrauch für Brücken, Fahrzeuge, Gerät, Wurfmaschinen, Baracken und Feuerung war beträchtlich.

Heute wirkt Obernburg gar nicht mehr römisch; es zeigt das typische Gesicht einer Mainstadt, wie wir es allenthalben antreffen. Früher wurde hier Wein gebaut, doch an seine Stelle ist der Obstbau getreten, und jährlich feiert man mit Strömen von Apfelwein das Fest der Apfelblüte. Auch die Vereinigten Glanzstoffwerke haben hier ein Werk gebaut, so daß die Bevölkerungszahl schnell anstieg und im Norden der Stadt eine neue Siedlung gebaut werden mußte.

Wir fahren nun über den Fluß nach Elsenfeld, um einen Abstecher nach Mespelbrunn im Spessart zu machen.

Mespelbrunn

Man sollte an einem Sommertag, besser noch an einem schönen Herbsttag, wenn die Schar der Reisenden sich verlaufen hat, eine Wanderung durch den Spessart machen, wenn leiser Wind die Wipfel regt, die Sonne durch das Laub scheint und zitternde Lichtflecke auf uralte Buchen- und Eichenstämme wirft. Durch die Bäume schaut man über Blößen auf ferne Waldsäume und blaue Höhenzüge; es ist ganz still, nur der einsame Schrei des Bussards klingt über den Wäldern. Dann ein schmales Tal, darin ein kleiner See, klar gespiegelt darin ein Schloß mit hohem, rundem Turm – Mespelbrunn. Mespelborn oder Mispelborn, auch Espelborn ist vor alters ein heiliger Brunnen gewesen, ein Ort der Sage. Man erzählt von einem Wasserfräulein, das da gelebt und einen Ritter Peter zum Mann genommen habe. Peter ist einer der Erbnamen der Familie Echter von Mespelbrunn. Sieben Jahre lebte der Ritter glücklich mit der Fee, doch durfte er der Welt nichts von seinem Glück erzählen, sollte ihn nicht Unheil treffen. Als der Ritter nun gegen seinen Willen – er durfte ja nichts verraten – Hochzeit mit der Tochter eines Grafen halten mußte, ist er am dritten Tage danach gestorben. Seine und des Wasserfräuleins Söhne aber seien die ›Echten‹ gewesen und hätten daher diesen Namen angenommen. Man sagte seither: der ist ein Echter. Es ist eine hübsche Geschichte. Die Echter aber stammen aus dem Odenwald, wo sie als Dienstmannen der Grafen von Erbach ein festes Haus in Erbach besaßen. Davon geht eine andere Sage. Drei Brüder hatten einmal Streit mit den Grafen und im Verlauf der Fehde wurde einer der Erbachschen Herren erschlagen. Da Erbach der mächtigere war, mußten die Brüder den Odenwald und ihre Güter verlassen. Sie flohen in den Spessart, in die damals noch urwaldartigen Wälder ohne jegliche menschliche Wohnstatt, wo sie sicher vor Nachstellung waren. Die Brüder ernährten sich durch die Jagd, ein jeder in einem anderen Teil des Gebirges. Einmal im Monat trafen sie an einem bestimmten Ort zusammen. Derjenige, der zuerst kam, rief: Acht! Darauf antworteten die beiden anderen wie das Echo: Acht, Acht! Nun mußten ihrer zwei rufen: Zwölf! Rief aber eine dritte Stimme Zwölf! dazwischen, so wußten sie, daß ein Fremder in der Nähe war, und ritten wieder fort. Denn dreimal acht ist zweimal zwölf. Später schlugen sie als Wahrzeichen einen Pfahl in die Erde und befestigten an ihm drei Ringe, um ihre Pferde anbinden zu können. Das ist der Echterpfahl, von dem sie ihr Wappen nahmen. Einer der drei Brüder soll hier am Mespelborn – vielleicht mit Hilfe der Ahnfrau und Nixe, denn woher hätte er in der Einsamkeit Leute zum Bauen nehmen sollen – ein Haus errichtet haben. Nach manchem Jahr gelang es den Brüdern, sich mit den Grafen von Erbach auszusöhnen, und der Kurfürst von Mainz, dem die Waldungen großenteils gehörten, belehnte sie mit Gut und machte sie zu Forstmeistern.

Die Echter von Mespelbrunn treten im 14. Jahrhundert mehr hervor, zunächst im Dienst von Kurmainz, das 1412 ›Wüstung und Hofstätte, genannt der Espelborn‹ im Elsavatal, an Hamann I. Echter, Forstmeister im Spessart, schenkte. Eine dritte Sage gibt uns Kunde, wie das geschah. Hamann stand in hoher Gunst bei seinem Mainzer Herrn, Johann Grafen von Nassau, und dieser war ein passionierter Jäger. Einmal setzte er einem weißen Hirsch so hitzig nach, daß er seine Begleitung verlor, bis auf den Echter. Der Kurfürst ritt so wild, daß schließlich das Pferd zusammenbrach, der Fürst selbst wie tot dalag und stöhnte: Wasser, Wasser! Hamann, der Weg und Steg kannte, trug seinen Herrn zum Mespelborn und ließ ihn trinken, worauf der Kurfürst sich sogleich wunderbar erfrischt fühlte und zum Dank seinem getreuen Forstmeister ›Wüstung und Hofstätte‹ an dieser Stelle schenkte.

Alle diese Sagen passen gut zu dem kleinen Schloß, vielleicht eines der schönsten unter den burgartigen Sitzen des Landes. Es geht auf die spätmittelalterliche Anlage Hamanns zurück, welcher der untere Teil des Bergfrieds und der Wohnbauten angehören. Den Oberteil des Bergfrieds errichtete erst Hamann II. Peter III. Echter von Mespelbrunn baute zwischen 1551-69 den bedeutendsten Teil des Schlosses, den Nordflügel. Er war der Vater der Brüder Julius – des späteren Bischofs von Würzburg – und Adolf, der den heute nicht mehr vorhandenen Trakt auf der Westseite vollendete. In der ersten Hälfte des 18. Jahrhunderts bauten die Erben der ausgestorbenen Freiherren Echter, die Grafen von Ingelheim, die auch den Namen Echter annahmen, das Obergeschoß des Südflügels über der Torfahrt, den Friedrich von Thiersch 1904 aufstockte, wie er auch den ganzen Komplex im Inneren mit großer Einfühlungsgabe überholt hat. Die Romantik verband, um 1840, Bergfried und Südflügel mit einem Sandsteinbogen, durch den man auf das Wasser hinausschaut. Es sollte hier, wie in Anif bei Salzburg, eigentlich die Gestalt einer Nixe sitzen, um an die Sage der Echterschen Herkunft zu erinnern. Den Gesamteindruck des schönen Schlosses bestimmen die Formen der Renaissance.

Mitten im Wald, unmittelbar aus dem klaren See, wächst die Dreiflügelanlage mit drei Rundtürmen empor, deren Innenhof wir über eine Brücke und durch die Torfahrt mit den Wappen Echter-Dalberg erreichen. Der nördliche Flügel ist im Erdgeschoß in Lauben geöffnet. Die flachen Bögen werden von kräftigen Säulen mit skulptierten Kapitellen getragen, deren Schmuck an romanische Vorbilder erinnert. Treppengiebel schmücken den Bau, und das reiche Renaissanceportal von 1565 trägt die Wappen Echter-Adelsheim und im Aufsatz die Reliefbüsten Peter Echters und seiner Frau Gertrud von Adelsheim. Die seitlichen Pilaster zieren je vier Ahnenwappen: Echter, Habern, Thüngen, Hag, Adelsheim, Ruedt, Schrozberg und Horneck. In der Gebälkzone lesen wir den Spruch:

Ehelich Lieb in Got und stete Treu
Bringt Glück und Segen an alle Reu
Mit Ernst und Fleiß haben wir in Got vertraudt
Der unsern zu Guet dis Haus gebaudt.

Das Erdgeschoß nimmt der große Rittersaal ein, geteilt durch zwei auf kräftigen Säulen ruhende Unterzüge der Kassettendecke. Am Sockel erscheinen, anstatt der Eckknollen oder -blätter, Hände, die gleichsam den Säulenschaft stützen, eine für die Phantasie der Renaissance charakteristische Verbildlichung des Festhaltens an Grund und Boden. In diesem Raum befindet sich auch ein Wandbrunnen, der ›Espelborn‹, und bunte Malereien schmücken die Wände. Im ersten Obergeschoß, dessen Räume in ihrem Zusammenklang von kostbaren Möbeln, Kunstgewerbe und Bildnissen die behagliche Atmosphäre eines vornehmen Landsitzes zeigen, liegt der Gobelinsaal, so genannt nach dem Wandteppich von 1564, der sich jetzt im Mainfränkischen Museum in Würzburg befindet. Man wünscht sich ihn in die alte Umgebung zurück, eingebunden in das Leben der Familie, zu dem er gehörte wie Haus und Landschaft. Im anschließenden barock vertäfelten Ahnensaal soll im Mittelpfeiler die rechte Hand des Bischofs Julius – wir werden noch von ihm hören – eingelegt sein. Die Stelle wird durch ein kleines, reiches Steinrelief mit dem Brustbild des Bischofs verdeckt, welches Hans Mul 1576 geschaffen hat. Die Schloßkapelle von 1566, mit Sterngewölbe und Malereien in den Zwickeln – Apostel und Evangelisten –, enthält einen reichen Alabasteraltar von dem Würzburger Michael Kern, um 1611 gearbeitet.

Der Reiz des Schlosses liegt in der unvergleichlichen Stimmungseinheit von Landschaft, Architektur und einer zum größten Teil außerordentlich wertvollen Inneneinrichtung, der auch die leichten Veränderungen des frühen 19. Jahrhunderts nichts von ihrer Schönheit zu nehmen vermögen. Alle Teile sind zusammengewachsen und bilden ein harmonisches Ganzes, ein großartiges Denkmal fränkischer Geschichte und zugleich der Geschichte eines Hauses, das Tradition mit den Anforderungen unserer Zeit zu verbinden weiß.

Julius Echter von Mespelbrunn

Schon die Würzburger Fürstbischöfe Rudolf von Scherenberg und Lorenz von Bibra – wir standen vor ihren prachtvollen Grabdenkmälern Riemenschneiders im Dom – hatten alles Menschenmögliche getan, die Kirche ihres Sprengels zu reformieren und Mißbräuche abzustellen, denn sie hatten erkannt, daß von der Entwicklung des geistlichen Standes das Schicksal der Kirche abhing. Bibra empfing 1518 den nach Worms reisenden Luther auf dem Marienberg und mahnte ihn zu größter Vorsicht bei der Verfolgung seiner Pläne. Dem Nachfolger dieser beiden Bischöfe sollte gelingen, was ihnen versagt geblieben war.

Als der Fürstbischof Julius Echter 1613 sein vierzigjähriges Regierungsjubiläum feierte, schrieb er für das zu Ehren dieses Tages erschienene Missale ein Vorwort, in dem es heißt: *Seit Wir durch Gottes Ratschluß zum Bischofsamt berufen wurden, haben Wir Unsere sämtlichen Gedanken und Überlegungen auf das eine Beginnen vereinigt, wie Wir jene, die Unserer Hirtensorge anvertraut waren, aber unter dem Einfluß schlechter Ratgeber vom katholischen Glauben abgewichen waren, zu ihrem einstigen Bekenntnis und der alten Kirche zurückführen könnten.* Dieser Passus enthält die Quintessenz seines politischen und religiösen Strebens, das in der gegen-reformatorischen Arbeit gründete. Als Reformator wollte Fürst-bischof Julius erkannt sein, aber er war nicht nur das, er war ein Fürst großen Stils, ein gewiegter, kluger Staatsmann von nicht geringem Einfluß auf die Politik seiner Zeit.

Als Sohn Peter Echters ist Julius 1545 in Mespelbrunn gebo-ren worden und im Wasserschloß im tiefen Spessart nicht ge-rade in großen Verhältnissen aufgewachsen, denn die Familie war kinderreich und Herr von Echter mußte haushalten. Julius studierte am Jesuitenkolleg in Köln, wo er in lateinischen Streit-gesprächen zum gewandten Redner, zu innerer Disziplin und Beherrschung seines von Natur leidenschaftlichen Temperaments erzogen wurde. Die Studien wurden in Löwen, Douai, Paris, Angers und Pavia fortgesetzt, wo er das kanonistische Lizentiat erwarb, um dann noch einige Zeit an der Reichskanzlei in Wien praktische Erfahrung zu sammeln. Da der Vater ihm schon 1554 eine Dompräbende in Würzburg verschafft hatte, trat er nun 1569 in das Domkapitel ein, das ihm ein Jahr später die Ämter eines Domscholasters und Domdekans übertrug. Sparsam, ge-nau, als geschickter Verhandler versah er sein Amt, betrieb er die Klosterreform, ging streng gegen den unbotmäßigen Klerus vor und brachte als erstes das völlig verlotterte Kloster Bildhau-sen zur Raison. Er kümmerte sich eingehend um die Verhältnisse in Stadt und Land, um Verbesserungen der Rechtspflege und der Lage der Bauern. Als Fürstbischof Friedrich von Wirsberg 1573 starb, wählte das Kapitel als Nachfolger den achtundzwanzig-jährigen Echter, den ein Übermaß an Arbeit erwartete. Er sagte einmal: *Besonders der Gedanke an jenen Tag macht mich zittern, wo ich Christus dem Weltenrichter Rechenschaft über mein Leben ablegen muß. In dieser Not sind anhaltende und inständige Gebete zu Gott meine einzige, aber auch festeste und sicherste Zuflucht.* Die Dom-herren allerdings hatten geglaubt, mit dem »stillen, feinen Herrn«, der zurückgezogen lebte, leichtes Spiel zu haben, zumal der Bi-schof durch die Wahlkapitulation gebunden war, die vor allem Vorteile und Rechte des Kapitels betraf und die Selbständig-keit des Bischofs sehr einschränkte. Im Kreise der Kirchenrefor-

mer wurde Julius' Ernennung freudig begrüßt. Julius bereitete
sich durch strenge, von den Jesuiten geleitete geistige Übungen
auf die Übernahme des schweren Amtes vor, und die Herren des
Domkapitels waren ärgerlich erstaunt, daß der »stille, feine Herr«
die Zügel der Regierung kräftig anzog und eine Änderung der
Wahlkapitulation zu seinen Gunsten durchsetzte. Eine Fülle von
Verordnungen ging aus der bischöflichen Kanzlei ins Land hinaus, welche das Gesicht des geistlichen Staates veränderten und
die absolutistische Herrschaft der geistlichen Landesherren in
Würzburg vorbereiteten. Entschieden drang der Fürstbischof
auf gründliche theologische Bildung der Mönche und Welt-
geistlichen, verlangte er Einhaltung des Zölibats. Er müsse, sagte
er, an die Worte Pauli denken, welche der Apostel an die Ältesten der Kirche Asiens richtete; er müsse nicht weniger acht-
haben auf die Regierung der gesamten Würzburger Kirche als
jene Männer auf ihre Kirche in Asien. Das bedeutete die Wiederherstellung der katholischen Einheit im Hochstift, welche er auf
der Grundlage der Konzilsbeschlüsse von Trient durchzuführen
suchte. Hinter diesen Gedankengängen verbergen sich auch
weltliche Motive, denn ein kirchlich einheitliches Gebiet ließ
sich leichter regieren. Drei Jahre nach seinem Amtsantritt ging
Echter an die erste politische Unternehmung, welche sich gegen
den Fürstabt von Fulda, Balthasar von Dernbach, richtete. Dernbach, ein glühender Verfechter der Gegenreformation, handelte
unbedacht und erreichte das Gegenteil seines gewiß ehrenwerten
Vorhabens, denn die Stände rebellierten und wandten sich an
den Fürstbischof von Würzburg, dessen Jurisdiktion Teile der
Fürstabtei unterstanden. Außerdem sah Echter sein Reformpro-
gramm durch den allzu raschen Fürstabt gefährdet. Als die Stände ihren Abt in Hammelburg festgesetzt hatten, versuchte Echter
ihn im persönlichen Gespräch zu überreden, Fulda mit Würzburg zu vereinigen, doch darauf ging Dernbach nicht ein, und
so wurde er zum Verzicht gezwungen. Fulda kam unter kaiserlichen Sequester, bis der Abt 1602 wieder eingesetzt wurde. Julius Echter hatte nichts erreicht, einen Feind gewonnen und ging
künftighin vorsichtiger zu Werk.

Julius, dieser hochgebildete große Herr, der fließend Italienisch und Französisch sprach, war ein bekannter Mann geworden, denn er stand im Brennpunkt der politischen und gegen-
reformatorischen Kämpfe. Er hatte einen guten Ruf in Rom,
den auch seine Widersacher nicht zu zerstören vermochten, sowie am kaiserlichen Hof. Er stand auf vertrautem Fuß mit Kaiser
Rudolf ii., der ihm schwierige diplomatische Missionen übertrug, und ein ebenso gutes Verhältnis hatte er zu Herzog Maximilian von Bayern, dem späteren ersten Kurfürsten, und zum
wittelsbachischen Kurfürsten von Köln. Als kaiserlicher Kommissar wirkte er in den Niederlanden für friedlichen Ausgleich
mit den Protestanten, da er wußte, daß Friede im Reich nur mit
politisch gesicherten Reichsständen zu erreichen war. Daher
suchte er den Landsberger Bund, eine Union der oberdeutschen
Reichsstände, zu stärken und auch die habsburgischen Lande
zum Beitritt zu bewegen. Schließlich schwenkte der Fürstbischof
ganz auf die politische Linie der katholischen Liga ein, in der
Maximilian von Bayern die führende Rolle spielte. Neben politischer Tätigkeit und Verwaltungsarbeit im Bistum Würzburg
kümmerte sich der Bischof eingehend um das geistige und geistliche Leben, um Armenpflege und Baukunst. Er ist der Gründer
des Juliusspitals, 1576, Spital, Waisenhaus und Altersheim zugleich, und der Universität, 1582. Diese Stiftungen sollten sicherlich auch Ausdruck fürstlicher Fürsorge und Macht auf dem
Wege zum absolutistisch regierten Staat sein. Für die Alma Julia
hatte er schon 1575 päpstliche und kaiserliche Privilegien erhalten; die Jesuiten übernahmen die theologische und philosophi-
sche Fakultät, die Statuten für die Universität wurden nach dem
Vorbild der Freiburger Hochschule ausgearbeitet. Aber die Stu-
dienreform erregte wieder Streit mit dem Domkapitel, und die
Domherren klagten, »was er zu unserem Schaden ersinnen kann,
das tut er«, doch sie mußten sich beugen. Alle Entscheidungen
fällte der Bischof nach reiflicher Überlegung, aber bisweilen
brach sein Temperament durch, und er konnte trotz aller Selbst-
zucht in furchtbaren Zornausbrüchen toben. Julius ließ viel bau-
en, man spricht von mehr als dreihundert Kirchen und nennt

diese Architektur den ›Echterstil‹, doch kann man ihn nicht als
eigentlichen Stil bezeichnen, denn er vereinigt konstruktive Elemente der Spätgotik mit Zierformen der Renaissance, wie es
damals üblich war. Es ist also kein gewollter, aus gegenreforma-
torischem Denken abgeleiteter Rückgriff auf alte Formen, auch
keine Würzburger Eigenart, sondern sachliche Zweckgebun-
denheit mischt sich, wie überall in der ausklingenden mittelalterlichen Baukunst, mit Repräsentativem. Im übertragenen Sinn
darf man vielleicht von einem ›Julius-‹ oder ›Echterstil‹ sprechen,
weil zur Festigung gegenreformatorischer Gedanken und Maßnahmen, wozu auch der Kirchenbau gehörte, alles von der Person des Fürstbischofs ausging.

Am 13. September 1617 ist Julius Echter gestorben und wurde
im Dom beigesetzt. Betrachten wir das Grabmal oder Bildnisse
des Fürsten, sehen wir das gesammelte, stille und strenge Antlitz
eines Mannes, der zu herrschen verstand. *Gott gebe Gnad und uns
Franken wieder einen solchen Vater und Haushalter*, trug ein Bürger
in seinen Kalender ein.

Hessenthal – ein Gnadenort

Von Mespelbrunn führt eine Straße unmittelbar nach Aschaffenburg. Man erreicht nach Hessenthal die alte Heerstraße, auf der
man vor dem Bau der Autobahn von Würzburg nach Frankfurt
fuhr. Tief im Grund eines Waldtals liegt *Hessenthal* vor uns, ein
Dorf mit drei dicht beieinanderstehenden Kirchen im Mauerring. Ein Ritter, vielleicht ein Echter – so berichtet die Legende –
diskutierte mit einem Köhler über Wunder. Mit dem Ruf, so
gewiß dieser Strauch nicht blute, so gewiß gäbe es keine Wunder, stieß er sein Schwert in den Haselbusch. Zu seinem Schrek-
ken sah er die Waffe von Blut gerötet, und als sie nachsahen, entdeckten sie im Gesträuch ein Muttergottesbild. Ihr zu Ehren
wurde die erste Kapelle gebaut, zu der bald die Landleute in
Scharen strömten, um Maria zu verehren. Später stellte man das
Bild in eine größere Kapelle, aber immer wieder kehrte es zum
alten Platz zurück, bis eine alljährliche Prozession gelobt wurde.

Seitdem blieb es am neuen Ort, zufrieden und wundertätig. Dicht nebeneinander stehen die beiden Kirchen, die 1454 erneuerte Gnadenkapelle und die größere, 1439 errichtete Wallfahrtskirche Unserer Lieben Frau, welcher der Würzburger Dombaumeister Hans Schädel 1954-56 einen großen Erweiterungsbau anfügte. Er stimmt meines Erachtens nicht glücklich mit den schlichten, aber schönen alten Gebäuden zusammen, ja er erdrückt sie. Der dritte alte Bau, die Kreuzkapelle aus dem 17. Jahrhundert, ist inzwischen verschwunden.

Das Schönste in der neuen Kirchenhalle ist die außerordentlich eindrucksvolle Kreuzigungsgruppe, die der Mainzer Bildhauer Hans Bachofen im Jahre 1519 lieferte, sowie die als frühe Arbeit Riemenschneiders geltende Beweinung von 1490.

Die Herren von Echter haben das Wallfahrtskirchlein gebaut. Der Chor mit Strebepfeilern trägt ein Kreuzrippengewölbe in Sternfiguration, hat Fenster mit Fischblasenmaßwerk und Vierpässen und in den Flächen des Chorgewölbes Stuckierung von etwa 1730. Das Schiff ist um 1600 entstanden. Den Altar schufen 1718 der Schreiner Johann Philipp Spessart und der Bildhauer Friedrich Heydt. Die Kirche ist vor allem reich an ausgezeichneten Grabdenkmälern des 16. Jahrhunderts. Da ist das üppige, große Grabmal, das Dietrich Echter, Bruder des Fürstbischofs Julius, zum Gedächtnis seiner Eltern, seiner eigenen Person und seiner Geschwister von Erhard Barg aus Schwäbisch Hall arbeiten ließ. Barg hielt sich damals in Aschaffenburg auf, wo Dietrich 1582 den ein Jahr zuvor mit Albrecht Frid geschlossenen Vertrag auf ihn übertrug. Der Künstler erhielt 205 Gulden, zwei Malter Korn und ein halbes Fuder Wein für seine Arbeit. In einer Rundbogennische mit Kreuzigung, flankiert von zwei Putten mit Kelchen, kniet die Familie, die Männer in prächtiger Rüstung, mit Ausnahme Bischof Julius'. Ganz vorne sehen wir den Vater, Peter III. Echter, gest. 1576, ihm gegenüber die Mutter, Gertrud von Adelsheim, gest. 1583. Gerahmt wird die Nische von je zwei Pilastern mit Ahnenwappen, vor denen die Apostel Petrus und Paulus stehen. Über den abschließenden Gebälkstücken sitzen Echter- und Adelsheimwappen, in den Zwik-

keln über der Nische sehen wir Adam und Eva. Darüber erheben
sich ein Aufsatz mit Inschrift und ein Rundmedaillon mit der
Auferstehung Christi, umrahmt von den Allegorien Glaube,
Liebe und Hoffnung. Gesichter und Fruchtgehänge sind farbig
gefaßt, Gewandsäume und Gesimse sind vergoldet.

Von den übrigen Epitaphien seien genannt zwei Grabmäler
von Philipp I. Echter, gest. 1539, und Philipp II., gest. 1549, sowie
der schöne Stein der Agnes von Echter, geborenen Gräfin von
Werdenberg, verwitweten Gräfin von Erbach, die in zweiter
Ehe Philipp I. Echter heiratete. Das Ganze in seinem Zusammenklang von Landschaft, Architektur und Steinbildern ist von großer Eindrücklichkeit.

Aschaffenburg – das Tor zum Spessart

Nähern wir uns Aschaffenburg, ganz gleich von welcher Seite,
sehen wir als erstes das Schloß, und wenn wir von Obernburg
her kommen, so liegt es groß und herrschaftlich am Rand der
Stadt über dem Fluß. Es ist wohl begreiflich, daß schon in der
Frühzeit der Geschichte das milde Klima dieses fruchtbaren,
landschaftlich so reizvollen Hügellandes zu Füßen des Spessarts
die Stämme der Völkerwanderung erfreute, daß die Alemannen
hier haltmachten. Wir wollen ihnen ein Gefühl für die Lieblichkeit des Landes nicht absprechen, es mag sie heiter gestimmt
haben, so daß sie sich sagten: Hier wollen wir bleiben. Und so
bauten sie auf dem Hochrücken über dem Main ihre Siedlung
Ascapha, die dann unter fränkische Botmäßigkeit kam und im
10. Jahrhundert in den Besitz des Erzbistums Mainz überging,
das hier den Verwaltungsmittelpunkt seines ›Oberstifts‹ einrichtete und eine Burg baute, denn auch die Erzbischöfe und Kurfürsten von Mainz liebten Aschaffenburg nicht nur wegen der
ergiebigen Jagdgründe im Spessart. Erzbischof Willigis ließ um
das Jahr 1000 eine Brücke über den Fluß schlagen, so daß eine
rasche Entwicklung des Ortes zu Markt und Stadt gesichert war.
Dort steht nun das *Schloß Johannisburg*, leuchtend im roten Main-
sandstein, vor dem silbrigen Grün der Waldberge und Wiesen,

ein glorreicher architektonischer Akzent im Gesamtbild von Stadt und Landschaft, wie es auch Ferdinand Kobell gemalt hat. Das Bild hängt im Schloß. Wilhelm Hausenstein meint, es sei erstaunlich, *wie sehr dies Bild die Wahrheit spricht, und wie sehr diese Wahrheit auch noch die Wahrheit von heute ist..., und so geradezu bezeugt es die Wirklichkeit dieser Welt – trotz der Veränderungen, die inzwischen darin vor sich gegangen sind ... Fügen wir hinzu: es ist die Wahrheit eines wirklich guten Bildes...*

Wie die alte Burg aussah, zeigt eine Zeichnung des Veit Hirschvogel von 1540, doch diese Burg wurde im Markgräflerkrieg 1552 von Markgraf Albrecht Alcibiades von Brandenburg-Kulmbach niedergebrannt. Froben Christoph Graf von Zimmern empört sich über die Zerstörung und schreibt in der Zimmernschen Chronik: *Die herrlich alt Reichskanzlei, die nimmermehr mag widerum restauriert werden, und schad, daß der Ursach halb ihm* (Albrecht Alcibiades) *sein schandliches Haupt nit mit einem Britt abgestoßen worden.*

Kurfürst Johann Schweikard von Kronberg, den Kaiser Rudolf II. die ›feste Stütze des Glaubens und des Reichs‹ nannte, holte sich 1605 den Straßburger Georg Ridinger für den Neubau. Ridinger, als Baumeister nicht unbedeutender als der Augsburger Elias Holl, war der Sohn eines Steinmetzen in Straßburg, lernte bei dem Werkmeister am Münster, Jörg Schmidt, und bildete sich ab 1590 vermutlich in Italien und Frankreich. Man kennt keinen anderen Bau von ihm, doch muß er einen Ruf gehabt haben, sonst hätte ihn Kurfürst Johann Schweikard kaum berufen. Vom Bestand der alten Anlage wurden Bergfried und östliche Terrassenmauer übernommen, und nun entstand bis 1614 die Johannisburg als eine der ersten großen deutschen, regelmäßig geplanten Schloßanlagen mit vier Flügeln und vier mächtigen, quadratischen, im Oberteil ins Oktogon übergehenden Ecktürmen unter barocken Hauben. Die Fassaden dieses charaktervollen, fast festungsartig wirkenden Baues sind vortrefflich gegliedert bis hinauf in die prächtigen Volutengiebel der Dächer.

In dem Nordflügel liegt die *Schloßkirche*, die wir durch das schöne Hofportal mit einem Relief der Taufe Christi, einer Mut-

tergottes und den beiden Johannes betreten. Sie enthält den 1618
fertiggestellten üppigen Marmor-Alabasteraltar von Hans Junk-
ker. Das figurenreiche Werk zeigt uns die Kreuzigung in der
Mitte, umrahmt von Reliefs der Passion, daneben die Statuen
des Erzbischofs Johann Schweikard und des hl. Martin und im
Auszug zwischen Engeln das Relief der Auferstehung. 1618
wurden auch die ebenfalls reichgeschmückte Kanzel, Propheten
und Kirchenväter aufgestellt. Großartig leitet die Johannisburg
den repräsentativen neuen Typus des Schloßbaus ein als ein Gebäude von ruhiger Kraft und Geschlossenheit, das damals schon
tiefen Eindruck machte. Gustav Wrangel, der schwedische
Heerführer, ließ sich westlich von Stockholm am Mälarsee
Skokloster als schmucklose, kleinere Nachbildung erbauen.

Kurfürst Friedrich Carl von Erthal ließ im Innern des Schlosses durch Emanuel Joseph d'Herigoyen Veränderungen vornehmen, das noble Treppenhaus im Ostflügel einbauen und die Hof-
arkaden leider entfernen.

Im Frühjahr 1945 fiel das Schloß einem schweren Luftangriff
zum Opfer, doch ging man 1946 an den Wiederaufbau, der nun
abgeschlossen ist, wobei das Kupferstichwerk Ridingers ›Architektur des Maintzischen Churfürstlichen Neuen Schloßbaues
St. Johannspurg…‹ von größtem Nutzen gewesen ist. Die *Innenräume* sind auf das feinste renoviert worden; der leichte, elegante
Louis-Seize-Stuck der Erthalzeit wurde ergänzt, die Wände mit
lichten Seidentapeten bespannt, Möbel aufgestellt, so daß wir
wieder den Eindruck fürstlicher Wohnkultur erfahren können.
Die Galerie umfaßt die ehemalige kurfürstliche Bildersamm-
lung, die seit 1800 in mainzischem Besitz befindliche Sammlung
des Mainzer Stiftspropstes Hugo Franz Grafen von Eltz und Gemälde der Bayerischen Staatsgemäldesammlungen. Auch die
alte Hof- und Stiftsbibliothek ist im Schlosse untergebracht, zu
deren Beständen ein Exemplar des ›Wilhelm Tell‹ mit eigen-
händiger Widmung Schillers an Kurfürst Karl Theodor von Dalberg gehört, dessen Bruder Heribert, Intendant des Mannheimer
Theaters, es wagte, die Räuber aufzuführen. Die Widmung
lautet:

Wenn rohe Kräfte feindlich sich entzweyen,
Und blinde Wut die Kriegesflamme schürt,
Wenn sich im Kampfe tobender Partheyen
Die Stimme der Gerechtigkeit verliert,
Wenn alle Laster schamlos sich befreyen,
Wenn freche Willkühr an das Heilige rührt,
Den Anker löst, an dem die Staaten hängen,
– das ist kein Stoff zu freudigen Gesängen!

Doch wenn ein Volk, das fromm die Herden weidet,
Sich selbst genug, nicht fremden Guts begehrt,
Den Zwang abwirft, den es unwürdig leidet,
Doch selbst im Zorn die Menschlichkeit noch ehrt,
Im Glücke selbst, im Siege sich bescheidet,
– das ist unsterblich und des Liedes werth.
Und solch ein Bild darf ich DIR freudig zeigen,
DU kennsts, denn alles Große ist DEIN eigen.

Schließlich ist ein Teil des Städtischen Museums in die Johannisburg verlegt worden, so daß wir nun eine vorzügliche Einsicht
in das kulturelle Leben des Erzstifts Mainz und des Aschaffenburger Umlandes nehmen können, mit dessen *Schilderung ich Sie
nicht langweilen will*, wie Karl Immermann 1837 nach einem Besuch der Sammlungen einem Freund schrieb. Das Schloß, berichtet er, *ist im sogenannten Commodenstyl des 17ten Jahrhunderts
gebaut, ganz rot, ein gewaltiges Quarré... Alles mit Leisten, Schnör-
keln, Zierraten reich bedeckt. Das Ganze macht sich prächtig. Man
nennt diesen Styl einen verdorbenen, ich möchte ihn mir aber nicht
schelten lassen. In großen Maßen, einer blühenden, anmutigen Natur
gegenüber, machte er sich luxuriös und phantastisch...* Obwohl die
Landschaft dicht um die Stadt durch zahlreiche Industrieanlagen
recht verändert worden ist, dominiert immer noch das gewaltige
Schloß als Repräsentant einstiger kurfürstlicher Macht, das als
letzter Erzbischof von Mainz Dalberg bewohnt hat.

Der Fürstprimas

Karl Theodor Freiherr von Dalberg (1744-1817), des alten Reichs
letzter Erzkanzler, ein begabter, vielseitig interessierter Mann,

war der hervorragendste Repräsentant der Aufklärung in
Deutschland, sowohl als Kirchenfürst wie auch als Schriftsteller.
Doch die Schwächen und Unzulänglichkeiten seiner problema-
tischen Natur, eine gewisse Unsicherheit im Bereich der großen
Politik, zeigten sich immer wieder. Deshalb hatte er sich wohl
der kraftvollen Persönlichkeit Napoleons willig untergeordnet.
Er war voller guter Absichten, hatte Herzensgüte und soziales
Verantwortungsbewußtsein. Als Dompropst von Würzburg ist
er auch Rektor der Universität gewesen, welcher er noch 1814
die großzügige Stiftung von 18000 Gulden machte. Mit achtundzwanzig Jahren übernahm er das Amt des Statthalters der
mainzischen Exklave Erfurt, und Goethe schrieb 1780 an Frau
von Stein: *Der Statthalter war vergnügt ... Der Statthalter ist doch
eigentlich kein rechtes Kind dieser Welt und so klug und brav seine
Pläne sind, fürcht ich doch, es geht eines nach dem andern zu scheitern ...*

1787 ist Dalberg Koadjutor in Mainz, 1802 Kurfürst geworden, aber er regierte nur ein Jahr, dann machte die Säkularisierung der geistlichen Stifte dem Kurstaat ein Ende. Dalberg behielt den Titel Reichserzkanzler, zudem das Oberstift Aschaffenburg und erhielt dazu Regensburg als Fürstentum. 1804 setzte
sich Napoleon die Kaiserkrone aufs Haupt, und zwei Jahre später erfolgte die Mediatisierung der kleinen reichsständischen Territorien – ein umwälzender Eingriff in das Gefüge des alten
Reichs. *Mit den beseitigten Reichsständen verloren Millionen ihnen
verbundener Familien, verloren ganze Landschaften und Stände ihre
wirtschaftlichen Grundlagen, ihre Traditionen und Rechte. Mit einem
Schlag versanken größte Teile Deutschlands und seiner Geschichte in
der Tiefe* (H. Rößler). Man mußte sich also umstellen; das war
nicht leicht, ist aber zwangsläufig geschehen.

Napoleon hielt es für zweckmäßig, an Stelle der vielen kleinen, immer noch auf das Reichsoberhaupt ausgerichteten Fürsten, Grafen und Reichsritter Mittelstaaten zu setzen, die ganz
von ihm abhängig sein würden. Die Betroffenen wehrten sich
heftig; sie wandten sich an Napoleon selbst, doch erfolglos, und
die verwitwete Fürstin zu Fürstenberg, eine der energischsten
Kämpferinnen für die Rechte der Mediatisierten, bat die

Schweiz, in Paris zu vermitteln. Tatsächlich bemühte sich der Landammann der Eidgenossenschaft auf Ersuchen des Kantons Schaffhausen, aber auch das half nichts, konnte nichts mehr ändern. Napoleon hatte nämlich 1806 den Rheinbund gegründet, in dem etwa siebzig der bisher reichsunmittelbaren Landesherrschaften aufgegangen waren.

Die französische Republik war unfähig gewesen, eine Führungsschicht mit festen sittlichen Werten zu bilden; Napoleon als Kaiser der Franzosen räumte sie ab. Seine Stellung gegenüber Österreich und Rußland gedachte er durch den Rheinbund zu festigen, doch die in diesem Bund vereinigten Fürsten hatten zwar mit Vergnügen die Vergrößerung ihrer Staaten begrüßt, zeigten jedoch wenig Lust, den Bund durch eine Verfassung zu stärken. Sie wollten keine engeren Bindungen an Frankreich, als sie im alten Reich zum Kaiser bestanden hatten. Hätte Dalberg mehr Energie und Tatkraft gehabt, so hätte sich der Rheinbund vielleicht zu einer politisch überaus wirksamen Föderation entwickeln können, zum Vorläufer eines vereinten Europa. So trieb Napoleon die Vereinheitlichung auf andere Weise voran. Er gründete zum Beispiel deutsche Modellstaaten in Gestalt des Königreichs Westfalen für seinen Bruder Jérome und des Großherzogtums Berg für seinen Schwager Murat, Gebilde, die er aus kurpfälzischen, kurhessischen, braunschweigischen und preußischen Landesteilen zusammenstoppelte. In etwa hatten die Herren der neuen deutschen Mittelstaaten in Verwaltung und Rechtspflege dem ausgezeichneten französischen Vorbild zu folgen; sie mußten Justiz, Steuerwesen, die ganze Verwaltung neu einrichten und straffen. Das bewährte sich in jeder Hinsicht. Jedes Rheinbundmitglied behielt dem Wortlaut nach volle Souveränität. Dalberg, durch den Reichsdeputationshauptschluß von 1803 zum Metropolitanbischof und Primas in Germanien ernannt, behielt als einziger geistlicher Kurfürst seine Selbständigkeit. Als Fürstprimas des Rheinbunds war er eifrig bestrebt, Napoleon gefällig zu sein; er hatte auch den Verfassungsentwurf für den Bund ausgearbeitet, welcher die gesamte richterliche und militärische Gewalt in Napoleons Hände legen sollte, doch ist es zu seiner Durchführung nicht gekommen. Aber auch ohne dies war Napoleons Stellung gefestigt. Österreich dagegen hatte die alten Stützen seiner Macht verloren, die geistlichen Kurfürsten, Fürstbischöfe und Äbte, und so hatte es sich vom alten Reichsverband losgesagt. Deutschland selbst war zum Spielball zwischen Paris und Petersburg geworden. Die Legitimität jeglicher Herrschaft war erschüttert; das sollten auch die Gewinner neuer Landesteile zu fühlen bekommen, welche die Rechte ihrer Standesgenossen mit einem Federstrich beseitigt hatten. Ihre eigene Autorität war Schein, sie waren auf Gnade und Wohlwollen der Großmächte, vor allem Frankreichs und Rußlands, angewiesen.

Napoleon übergab 1806 Frankfurt dem Fürstprimas und machte es 1810 zum Großherzogtum, das sich aus den Gebieten der Reichsstädte Frankfurt und Wetzlar, Teilen der Grafschaft Hanau, dem Mainzer Oberstift Aschaffenburg und der Fürstabtei Fulda zusammensetzte. Dalberg residierte im Palais Thurn und Taxis in der Großen Eschenheimer Gasse, das bis auf Portal und flankierende Pavillons im letzten Krieg zerstört worden ist. Bettina von Brentano, mit deren Familie Dalberg eng befreundet war, besuchte ihn im Sommer 1808 in Aschaffenburg und berichtete Goethe: *Den Primas habe ich in Aschaffenburg besucht, er meint immer, ich habe die Kinderschuhe noch nicht ausgetreten, und begrüßt mich, indem er mir die Wangen streichelt und mich herzlich küßt. Diesmal sagte er: »Mein gutes, liebes Schätzchen, wie Sie frisch aussehen und wie Sie gewachsen sind!« – Ein solches Betragen hat nun eine zauberische Wirkung auf mich; ich fühle mich ganz und gar, wie er mich ansah, und betrug mich auch, als ob ich nur zwölf Jahr alt sei, ich erlaubte mir allen Scherz und gänzlichen Mangel an Hochachtung, unter solch zweifelhaften Umständen trug ich ihm Deine Aufträge vor... Als der Fürst von Goethes Briefen sprach, errötete sie, und er sagte: »Was fehlt Ihnen denn, mein Kind, Sie schreiben wohl auch an Goethe?« – »Ja«, sagte ich, »unter der Obhut seiner Mutter.« – »So, so, das ist ganz schön, kann denn die Mutter alles lesen?« – Da mußt ich ungeheuer lachen; ich sagte: »Wahrhaftig, Euer Hoheit haben's erraten; ich muß der Mutter alles vorlesen, und was sie nicht wissen soll, das übergeh ich.«* Dalberg fragte sie, ob sie Goethe auch duze, was sie bejahte, denn sie beichte ihm gerne. *Er lachte, er sprang auf (denn er ist sehr vif und macht oft große Sätze) und sagte: »Geist wie der Blitz! Ja, ich gebe Ihnen Dispensation, und ihm – schreiben Sie es ihm ja, – geb ich Macht, vollkommen Ablaß zu erteilen, und nun werden Sie doch mit mir zufrieden sein?«* – *Ich hatte große Lust ihm zu sagen, daß ich nicht mehr zwölf Jahr, sondern schon eine Weile ins Blütenalter der Empfindung eingerückt sei; aber da hielt mich etwas ab; bei seinen lustigen Sprüngen fiel ihm seine kleine geistliche violette Mütze vom Kopf; ich nahm sie auf, und weil mir ahnte, sie würde mir gut stehen, so setzte ich sie auf. Er betrachtete mich eine Weile und sagte: »Ein allerliebster kleiner Bischof, die ganze Klerisei würde hinter ihm dreinlaufen«,* – *und nun mochte ich ihm den Wahn nicht mehr benehmen, daß ich noch so jung sei, denn es kam mir vor, was ihn an einem Kinde erfreuen dürfe, das könne ihm bei einer verständigen Dame, wie ich doch eine sein müßte, als höchst inconvenable erscheinen...* Diese kleine Episode beleuchtet das freundliche Wesen des Kurfürsten.

1813 ist der Rheinbund aufgelöst worden, das Großherzogtum Frankfurt hörte auf zu bestehen und die Reichsstadt wurde wiederhergestellt. »Des is alles für die Mäus gepfiffe!« mögen damals die Frankfurter gesagt haben, als der beliebte Großherzog die Stadt verlassen mußte. Der Wiener Kongreß bewilligte dem Fürstprimas eine hohe Pension und er zog sich als Erzbischof nach Regensburg zurück, wo er 1817 gestorben ist.

Die Stadt

Verwinkelt liegt sie hinter dem Schloß, und vor den schrecklichen Zerstörungen durch Luftangriffe und Artilleriebeschießungen im letzten Krieg gewährte es ein ungetrübtes Vergnügen, die Straßen und Gassen zu durchstreifen, bald vor den prächtigen Fachwerkhäusern, bald vor barocken Adelshöfen stehenzubleiben. Doch immer noch gibt es einiges zu sehen, wenn man sich die Mühe macht, es aufzusuchen. Die ›Ascheberger‹ sind ein lustiges, freundliches Volk von raschem Witz, voller Freude am Genuß des Lebens, stolz auf ihre Stadt. Das ist so geblieben.

Einige Bemerkungen zur Stadtgeschichte seien hier erlaubt.

Je nachdem man keltischen, römischen oder germanischen Ursprung des Ortes annahm, wurde auch der Name verschieden gedeutet. Das keltische Askibourgon heißt Schifferstadt, das römische ›ad scapham‹ bei der Fähre, das germanische Ascapha oder Ascaphaburg bedeutet Burg am Wasser (aqua). Man hat auch an das althochdeutsche Aska, Esche, oder Ahwa, Wasser, gedacht, oder an Ascha, das althochdeutsche Wort für Äsche oder graue Forelle. Ein römisches Kastell scheint hier nicht gestanden zu haben, denn der Main zwischen Miltenberg und Großkrotzenburg ersetzte auf natürliche Weise den Limes. Sichere Nachrichten über Aschaffenburg geben die von Kaiser Otto II. ausgestellten Urkunden des späten 10. Jahrhunderts für die Stiftskirche St. Peter und Alexander an seinen Neffen Herzog Otto von Schwaben. Aschaffenburg war ursprünglich ein fränkisches Kastell, das Liutgard, der Gemahlin des karolingischen Königs Ludwig III. (gest. 924), gehörte. Im Schutze der Burg erstand eine offene Siedlung; zudem befand sich hier schon im 8. Jahrhundert ein dem hl. Michael geweihtes Benediktinerkloster, eben das spätere Kollegiatstift St. Peter und Alexander. Durch Burg und Stift waren die Ansätze zur Stadtentwicklung gegeben, die nach Schenkung des Ortes durch Herzog Otto von Schwaben an das Erzbistum Mainz als Zollstätte und Handelsplatz gefördert wurde. 1122 befestigte Erzbischof Adalbert von Mainz gegen den Willen Kaiser Heinrichs V. die »alte und seit Menschengedenken fast völlig zerstörte Burg« und den Markt, die heutige Altstadt, die sich vom Schloß mainaufwärts erstreckte. Im 13. Jahrhundert wurden die Befestigungsanlagen erweitert und verstärkt und Aschaffenburg entwickelte sich als Residenz zum geistlichen und kulturellen Mittelpunkt des ›Oberstifts‹, zur wichtigen Zollstätte.

In malerischer Unregelmäßigkeit verlaufen die Straßen; von der Mainbrücke führt die Hauptstraße, die Dalbergstraße, zum Markt und hinab zum ›Scharfen Eck‹; von dort gehen die Gassen nach allen Seiten zu den Stadttoren, doch von der alten Ummauerung sind nur noch geringe Teile erhalten, so der Herstallturm am Ausgang nach Würzburg. Wenn wir durch

die Schloßgasse mit einigen noch erhaltenen guten Fachwerk-
bauten gehen, kommen wir zur Muttergotteskirche, von deren
ältestem Bau ein Tympanon mit der Muttergottes, Katharina
und dem Evangelisten Johannes (12.Jh.) in der Nordwand des
Turms eingemauert ist. Der Turm selbst stammt aus der Zeit
vor 1250, die barocke Fassade baute Franz Bockorni 1768-75.

Wir stehen auf dem Platz vor der Stiftskirche und haben zur
rechten Hand das neue Rathaus, das nicht ganz glücklich in die
Umgebung eingefügt worden ist. Neben dem Schloß ist die
Stiftskirche die zweite eindrucksvolle Dominante im Stadtbild,
ja das Herz Aschaffenburgs, sie bildet mit dem Stiftsgebäude,
welches das *Städtische Museum* mit seinen reichen Sammlungen
birgt, eine schöne Gruppe. Herzog Otto von Schwaben gründete 974 das Stift und seit etwa 1260 mußten die Pröpste vom
Mainzer Domkapitel gestellt werden. Gegen Ende des 12.Jahr-
hunderts begann man mit dem Bau des Langhauses, um 1250
folgte der Chor, der in den achtziger Jahren vollendet war, und
nur wenig später dürften die beiden Vorhallen auf West- und
Nordseite entstanden sein. Im frühen 15.Jahrhundert wuchs der
Turm auf, der wohl erst gegen Ende des Jahrhunderts fertiggestellt war. 1516 wurde die Maria-Schnee-Kapelle auf der Nordseite geweiht, 1618 kam im Innern die Westempore hinzu und
1719-22 wurde das Dach des Langhauses durch ein Mansarddach
ersetzt. Ein Jahr später baute Johannes Schuller die prächtige
doppelläufige Freitreppe, über die man zur Kirche emporsteigt.
Der große Schaugiebel über der Maria-Schnee-Kapelle wurde
1870 hinzugefügt. Er trägt die Kopie eines Martinsreliefs (Original im Museum), dessen Pferd auf der Stirn das Wappen des
Kurfürsten Dieter von Ysenburg zeigt. Innerhalb der spätroma-
nischen-frühgotischen Vorhalle liegt das schöne, um 1220 geschaffene Westportal mit Säulen und reichem Rankenwerk und
einem Bogenfeld mit Christus zwischen den Patronen Petrus und
Alexander. Das Schiff mit rundbogigen Pfeilerarkaden und fla-
cher Decke (von 1719) ist von romanischer Strenge; Chor und
Querhaus tragen Kreuzrippengewölbe. Die *Ausstattung* ist üppig
und von hoher Qualität. Der kurtrierische Hofbaumeister Johan-

nes Seitz entwarf den Hochaltar von 1771-72; den Magdalenen-
altar in der Seitenkapelle des südlichen Querschiffs, 1617-20, und
die schöne, reichgeschmückte Kanzel, um 1600, arbeitete Hans
Juncker. Den Altar des südlichen Querschiffs schmückt seit der
Restaurierung der Kirche nach 1945 ein großes Auferstehungsbild Lucas Cranachs d. Ä., um 1520; an der nördlichen Schiffs-
wand hängen die Gemälde der Heiligen Lazarus, Chrysostomus,
Martha und Magdalena von Hans Abel d. J. aus Cranachs Werkstatt, und im Querschiff eine Gregorsmesse desselben Meisters.
Das großartigste, ergreifendste Werk ist die Beweinung Matthias Grünewalds auf der Predella eines verlorengegangenen
Altars von etwa 1525 mit den Wappen der Kurfürsten Albrecht
von Brandenburg und Theoderich Grafen von Erbach. Der
Name des Meisters taucht zwischen 1500 und 1526 in den Rechnungen des benachbarten Seligenstadt auf und erscheint 1489 in
Aschaffenburger Kirchenrechnungen. Es ist Mathis Gothart
Neithart, gen. Grünewald, der in Seligenstadt ein Anwesen erworben hatte. Eine Urkunde von 1505 meldet, daß er ein Tafelbild für die Stiftskirche geliefert hat. Es mag sich um die Ver-
spottung Christi handeln, die sich heute in der Münchner Pina-
kothek befindet. Grünewald malte für die Maria-Schnee-Kapelle
1519 die herrliche Muttergottes, die wir als die Stuppacher Madonna kennen. Der Flügel mit der Darstellung des Schneewun-
ders kam 1852 in das Freiburger Museum, die Tafel mit den
Heiligen Erasmus und Mauritius nach München. W. K. Zülch
erklärt die Namensänderung in Grünewald damit, daß Neithart
ein Schimpfname Luthers für geistliche Fürsten gewesen sei. Im
Südquerarm sehen wir den prachtvollen Kruzifixus von etwa
1200 und an den Pfeilern des Mittelschiffs eine lange Reihe von
Grabdenkmälern fürstlicher Räte, Beamter und Ritter des
16. Jahrhunderts von bemerkenswerter Qualität, darunter Werke
von dem Mainzer Hans Bachofen. Im Chor stehen wir vor dem
prächtigen Bronzeepitaph des Kardinals und Kurfürsten Albrecht
von Brandenburg, 1525 von Peter Vischer d. J. in Nürnberg geschaffen, und als Gegenstück die Bronzeplatte mit der Muttergottes von Hans Vischer aus Nürnberg, 1530. Im Querschiff steht

der bronzene Baldachin von 1536, der wohl über dem Grab des Kardinals in Halle stehen sollte und ebenfalls von den Vischer gegossen worden ist. An der nördlichen Chorwand sehen wir das 1772 errichtete Denkmal für Königin Liutgard und ihre Tochter Hildegard und schließlich in der Turmkapelle das Grabmal des Kurfürsten Friedrich Carl von Erthal (gest. 1802) von Heinrich Philipp Sommer. Es zeigt den sterbenden Fürsten zwischen dem Genius der Religion, der den Schleier der Ewigkeit lüftet, und dem Genius der Unsterblichkeit, der ihm einen Kranz reicht. Der Fürst selbst ruht unter dem Hochaltar in der Fürstengruft, und in einer silbernen Monstranz schläft das Herz des letzten Kurfürsten Karl Theodor von Dalberg, der noch den Übergang Aschaffenburgs an Bayern erlebte. Aus dem bedeutenden Bestand an Denkmälern und Kunstwerken ist nur einiges herausgegriffen worden. Man muß lange in der Kirche verweilen, um alles kennenzulernen. Zur Stiftskirche gehört einer der allerschönsten Kreuzgänge, die man sehen kann. Er stammt aus der ersten Hälfte des 13. Jahrhunderts. Jeder Flügel enthält vier dreiteilige Fensterarkaden mit eleganten Säulchen unter herrlich gearbeiteten Laubwerkkapitellen in den verschiedensten Formen, und an den Wänden finden sich zahlreiche gute Grabsteine.

Neben Stadt- und Schloßmuseum birgt eine der originellsten Sammlungen das *Gentilhaus*, Wohnhaus des 1951 verstorbenen Anton Gentil, eines eigenwilligen Kunstsammlers, der es vom Schlosserlehrling zum Fabrikanten brachte und 1949 die Stadt als Erbin von Haus und Sammlung einsetzte. Er selbst ließ seine Urne in einer Wand des Hauses beisetzen. Wir haben einmal anläßlich der vom Bayerischen Landesamt für Denkmalspflege veranstalteten Tagung der bayerischen Museumspfleger als Gäste der Stadt einen sehr lustigen Abend im Gentilhaus verbracht, über den sich der einstige Hausherr zweifellos gefreut hätte.

Erwähnt sei, daß im alten Friedhof das Grab des Dichters Clemens Brentano liegt, dessen Bruder Christian über dem Main ein Haus besaß, das dem Krieg zum Opfer gefallen ist. Clemens ist häufig bei seinem Bruder gewesen und hier 1842 gestorben.

Um die alte Stadt mit Schloß und Stiftskirche entwickelte sich das moderne Aschaffenburg als bedeutender Industrieort. Im 18. und 19.Jahrhundert gab es im Stadtteil Damm die Porzellanmanufaktur, dann entstand 1810 als erste in Europa die Buntpapierfabrik von Alois Dessauer, die bis vor wenigen Jahren im Besitz der Familie war. Der Buntpapierfabrik folgte die Zellstoff- und Papierindustrie, deren bekanntestes Unternehmen von Weltruf die Aschaffenburger Zellstoffwerke sind. Es gibt bedeutende Textilwerke, Metallindustrien und Möbelfabriken und nicht zuletzt die Brauereien. Alles dies in Verbindung mit der alten kurfürstlichen Stadt ergibt ein Gebilde von lebendigster Art, in dem Altes und Neues gleichberechtigt nebeneinanderstehen und sich ergänzen.

Das Pompejanum

In und um Aschaffenburg hat man einst Weinbau betrieben. So lag ein Weinberg um die Stiftskirche, lagen Weinterrassen am Badberg und an den Spessarthängen und am Mainufer, wo heute das Pompejanum steht. Hier ist der Abhang zum Fluß wieder mit Reben bepflanzt worden.

König Ludwig I. von Bayern, angeregt durch die Ausgrabung der ›Casa di Castore e Polluce‹ in Pompeji, ließ sich von Friedrich von Gärtner Pläne für ein Haus am Mainufer nahe dem Schloß mainabwärts entwerfen. 1840-41 begannen die Bauarbeiten, die 1848 abgeschlossen waren. Wir haben einen Musterbau des ›romantischen Klassizismus‹ vor uns, der im letzten Krieg beschädigt, aber wieder instand gesetzt worden ist. Über dem Weinberg, umgeben von Mandel- und Feigenbäumen, Pappeln, Koniferen und Zedern, liegt diese eigenwillige königliche Schöpfung. Der ursprüngliche Charakter eines römischen Landhauses, das die Natur nach innen zog, ist hier ins Gegenteil verkehrt, denn das Haus ist als ländliche Villa gedacht, bezogen auf Garten und Landschaft. Die Villa hat drei Geschosse, dessen oberstes als ›Königszimmer‹ ausgebildet ist. Der für die äußere leuchtende Farbgebung verantwortliche Maler Franz Schlotthauer und der örtliche Bauleiter Professor Carl Louis wurden nach Pompeji

geschickt, um sich anregen zu lassen. Die Räume sind mit Wand-
bildern geschmückt, an denen Joseph Schwarzmann und Christoph Nilson arbeiteten. In der Regel bestand das altrömische
Haus aus zwei Raumgruppen um Innenhöfe: Atrium und Peri-
styl, deren Verbindung das Tablinum herstellte. So ist es auch
hier, es ist ein Stück Italien mitten in Franken.

Der Schönbusch

Wir haben, bald nach Beginn unserer Reise, den Eremitage-
garten bei Bayreuth besucht und sehen nun, nahe dem Ende
unserer Fahrt, die Anlage von Schönbusch. Vor den Toren der
Stadt liegt jenseits des Flusses in der Ebene das Schlößchen Schönbusch in seinem herrlichen Park, in dem der Kurfürst wohl ein
Weltbild aller Kulturen im kleinen darstellen wollte. Dennoch
ist es ganz und gar deutscher Park. Mochten die deutschen Gartenkünstler noch so eifrig nach Frankreich und England spähen,
mochte der Fürst antikische Ruinen, Tempelchen oder chinesische Teehäuser aufstellen lassen, es gelang nicht, den Duft blü-
hender Wiesen oder die Atmosphäre der Wälder auszuschalten;
sie konnten ganz einfach nicht den Charakter der Landschaft
grundlegend verändern. So ist es auch in Schönbusch, dessen
Schöpfer der Kurfürst von Mainz, Freiherr Friedrich Carl von
Erthal, ein höchst eigenartiger Herr, gewesen ist. 1774 hatte er
den Mainzer Stuhl bestiegen. In Frankreich, wo er studiert hatte,
nannte man ihn den ›St. Aloys hypocrite‹, in Mainz ›das fromme
Herrchen‹. Aber die Frömmigkeit scheint mit Annahme der kurfürstlichen Würde bald verflogen zu sein, denn Erthal hielt einen
überaus glänzenden Hof, an dem seine Nichte Gräfin Sophie
Coudenhove, geborene Gräfin Hatzfeldt, genannt ›Aspasia‹, den
Ton angab. *Ich sah*, heißt es in den 1798 erschienenen ›Briefen
einer reisenden Emigrantin‹, *den Mainzer Kurfürsten in seiner Loge
im Theater von geputzten Damen umringt und ich hörte, daß es lauter
Hofdamen wären – Hofdamen des Erzbischofs von Mainz!* Goethe
lernte die Gräfin kennen und nannte sie eine anmutige, kultivierte
Dame, »la parure du château«. Als sie sagte, sie wolle gerne Frankfurterin sein, antwortete Goethe, sie brauche ihn nur zu heiraten.

General Rudolf Eickemeyer berichtet: *Nichts übertraf an Geschmack und verfeinertem Luxus die täglichen Soupers, wobei, außer den fürstlichen Anverwandten, den Favoritinnen und Günstlingen, auch Dichter, berühmte Maler, Tonkünstler und witzige Köpfe Zutritt hatten. Solche Abendessen dauerten gewöhnlich bis spät in die Nacht.*

Dieser üppige Herr also ließ bei Aschaffenburg im Nilkheimer Wäldchen, wo sich bereits ein Wildpark befand, den Garten anlegen, der durch Ankauf von Feldern vergrößert wurde. 1775 trat Wilhelm Graf von Sickingen als Minister in mainzischen Dienst und brachte aus Wien, wo er als Diplomat gewirkt hatte, seinen Privatarchitekten Emanuel Joseph d'Herigoyen mit, einen Portugiesen, der in Paris seine Ausbildung erhalten hatte. Sickingen war es, der 1776 mit der Anlage des englischen Landschaftsgartens Schönbusch begann, an der der Kurfürst selbst sicher keinen geringen Anteil hatte, während Herigoyen die Bauleitung nach Plänen Sickingens übernahm. 1776 wurde der ›Untere See‹ ausgehoben, 1778–79 das Schlößchen gebaut und eingespannt in ein System von Fernblicken. Es folgten der Kanal, Alleen, Parkarchitekturen, die Pflanzung von Hainen und seltenen Bäumen und auf ausgedehnten Wiesenflächen die Anlage des jetzt verschwundenen ›Oberen Sees‹. 1782 verließ Sickingen den Dienst des Kurfürsten, und drei Jahre später griff der berühmte Friedrich Ludwig von Sckell, der in Schwetzingen gearbeitet hatte, in die Gartenplanung ein, doch sind nicht alle seiner Gedanken zur Ausführung gekommen, die aus Schönbusch einen riesigen englischen Park gemacht hätten. 1951 gingen Teile des Gutes Nilkheim, einstige mainzische Meierei, in bayerischen Staatsbesitz über, und nun ist beabsichtigt, Schönbusch mit dem Nilkheimer Garten von 1811 zu vereinigen, wodurch Sckells Absicht einer Ausweitung der Anlage verwirklicht würde.

Wenn wir den Park auf seinen vielfältig und phantasievoll verschlungenen Wegen durchstreifen und uns an immer wechselnden Durch- und Ausblicken erfreuen, finden wir allenthalben die kleinen Architekturen von Herigoyen, einen Irrgarten, Gewächshäuser. Es sind weder künstliche Ruinen noch historische

Staffagen, sondern ›natürliche‹ oder ideale klassische Gartenarchitekturen, denen ein Programm zugrunde liegt, indem man die wichtigsten Bauten den christlichen oder philosophischen Tugenden widmete oder dem ›einfachen Leben‹ und den ›erziehlichen Spielen‹. Da sind der Tanzsaal, um 1800 als Speisesaal gebaut, der Hügel mit dem 1788 erbauten Aussichtsturm, der 1875 durch eine Eisenkonstruktion ersetzt wurde, der Freundschaftstempel, zwischen 1799 und 1802 errichtet, mit Säulenportikus und Kuppel. Er enthält im Innern eine große Stuckmarmorfigur von Philipp Sommer, das ›Fatum‹, sowie die Büsten von Demokrit, Aristoteles, Sokrates und Platon(?). Wir können die ›Maisonette de balance‹, die Waage, von 1782 besuchen, eine der damals beliebten Chinoiserien, ein offener Holzpavillon mit geschweiftem Dach, und von hier dem ›Tal der Spiele‹ folgen zum Salettchen, das 1794 für den Kurfürsten gebaut wurde, damit er hier im intimen Kreis soupieren konnte. Und wir können schließlich das Dörfchen besuchen, das 1788 als Staffage des Parks entstand und malerisch am Waldrand zwischen Obstbäumen liegt. Alle diese Gebäude stehen überall im Park verstreut und *alles scheint Natur, so glücklich ist die Kunst versteckt*, schrieb C. C. L. Hirschfeld 1783 über den Schönbusch. Im Sommer ist die Luft still und heiß, dann und wann weht vom Main herüber ein leichter Windstoß, flüstert in den Bäumen und vergeht. Auf den unbewegten Wassern von See und Kanal schwimmen Enten und Wasserhühner, still und verlassen stehen die Gartenschlößchen in der prächtigen landschaftlichen Szenerie. Alles ist zwar geplant und wohlbedacht, wie in Schwetzingen oder der Eremitage, aber der Park hat sein eigenes unverwechselbares Gesicht; er ist ein Kind der umliegenden Landschaft.

Das *Schlößchen* ist ein reizender kleiner Bau mit flachem, von einer Attika verdecktem Dach und geschmackvoll eingerichteten Räumen, deren Wände mit Chintz oder Kattun bespannt sind. Die Möbel sind zum großen Teil von den Schreinern Heinrich Hennemann und Ludwig Hermann gearbeitet, als Stukkatoren wirkten Johann Peter Mctz und Johann Wahler. Vom Balkon sieht man über See und Insel auf Aschaffenburg und die

Vorberge des Spessarts und bei geöffneter Balkontür des Sälchens spiegelt sich das Aschaffenburger Schloß im Kaminspiegel, so daß die Gartenvedute durch diesen Kunstgriff zu einem Bestandteil der Innendekoration wird.

Etwas vom Papier

Im Jahre 1946 wollte ich meiner Frau etwas zum Geburtstag schenken, aber da war kein Geld, auch gab es nichts zu kaufen. Daher beschloß ich, einen bebilderten Jahresbericht zu schreiben, und als er fertig war, brauchte ich einen Umschlag, um ihn binden zu lassen. In einer Kommode fand sich ein wunderschöner Bogen, der auf Goldgrund große Blumen und Ranken in Rot und Grün zeigte. Er wurde genommen. Wie ich später lernte, war es ein Brokatpapier, vielleicht von der Firma Stoy in Augsburg um 1700 hergestellt.

Viele Jahre später lernten wir Mitglieder der Familie Dessauer kennen, deren Buntpapierfabrik eines der großen berühmten Unternehmen in Deutschland war und noch ist. Aus A. Haemmerles ausgezeichnetem, reichillustriertem Buch ›Buntpapier‹ erfuhr ich, daß nach chinesischer Tradition das Papier im Jahre 105 n. Chr. von dem Minister T'sai∙Lun erfunden wurde; eine andere Überlieferung spricht von der Papierfertigung im Jahre 98 n. Chr. in Etsina, Provinz Kansu. Es ist jedenfalls sicher, daß Papier im 2. Jahrhundert n. Chr. hergestellt worden ist, daß die Fertigung als Staatsgeheimnis galt. Wie es mit Staatsgeheimnissen zu gehen pflegt, es blieb kein Geheimnis, sondern das Rezept soll von Kriegsgefangenen nach Persien gebracht worden sein, wo 792 in Bagdad die erste staatliche Manufaktur eröffnet wurde. Nun ging es schnell, denn durch die Araber kam das Papier um 1100 nach Europa. Abt Peter Venerabilis von Cluny erwähnt das Lumpenpapier in seinem Traktat ›Contra Judaeos‹; im italienischen Fabriano war die erste Papiermühle um 1250 in Betrieb; in Deutschland ist das erste Papierdokument ein Fehdebrief der Stadt Aachen von 1302, und der Nürnberger Patrizier Ulman Stromer betrieb 1389 die erste deutsche Papiermühle bei Nürnberg. Anfänglich verwendete man Buntpapier zur Auskleidung von Kästchen und Schränken, als Tapeten und Vorsatzpapiere, dann als Buchumschläge. Es entwickelte sich das Handwerk der Buntpapierer über ganz Europa; dazu gehörte die bereits erwähnte *Firma Georg Christoph Stoy* in Augsburg im 18. Jahrhundert. Papiere von unglaublicher Schönheit wurden gefertigt: Türkisch-, Brokat-, Bronzefirnispapier, Kleister- und Kattunpapier, Velourspapier, das es schon 1430 gab, gesprenkeltes Papier, das Kiebitzpapier genannt wird, weil es der Eierfarbe dieser Vögel gleicht, also Erzeugnisse von großer Mannigfaltigkeit der Muster, Farbenpracht und Techniken. Die Herstellung von Buntpapier wurde bis in die zweite Hälfte des 19. Jahrhunderts weniger von der maschinellen Entwicklung berührt als andere Erwerbszweige. Sie blieb Handwerkskunst und ist beim Buntpapier noch nicht ausgestorben. Der Übergang zur Maschinenarbeit erleichterte die Einführung des Rollenpapiers und technischer Papiere.

Wie aber ist Aschaffenburg zu seiner berühmten Buntpapierfabrik gekommen? Am Anfang stand eine kleine Werkstatt, welche der Buchbinder *Johann Daniel Knode* aus Neuwied 1809 bis 1810 in dem kleinen Vorort Damm eingerichtet hatte und wo er mit sechs Gehilfen arbeitete. Da es ihm an Kapital mangelte und er daher Darlehen nicht zurückzahlen konnte, wurde der Betrieb gepfändet. Doch erschien rechtzeitig ein Retter in der Not. *Aron Baruch Dessauer*, der nach seinem Übertritt zum katholischen Glauben den Vornamen Alois annahm, war kurmainzischer Hoffaktor und Militäradmoniator, also Heereslieferant, gewesen und betrieb dann in Aschaffenburg ein Bankgeschäft. Dessauer, der gute Beziehungen zum Fürstprimas und Großherzog von Frankfurt Karl Theodor Freiherrn von Dalberg hatte, war bereit, Knode zu helfen, auf eigene Rechnung eine Buntpapierfabrik zu gründen und Knode als Betriebsleiter mitsamt seinen Arbeitern zu übernehmen. 1811 erhielt Dessauer von der Landesdirektion des Großherzogtums Frankfurt die Konzession. Er ging ans Werk und baute in der Badergasse beim Roßmarkt die erste Fabrik, wo er etwa zwanzig Arbeiter beschäftigte, denen er einen Wochenlohn von drei bis vier Gulden zahlte. Sein Absatzgebiet waren hauptsächlich Colmar und München. 1815 wurde die Fabrik erweitert. Mit einer Belegschaft von fünfzig Arbeitern erzielte er einen Jahresumsatz von 120000 Gulden. Acht Jahre später baute Dessauer auf seinem Gut Auhof eine Leimfabrik, welche der Buntpapierfabrik angeschlossen war, denn Leim war notwendiges Bindemittel für farbige Stiche. Das Unternehmen florierte dank der klugen, umsichtigen Leitung und der vorbildlichen Fürsorge für das Personal, das die Arbeit noch von Hand ausführte. 1840 verlegte Alois Dessauer auch die Papierfabrik auf das Gelände des Auhofs, wo er zudem die Papiermühle Auhof betrieb, die heute im Besitz der *Aschaffenburger Zellstoffwerke* ist. 1843 wurde die erste Dampfmaschine zum Antrieb der Glättmaschinen und Pressen angeschafft; man ging zum Maschinenpapier über. Nach Alois' Tod, 1850, übernahm der jüngste Sohn Franz, Jurist und 1832 in den erblichen Adelsstand erhoben, als der Tüchtigste die Leitung des Unternehmens, doch kam es zu Erbstreitigkeiten mit den Brüdern Georg, Joseph und den Erben des verstorbenen Bruders Karl. Man verglich sich, Franz wurde abgefunden und gründete eine zweite Buntpapierfabrik. So blieb das Werk Alois Dessauers in Händen seiner Söhne Georg und Joseph. Franz ließ den jungen Braun aus Aschaffenburg auf seine Kosten in Paris das Holzstechen lernen. Aus dieser Verbindung entstand der *Verlag Braun und Dessauer* in München, heute Braun und Schneider, aus dem die ›Fliegenden Blätter‹ hervorgegangen sind.

Wie es 1858 in der Aschaffenburger Buntpapierfabrik aussah, erfahren wir aus einem Bericht der Leipziger Illustrierten. Er schildert uns Aschaffenburg als verschlafene kleine ehemalige geistliche Residenz, in der *allem Anschein nach nur Kirchen-, Schul- und Staatshämorrhoidariusse ihr Wesen treiben können*, worüber sich vollblütige Fortschrittsmänner entsetzen mögen. *Es ist dennoch so arg nicht damit, und die stillen Quartiere nehmen sich sogar recht ansprechend aus, sobald nur das Gegenbild hinzutritt, die Seite nämlich, wo im geschäftig lärmenden Treiben die solide Unterlage aller Lebenszierden, das Geld, herbeigeschafft wird.* Das Eisenbahngebäude wird als eine der Burgen des neueren Zeitgeistes genannt, die Steingutfabrik Müller in Damm und die *Gewerbsanstalten, deren rauchende Schornsteine ... emporragen, die eine etwa zehn Minuten, die andere einige hundert Schritt vom Herstallerthore entfernt. Es sind die Buntpapier- und Leimfabriken ... Mit Recht versteht man hier, wenn vom alten Dessauer die Rede ist, nicht den im Dienste des großen Friedrich berühmt gewordenen Fürsten und Feldherrn, sondern den freundlichen, betriebsamen Kauf- und Fabrikherrn, dessen Söhne und Enkel jetzt sein Geschäft fortführen...* Von Franz Dessauers Wohnhaus und Werk heißt es: *Das Etablissement besteht – von dem großen, unmittelbar anstoßenden Garten und dem eleganten Wohnhaus abgesehen – aus lauter massiv aus rothem Sandstein aufgeführten Gebäuden.* Wir hören von den Einrichtungen der Werksgebäude, von der Steindruckerei, den Warenlagern, den Registratur-, Pack- und Lagerräumen, Weißpapiermagazin, Farbküche, Schmiede, Maschinenhalle, wo es sich dreht und rührt, »daß es eine Lust ist«. Maschinen »zum Glätten, Pressen, Satinieren, Kalikodruckmaschinen und Farbmühlen...« Wir lesen von der Leimfabrikation, vom Saal der ›Achatmacher‹, der Saffianpapierfärberei und endlich von dem *Saal, wo den Papierbogen mit der Hand – nicht mit Pressen oder Maschinen – tausenderlei Muster aufgedruckt werden ... Diese Wanderung und die Einsicht in das ganze Getriebe segensvoller Thätigkeit ist in Wahrheit anziehend, und doch dürfen wir gestehen, daß uns eins noch angenehmer war, nämlich die Freundlichkeit..., die, gleich beim Thorwächter anfangend, sich bei den Mitgliedern der Familie nicht verleugnete und durch das ganze große Besitzthum hindurch geleitete.*

1850 hatte Franz Dessauer Fabrikgebäude und Wohnhaus in der heutigen Goldbachstraße gebaut. Das schöne, im Stil des Frankfurter Westends gebaute Haus ist leider vor kurzem abgebrochen worden. Franz hatte alles auf das für die damalige Zeit modernste geplant; er hatte das gleiche soziale Pflichtbewußtsein wie sein Vater und richtete, wie dieser, eine Pflichtkrankenkasse für die Werksangehörigen ein. Viele Familien sind schon seit Generationen im Aschaffenburger Werk tätig. Neue Maschinen wurden angeschafft, die Herstellung von Chromo- und Glacépapier begonnen. Dessauer geriet infolge der Ungunst

der Zeit in finanzielle Schwierigkeiten, die er zu überwinden
vermochte, indem er sein Unternehmen 1859 in eine Aktiengesellschaft umwandelte. Sein Sohn Philipp übernahm 1874 die
Leitung der Aschaffenburger Zellstoffwerke, die damals noch
›AG für Maschinenpapierfabrikation‹ hieß. In den sechziger und
siebziger Jahren entstanden aus den beiden Dessauerschen Unternehmen noch zwei weitere Buntpapierfabriken, und Aschaffenburg wurde so zum Zentrum dieser Branche in der ganzen Welt
und verkaufte vor dem Ersten Weltkrieg weit über die Hälfte
seiner Produktion ins Ausland. 1897 wurde in Stockstadt am
Main eine weitere Zellstoff-Fabrik errichtet, das letzte Werk,
das Philipp Dessauer ins Leben gerufen hat. 1908 wurde Alois
Dessauers Werk mit der von Franz gegründeten Aktiengesellschaft für Buntpapier vereinigt und heißt seitdem *Buntpapierfabrik AG Aschaffenburg.*

Im letzten Krieg erlitt das Werk die schwersten Schäden,
wurde wieder aufgebaut und vergrößert. Neben Buntpapier,
Kunstdruck- und Chromopapieren werden technische Spezial-
papiere hergestellt, auch Abziehbilder für Porzellan und Glas.
Im Jahre 1967 wurden die drei Aschaffenburger Firmen Buntpapierfabrik AG, A. Neus & Co und Franz Dahl & Co zu einer
einzigen Firma unter der Führung der *München-Dachauer Papierfabriken* zusammengefaßt, die in einem neuen Werk in Mainost-
heim unter dem Namen ›MDV‹ versucht, die alte Tradition
fortzusetzen. So gehört dieses Unternehmen, das eigentlich aus
der Hilfsbereitschaft Alois Dessauers für Knode entstanden ist,
zu den bekanntesten dieser Art in Deutschland. Aber die herrliche Welt der Buntpapiere, die handwerkliche Tradition und
auch die kunsthandwerklichen Leistungen gehören der Vergangenheit an. Buntpapiere sind zum Sammelobjekt geworden.

Ebenso angenehm, wie den Berichterstatter der Leipziger Illustrierten die Freundlichkeit des Werkbesitzers, seiner Arbeiter
und Angestellten berührte, empfand ich die freundliche Hilfe
der Nachkommen, die mir Unterlagen zur Verfügung stellten
sowie Einblick in das Familienarchiv gewährten.

AM UNTEREN MAIN

Ein kurzes Stück auf der Bundesstraße 8 weiter nach Gross-Welzheim, hier links ab, und wir sind in Seligenstadt, das am Hochufer einer halbrunden Mainschleife liegt. Die kleine Stadt, wo sich außerhalb der Mauern eine vorgeschichtliche Siedlung befand, hieß ehemals Ober-Mühlheim und war ein römisches, wohl unter Kaiser Trajan im zweiten nachchristlichen Jahrhundert angelegtes Kastell, das um 200 von den Alemannen zerstört wurde. Könige und Kaiser scheinen den Ort geliebt zu haben, denn es war fränkisches Königsgut, das 815 durch kaiserliche Schenkung an Karls des Großen Historiographen Einhard, den vermutlichen Ahnherrn der Grafen von Erbach, kam. Seligenstadt ist tief in kaiserlicher und geistlicher Vergangenheit verankert; die unversehrten alten Gassen, die prachtvollen Fachwerkhäuser in der Aschaffenburger-, der Freihofstraße und am Marktplatz, der Klosterbezirk, alles das atmet ein Bewußtsein geschichtlicher Bedeutsamkeit. Hier wurde auch der Maler Hans Memling um 1434 geboren, lebte Matthias Grünewald einige Jahre. Am Main ist der mittelalterliche Mauerzug mit zwei Türmen gut erhalten, doch von den vier Stadttoren steht nur noch das 1603-05 gebaute Steinheimer Tor. Unter den schönen Häusern am Marktplatz befindet sich das *Haus zum Einhard* von 1596; aus einer Giebelluke schaut der Kopf Einhards heraus und an einem Erker lesen wir die Inschrift: »Selig sei die Stadt genannt, da ich meine Tochter wiederfand.« Der Sage nach soll Karl der Große seine Tochter Imma hier wiedergefunden haben, die mit Einhard durchgebrannt war, daher auch der Name der Stadt.

Wohl um 1230-40 baute sich Kaiser Friedrich II. eine *Pfalz*, das ›Kaiserhaus‹, wie es genannt wird, von dem noch die Fassade am Fluß in die Mauer eingefügt steht, mit schön gegliederten Fenstern unter weiten Blendbögen, hinter denen der Festsaal lag. Nach dem Brand von 1462 blieb allein die aus rotem Sandstein erbaute Front des Palastes stehen, welche an die apulischen Jagdschlösser des Herrschers, vor allem Gravina di Puglia, erinnert.

Der Name Seligenstadt aber ist weniger auf die Freude des

kaiserlichen Vaters Karl zurückzuführen als auf die Reliquien
der unter Kaiser Diokletian getöteten Märtyrer Marcellinus und
seines Gefährten Petrus, für die Einhard *Kirche und Benediktinerkloster* baute, dessen erster Laienabt er gewesen ist und wo er
840 begraben wurde. Nach seinem Tode wurde Seligenstadt
Reichskloster, kam 1063 unter Mainzer Hoheit, wurde 1803
säkularisiert und fiel an Hessen-Darmstadt.

Als eine der ganz großen karolingischen Basiliken liegt die
Kirche mit ihren weithin sichtbaren Türmen über dem Fluß.
Einhard begann den Bau zwischen 831 und 834 unter Verwendung von Steinen des römischen Kastells. Der Gründungsbau
war eine flachgedeckte, dreischiffige Basilika mit weit vorspringendem Querhaus und ursprünglich halbrunder Apsis. Die ka-
rolingische Substanz ist größtenteils in den Mittelschiffswänden
und im Querhaus bis zum Dachansatz erhalten. Zu Beginn des
11. Jahrhunderts erhielt die Kirche zwei Türme an der Westfront; vor 1235 ist in den kräftigen Formen der späten Romanik
der Chor verlängert worden. Damals verschwand die Ring-
krypta mit den Märtyrergräbern und die Reliquien sind jetzt
im Hochaltar untergebracht. Um die gleiche Zeit wurde der
Vierungsturm eingebaut, der später eine barocke Haube erhielt.
Der nach Entwurf von Maximilian von Welsch für die Kartäu-
serkirche in Mainz 1715 geschaffene Hochaltar kam 1792 nach
Seligenstadt, ein mächtiger Marmor-Säulenbau mit Alabaster-
figuren der Kirchenväter Augustin, Ambrosius, Hieronymus
und Gregor, auf dem Gebälk die Heiligen Rhabanus und Bonifatius, Johannes der Täufer und Petrus, dem Burkard Zamels aus
Mainz zugeschrieben. Im nördlichen Querhausflügel steht der
pompöse Marmorsarkophag des Stifterpaares Einhard und Imma, eine flandrische Arbeit von 1722, welche die um 1300 auf-
gestellten, jetzt im Schloß zu Erbach befindlichen Sandstein-
tumben ersetzt. Zwischen 1868-78 wurde die Decke im Schiff
wiederhergestellt, aber leider trug man damals die Westfassade
samt Türen ab sowie die Außenwände der Seitenschiffe und
ersetzte sie in neuromanischem Stil. 1953 erfolgte eine aber-
malige Instandsetzung.

Das Mittelschiff mit seinen Pfeilerarkaden ist ein Raum von feierlicher Strenge und mit dem spätromanisch-frühgotischen Chor und der barocken Ausstattung sehr eindrucksvoll.

Der *Kreuzgang* des 11.Jahrhunderts wurde gegen 1730 umgestaltet; er ist nur noch zur Hälfte erhalten. *Konventbau oder Kapitelhaus* entstand in schlichter Form 1685 über dem großen Weinkeller. Daran anschließend stehen *Krankenhaus und Sommerrefektorium*, alles das um den Kreuzgang gruppiert, und nach Westen zu baute Abt Franciscus Blechinger, ein Miltenberger Gastwirts- und Metzgerssohn und Enkel des Baumeisters Georg Ridinger, dem wir in Aschaffenburg begegnet sind, 1699 die *Prälatur*, deren Portal Maria Immaculata, Marcellinus und Petrus dem Aschaffenburger Anton Wermerskirch zugeschrieben wird.

Der äußerlich schlichte Bau ist im Innern reich ausgestattet, und das Erdgeschoß ist heute Museum. Hier liegt auch die alte Küche, an deren für die Speisung der Pfründner und Armen bestimmtem Durchreichfenster wir im äußeren Gewändestein die Inschrift lesen:

> Herbei zum Haberbrey
> Hier in der Suppen hast du der Gersten drey
> In dem andern Plechle den Haberbrey
> An den Braden dich gantz nit kehr
> Droll dich hinweg, dir wirt nit mehr.

Der Umbau des Innern begann 1730. Im Vestibül sehen wir ein großes Gemälde, das die Abstammung der Grafen von Erbach von Karl dem Großen darstellt. Oben liegt der Kaisersaal, wahrscheinlich stuckiert von dem Bamberger Johann Jakob Vogel. Das Deckenbild von 1741 zeigt die Speisung Jesu in der Wüste durch die Engel. Anschließend liegen die von Vogel reizend stukkierten Kaiserzimmer. Den Bibliothekssaal schmücken Deckenbilder, welche den hl. Benedikt bei der Regelniederschrift und Kirchenväter zeigen, die Wände sind mit Landschaften und Medaillons bemalt. Das Sommerrefektorium ist ebenfalls reich ausgemalt, und zwar ist der Einfluß des Giovanni Francesco Marchini nachgewiesen, ebenso die Verwendung von Vorlagen des Jesuitenbruders Andrea Pozzo. An der Nordwand sehen wir die

Hinrichtung der Märtyrer, ein Gemälde des Frankfurters Hermann Boss, auf der südlichen Schmalseite Jesus in Emmaus, am Tonnengewölbe Tugenden, Heiliggeisttaube und Gottvater. Die lange Zone der seitlichen Gewölbestichkappen ist mit Architekturmalerei gefüllt. Sockel, Wandflächen, Fensternischen und Gewölbevorlagen tragen gemalte Friese, Marmorierung, Bandelwerk, Grotesken und Büstenmedaillons.

Hinter dem Chor liegt der *Klostergarten. Geordnete Natur,* schreibt Otto Müller in seinem Führer, *ergänzt die geheiligte Örtlichkeit. In der Geborgenheit und Weiträumigkeit des Konventgartens begegnen sich das Vermächtnis einer vielfältig dienenden, richtungweisenden Gemeinschaft und die unbeschwerte Schaufreude der Gegenwart. Gewächse des Südens erneuern wie einst die Gedankenverbindung mit der Heimat des in seinen Gestaltungen bewunderten Mönchsordens. Das Wort von den Benediktinern als den Gärtnern Europas sollte in Seligenstadt gut verstanden werden.*

Noch einmal zieht es uns vielleicht an den Fluß zur staufischen Pfalz. Ist es die Macht der Geschichte oder die Freude am schönen Bild der kraftvollen Architektur? Wir möchten meinen, beides klingt hier aufs schönste zusammen.

Dettingen

Gegenüber von Seligenstadt liegt Dettingen, wo während des Österreichischen Erbfolgekrieges 1741-48, der Auseinandersetzung zwischen Maria Theresia und dem wittelsbachischen Kaiser Karl VII., eine entscheidende Schlacht geschlagen wurde. Herzog Leopold Wilhelm von Arenberg, österreichischer Generalfeldmarschall, ein sehr fähiger Offizier, Diplomat und zudem enger Freund des Prinzen Eugen von Savoyen, kommandierte die ›Pragmatische Armee‹, so genannt nach der ›Pragmatischen Sanktion‹, welche Maria Theresias Nachfolge auf dem Kaiserthron garantieren sollte. Der Herzog war 1742 nach London gegangen, um König Georg II., den Verbündeten Österreichs gegen Bayern-Frankreich, zu bewegen, endlich den Oberbefehl über seine im Reich stehenden Truppen zu übernehmen und einzu-

Fortsetzung auf den Seiten
184–185, 202, 274 und 310

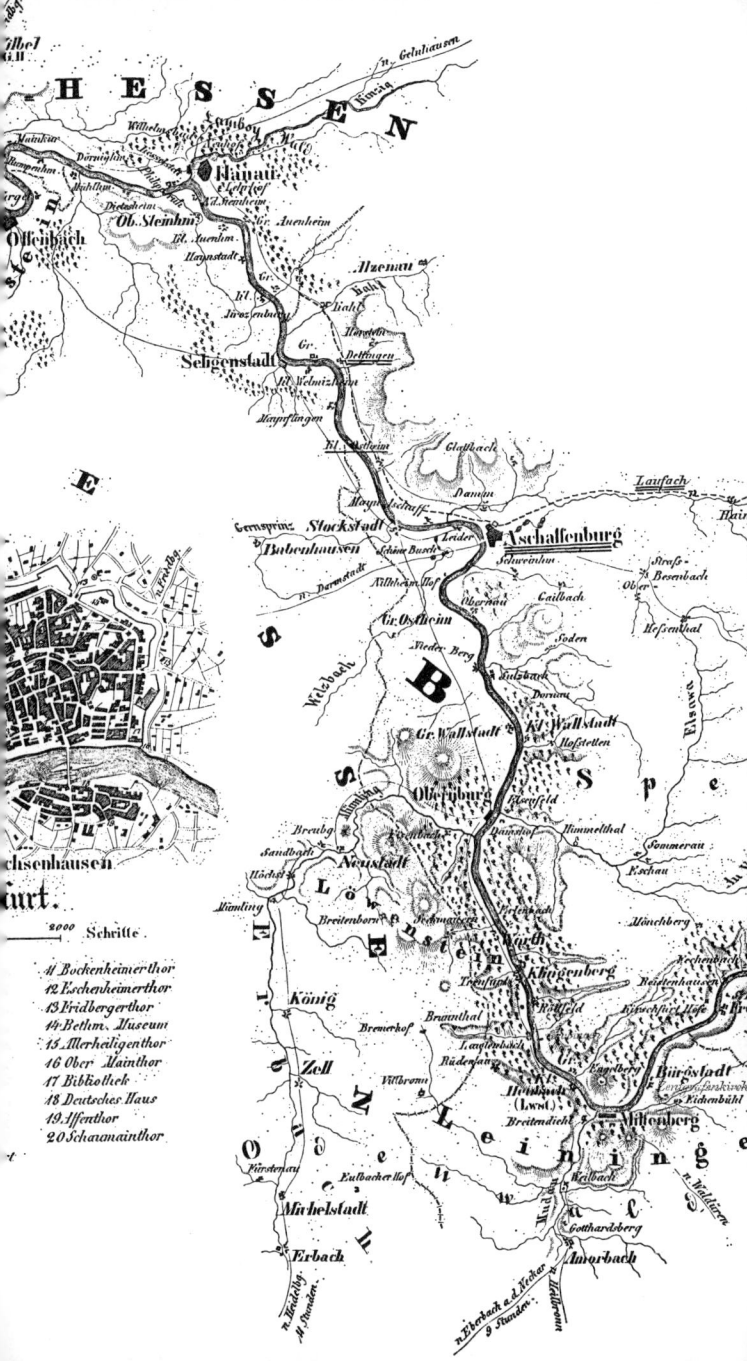

greifen, womit der einzigartige Fall eintrat, daß ein englischer König persönlich auf deutschem Boden seine Truppen befehligte. 1743 ging Arenberg bei Höchst über den Main, marschierte nach Aschaffenburg, wo er den englischen König aus dem Hause Hannover traf, dem er den Oberbefehl pro forma übergab. Er selbst blieb der eigentlich strategische Ratgeber. König Georg befahl, das verlassene Lager bei Hanau wieder zu beziehen, damit man sich dort mit den englischen und hannoverschen Truppen vereinige. Um dieses zu verhindern, führte der französische Marschall Herzog von Noailles am Morgen des 2. Juli seine Armee über den Main bei Dettingen. König Georg II. kommandierte den rechten Flügel auf einer Anhöhe beim Sternberg. Das Kommando des linken Flügels hatte Lord Stair, des Zentrums der Herzog von Arenberg. Da der Herzog von Grammont, entgegen dem Befehl des Marschalls, ungestüm angriff, verloren die Franzosen die Schlacht. Grammont fiel. Die französische Garde stürzte sich flüchtend in den Fluß und erhielt den Spitznamen ›Canards du Main‹. Friedrich der Große äußerte sich zu dieser Schlacht: *Wie ich von einem Offizier weiß, der die Schlacht mitmachte, stand der König von Großbritannien vor seinem hannöverschen Bataillon, mit dem rechten Fuß nach vorwärts ausgefallen und den Arm mit dem Degen vorgestreckt, ungefähr in der Stellung eines Fechtmeisters, der die Quart stoßen will. Er gab Beweise der Tapferkeit, aber keine einzige Anordnung in Bezug auf die Schlacht ...* Das tat der Herzog von Arenberg.

In England ist dieser Sieg sehr gefeiert worden und auch die Erinnerung daran wach geblieben, nicht zuletzt durch ein Kunstwerk, das zur Feier dieses Ereignisses entstanden ist und den Namen des deutschen Orts auch heute noch weithin bekannt macht: Händels ›Dettinger Tedeum‹.

Mit dem Namen Noailles ist eine Anekdote verbunden, die ihrer Lustigkeit halber erzählt werden soll. Sie betrifft die Frau des Marschalls, welche 1793 unter der Guillotine endete. Die Äbtissin der Abbaye-aux-Bois hat sie berichtet. Die Herzogin besuchte häufig während der Mittagszeit, wenn alles bei Tisch saß, die Klosterkirche. Sie richtete lange Ansprachen an die

Statue der Jungfrau Maria, schien mit ihr zu diskutieren, ja zu streiten. Eines Tages stand sie wieder am Altar, um für ihren Mann die Summe von 180000 Livres zu erbitten, die er gerade dringend benötige; außerdem wünschte sie für ihn den englischen Hosenbandorden, die einzige Auszeichnung von Bedeutung, welche dem Hause Noailles noch nicht zuteil geworden sei, und schließlich verlangte sie noch die Erhebung in den Reichsfürstenstand. Da hörte sie plötzlich eine helle Kinderstimme: »Frau Marschallin, Sie werden die 180000 Livres nicht bekommen. Der Herzog verfügt bereits über eine Rente von 100000 Ecus, das ist recht schön! Er ist bereits Herzog und Pair, Grande von Spanien und Marschall von Frankreich; er trägt bereits den Orden von St. Esprit und das Goldene Vlies. Ihre Familie ist mit Gnadenbeweisen des Hofs überhäuft. Wenn Sie nicht zufrieden sind, so liegt es daran, daß Sie unersättlich sind, und ich rate Ihnen, auf den Reichsfürsten zu verzichten. Ihr Mann wird auch den Hosenbandorden nicht erhalten!« Die Marschallin war weder überrascht noch aus der Fassung gebracht. Sie glaubte, das Jesuskind auf dem Arm Marias habe zu ihr gesprochen, und rief: »Taisez-vous, petit sot, et laissez parler votre mère!« Man vernahm ein helles Gelächter. Es war der kleine de Chabrillan, Neffe der Koadjutorin, der sich hinter dem Altar versteckt hatte, um der Herzogin diesen Schabernack zu spielen.

Hanau

Und so sind wir, berichtet Ludwig Braunfels, *endlich angelangt in der thätigen und gesinnungstüchtigen Stadt, deren Name bedeutsam tönte in so manchem Zeitpunkt unserer Geschichte. Nicht glänzend sind die Schicksale Hanau's, nicht hat sich die Stadt, irgendein glückliches Ungefähr hastig ergreifend, plötzlich emporgeschwungen zu Größe, Macht und Reichthum. Nein; mit ernstem Sinn und tüchtiger Hand hat sich Hanau herausgearbeitet aus der Reihe namenloser Landstädtchen, und ist so allmählig einer der angesehensten Sitze des vaterländischen Gewerbefleißes geworden, ein Musterbild deutscher Beharrlichkeit. Das ist es geblieben, als es nach dem letzten Krieg* aus Schutt und Asche wiedererstand, um einer der bedeutenden Industrieorte am Main zu werden. An der Spitze stehen Kautschuk- und elektrotechnische Industrie sowie Eisen-, Blech- und Metallherstellung und das bedeutende Schmuckwarengewerbe.

Es ist eine alte Stadt, die im letzten Krieg fast vollständig vernichtet worden ist. Reinhard 1. Graf von Hanau erwarb im 13. Jahrhundert durch seine Frau Adelheid von Münzenberg einen Teil der Herrschaft gleichen Namens in der Wetterau, was einen bedeutenden Machtzuwachs brachte. 1434 wurde der Familie, wie den Ysenburg, vom Kaiser der Grafentitel bestätigt; sie teilte sich in jener Zeit in die Linien Hanau-Münzenberg und Hanau-Lichtenberg. Graf Philipp Ludwig erlebte 1577 die Bartholomäusnacht in Paris, während der die Protestanten abgeschlachtet wurden und sein Freund, der Admiral und Hugenottenführer Coligny, den Tod fand. 1646 erlosch Hanau-Münzenberg, es folgte die Linie Lichtenberg. Friedrich Casimir, reich begütert, plante sich in Südamerika ein Königreich zu gründen und erwarb in Niederländisch-Guayana ausgedehnte Ländereien, aber es ist bei dem Plan geblieben. 1736 starb auch Hanau-Lichtenberg aus, dessen Grafschaften durch Erbvertrag an Hessen-Kassel fielen.

Einiges ist nach 1945 wieder aufgebaut worden, so die reformierte *Marienkirche* in der Altstadt, die, um 1234 gebaut, im 14. Jahrhundert umgebaut und 1449-54 erweitert wurde. Der 1485 neu gebaute Chor hat ein Netzgewölbe mit Wappen in den Schlußsteinen, welche der Büdinger Steinmetz Siegfried Ribsche arbeitete. Unter einigen erhaltenen Glasmalereien ist besonders reizvoll der 1477 vom Hausbuchmeister gemalte Wappenhalter, eine Rundscheibe. Der Chor diente als Grablege der Hanauer Grafen, die 1696 in den Reichsfürstenstand erhoben wurden. Das bemerkenswerteste Grabmal war das von Johann Robyn 1580 geschaffene des Grafen Philipp Ludwig 1., eine sehr bedeutende Arbeit, die im Krieg untergegangen ist.

Das stattliche Goldschmiedehaus am Altstädtermarkt ist im Äußeren wieder in alter Form aufgebaut worden. Die Befestigungen des 14. Jahrhunderts, die nach Entwurf des bekannten

Festungsbaumeisters Philipp Grafen zu Solms-Lich 1528-31 neu aufgeführt wurden, sind 1806 geschleift worden. Graf Wilhelm Ludwig II. von Hanau nahm 1597 vertriebene Wallonen und Niederländer auf, denen hundert Jahre später, nach der Aufhebung des Ediktes von Nantes, viele Hugenotten folgten. Der Graf ließ für sie die *Neustadt* als bastionsartiges Fünfeck mit ganz regelmäßiger Straßenführung bauen, von deren Befestigungen nur das 1722 von Christian Ludwig Hermann gebaute Frankfurter Tor erhalten ist. Mittelachse dieses in leichter Abänderung des Plans von Nicolas Gillet errichteten Stadtteils bilden Kirche und Marktplatz mit dem ebenfalls von Hermann 1725-33 gebauten Rathaus.

1813 wurde bei Hanau eine blutige Schlacht gegen Napoleon geschlagen, welche der bayerische General von Wrede, von dem die Bayern sagten, er sei kein Feldherr, verlor.

Hanau ist heute eine bedeutende *Industriestadt*, doch war sie es bereits vor mehr als hundert Jahren, wie wir von Braunfels hören. Berühmt war die Leislersche Teppichfabrik, *unübertroffen durch den Geschmack ihrer Zeichnungen, die Frische und Dauerhaftigkeit ihrer Farben und die Feinheit des Stoffes ... Die Hanauer Fabrikation erstreckte sich ferner auf Seidenzeuge, Tabak, Hüte, Kutschen, musikalische Instrumente, farbiges Papier, Karten, Plattirarbeiten, Wollenwaren, Handschuhe, Wollengarn, Seife und Lichter, Siegellack, Chocolade, Nudeln, Schaumwein, Senf, Essig, feine, geistige Getränke, Fayence, und Öfen, Bier, Branntwein, Gerbereien, Seilereien, Mühlen u. a. mehr.*

Durch die lange Philippsruher Allee erreicht man das nahe von Hanau gelegene, heute eingemeindete Dorf Kesselstadt, wo dicht am Main das große hanauische Sommerschloß *Philippsruhe* steht, das Fürst Philipp Reinhard 1701-13 nach dem Entwurf von Julius Ludwig Rothweil bauen ließ, eine bedeutende Anlage mit Seitenflügeln und Eckpavillons. Als der Fürst 1710 während eines Besuchs in Berlin von Königin Sophie Charlotte nach seinem Schloßbau gefragt wurde, antwortete er stolz, er habe ihn »vermittelst zweier französischer sehr experimentirten

Baumeistern« zustande gebracht. Rothweil hatte das französische Schloß Clagny bei Paris als Vorbild genommen, aber er wurde, man weiß nicht warum, vor Fertigstellung der Bauarbeiten entlassen und des Landes verwiesen. 1702 setzte man ihn in einen Kahn, stieß diesen vom Ufer ab und ließ ihn mit dem Delinquenten mainabwärts treiben. Rothweil hat aber in der Folgezeit noch manches Schloß gebaut, so Arolsen in Waldeck, Weilburg, Neuwied und aller Wahrscheinlichkeit nach das Wittgensteinsche Berleburg. Ihm folgte in Philippsruhe der Franzose Girard, von dem man sonst nichts weiß und nicht einmal seinen Vornamen kennt. Girard vollendete die Seitenflügel. Landgraf Friedrich Wilhelm von Hessen-Rumpenheim, eine Seitenlinie von Hessen-Kassel, kam 1873 in Besitz des Schlosses und ließ es 1875-80 umbauen. Unter ihm entstand das neue Treppenhaus mit vorgebautem Säulenportikus, der Turmaufsatz auf dem Mitteltrakt, der sehr störend wirkt, die Stuckierung im Stil des Rokoko der heutigen Museumsräume und die Anbringung der Schnitzereien im einstigen Speisesaal. Seit 1950 ist Philippsruhe Eigentum der Stadt Hanau, die dort das Historische Museum eingerichtet hat, das zu besuchen sich lohnt.

Ein fürstliches Bad

Wilhelmsthal, eine halbe Stunde nordwestlich von Hanau, behauptet von der Seite der Anmut unter Deutschlands Bädern wohl den ersten Rang, berichtet C. C. L. Hirschfeld in seiner 1785 erschienenen ›Theorie der Gartenkunst‹. Was Architektur und landschaftliche Reize betrifft, kann man ihm nur zustimmen, doch niemand würde angesichts des stillen Ortes glauben, daß er einst ein vielbesuchtes, elegantes Bad gewesen ist.

Erbprinz Wilhelm, der erste Kurfürst von Hessen-Kassel, ließ von seinem Hofmaler Anton Wilhelm Tischbein Zeichnungen der Baulichkeiten anfertigen und drei davon als Kupferstiche zur Werbung verschicken, denn er war ein außerordentlich geschäftstüchtiger Mann. Wilhelm, Enkel König Georgs III. von England, Schwager des dänischen und Neffe des schwedischen

Königs, ist der erste große kapitalistische Fürst gewesen. Nicht nur wurde er am berüchtigten Verkauf hessischer Soldaten an England reich, er wurde es noch mehr durch seine enge Verbindung mit dem Begründer der Rothschildschen Dynastie, Mayer Amschel Rothschild, den er 1769 zu seinem Hoffaktor ernannt hatte.

1709 hatten zwei Kräuterweiber die Quelle gefunden, deren Wasser ihnen wohl getan hatten. Fürst Philipp Reinhard von Hanau ließ bald nach der Entdeckung den Gesundbrunnen fassen und einige schlichte Bauten aufführen, aber erst im Jahre 1777 schlug die eigentliche Geburtsstunde *Wilhelmsbads*, als sich Erbprinz Wilhelm, veranlaßt durch die Gesuche mehrerer Personen, dafür zu interessieren begann. Mit den Bauarbeiten nach dem Vorbild des gräflich Sporckschen Bades Kukus in Böhmen beauftragte er Franz Ludwig Cancrin, dessen Sohn russischer Finanzminister und Graf wurde. In den Erinnerungen des Fürsten heißt es: *Ich fand den guten Brunnen stark in Mode, den Pavillon 2 ganz vollendet, außerdem die Arkade von einem Stockwerk für die Promenade und ein Haus für den Hausmeister.* 1780 kam Herzog Carl August von Sachsen-Weimar zu Besuch. Erbprinz Wilhelm schreibt: *Er hatte bei sich Goethe, einen deutschen Schriftsteller von neuartiger Schreibweise, der in seiner Eigenschaft als Minister eines Fürsten sehr schlecht placiert war.* Die ganze Anlage des Wilhelmsbads gleicht einem höchst eleganten Landschloß, mit Mittelbau, Pavillons und Seitenflügeln in ausgedehntem englischen Park. Spielsalons mit Roulette und Billard waren eingerichtet worden.

Wilhelm ließ sich gemäß der romantischen Stimmung jener Zeit als Wohnsitz die neugotische *Burgruine* auf einem Inselchen im Braubach errichten. Es ist ein runder Turm, an den sich vier verschieden hohe Flügel anschließen, alles das »nach den Zeichnungen des Prinzen vortrefflich gebaut«. Wir lesen im ›Teutschen Merkur‹ von 1785: *Dieser Thurm ist erst vor wenigen Jahren neu gebauet, und dabei gar meistermäßig alles angebracht worden, was nur immer dazu dienen kann, um Täuschung zu bewirken ... Wenn man nun vollends in dieses von außen so alt, wild und verfallen aus-*

*sehende Gebäude hinein tritt; so wird man auf eine unbeschreiblich
angenehme Art überrascht, und ist für süßem Entzücken außer sich;
man glaubt wirklich in ein bezaubertes Feenschloß, in die Wohnung
der Elfenkönigin zu kommen … Man kömmt in prächtige Zimmer,
welche mit äußerster Eleganz im neuesten englischen Geschmacke meu-
bliret, und ebenso schön als bequem eingerichtet sind. Ein gewisses darin
herrschendes Clairobscur, welches die Gegenstände ohngefähr so, wie
Gaze das Antlitz der Schönen verschleiert, machet alles dieses noch
anziehender … Aus dem untern Stock stieg ich in das zweite, und so
wie ich höher hinauf kam, wuchs auch mein Erstaunen. Hier kam ich
auf einmal in einen Saal, der selbst zu Versailles, und in dem neuen
Palais bey Potsdam noch schön heißen würde; der wenn er schon nicht,
wie in jenen Königshäusern, mit gehäuften Verzierungen und Dorüre
überladen ist, dennoch durch seine mit geschmackvoller Eleganz verbundene edle Einfalt für den Kenner nur desto anziehender wird … Der
Saal ist ziemlich geräumig, und nimmt das ganze Innere des Thurms
ein.* An der Dekoration gefiel dem Besucher, *daß der ganze Saal
mit den Brustbildern der Hessischen Fürsten, von Landgraf Philipp dem
Großmüthigen an, bis auf das gegenwärtige Haus, en Medaillon in
Basrelief gemahlet, ausgezieret war; eine Gallerie, bey der jedem Hessischen Patrioten das Herz hoch auf schlagen muß…*

Im Park stehen verschiedene Architekturen, so die in einen
Hügel als Grotte gebaute *Eremitage*, das hübsche *Komödienhaus*,
in dem eine französische Truppe Vorstellungen gab, die *Pyramide*, welche das Herz des 1784 verstorbenen Prinzen Friedrich
barg, der reizende, polygonale *Brunnentempel* mit Figuren von
Justus Juncker aus Mainz.

Der Regierungsantritt Wilhelms in Kassel 1785 beendete die
Bautätigkeit. Der Fürst verließ Wilhelmsbad mit dem gesamten
Hofstaat, mit seiner Gemahlin, seinen Maitressen, ehelichen und
unehelichen Kindern und zog nach Kassel. Das Bad geriet allmählich in Vergessenheit. 1803 verlebte Goethes Mutter einen
ihrer schönsten Tage in Wilhelmsbad als Gast des preußischen
Königspaares. Königin Luise schenkte ihr ein »kostbares goldenes Halsgeschmeide«. Von diesem Schmuck erzählt Bettina
Brentano Goethe in einem Brief, welcher das Zusammentreffen

der Frau Rat mit Mme. de Staël bei Bethmanns in Frankfurt schildert. *Die Mutter hatte sich – ob aus Ironie oder aus Übermut – wunderbar geschmückt, aber mit deutscher Laune, nicht mit französischem Geschmack; ich muß Dir sagen, daß wenn ich die Mutter ansah, mit ihren drei Federn auf dem Kopf, die nach drei verschiedenen Seiten hinschwankten, eine rote, eine weiße und eine blaue – die französischen Nationalfarben, welche aus einem Feld von Sonnenblumen emporstiegen –, so klopfte mir das Herz vor Lust und Erwartung; sie war mit großer Kunst geschminkt, ihre großen schwarzen Augen feuerten einen Kanonendonner, um ihren Hals schlang sich der bekannte goldne Schmuck der Königin von Preußen...*

1818 trafen in Wilhelmsbad die drei Monarchen der ›Heiligen Allianz‹ gegen Napoleon zusammen, König Friedrich Wilhelm III. von Preußen, Kaiser Franz I. von Österreich und Zar Alexander I. von Rußland, aber auch solch hoher Besuch vermochte die Verödung des Bades nicht aufzuhalten, weil das Publikum andere in Mode gekommene Badeorte bevorzugte.

Mit seinen Baulichkeiten und seinem herrlichen Park darf Wilhelmsbad als wohlerhaltenes, einzigartiges Beispiel eines fürstlichen Badeortes des 18. Jahrhunderts in Deutschland gelten.

Offenbach

Wir erreichen Offenbach, »die gewerbethätige Stadt, ein Kind der neuesten Zeit«, wie Braunfels sie vor etwa hundertvierzig Jahren nannte. Das ist Offenbach geblieben, denn wie Hanau ist es ein bedeutendes *Industriezentrum* geworden. Schon vor langer Zeit hatte sich die Reichsstadt Frankfurt mit Offenbach auseinanderzusetzen, und das Wort »krieg die Kränk Offebach« stammt aus jenem Hader. Die Stadt, die ebenfalls im letzten Krieg schrecklich gelitten hat, liegt am nördlichen Rand des Reichsforstes Dreieich, kam 1418 aus dem Münzenberger Erbe an die Grafen zu Isenburg und gehörte bis 1816, als es hessisch wurde, der Linie Isenburg-Birstein. Graf Johann Philipp von Isenburg förderte den Aufstieg seiner Residenz, indem er am Ende des 17. Jahrhunderts Juden und französische Protestanten ansiedelte. Unter Fürst Wolfgang Ernst II. lebte hier der Baron Frank, *dessen abenteuerliches Auftreten, dessen unbekannte Herkunft und ungeheuere Verschwendungssucht einst das Räthsel von ganz Deutschland waren*, berichtet Braunfels. Frank, der eigentlich Dobruschki hieß und aus Polen stammte, war Kabbalist, konvertierte aber zur katholischen Konfession. Er behauptete, der langerwartete Messias zu sein, der alle Gläubigen, Juden und Nichtjuden, seligmachen werde. Daher flossen ihm von allen Seiten große Summen zu, die es ihm erlaubten, sehr angenehm und auf großem Fuße zu leben. Als die Österreicher ihm Schwierigkeiten machten, erlaubte ihm Fürst Isenburg, sich in Offenbach niederzulassen. Dort lebte er prächtig, umgeben von einer siebzigköpfigen Leibwache und mit einem Gefolge von etwa tausend getauften Juden. *Jeden Mittag um vier Uhr*, erzählt Braunfels, *fuhr er ins Freie, um kniend seine Andacht zu verrichten; zahlreiche Dienerschaft begleitete ihn dabei, und trug ihm vergoldete Adler und Hirsche, Sonnen und Monde vor; den Schluß bildete jedesmal ein Reiter mit einem Wasserschlauch, aus dem die Stelle, wo Frank gebetet, begossen wurde. Jeden Sonntag fuhr er in die katholische Kirche nach Bürgel; ein prachtvoller Teppich ward vor ihm ausgebreitet; auf diesem streckte er sich der Länge nach nieder … und verrichtete schweigend seine Andacht.* So lebte diese jüdische Kolonie still und ungestört vor sich hin, allein der ›unsterbliche‹ Frank wurde 1791 vom Schlag getroffen und starb. Offenbach scheint eine Anziehungskraft für Sektierer und Schwindler gehabt zu haben, denn 1822 erschien hier der Betrüger Bernhard Müller, später unter dem Namen Proli übel berüchtigt. Auch er spielte den Propheten, auch ihm gingen reiche Spenden zu, die er verpraßte. Als man ihm auf die Schliche kam, entwich er nach Amerika, wo er verarmt gestorben ist.

Offenbachs Straßen hatten, nach Braunfels, ein heiteres, nettes Ansehen; das gilt noch für den kleinen Bezirk um das Schloß, alles andere ist nagelneu aus dem Schutt erstanden. Das isenburgische *Schloß* am Main, 1448 als Burg erwähnt, wurde 1559 erneuert, aber fünf Jahre darauf durch Brand vernichtet. Zwischen 1570 und 1578 erfolgte der Aufbau als ›lustiges Lager‹, als Stadtresidenz, die im 18. Jahrhundert um ein Geschoß erhöht wurde. Die Flußfront trägt einen durchlaufenden hübschen Erkerbau sowie starke runde Türme an den Ecken, und das Dach war einst mit Volutengiebeln geschmückt, wie es Merians Stich zeigt. Besonders anziehend ist die Hofarchitektur, wo die Fassade zwischen zwei Treppentürmen in dreigeschossigen Lauben geöffnet ist. Alle Flächen sind mit feinstem Relief reich verziert; an den Postamenten sehen wir Göttergestalten und Tugenden, an den Brüstungen einunddreißig Wappen und an den Pfeilern der mittleren Arkade Karyatiden. Es gibt noch einige gute *Bürgerhäuser* des 18. Jahrhunderts in Schloß-, Herrn- und Mühlstraße. Der Frankfurter C. Friedrich, der die recht amüsanten Memoiren ›Vierzig Jahre aus dem Leben eines Toten‹ schrieb, trat mit knappen siebzehn Jahren in das Regiment des regierenden Rheinbundfürsten Karl von Isenburg-Birstein, des Herrn von Offenbach, ein, das dieser für Napoleon aufstellte. Als sie in Montpellier lagen und exerzierten, kam der Fürst mit zwei Damen angefahren, um zuzusehen. Das verdroß den General Quesnel nicht wenig, und er befahl Isenburg, das Regiment selbst vorzuführen. Isenburg mußte aussteigen, das Kommando übernehmen und zu Fuß seine Truppe anführen; da er aber nicht kapitelfest in den Kommandos war, geriet alles durcheinander. Der General, kirschrot vor Wut, ließ ein gewaltiges Donnerwetter über den Herrn Oberst niedergehen. *Seine Durchlaucht*, berichtet Friedrich, *wurden nun blaß, wollten mehrmals etwas entgegnen, aber der General drohte ihm, glühend rot, daß, wenn er nicht sogleich ginge, er ihn par force armée, das heißt mit der Wache, abführen lassen werde ... Mit dem Ausruf: »Dies einem souveränen Fürsten!« entfernte sich Isenburg zu Fuß, um acht Tage strengen Zimmerarrest anzutreten, und die im Wagen sitzenden Damen, die dem ganzen Skandal beigewohnt hatten, fuhren ganz verstört und unter dem Hohnlachen der Soldaten in dem vierspännigen fürstlichen Wappenwagen vom Exerzierplatz heim.*

»Großartig ist der Gewerbefleiß«, meinte Braunfels. Er nennt als älteste Industrie die 1774 von den Brüdern Bernard gegründete Schnupftabakfabrik; aber vor allem ist es die Lederindustrie, welche Offenbach berühmt gemacht hat. Eine der interessantesten und schönsten Sammlungen, die man sehen kann, ist das *Deutsche Ledermuseum*. Noch etwas anderes hat Offenbachs Name bekannt gemacht, nämlich seine Pfeffernüsse, welche seit 1757 der Zuckerbäcker Johann Fleischmann herstellte. Sie gingen über London bis nach Italien. Goethe und seine Enkel liebten dieses Gebäck, das ihnen nach dem Tod der Frau Rat Marianne von Willemer zu Weihnachten schicken mußte. Goethe schrieb seiner Freundin: *Die Menschheit mag noch so sehr zu ihrem höchsten Ziele vorschreiten; die Zuckerbäcker rucken nach. Indem sich Geist und Herz immerfort reinigen, wird, wie ich fürchte, der Magen immer weiter seiner Verderbnis entgegengeführt.*

Wenn wir nach Frankfurt weiterfahren, kommen wir bei Oberrad an der *Philosophisch-Theologischen Hochschule St. Georgen* inmitten ihres ummauerten Parks vorbei. Schon vor mehr als hundert Jahren war dieser Park eine Sehenswürdigkeit wegen seiner einheimischen und exotischen Laub- und Nadelbäume wie Sequoias, Trinitatisbaum, Paulowna, Eibe, Tränenkiefer, Geweihbaum, Gingko Biloba und mancher anderer. Der aus Haimhausen bei Dachau stammende Gärtnerssohn Sebastian Rinz, der auch die Frankfurter Ringanlagen geschaffen hat, legte ihn an. 1789 gehörte der Besitz Georg Hollweg, der sich nach seiner Heirat mit Susanne Elisabeth von Bethmann Bethmann-Hollweg nannte und der Ahnherr des späteren Reichskanzlers war. 1803 fiel das Gut an den kurtrierischen Geheimrat Heinrich Mülhens, der es 1824 dem Freiherrn Karl Ludwig von Leonhardi vererbte. Von diesem wurde es jedoch 1840 an Johann Georg von St. Georges verkauft. St. Georges, verheiratet mit Luise von Bethmann-Hollweg, begann mit Rinz die Umwandlung des Gartens in einen englischen Park. 1863 fiel das Gut an die Familie Grunelius, 1926 wurde es der Diözese Limburg verkauft. Einer der Nachkommen Johann Georgs von St. Georges amtiert als Pfarrer im Landkreis Ebersberg bei München.

Zu Frankfurt hatte ich schon durch meine Urgroßeltern Beziehungen, doch hätten wir nie gedacht, dort einmal zu Hause zu sein. Als Kind liebte ich unter den Bildnissen der Vorfahren besonders das Portrait meines 1788 geborenen Urgroßvaters August Ludwig Sayn-Wittgenstein, der mich weniger durch seinen blauen, ordenübersäten Waffenrock entzückte als durch die Berichte über seine ungewöhnlichen Körperkräfte. Er habe, so hieß es, die stärksten Berleburger Waldarbeiter auf den Rücken gelegt, Hufeisen und Taler wie Papier zusammengedrückt. Er war hessischer General, wurde 1849 vom Reichsverweser Erzherzog Johann als Kriegsminister und Präsident des Deutschen Bundestages nach Frankfurt und 1852 als Ministerpräsident des Herzogtums Nassau nach Wiesbaden berufen, wo er bis 1866 tätig gewesen ist. Dieser *gut österreichisch gesinnte Herr, ein Militär und Fürst noch ganz vom alten Schlage, ohne tiefere Bildung und ohne höhere Anschauungskraft in der Politik,* so Eduard Vehse, hat dennoch interessante politische Berichte aus Rußland nach Darmstadt geschickt, als er 1840-41 als außerordentlicher Gesandter in Petersburg weilte. Der ebenfalls bissige Karl Braun schreibt in seinem Buch ›Bilder aus der deutschen Kleinstaaterei‹ (1869): *Der große alte, immer noch stattliche, vielerfahrene, bei den größten Höfen Europas in Gunst stehende Prinz schien die geeignete Person, um die Dynastie* (Nassau) *gegen Revolution, Mediatisierung und Übermacht des katholischen Clerus zu schützen... übrigens stand der Prinz auf einer etwas höheren Stufe als die Durchschnittsaristokraten im Kleinfürstendienst. Er war ein alter Kavalier aus der Zeit vor 1789, im guten wie im bösen Sinn des Wortes. Was ihm an Geschäftskenntnis fehlte, das wußte er durch kluges Ausweichen, angenehme Gesellschaftsformen, geistreiche Worte, oder auch durch Frivolität zu ersetzen. Man erzählt von ihm einen ›Reichswitz‹ und einen ›Herzogtumswitz‹, welche beide, wenn sie nicht buchstäblich wahr wären, den Anspruch hätten, für gute Erfindungen zu gelten, so charakteristisch sind sie für ihren Mann und für die Art, wie er seine Stellung und die Geschäfte nahm. Hier der ›Reichswitz‹: in den letzten Tagen des Frank-*

furter Parlaments wurde Prinz Wittgenstein, damals Reichsminister, von der Opposition mit Interpellationen bombardiert. Er bestieg die Rednertribüne, um sie zu beantworten. Er sprach etwas leise. »Laut- laut-lauter!« schrie es auf der Linken. Der Prinz wußte sich zu fassen: »Dieser Raum, die Paulskirche«, sagte er, »hat eine eigentümliche Akustik; rücken Sie, meine Herren auf der Linken, nur herüber nach dieser Seite!« und dabei deutete er nach der Rechten –, »dann werden Sie mich gleich verstehen!«

1823 hatte der Urgroßvater in Frankfurt Franziska Maria Fortunata Allesina von Schweitzer geheiratet, deren Familie an- läßlich dieser Eheschließung baronisiert worden war. Die Alle- sina und Schweitzer gehörten zu den Familien, die sich, ange- lockt von der wirtschaftlichen Bedeutung Frankfurts, in der Stadt niedergelassen hatten, wie die Passavant, de Neuville, de Bary, du Fay, Brentano und andere mehr. Sie erwarben das Bür- gerrecht, gründeten Handelshäuser und nahmen bald eine eben- bürtige Stellung unter den alten patrizischen Geschlechtern ein. Als Seidenhändler waren die Allesina und Schweitzer aus Ober- italien eingewandert. In der weltoffenen Atmosphäre der Reichs- stadt, inmitten eines selbstbewußten Bürgertums, wuchs Fran- ziska auf, durch ihre Großmutter mit den Brentano verwandt. Die Familie lebte in dem schönen Palais an der Zeil, das sich der Großvater von Nicolas Pigage erbauen und von Januarius Zick hatte ausmalen lassen. Es wurde schon vor dem Ersten Weltkrieg abgerissen.

Eduard Vehse hat auch an Franziska Maria seine scharfe Zunge gewetzt. *Sie war, erzählt man, eigentlich und ursprünglich die Ge- liebte des Prinzen Emil von Hessen-Darmstadt, der seinerseits wieder, wie in der hessischen Hofgeschichte erzählt ist, in seiner Jugend, in den Blütetagen des großen Löwen am Darmstädter Hofe, des Grafen Jeni- son, als ›englisches Kind‹ galt. Dieser Herr, der sehr reich war, ver- heiratete das schöne französische Fräulein Franziska einundzwanzig- jährig 1823 mit seinem sehr armen Freunde, dem Prinzen August von Wittgenstein, und die böse Welt in Westphalen sagt, daß die schöne Franziska nach wie vor im besten Einvernehmen mit dem Prinzen Emil blieb; noch nach dreißig Jahren, 1852, … lebten wenigstens beide*

Herren mit der schönen Dame auf dem Schlosse Carlsburg und in Wiesbaden viele Wochen lang in einem merkwürdigen Triangularverhältnis, in größter Intimität wie in einer Familie beisammen. Die tiefe, herzliche Freundschaft meines Urgroßvaters mit dem Prinzen Emil wird der Anlaß zu diesem Klatsch gewesen sein, denn die Ehe, das bezeugen viele Briefe, war eine sehr glückliche und kinderreiche.

Die Urgroßmutter war eine schöne Frau, beweglichen Geistes und höchst unternehmungslustig. Sie liebte das Reisen und ist in ganz Europa zu Hause gewesen. Ein Zeitgenosse schreibt von ihr: *Die Prinzessin Sayn-Wittgenstein verrät in Form und Sprache die sonstige schöne Frankfurterin Fräulein von Schweitzer, doch mischte sie, wie Hafer unter den Heckerling, ein feines Französisch ein, was ihre spätere fürstliche Vermählung und ein Leben in höheren Zirkeln, selbst denen zu Paris bewies. Ihre Augen hatten noch Feuer, ihre Stirn keine Falten, ihre Haare noch keine grauen Einmischungen und die Lippen ließen sich noch vergleichen mit welkenden Purpurrosenblättern ... Deutlich erkannte man in ihrem Auffassen und Ausdrücken, wie in ihren raschen Bewegungen eine praktische Frau, die in allen Schichten und Richtungen des Lebens eingeschauet und da sich bewegt hatte.*

Im Jahre 1857 sehen wir sie auf dem Wege nach Tiflis, wo ihr zweiter Sohn Ferdinand im russischen Dienst stand. Aus Rußland waren Klagen über das ungebärdige Betragen des Siebzehnjährigen zu den Eltern gedrungen, und da der Vater seinen Ministerposten in Wiesbaden nicht verlassen konnte, schickte er die Mutter, die sich kurzentschlossen auf den Weg machte, begleitet von ihrem ältesten Sohn, der ebenfalls russischer Offizier war. Sie reiste also nach Tiflis, setzte ihrem Sohn den Kopf zurecht und fuhr wieder nach Hause. Lassen wir sie selbst erzählen, zunächst aus Wien: *Dagegen verbrachte ich den Nachmittag mit Marie Budberg im Prater, wo die große Welt Revue passierte. Kaiser und Kaiserin ritten einige Male dicht an mir vorüber. Die Kaiserin ist sehr schön und von reizender Gestalt. Auch sahen wir die drei kleinen Erzherzoginnen, die Erzherzoge Wilhelm und Ludwig, die Fürsten Dietrichstein, Liechtenstein und Fürstenberg mit ihren Frauen in Equipa-*

gen vorbeifahren. Das Wetter war herrlich, und obgleich es sehr heiß war, zogen wir es vor durch die Stadt zu promenieren als bei Budbergs zu speisen. Abends begleitete ich Emile in das Karls-Theater in der Leopoldstadt. Nestroy und Scholz spielten in einer Komödie des ersteren, die mir recht flach dünkte. Das Theater war so voll, daß wir zu ersticken vermeinten und es deshalb vor Beendigung des Stückes verließen. Ich bewunderte die schönen Proportionen des Saals, die man als Modell für Wiesbaden verwenden sollte...

Weiter ging die Reise über Budapest zu Schiff die Donau hinab und weiter nach Odessa, von wo der nächste Brief stammt, 13. Mai 1857: *Gestern Nachmittags um 3 Uhr sind wir wohlbehalten in Odessa angekommen, und erst um 6 Uhr kamen wir ins Hotel Dank unzähliger Formalitäten, aber man hatte die größte Achtung für Emiles Uniform und Rang. Seine Bücher wurden auf der Zensurstelle zurückgehalten, doch versprach ihm der Stadtkommandant Graf Stroganoff, sie baldigst zu schicken... Der Frühling hat noch nicht begonnen, kaum daß der Flieder Knospen zeigt. Die Straßen sind ungepflastert und der heftige Wind wirbelt dichte Staubwolken auf, sodaß man wie blind dahingeht und zu ersticken vermeint. Es wäre nicht angenehm, bei solchem Wetter wieder aufbrechen zu müssen. Die reguläre Schiffahrt beginnt erst in drei oder vier Wochen, und nur Kriegsschiffe laufen von Zeit zu Zeit im Hafen ein. Ein Offizier meldete uns die Ankunft eines Schoners für diese Nacht und gab uns den Rat, mit diesem Morgen abzureisen. Mir erscheint dieser Vorschlag keineswegs angenehm, aber wenn wir nicht zugreifen, laufen wir Gefahr, mehrere Wochen hier warten zu müssen, weil die Reise zu Land noch undurchführbar sein soll.*

Der nächste Brief kommt aus Tiflis. *Nun sind wir also in Tiflis, seit acht Tagen, nach sechswöchentlicher Reise. Abgesehen von unserem Abstecher nach Sewastopol haben wir keine Stunde verloren, wenn wir auch öfters warten mußten, aber in diesem Land kommt man nicht so rasch vorwärts, wie man möchte, obwohl Graf Steenbock, den ich auf dem Wege von Deutschland traf, behauptet, daß man leichter nach Rußland hinein als wieder hinaus käme... Emile hat unsere Abreise auf den 30. festgesetzt. Er hat noch viel zu tun und diese Angelegenheiten erfordern seine Anwesenheit. Außerdem haben wir die Reise-*

route für den Rückweg geändert und werden den kürzesten Weg neh-men. Das Schiff, welches direkt nach Konstantinopel geht, können wir nicht nehmen... Wir wollen dem Lauf der Donau folgen solange wie möglich ... Das Land ist schön und frisch. Unser sehr pittoresker Reise-weg führte immer an einem hübschen Fluß entlang, der die wunder-vollsten, bewaldeten kaukasischen Berge durchbricht. Unter den Bäu-men wachsen Azaleen, Rhododendren und Flieder, Geißblatt, Blumen in den lebhaftesten Farben, Lorbeer, Feigen etc. Unsere acht Pferde hat-ten oft große Mühe, die Wägen auf dem steinigen und gebirgigen Ge-lände voranzubringen, neben dem die Berleburger Wege wie Rosen-pfade erscheinen. Wir mußten schwindelerregende Abstürze und rei-ßende Gießbäche überqueren. Infolge unablässigen Gegenwindes auf See kamen wir erst am 6. Mai nach Soukoum-Kalé. Emile besuchte den Fürsten Gagarin, Generalgouverneur der Provinz Kutais, der auch an der Schlacht bei Kars teilgenommen hat, und kam nach einer Stunde zurück, begleitet von Gagarin und der Fürstin, die uns zu sich ein-luden. Wir blieben bis zum nächsten Morgen und schifften uns dann auf einem Dampfer ein, der uns nach Redout Kalé bringen sollte, wo Ferdinand uns seit fünfzehn Tagen erwartete. Diese vierundzwanzig Stunden bei Gagarins vergingen sehr angenehm. Ausgehungert von der schlechten Schiffskost taten wir der guten Küche des Fürsten alle Ehre an. Wir befanden uns in sehr geistreicher und gebildeter Gesellschaft. Soukoum liegt entzückend inmitten von Wäldern, die sich im Meer spiegeln, von Bergen, die an die Umgebung von Baden-Baden erinnern, und über allem leuchten die schneeigen Zinnen des Kaukasus. Alles grünte und blühte; die Akazien, die Rosen, die sich bis zu den Wipfeln der Bäume ranken. Ich habe nichts Schöneres gesehen. Nach einer Nacht an Bord des Dampfers befanden wir uns um 5 Uhr in Sicht von Redout Kalé. Wir hatten einen georgischen Offizier, den uns Fürst Gagarin bis Kutais mitgegeben hatte, vorausgesandt, um Ferdinand zu benach-richtigen. Das Wiedersehen bewegte mich tief. Er war sehr verlegen und fragte gleich, ob Du ihm nicht geschrieben habest. Meine Vernei-nung betrübte ihn sehr und brachte ihn ganz aus der Fassung. Wir schwiegen und befaßten uns mit der Verladung des Gepäcks in die Barkasse, welche uns nach Kalé bringen sollte. Ferdinand ist mager geworden. Der erste Eindruck auf mich ist nicht günstig gewesen, denn er war ungepflegt und sein Gesichtsausdruck so merkwürdig, doch mag seine Verlegenheit und der schlechte Zustand seiner Kleidung und Wäsche daran schuld gewesen sein; er wartet ja schon seit fünfzehn Tagen auf uns beim Kommandanten von Redout Kalé, der ihn, wie auch Graf Komarowsky, begleitete. Beide behandeln ihn wie ihr Kind. Wir sind ebenfalls beim Kommandanten untergebracht, sodaß die ganze Familie sich mit zwei Räumen begnügen muß. Ich bin angenehm berührt von der herzlichen und selbstverständlichen Gastfreundschaft, die wir in diesem Land erfahren. Ferdinand wird nicht mit uns zurückkehren ... Er träumt von einer großen, erfolgreichen Laufbahn und hofft, in drei Jahren alles Böse vergessen machen zu können. Der junge Mann hielt sein Versprechen und wurde schließlich Gouverneur des Kaukasus.

Emiles Logis, fährt die Mutter fort, *ist sehr bequem. Ich begleitete ihn auf Besuchen bei den Spitzen der Gesellschaft. Leider sprechen die georgischen Damen kaum russisch, auch bedauere ich, daß wir so wenig Gelegenheit haben, sie in ihren schönen Gewändern sehen zu können...*

Wieder in Frankfurt angekommen, wird sie, ehe sie nach Wiesbaden weiterreiste, bei ihrem Bruder im Palais Schweitzer gewesen sein und ihm erzählt haben: »Also, Fränzche, ich muß derr sage, das Rußland is e Land, wo ich net lewe möcht, so interessand es is.«

In Frankfurt

Vom alten Frankfurt, wie ich es vor dem letzten Krieg gekannt habe, gäbe es viel zu erzählen; da ich dies in meinem Buch ›Reichsstädte‹ bereits einmal getan habe, möchte ich mich hier auf persönliche Eindrücke beschränken. Zwei Häuser sind es vor allem, die sich in der Erinnerung mit unzähligen Figuren füllen, das Haus Taunusanlage 14 und das Haus am Leonhardsbrunn 12. Beide sind untrennbar mit dem alten Frankfurt verbunden, ehe diese Stadt von wahrer Urbanität und unvergeßlicher, heiterer und maßvoller Schönheit im Feuersturm der Bombenangriffe untergegangen ist.

Das *Palais Reichenbach*, Taunusanlage 14, stand noch 1945, pockennarbig und ausgebrannt, wie der Krieg es zurückgelassen hatte. Die Urgroßmutter Gräfin von Reichenbach-Lessonitz ließ es zu Beginn der achtziger Jahre des vorigen Jahrhunderts von Aage von Kaufmann bauen. Sie muß eine gütige, heitere, sehr humorvolle Frau gewesen sein, die als junge, hübsche und reiche Witwe von vielen Freiern bestürmt wurde, darunter dem Fürsten Pückler-Muskau und dem Erfinder des Laufrads, Baron Drais, aber sie hat nicht mehr geheiratet. Zur Zeit des Frankfurter Bundestages bewohnte sie ein Haus in der Hochstraße, wo auch Bismarck des öfteren zu Gast gewesen ist. Jedes Jahr machte sie eine Visite bei der alten Baronin Rothschild, welche ihre Gäste stets mit weißen Handschuhen zu begrüßen und zu verabschieden pflegte. Neben den Türen hingen Handtücher. Einmal konnte die Urgroßmutter ihre Neugier nicht mehr bezähmen und fragte den Diener: »Was bedeuten denn die Tücher neben den Türen?« – »Ei, Frau Gräfin«, sagte der Mann, »wenn e Goi die Klinke angefaßt hat, müsse se gleich widder poliert werde. Daher trägt auch die Fraa Baronin immer Handschuh bei der Begrießung, weil se em Goi ungern die nackte Hand gibt.« Mit Goi bezeichneten die Juden einen Christen.

Die Taunusanlage bewohnten nach dem Tode der Gräfin Reichenbach im Winter die Großeltern Löwenstein. Wir mußten jeden Sonntag zum Mittagessen dort antreten, sehr zu unserem Leidwesen, obgleich die Küche ganz vorzüglich war. In Frankfurt hat das mit Recht angezweifelte späte 19. Jahrhundert dank dem Sinn der Bürgerschaft für gutes Maß schöne, vornehme, vom Protzentum weit entfernte Häuser gebaut. Nur wenige Bauten fielen aus dem Rahmen, so das Kronstettenstift, das deshalb auch in Abwandlung des florentinischen Palazzo Strozzi Stallazzo Protzi genannt wurde. Es gab natürlich häßliche Viertel, aber die lagen um den Bahnhof oder am Rand der Stadt und fielen nicht sehr ins Auge.

Meine frühen Erinnerungen reichen in den Ersten Weltkrieg zurück. Damals fuhren noch Pferdedroschken durch die Stadt, und auch das gummibereifte großelterliche Coupé rollte über die holzgepflasterten Straßen. Hinter dem hohen Eisengitter und den Bäumen sah man die Fassade des Palais mit dem wappengeschmückten Rundgiebel – es ist vor kurzem abgerissen worden –, dann rollte der Wagen in die dämmerige, mit Säulen bestellte Einfahrt, wo in einer Nische die große Bronzedame stand, in der Rechten eine als Flamme gebildete Gaslampe emporreckend, eine kleine Schwester der Freiheitsstatue von New York. Ein ganz besonderer Duft empfing den Besucher, ein Gemisch von Muff aus der Portiersloge, von Stein, gebohnerten Parketts und Holzvertäfelungen, ein undefinierbarer Geruch, der in modernen Häusern nicht mehr anzutreffen ist. Durch einen dunklen schmalen Korridor ging es in das helle, weite Stiegenhaus mit der breiten, flachstufigen Treppe. Im ersten Stock lag dem Hof zu der große dunkle Saal mit dem Deckenbild – ich erinnere mich nicht, was darauf dargestellt war – und gefüllt mit Scheußlichkeiten aller Art, darunter ein Bronzereiher, der ein an Kettchen hängendes Tablett im Schnabel trug und den ich sehnlichst zu besitzen wünschte. Der Straße zu zog sich eine Enfilade hoher, düsterer Wohnräume mit Landschaften und Ahnenbildern in reichen Goldrahmen, mit einigen guten alten Möbeln, aber vornehmlich mit dem schweren Hausrat jener Zeit eingerichtet. Am hübschesten war das Eßzimmer, in dessen Boiserien gute italienische Landschaften in der Art Prellers eingelassen waren. Sie sind verbrannt. Es war ein unpraktisches, vornehmes Haus, Zeuge des gediegenen Wohlstands jener Zeit, in der alles gedämpft und reibungslos vor sich ging. Schlaf- und Gastzimmer lagen im zweiten Stock, aus dessen Fenstern wir über die Bäume des Vorgartens auf die Taunusanlage sahen, eine damals noch elegante, stille Gegend. Mein Stiefvater erzählte, daß er als Schulbub des öfteren den sechs Töchtern Löwenstein begegnet sei, die zu zwei und zwei mit ihrer Gouvernante den täglichen Spaziergang absolvierten. Meine Mutter erinnerte sich mit Schaudern der zylinderartigen, mit Maiglöckchen garnierten Hüte, die sie alle tragen mußten. In diesen Anlagen gingen auch wir spazieren und betrachteten immer wieder die Büste des Lachhannes, deren Inschrift sagt: »Gesegnet soll der Trunk Euch sein, das Wasser Euch und mir der Wein.«

Die Gärten, welche an Stelle der ehemaligen Befestigungen

unter Dalberg von Sebastian Rinz um die Stadt geschaffen wurden, sind mit unvergleichlicher Einfühlungsgabe angelegt worden und verbinden alte und neue Stadt auf die harmonischste Weise. Als Kinder kamen wir höchstens bis zum Goetheplatz, Roßmarkt oder ins Café Rumpelmeier. Die Altstadt lernte ich erst viel später kennen, als wir 1924 ganz nach Frankfurt übersiedelten. Frankfurt war in seinem Habitus ganz die kaiserliche, Freie Reichsstadt geblieben; wir kannten jeden Winkel ihrer ältesten Quartiere, die an Schönheit den Vergleich mit Bamberg, Nürnberg oder Augsburg nicht zu scheuen brauchten.

Anders als die ›Taunusanlage‹ war das Haus, welches sich mein Stiefvater Richard Merton in den zwanziger Jahren am *Leonhardsbrunn* unweit des Goldschmidt-Rothschildschen Grüneburgparks baute. Als Vorbild diente ihm für die Fassade der Burckhardtsche Ritterhof in Basel. Es ist ein schönes Haus, das jetzt der Stadt gehört, und es war im Gegensatz zur ›Taunusanlage‹ ein helles, lichtes Haus, hinter dem sich ein großer Garten erstreckte.

Wie schön war das Herz der Stadt, der Römerberg, mit seinen prächtigen Häusern, wie hübsch das Gewirr enger Gassen zwischen Main und Dom, in denen sich die hochgiebligen Häuser gegeneinander lehnten; wie angenehm und lustig saß es sich in der Schirn bei einem Bembel Apfelwein und Würstchen. Allenthalben die noblen Stadtburgen des Patriziats, behäbige Fachwerkbürgerhäuser, Kirchen und über allem der Domturm in rosigem Sandstein, der an sonnigen, dunstigen Herbsttagen zart und fast durchsichtig erscheint. Der Domplatz ist, man kann es ruhig sagen, ganz und gar verschandelt, und neben dem Dom erhebt sich ein gewaltiges modernes Gebäude, das aus Weißwürsten zusammengebacken zu sein scheint und mit seiner Protzigkeit den Dom erdrückt.

Zu dieser einst heiteren, wohlwollenden Stadt paßten die Familien, die in ihren wohlhäbigen Häusern saßen und eine ebenso angenehme wie elegante Gastlichkeit übten. Die Küche Frankfurts war berühmt, und man wußte nicht, wo besser gekocht wurde, bei Metzlers oder Marx, bei Löwensteins oder Mertons,

Mumm oder Passavant, Goldschmidt-Rothschilds oder Bethmanns. Leider ist das einzigartige Kochkunstmuseum im Kriege
total vernichtet worden. Eine der Spezialitäten ist die ›Grie Soß‹;
sie war schon im vorigen Jahrhundert in Europa berühmt, *eine
Spezialität, die nicht nur Magen und Gaumen betrifft, sondern geradezu eine Angelegenheit des Gemüts ist, eine Überlieferung, die von
altersher gepflegt wird. Aus vielen verschiedenen Kräutern: Aus Kerbel und Sauerampfer, Pimpernelle und Petersilie, aus Schnittlauch,
Borasch und Kresse setzt sich das aromatische Gewürz zusammen...*
(W. v. Schröder). Dazu kommen Eier, Salz und Pfeffer, etwas
Essig und eine kleine Prise Senf, aber *erst durch eine Zutat von
Sellerie oder Estragon, Dill oder Kerbel wird das ›perfekte‹ Aroma erzielt.* Jede Hausfrau hat ihr eigenes, eifersüchtig gehütetes Rezept.

Aber nicht nur die Küche wurde gepflegt, auch allen kulturellen Einrichtungen der Stadt galt das Interesse dieser Familien,
denen sie mit vollen Händen spendeten: dem Städelmuseum, der
Universität, dem Freien Deutschen Hochstift, Opernhaus oder
Konzertgebäude in der Junghofstraße. Wahre Mäzene sind die
jüdischen Familien gewesen, die im kulturellen Leben der Stadt
eine besondere Rolle gespielt haben. Sie sind vertrieben oder aus-
gerottet worden, und Frankfurt hat viel mit ihnen verloren. Unter der heiteren, schlagfertigen Bürgerschaft waren Originale
nicht selten. So erzählte man sich zum Beispiel vom Richter B.
manch lustige Anekdote. Ein Freund sah ihn eines Tages hoch
zu Roß in der Taunusanlage und rief ihm zu: »Sie hawwe ja nur
ein Sporn!« Worauf er die Antwort erhielt: »Was gehe Sie mei
Reidersache an. Stump ich en hüwwe, laaft er aach drüwwe!«

Das alte Frankfurt, in dem das Nachbarliche und die Kultur
mit solch schöner Selbstverständlichkeit gepflegt wurden, ist unvergeßlich. Alles das ist vorüber, für immer dahin, seit der letzte
schwere Bombenangriff 1945 die Stadt in Schutt gelegt hat. Sie
ist wieder aufgebaut worden, doch hat man das Gefühl, in einer
fremden Stadt zu sein, denn es ist ein ganz und gar unkenntliches
Gebilde wahllos hingesetzter Gebäude von schreiendem Mißklang. Als ich vor einigen Jahren durch die ehemalige Freßgasse

kam, entfuhr mir der Stoßseufzer: »Du liebe Zeit, wie häßlich ist das alles geworden!« – »Gell«, sagte der Taxifahrer, »frieher, wemmer in die Freßgaß eingeboche is, hat sich der Mage gefreut, awwer heut dreht er sich um!« Geblieben ist der Frankfurter Menschenschlag, derb, witzig, liebenswürdig; geblieben ist sein heiterer Sinn, seine Liebe zur Stadt.

Richard Merton

Es sei mir erlaubt, eines Mannes zu gedenken, der nicht nur in unserem Leben, sondern vor allem im Leben Frankfurts eine bedeutende Rolle gespielt hat. Es ist Richard Merton, den wir, in Abwandlung des Wortes Patriarch, Parch nannten. Wir hatten ein besonderes Verhältnis des Vertrauens und der Liebe zu ihm. *Wenn Deine Mutter an Deinen Geburtstag denkt*, schrieb er mir einmal, *denkt sie an Dich von dem Moment an, als Du in der Wiege lagst; für mich war Dein Geburtstag, als Du schon neunzehn Jahre alt warst und ich mit Vierlingen niederkam. Mit diesen Vaterfreuden fing für mich die schönste Zeit meines Lebens an, der aber leider nach nur wenigen Jahren die schwerste Zeit folgte...* Und er bemerkt: *Als Stiefvater konnte ich ja nur den Versuch machen, geistige Vaterpflichten zu erfüllen.*

Wer hat es besser vermocht als er? Ein ungewöhnlich reiches Leben ist ihm beschieden gewesen. Seinem Wesen lag ohne Zweifel, neben anderen wichtigen Voraussetzungen, die Herkunft und Milieu entstammten, ein aristokratischer Zug zugrunde. Er ist nicht nur ein Mann der Wirtschaft gewesen, er nahm vollen Anteil an allen Fragen des kulturellen und politischen Lebens, die er temperamentvoll und gescheit als Stadtverordneter und Reichstagsabgeordneter vertreten hat. Er war hochgebildet, sehr belesen und ein ebenso amüsanter wie kluger und scharfer Diskussionspartner. Auf alle Fragen ging er ein, ganz gleich, um was es sich handelte. So notiert er einmal, gewissermaßen am Rande seiner Betrachtungen, die ihn stets beschäftigten, in einem Brief: *Deine Frage wegen des kulturellen Niedergangs im 19. Jahrhundert ist ein sehr interessantes Problem, über das ich viel nachgedacht habe. Ich habe die Überzeugung gewonnen, daß zu viel ›Zivilisation‹ die Kultur untergräbt, und daß vor allem die Überbewertung des technischen Fortschritts schuld an der Kulturlosigkeit sowohl der zweiten Hälfte des 19. als auch des 20. Jahrhunderts ist.* Über viele dieser Fragen hat er sich in Denkschriften und Essays geäußert; das meiste ist durch den Zugriff der Gestapo vernichtet worden.

Seiner Heimatstadt Frankfurt hat er, wie sein Vater, uneigennützig gedient. Sein Wirken hatte seine Wurzeln in dem Bewußtsein, als einer der führenden Männer der Wirtschaft der Gemeinschaft verpflichtet zu sein. Nie zeigte er die Tendenz zum Festhalten an vergangenen Zuständen, an alten Ordnungen, sofern sie überholt waren. Wichtig waren ihm die geistigen Werte, die er innerhalb des Widerspruchs aller gegen alle und dann im diktatorialen Zustand des Dritten Reichs mit Festigkeit und Schärfe verfocht. Für ihn war wahre Autorität nur in einer sittlich intakten Welt möglich, und daher hat er, um sein Ehr- und Unabhängigkeitsgefühl nicht zu verlieren, auch nicht im Dritten Reich kapituliert und auch klipp und klar erklärt, daß er das Kuratorium der Frankfurter Universität, deren Gründung recht eigentlich seinem Vater zu verdanken ist, nicht freiwillig verlassen werde, da ein solcher Schritt mit seiner Überzeugung nicht vereinbar sei.

1938, als er uns wegen der nationalsozialistischen Machenschaften die Geschäftsanteile des von seinem Vater gegründeten Instituts für Gemeinwohl übertrug, da er diesem als Jude nicht mehr vorstehen durfte, schrieb er uns: *Wenn ich heute die gemeinnützige Tätigkeit meines Vaters und meine Versuche, in seinem Sinne weiterzuarbeiten, zurückschauend betrachte, könnte ich im Hinblick auf die jetzigen Zustände verführt sein, zu denken und zu sagen, daß mein Vater und ich viel besser daran getan hätten, für gemeinnützige Zwecke niemals einen Pfennig zu opfern. Ich stehe aber keineswegs auf diesem Standpunkt. Daß Undank der Welt Lohn ist, ist eine alte Lehre, die meinem Vater und mir von jeher bewußt war. Wenn man, wie mein Vater in großem Maßstab, und ich in kleinerem, in der Lage war, gemeinnützige Dinge zu entwickeln und zu unterstützen, so tat*

man das ja nicht, um Dank damit zu ernten, sondern weil man darin
die Befriedigung eines Pflichtgefühls empfand, das mit dem Besitz gro-
ßer Vermögen und großer Einkommen normalerweise verbunden sein
sollte ... Die Grundlage der sozialen und ökonomischen Existenz eines
jeden Menschen ist letzten Endes jeweils das Vertrauen oder der Kredit,
den er genießt, und der Kredit ist ein persönlicher, und bei der Persön-
lichkeit ist letzten Endes nicht das Portemonnaie entscheidend, sondern
die Gesinnung ... Da das materielle Erbe, das ich Euch überlassen kann,
unter Umständen außerordentlich gering sein wird, so kann es sein,
daß dieses geistige Erbe das einzige ist, was Ihr von mir haben werdet,
und ich habe dabei die bescheidene oder unbescheidene Hoffnung, daß
der eine oder andere von Euch, am liebsten alle, je älter Ihr werdet, es
doch als einen gewissen Wert erkennen werdet, daß erst die geistigen
Werte die materiellen schaffen, wenn auch diese Theorie durchaus im
Gegensatz zur biologischen Weltanschauung steht, jedenfalls soweit
in Gegensatz steht, als die biologische Weltanschauung davon ausgeht,
daß Geist an biologische Voraussetzungen gebunden ist. Denn nur
diese Voraussetzung rechtfertigt ja die Tatsache, daß man mich und
indirekt auch meinen Vater und meine ganze Familie als untragbar
für den Besitz der von uns selbst geschaffenen wirtschaftlichen und ge-
meinnützigen Unternehmungen betrachtet... Er war immer bereit,
das von ihm als notwendig Erkannte zu tun, und als die Zeit der
Prüfung kam, bewährte er sich, furchtlos und unerschüttert. Sein
unbestechliches Empfinden für Recht und Unrecht ist auch während der schrecklichen Willkürherrschaft nicht zerbrochen. Sein
Humor, sein Witz und seine Schlagfertigkeit waren erfrischend,
aber auch gefürchtet; er war ein Mensch im besten Sinn des
Wortes, er konnte sich freuen, sich aufregen, schimpfen, kurz
nichts Menschliches war ihm fremd, und vor allem war er von
nimmermüder Hilfsbereitschaft. Wer ihn gut gekannt hat, der
weiß, daß er trotz seines leicht aufbrausenden Temperaments
ein gütiger Mensch war. Nur selten sprach er über die bösen Erfahrungen, die er machen mußte, über die Niedertracht der Menschen, denen er vertraut hatte. Nach einem Aufenthalt im Kon-
zentrationslager Buchenwald gelang es ihm doch noch, im März
1939 nach England zu emigrieren. Doch hat er sich nicht ver-

bissenem Haß ausgeliefert, sondern in Schrift und Wort für eine vernünftige politische Regelung der deutschen und europäischen Angelegenheiten nach dem Kriege gewirkt. In ein Gästebuch schrieb er: »Richard Merton with a British passport and a German heart.« 1947 sind die Eltern aus England nach Frankfurt zurückgekommen, in ein verarmtes, ausgehungertes, zerstörtes Land, aber alsbald saß der Parch wieder an seinem Schreibtisch und arbeitete als Präsident der Internationalen Handelskammer, als Erster Vorsitzender der Metallgesellschaft, als Gründer des ›Stifterverbandes für deutsche Wissenschaft‹. Er saß wieder im Kuratorium der Universität, war bei den Hochschulwochen in Alpach zu finden und in der ›Deutschen Forschungsgemeinschaft‹; er schrieb Essays zu wirtschaftlichen und politischen Fragen, unablässig bemüht, die Folgen des verlorenen Krieges zu mildern. Von der Geschichtswissenschaft sagte er, daß sie sehr notwendig sei, nicht um sich in den Geist längstvergangener Zeiten zu versetzen, sondern um unseren eigenen Geist in jenen Zeiten sich bespiegeln zu lassen. In einem Brief bemerkt er hinsichtlich des Dritten Reichs: *Die Weltgeschichte kümmert sich nicht um das Schicksal des Einzelnen, und das, was sich heute ereignet, ist ja letzten Endes nur die Folge von dem, was gestern war.* In diesem Sinn geht er mit Golo Mann konform, der schreibt: *Wie ein verfluchtes Haus, ein Mörderhaus ... so steht das ›Dritte Reich‹ in der Erinnerung der Deutschen.* Richtig stellt er fest, daß, weil uns Geschichte in so gemeiner Form zu durchleben auferlegt war, wir nun früheren geschichtlichen Vorgängen nicht mehr die sittliche Höhe zutrauen, »welche etwa die liberalen deutschnationalen Historiker des späten 19. Jahrhunderts ihnen zutrauten«. Dennoch gibt uns die Erinnerung an das ›Mörderhaus‹ nicht das Recht, so zu tun, als hätten wir überhaupt keine geschichtliche Vergangenheit oder nur eine schlechte. Es geht nicht ohne sie, wie auch Richard Merton immer wieder betonte. Wir können ihrer nicht entraten, wie heute vielfach behauptet wird; Vergangenheit, Geschichte gehören zum Leben der Gegenwart, auch wenn nie aus ihnen gelernt wird. Aber sie können uns zu Vergleichen anregen, zum Nachdenken. Golo Mann sagt

wiederum richtig, daß eine von der Vergangenheit völlig los-
gelöste Zivilisation nicht lange bestehen kann. *Jeder unerwartete
Sturm würde sie umwerfen ... Sind nicht die größten Katastrophen
unserer Zeit aus einer solch pöbelhaften Unkenntnis erwachsen?*

Zu meiner Mutter hatte der Parch die tiefste Liebe, das größte
Vertrauen, das nie enttäuscht worden ist. Ihr Tod verstörte ihn,
und erst als er selbst auf dem Totenbett lag, hatten seine Züge
die alte Heiterkeit wiedergefunden, die auch eines der Hilfs-
mittel gewesen ist, das Dasein wie ein Herr zu bestehen. Er war
ein Frankfurter im besten Sinn des Wortes.

Von Frankfurt nach Mainz

In Walter Gertels ›Das unbekannte Frankfurt‹ lesen wir einen
heiteren Bericht über die erste Eisenbahn, die von Frankfurt nach
Höchst gefahren ist. Sie wurde in Etappen gebaut, erst bis Höchst,
dann allmählich bis Wiesbaden. Zum Bahnbau benötigte man
Geld, und die Bürger wurden 1836 aufgefordert, Aktien zu
zeichnen, was sie bereitwillig taten, wobei es zu turbulenten
Szenen kam. Ein Augenzeuge berichtete: *Röcke, Mäntel und selbst
Fetzen von solchen blieben zurück, und unter den ausgesandten Ver-
mittlern wurden wütende Faustkämpfe ausgetragen.* Aktien im Werte
von 21 Millionen Gulden waren gezeichnet worden. Der erste
Bahnhof stand an der Gallusanlage, und im Sommer 1839 konnte
die Strecke nach Höchst zum ersten Mal befahren werden. Die
in England bestellten Lokomotiven ›Greif‹ und ›Blitz‹ trafen mit
ihren Lokomotivführern ein, und dem ›Blitz‹ wurde die Ehre
der Eröffnungsfahrt zuteil. Steigen wir ein. *Als die dampfgefüllte
Lokomotive gleich einem mutigen Riesenroß wieherte, als der dämoni-
sche Pfiff ertönte, bei dessen gellendem Schall die animalische Welt von
einem panischen Schrecken ergriffen wurde, da war jedes Herz von
einer freudig-bangen, nie gefühlten Bewegung ergriffen. Wo will das
alles hinaus?* So ein Frankfurter, der dabeigewesen ist. Doch die
erste Fahrt verlief nicht ganz so glatt, denn schon in Nied war der
›Blitz‹ erschöpft. Die Passagiere mußten aussteigen und den Zug
in den Bahnhof Höchst ziehen. »Dabei gab es viele Stöße und

einige zerbrochene Nasen.« Die zweite Probefahrt aber verlief wunschgemäß; in dreizehn Minuten raste der ›Blitz‹ nach Höchst, zum Vergnügen der Fahrgäste, unter denen sich vier Brüder Rothschild befanden.

Fuhr man einst mit dem Schiff von Frankfurt mainabwärts, kam man durch die fruchtbarste Gartenlandschaft mit Villen und Landhäusern der alten Frankfurter Familien wie der Bethmann, Schweitzer, Allesina oder Meister. Heute ist es ein hochindustrialisiertes Gebiet, dessen Fabriken ihre Abwässer in den Fluß leiten und ihn in schrecklicher Weise verschmutzen.

Nehmen wir die alte Straße, die man vormals nach Wiesbaden benutzte, die ›Lange Meile‹.

Höchst

Am Einfluß der Nidda in den Main liegt *Höchst*, die ›Hauptstadt‹ der Höchster Farbwerke, ein sehr alter, erstmalig 790 erwähnter Ort mit recht hübscher Altstadt, deren Stadtmauer am Main noch erhalten ist. Aber schon die Römer hatten hier zur Zeit des Kaisers Augustus ein Kastell. Kaiser Karl IV. verlieh dem Erzbischof von Mainz, zu dessen Territorium die Stadt seit 849 gezählt wurde, für Höchst 1355 das Stadtrecht. Von 1318 bis zur Auflösung des Kurstaates war die Stadt Sitz eines Kurmainzer Amtes. Im Dreißigjährigen Krieg ging die ›Schlacht bei Höchst‹ in die Geschichte ein, in der Tilly am 20. Juni 1622 das Heer des Christian von Braunschweig, der die Stadt zuvor genommen und geplündert hatte, entscheidend schlug. Seit der Eingemeindung 1928 ist Höchst ein Teil Frankfurts.

Über der Stadtmauer liegt die Justinuskirche, welche Erzbischof Otgar bald nach 800 für die aus Rom überführten Gebeine des hl. Justinus als dreischiffige Basilika bauen ließ, wohl an Stelle einer älteren Kirche. 1090 erfolgt wiederum ein Neubau, da die alte Kirche baufällig geworden war. 1441 wurde St. Justinus dem Antoniterkloster in Roßdorf übergeben, das nun nach Höchst übersiedelte und 1443-64 den Chor baute. Im Schiff und Querhaus des wie eine behagliche Dorfkirche wirkenden kleinen Gotteshauses findet man noch Spuren der Bauzeit nach 800 wie die Rundsäulen mit den reichen Blattkapitellen im Langhaus. Das schöne, um 1470 entstandene Portal zeigt die Heiligen Onuphrius und Antonius Eremita. Den Hochaltar schuf 1724-26 Johann Wieß, und das gute Tafelbild entstammt dem früheren, 1485 in Worms entstandenen Hochaltar. Als Hauptbild sehen wir die Kreuzigung, auf den Flügeln Szenen aus der Legende der Kreuzauffindung. Nahebei stehen die Reste des Kurmainzischen Schlosses, einst eine Wasserburg, die unter Erzbischof Wolfgang von Dalberg zwischen 1582 und 1601 umgebaut wurde. Dem Mittelalter entstammt der größte Teil des hohen, schlanken Bergfrieds. Der prunkvollste Bau in Höchst ist das Bolongaro-Palais am Main. Der Italiener Joseph Maria Markus Bolongaro hatte großen Einfluß auf die Entwicklung der Höchster Tabakindustrie, die im Zusammenhang mit den Plänen des Kurfürsten Joseph Emmerich Freiherrn Breidbach von Bürresheim für eine Stadterweiterung nach Entwürfen von ›Schneuder, Grenadier-Lieutenant‹ gefördert wurde. Der Kurfürst versuchte unter großzügigen Bedingungen Bürger zur Ansiedlung zu bewegen, aber der Neustadtbau ist durch den Tod des Fürsten steckengeblieben. Bolongaro und seine Brüder waren aus Stresa am Lago Maggiore nach Frankfurt gekommen, handelten mit Tee, Kaffee, Südweinen und Tabak und bemühten sich jahrelang vergeblich um das Frankfurter Bürgerrecht. Daher übersiedelte Joseph Maria Markus nach Höchst, wo er 1771 den Kurmainzischen Bürgerbrief erhielt. Zum Dank stifteten die Brüder tausend Gulden für den Ausbau des Mainzer Doms. Nach Bolongaros Tod fiel das Erbe an seine Nichten Bolongaro-Crevenna und Bolongaro-Simonetta. Das Palais dient heute als Rathaus. Es ist eine weitläufige, höchst elegante, prunkvolle, 1772-75 gebaute Anlage in Hufeisenform mit Terrassengarten zum Fluß, welche Wohnungen für den Bauherrn, für Angestellte und auch Mietwohnungen enthielt.

Die günstige Verkehrslage am Main wirkte sich schnell auf die Entwicklung Höchsts zur Industriestadt aus. Für genau ein halbes Jahrhundert, von 1746-96, bestand in Höchst eine Porzellanmanufaktur, die zwar ständig mit wirtschaftlichen und finanzpolitischen Schwierigkeiten zu kämpfen hatte, aber in künstlerischer und kulturgeschichtlicher Hinsicht den mittelrheinischen Raum sehr befruchtet hat. Die große Bedeutung der Manufaktur, der Reichtum, die Vielfalt und die Qualität ihrer Erzeugnisse waren Kennern nicht unbekannt, wurden aber doch einer breiteren Öffentlichkeit erst seit der ›Jahrhundertausstellung‹ in Mainz 1925 bewußt. Die am 1. März 1746 mit einem Privileg des Kurfürsten Friedrich Carl von Ostein von den Kaufleuten Johann Christoph Göltz und dessen Schwiegersohn Johann Felician Clarus begründete Manufaktur stand zuerst unter der technischen Leitung des aus Meißen geflohenen Porzellanmalers Adam Friedrich von Löwenfinck. Er zählte zwar in seinem Fach zu den Ersten seiner Zeit, verstand jedoch vom Herstellungsverfahren umso weniger, so daß man sich zunächst mit der Produktion der technisch einfacher zu bewältigenden Fayence begnügte. Erst als nach dem unrühmlichen Ausscheiden Löwenfincks der aus Wien kommende Arkanist Johann Kilian Benckgraff 1750 die Leitung übernahm, begann die Herstellung echten Porzellans. 1753 ging auch Benckgraff in Unfrieden: der Mitinhaber Göltz übernahm nun die Leitung und ging als Nichtfachmann nach weiteren drei Jahren prompt in Konkurs. 1759 übernahm der Konkursverwalter Johann Heinrich Maas das Unternehmen auf eigene Rechnung, brachte es – unter Einstellung der Fayenceproduktion – wieder in Flor und verkaufte es 1764 wieder. Der daraufhin von der Regierung gegründete ›Societätshandel‹ geriet jedoch ebenfalls wieder in Schwierigkeiten, so daß der Betrieb seit 1776 aus der Privatschatulle des Kurfürsten finanziert werden mußte und damit zur ›Kurfürstlich-Mainzischen Porzellanmanufaktur‹ aufstieg. Mit der Auflösung des Kurstaats Mainz kam auch das Ende der Manufaktur: 1796 wurde die Arbeit eingestellt, 1798 das Inventar versteigert. Von den Originalmodeln aber fertigten verschiedene Firmen im 19. Jahrhundert noch Ausformungen, und 1946 kam es in Sossenheim zu einer Neugründung, die unter Anknüpfung an die unterbrochene Tradition auch Alt-Höchster Muster nachbildete.

Ihre künstlerisch bedeutendste Periode erlebte die Höchster

Manufaktur in den dreizehn Jahren von 1767-79, da der berühmte
Johann Peter Melchior als Modelleur wirkte und seine köstlichen
Figuren und eleganten Porzellanmedaillons schuf. Der 1747 in
Lintorf bei Düsseldorf geborene Porzellankünstler zählt zu den
bedeutendsten Meistern dieses Fachs in Deutschland und läßt
sich ohne Zweifel in eine Reihe mit Kändler in Meißen oder
Bustelli in Nymphenburg stellen, dessen Nachfolger im Amt er
von 1795 bis zu seinem Tod 1825 auch war.

Von der vielseitigen Produktion der Höchster Manufaktur,
den noblen Gebrauchsgeschirren und prächtigen Kleinplastiken
mit dem Mainzer Rad als Marke, kann man im Bolongaro-
Palast einen eindrucksvollen Überblick gewinnen, wo eine umfangreiche Sammlung von Ausformungen nach erhaltenen
Holzmodeln, die die Stadtverwaltung 1927 anfertigen ließ, aus-
gestellt ist. Die reichsten Bestände originaler Stücke besitzt das
›Museum für Kunsthandwerk‹ im Karmeliterkloster zu Frankfurt sowie das Mainzer Altertumsmuseum, dessen bedeutende
Kollektion Althöchster Porzellans noch durch die ehemalige
Privatsammlung des um die Erforschung dieses Fachgebietes
hochverdienten Michel Oppenheim eine glückliche Ergänzung
erfahren hat.

Den großen wirtschaftlichen Aufschwung brachten allerdings erst die Farbwerke, die den Namen der Stadt in aller Welt
bekannt machten. Es begann im Jahre 1862 – im selben Jahre stellten auf der Londoner Weltausstellung französische und englische
Forscher stolz ihre aus Steinkohlenteer gewonnenen Anilinfarben vor –, als der Chemiker Dr. Eugen Lucius mit seinem Stu-
dienkollegen Dr. Adolf Brüning und zwei Kaufleuten, nämlich
seinem Schwager C. F. Wilhelm Meister und dem Onkel seiner
Frau L. August Müller, die erste deutsche Fabrik zur Herstellung
von Anilinfarben gründete und im folgenden Jahr unter dem
offiziellen Firmennamen ›Meister, Lucius & Co.‹ ins Handels-
register eintragen ließ. Als erste Produktionsstätte diente ein
Schuppen in der Nähe des Höchster Schlosses, der bald einem
Fabrikneubau wich. Die tägliche Herstellungsmenge betrug zwischen zehn und vierzehn Pfund Fuchsin, und die Spuren dieser

Tätigkeit bestimmten die Umgebung so unverkennbar, daß der Volksmund nur mehr von der ›Rotfabrik‹ sprach. 1864 trat Brüning anstelle Müllers tätig in die Firma ein, der nun mit der Verbesserung und Verfestigung des 1862 von Cherpin entdeckten ›Aldehydgrüns‹ nicht nur der erste große Wurf gelang, sondern darüber auch das erste Patent erteilt wurde. Es behielt wie das Schweinfurter Grün, von dem wir schon gehört haben, bei künstlichem Licht ebenfalls seine Tönung bei, hatte aber darüber hinaus unter anderem den überragenden Vorteil, daß es nicht mehr giftig und deshalb auch für die Bekleidungsindustrie verwendbar war. Den Erfolg dieses Farbstoffes bestimmte die Neuerungssucht der mondänen Welt nicht unbeträchtlich. A. de Ridder, der kaufmännische Leiter der Farbwerke, schilderte diesen Vorgang in seinen Aufzeichnungen:

Von den ersten Operationen nahm ich Proben nach Krefeld mit. Das Grün fand daselbst großen Beifall. Nachher ging ich mit zehn Halbekilobüchsen Grünteig nach Lyon. Ich kam dort gegen Ende Dezember, nachmittags bei Dunkelheit an, und da meine Seidenproben bei Gaslicht am schönsten waren, so ging ich noch denselben Abend damit zu Renard & Villet, den größten Seidenfärbern Lyons. Renard war sehr überrascht, so schönes Grün zu sehen. Mit dem halben Kilo Teig, das ich ihm überreichte, machte er noch am selben Abend einen Versuch, der ein prachtvolles Resultat lieferte. Am folgenden Morgen war Renard schon in aller Frühe bei mir im Hotel und wollte die mir noch restierenden neun Büchsen Grün absolut auch noch haben; indessen verweigerte ich, sie ihm zu geben, und sagte, ich wollte sie auch den anderen Färbern in Lyon anbieten. Das beunruhigte den Mann ganz außerordentlich. Er wurde furchtbar aufgeregt. Nach einer kurzen Unterredung, die er mit seinem Associé hatte, machte er mir den festen Vorschlag, während den nächsten zwölf Monaten alles Grün abzunehmen, das wir ihm liefern wollten. Der Preis sollte unser jeweiliger Tagespreis sein. Wir unsererseits sollten uns verpflichten, das Grün nur an ihn allein in Frankreich zu liefern. Nach einigem Hin- und Herreden schloß ich mit ihm einen derartigen Vertrag fest ab. Renard wünschte jedoch noch, daß ich nach Übergabe der mir noch restierenden neun Büchsen Grün sofort Lyon verlasse, ohne die anderen Färber in Lyon zu besuchen, und er war nicht eher beruhigt, als bis er mich im nächsten Zug abfahren sah.

Nach meiner Abreise färbte Renard sofort eine Partie Seide mit den neun Büchsen Grün, ließ das Garn verweben und brachte das so gewonnene Stück Seide persönlich nach Paris zur Schneiderin der Kaiserin Eugenie, bestellte für diese eine Abendtoilette aus diesem Stoff und ließ sie der Kaiserin im Namen der Stadt Lyon offerieren. Am folgenden Tag erschien die Kaiserin in der Großen Oper in dieser Toilette, die bei Licht grün blieb, während bisher alles Grün abends bei Licht blau wurde. Das grüne Kleid machte Furore! Alle Pariserinnen bestellten ein ähnliches grünes Kleid, und Grün wurde Mode in der ganzen Welt. Renard machte ein großes Geschäft, und wir auch.

Auf der Pariser Weltausstellung von 1867 zeigte die Firma, die inzwischen ihren Namen in ›Meister, Lucius & Brüning‹ geändert hatte, bereits dreißig verschiedene Farbstoffe und errang damit eine wohlverdiente Goldmedaille. Die weiteren Stationen raschen Aufstiegs kennzeichnet die Errichtung neuer Produktionsstätten: 1868 entsteht der Fabrikneubau auf einem größeren mainabwärts gelegenen Gelände, 1869 macht eine eigene Anilinölfabrik das Unternehmen vom Ausland unabhängig, 1870 ermöglicht eine Alizarinfabrik die synthetische Herstellung des vorher aus der Wurzel der Krapp-Pflanze mühsam gewonnenen roten Farbstoffs. (Zur wirtschaftlichen Unterstützung der Bevölkerung in den französischen Hauptanbaugebieten hatte Napoleon III. seinerzeit die roten Hosen in der Armee eingeführt!)

1883 begann die Herstellung von Pharmazeutika, und schon das erste Produkt ›Antipyrin‹ verbreitete den Ruf der Firma überallhin, als es sich bei der großen europäischen Grippe-Epidemie 1890 als eines der wirksamsten Mittel erwies. 1897 löste das ›Pyramidon‹, dessen Wirkung bereits dreimal so stark war, das Vorgängerpräparat ab. Die seit 1892 einsetzende Zusammenarbeit mit Robert Koch, der die Herstellung des Tuberkulins Höchst anvertraute, und mit Emil Behring zum Ausbau seiner kostspieligen Serumtherapie hob Ansehen und Erfolg bedeutend.

Eine weitere Etappe stellte dann seit 1880 – im selben Jahr

wurde die Firma in eine Aktiengesellschaft umgewandelt – der Kampf um die künstliche Herstellung des Indigo dar, den die Höchster zunächst gemeinsam mit der Konkurrenz in Ludwigshafen, der Badischen Anilin- und Sodafabrik, dann getrennt unternahmen. Den Wettlauf um ein wirtschaftlich vertretbares Verfahren gewannen zwar 1897 die BASF, die billigere und damit zukunftsträchtigere Produktionsmethode aber entwickelte Höchst 1901.

1904 erfolgte der erste Zusammenschluß von vier großen deutschen Fabriken zu zwei sogenannten ›Interessengemeinschaften‹: BASF, Bayer und Agfa auf der einen Seite, Höchst und Casella in Frankfurt-Mainkur, denen sich 1906 noch Kalle in Wiesbaden-Biebrich zugesellte, auf der anderen.

Als Ersatz für die knappen oder gänzlich fehlenden Naturprodukte stellte man nun auch die ersten Kunststoffe, künstliche Öle, Harze, Kunstfirnis und Kunstschellack her. Der kurz vor 1914 entwickelte sogenannte ›Höchster Nebel‹ sollte sogar im Verlauf des Ersten Weltkriegs eine wichtige Rolle spielen.

Nach einer ersten Annäherung der beiden Interessengemeinschaften während des Krieges erfolgte 1925 der Zusammenschluß in der ›IG Farbenindustrie AG‹ in Frankfurt am Main, die auch zur Eingemeindung von Höchst in die große Nachbarstadt führte. Neben den bisherigen Produktionszweigen widmete sich das Unternehmen nun auch der Erzeugung neuer Düngemittel. In das Programm der Pharmazeutika wurde 1923 auch das berühmte ›Insulin‹ aufgenommen.

Das Ende des Zweiten Weltkriegs brachte auch die Auflösung des Riesenkonzerns, und 1951 erfolgte die Wiederbegründung der ersten Nachfolgegesellschaft der alten IG Farben: ›Farbwerke Hoechst AG, vormals Meister, Lucius & Brüning‹.

Flörsheim und Rüsselsheim

Wenn wir die Straße am Main entlang in Richtung Okriftel weiterfahren, sehen wir gleich hinter Höchst drüben auf dem linken Mainufer *Kelsterbach*, wo einst das große Schloß der Grafen zu Ysenburg stand, das 1634 und erneut 1639 zerstört worden ist. Es besaß so viele Fenster, wie das Jahr Tage hat. Wie es aussah, zeigt der Stich Merians.

Hinter Eddersheim unterqueren wir die Bundesautobahn Frankfurt–Köln und gelangen bald nach *Flörsheim*. Obwohl schon in früheren Jahrhunderten nicht unbedeutend und durch eine bekannte alte Judengemeinde sowie von 1765 bis 1914 durch eine ursprünglich kurmainzische Fayencemanufaktur ausgezeichnet, hat der Ort doch erst 1953 das Stadtrecht verliehen bekommen. 1718 wurde hier Christian Georg Schütz d. Ä. geboren (gest. 1791 in Frankfurt), der eine bekannte mittelrheinische Malerdynastie begründete und vor allem Landschaft und Städte der engeren und weiteren Umgebung in farbfrohen Veduten verewigt hat. In der Pfarrkirche St. Gallus zeigen zwei Seitenaltäre auch Altargemälde von ihm, die etwa 1772 entstanden sind. Den Kenner aber entzückt in der Kirche eine historische Orgel, die heute dadurch besonderen Wert besitzt, daß im letzten Krieg viele alte Orgelwerke in Mainz und den umliegenden größeren Städten den Bomben zum Opfer gefallen sind. Sie stammt von einem der bedeutendsten mittelrheinischen Meister des Barock, dem domkapitelschen Mainzer Orgelbauer Johann Jakob Dahm, der etwa 1650–60 zu Kempenich in der Eifel geboren und 1727 in Mainz gestorben ist. Unter seinen Schülern findet sich auch der Schwabe Josef Gabler, der später neben anderen Arbeiten in den Klosterkirchen seiner Heimat vor allem die schon zu ihrer Entstehungszeit im In- und Ausland vielbewunderte große Orgel der Klosterkirche in Weingarten bei Ravensburg schuf. Die Flörsheimer Orgel ist 1709–10 eigentlich für die Karmeliter in Frankfurt gebaut und hundert Jahre später, 1809, an die Gemeinde Flörsheim verkauft worden. Obwohl durch mancherlei Reparaturen und Erweiterungen allmählich verändert, besitzt die Orgel in etwa fünfundzwanzig von den heute insgesamt neununddreißig Registern noch weitgehend das originale Klangbild und ist damit das einzige noch so gut erhaltene Werk des Mainzer Meisters. Seit einigen Jahren erklingt die Dahmsche Barockorgel auch außerhalb der Gottesdienste bei vielbesuchten Konzerten.

Gleich hinter Flörsheim erscheint, wieder auf dem gegenüberliegenden Ufer, *Rüsselsheim*, ein bereits 830 erwähnter Ort, der
an der linksmainischen Römerstraße lag und später zum Reichs-
forst Dreieich gehörte, den die Herren von Münzenberg zu Lehen hatten. Seit 1479 war Rüsselsheim hessisch und wurde von
Landgraf Philipp im 16. Jahrhundert zu einer der stärksten Lan-
desfestungen ausgebaut. Während des Schmalkaldischen Krieges 1547 gelang es den kaiserlichen Truppen nicht, Rüsselsheim
einzunehmen. 1689 sprengten die Franzosen die Festungswerke,
von denen nur Wälle und Kasematten erhalten sind. Heute ist
Rüsselsheim eine Festung der Industrie, denn hier befinden sich
die Opelwerke.

Wie so viele heute bedeutende Industrieunternehmen, denen
wir im Verlauf unserer Reise am Main begegnet sind, hat sich
auch Opel aus kleinsten Anfängen entwickelt.

Adam Opel, seines Zeichens Schlossergeselle, war 1862 – wir
erinnern uns an das selbe Jahr des Beginns in Höchst – von seiner
fünfjährigen Wanderschaft, während der er sich auch in Paris bei
führenden Nähmaschinenfabriken umgesehen hatte, nach Rüsselsheim zurückgekehrt. Er steckte voller Pläne und Tatkraft, denen allerdings die beengten Verhältnisse des Heimatdorfs vor-
erst Grenzen setzten. Adam Opel begann in einem alten ausge-
dienten Kuhstall seine primitive Werkstatt einzurichten und in
mühseliger Kleinarbeit eine Nähmaschine zu basteln, die er jedoch mit einigen Verbesserungen versah. Die erste Maschine entstand in sechs Monaten, die zweite erforderte nur mehr sechs Wochen und fand sogleich einen Abnehmer, einen Schneidermei-
ster in Flörsheim. Der stolze Mechaniker mußte sie ihm aber,
nach einem ersten mißglückten Lieferungsversuch, verstohlen
und auf Umwegen ins Haus bringen, da die aufgebrachten Be-
rufsgenossen des Käufers, eine Beeinträchtigung ihres Gewerbes
wie einst die schlesischen Weber befürchtend, die Maschine zu
zerstören drohten.

Dieser erste mühsam errungene Erfolg bewog den Bruder
Georg Opel zur Mitarbeit, bald folgten zwei Gesellen und ein
Lehrling, und 1868 schritt man bereits zum Bau einer eigenen

Fabrikanlage für die ›Nähmaschinenfabrik von Adam Opel‹, die im folgenden Jahr mit einer Belegschaft von vierzig Mann bezogen wurde. In den siebziger Jahren verkündete der Firmenprospekt selbstbewußt: *Die Fabrik liefert jährlich einige tausend Stück Nähmaschinen, welche nach allen Erdteilen versandt werden und sich eines angenehmen Rufes erfreuen.* In Zahlen ausgedrückt waren es zum Beispiel 1884 1500, ein Jahr später bereits 1800 Stück. 1887 schickte der Firmengründer seinen Sohn Carl nach England, um den Fahrradbau zu studieren. Heute würde man das schlicht Werkspionage nennen. Er brachte zunächst fünfundzwanzig Radsätze zum Selbstzusammenbau mit und stieg 1888 in die eigene Produktion ein, die 1896 eine Jahresproduktion von zehntausend, um 1900 von fünfzehntausend und um 1930 von dreihunderttausend Rädern erreichte. Mit einem für die damalige Zeit erstaunlichen Sinn für Publikumswirkung nahmen die fünf Opelsöhne an den Radrennen teil, die sich einer großen Beliebtheit erfreut haben müssen. Sie erregten vor allem auf ihrem ›Quintuplet‹, einem sechs Meter langen Riesentandem, Bewunderung und erradelten in einem Jahr über hundert Preise.

1898 erschien der erste ›Opel-Patent-Motorwagen‹ auf den staubigen Landstraßen, dem 1900 ein verbessertes Modell und damit der erste große Sprung nach vorn folgte. Nun ist es der Enkel Fritz Opel, der auf Autorennen für die neue technische Errungenschaft im allgemeinen und natürlich auch für seine Firma wirkte. 1924 führte Opel das erste Fließband in Deutschland ein, und der neue 4 PS oder ›Laubfrosch‹, wie er bald liebevoll genannt wurde, nahm so etwas wie die Stellung des ersten Volkswagens ein. Er wurde 1935 von dem unverwüstlichen P 4 und der Neukonstruktion des ›Olympia‹ mit der ersten Ganzstahlkarosserie abgelöst. Am 11. April 1928 aber startete der Ingenieur Volkhart auf der Opel-Rennbahn am Schönauer Hof mit dem RAK 1 zur ersten Raketenfahrt der Menschheit, die Fritz von Opel auf dem verbesserten RAK 2 am 23. Mai 1928 auf der berühmten Berliner Avus-Rennstrecke wiederholte und dabei Geschwindigkeiten von über 200 Stundenkilometern erzielte. Im gleichen Jahr erfolgte in Vorahnung der Weltwirtschaftskrise

die Umwandlung des Unternehmens in eine Aktiengesellschaft
sowie die Übernahme der Mehrheit durch die amerikanische
General Motors Corporation, unter deren Ägide Opel bis 1937
zur größten Automobilfabrik Europas heranwuchs.

Mein Erlebnis mit dem Opel ›Laubfrosch‹ trug sich nicht auf
einer Rennbahn, sondern in Frankfurt zu, und an dieser kleinen
Geschichte ist kein Wort erfunden.

Meine Mutter und ich besuchten gemeinsam die Fahrschule in
Frankfurt. Die Kunst des Lenkens war damals noch nicht so
schwer zu erlernen, und als wir die Prüfung bestanden hatten, beschlossen wir, die erste gemeinsame Stadtfahrt in ihrem kleinen
Opel zu wagen. Ich setzte mich ans Steuer, aber schon nach etwa
500 Metern waren wir in blaue Rauchschwaden gehüllt, es stank
nach verbranntem Gummi. »Der Wagen brennt«, rief meine Mutter, und wir stiegen eilig aus. Ein Freund, der uns, Böses ahnend,
nachgefahren war, sagte nur: »Bremse!« Nun übernahm meine
Mutter, die kein Vertrauen mehr in meine Künste hatte, das
Steuer und bog in die Bockenheimer Landstraße ein. Sie kam jedoch nicht mit der Kupplung zurecht, und wir hüpften wie ein
Hase bis zum Opernplatz. Dort, genau vor einem bekannt unfreundlichen Verkehrsschutzmann, würgte meine Mutter den
Wagen ab. Fieberhaft betätigte sie den Anlasser: rrr- rrr- rrr-
dappdappdapp-rrk pftt. Rrrr-rrrr ... Der Polizist brüllte:
»Wann Sie net fahre kenne, bleiwe Se dahaam!« Meine Mutter,
schweißtriefend und entnervt, übergab das Steuer wieder mir,
und wir gelangten sicher in die Goethestraße. Dort – Parken war
in der engen Innenstadt schon damals nicht einfach – stellte ich
den Wagen so, daß er mit den Hinterrädern auf den Straßen-
bahnschienen stand. Wir verschwanden in Herrn Penners Bü-
cherstube und vergaßen die Welt, bis uns das Klingeln der Stra-
ßenbahn, das vielfältige Hupkonzert der Autofahrer aufschreck-
ten. Draußen war, wie man heute sagt, der Verkehr zusammen-
gebrochen. Unter den Flüchen der Autobesitzer und dem Spott
der zusehenden Menge mußte ich den Opel herausmanövrieren.
Inzwischen war mein Bruder zu uns gestoßen, aber die Mutter
beschloß, ihr Leben lieber einem Taxi anzuvertrauen. Ich jedoch

setzte mutig die erste Ausfahrt fort, fuhr über den Roßmarkt und
bog in die Große Eschenheimer Gasse ein, wo ich erneut parkte.
Als wir aus dem dort besuchten Geschäft herauskamen, stand der
Opel eingekeilt zwischen einem Mercedes und einem Apfelsinen-
karren. Was tun? Nervös schaltete ich aus Versehen in den Rück-
wärtsgang und stieß den hinter mir parkenden Mercedes weg.
Noch nervöser – mein Bruder dirigierte von außen – nahm ich
den ersten Gang, gab zuviel Gas, und der Wagen schoß in den
Orangenkarren. Die Früchte rollten über die Straße, der Ver-
käufer fiel unter sein Gefährt und schrie. Ich aber brauste unaufhaltsam auf den gegenüberliegenden Bürgersteig und konnte gerade noch halten, ehe ich eine gellend schreiende Frau an der
Hauswand zerquetschte. »Nur weg!« rief mein Bruder, sprang in
den Wagen, und wir begingen schlicht Fahrerflucht. Das dicke
Ende aber kam nach, denn am nächsten Tag verlangte der Oran-
genverkäufer die Bezahlung seiner Ware und eine neue Hose;
der Mercedesbesitzer behauptete, sein Wagen wäre schwer beschädigt worden. »Rotzbub!« sagte mein Stiefvater, der die
Rechnungen bezahlen mußte.

In Hochheim

Nun ist es auch nicht mehr weit nach *Hochheim*, das inmitten
sanft abfallender Weinberge auf der Höhe erscheint. Es ist erstaunlich, daß sich diese Landschaft, vor allem die Südhänge zwischen der Stadt und dem Main, inmitten dieser sonst hochindu-
strialisierten Gegend so unverbildet und unbeeinträchtigt erhalten
hat. Wir sollten die geringe Mühe nicht scheuen und durch das
Kirchtor rasch die Straße zum Bahnhof hinunterfahren, um dann
bei der langsamen Rückfahrt das allmähliche Auftauchen der hier
majestätisch das Maintal beherrschenden Kirche über den uner-
meßlich erscheinenden Weinbergen zu erleben. Und wer zu
einer Zeit nach Hochheim kommt, da die Wingerte nicht geschlossen sind, kann dann noch kurz vor dem Erreichen des Tores den rechts von der Straße abzweigenden Weg in die Reben-
hügel einschlagen und im Blick nach Westen ein Panorama genießen, wie es sich seit zweihundert Jahren kaum verändert hat,

wenn man von der vor einigen Jahren errichteten Mainbrücke im Verlauf der Schnellstraße nach Wiesbaden absieht. Hier entstand auch die schönste romantische Vedute, die Hochheim besitzt: das Panorama der Weinberge zu Füßen der Kirche mit der Mündung des Mains, der Silhouette des vieltürmigen Goldenen Mainz und den dahinter verfließenden Konturen der Rheingauer Berge (siehe Abbildung 31). Hier mag es vielleicht auch gewesen sein, wo Carl Julius Weber, der lachende Philosoph, wie er sich selber bezeichnete, 1826 seine Eindrücke empfing: *Oft saß ich an dem Hügel Hochheims, dem schönsten Garten des Bacchus, und blickte in das Paradies um mich her – links das ganze schöne Land bis an den Melibokus, und rechts die Vereinigung des Mains mit dem Rhein und Mainz hinauf bis Oppenheim. Wenn die Strahlen der Sonne den Fluß beleuchten, so ist es gerade, als wenn seine Silberwogen von Oppenheim her unmittelbar vom Himmel strömten.*

Wenngleich Hochheim nicht eigentlich zum Rheingau gehört – der Name bezieht sich auf den breiten Landstreifen am rechten Ufer des Rheins zwischen Eltville, Rüdesheim und Lorch –, so zählt der Hochheimer Wein doch von alters her zu den ›Rheingauern‹ und wird in einem Atemzug mit den berühmten Namen wie Rüdesheim, Aßmannshausen, Geisenheim, Johannisberg, Hattenheim, Eltville oder Kiedrich genannt. Und in England gilt der Begriff ›Hock‹ nicht nur als Abkürzung für den Hochheimer, sondern geradezu als Synonym für den guten Rheinwein schlechthin, so daß sich sogar die Spruchweisheit seiner bemächtigte und »Good Hock keeps away the doc« reimte.

Alle Weinberge, von denen die ›Domdechanei‹, das ›Kirchenstück‹ und ›Daubhaus‹ die berühmtesten Lagen sind, schauen nach Süden und haben den ganzen Tag Sonne. Der Taunus steigt nicht schroff an, sondern erhebt sich in sanfter Hügelung, um erst weitab von Main und Rhein seine volle Höhe zu erreichen. Der berüchtigte Herbstnebel dieses Landstrichs – jeder Autofahrer fürchtet ihn – wird ›Traubendrücker‹ genannt, denn er fördert die Entwicklung eines Pilzes, der wiederum die Edelfäule der Trauben verursacht.

Wenn wir von Hochheim durch die Weinberge mainaufwärts gehen, stoßen wir auf ein Denkmal, das zu Ehren der Königin Viktoria von England errichtet wurde, die oft in Deutschland, der Heimat ihrer Vorfahren und ihres Mannes, des Prinzen Albert von Sachsen-Coburg und Gotha, gewesen ist. 1850 hat sie auch Hochheim, dessen Wein sie vor allen anderen schätzte, einen Besuch abgestattet. Man führte sie zur ›Dechantenruhe‹, einst ein mit Bäumen bestandener Ort mit einer Quelle, die nicht nur die Herren des Domkapitels gerne aufsuchten, sondern auch die Mainzer Kurfürsten. Kurfürst Johann Emmerich Breidbach von Bürresheim, so berichtet eine Chronik, frühstückte hier des öfteren mit seinen Gästen nach der Jagd im Taunus zu den Klängen von Waldhörnern und Volksliedern und erfreute sich an den Tänzen der Bauernburschen und -mädchen. Um 1845 kaufte der Weingutsbesitzer Georg Pabstmann das Gelände und legte einen Weinberg an. Pabstmann lud die Königin zur Lese ein und bat sie, die ›Dechantenruhe‹ in ›Königin-Viktoria-Berg‹ umbenennen zu dürfen, was gnädig bewilligt wurde. Pabstmann ließ dann 1854 das Denkmal aufstellen und mit folgender Inschrift versehen: *Ihre Majestät Königin Viktoria von Großbritannien und Irland hatte die Gnade, diesem Weinberg ihren hohen Namen zu verleihen. Der erhabenen Monarchin zu Ehren und als dankbare Erinnerung an eine so huldvolle Auszeichnung wurde dieser Denkstein errichtet von G. M. Pabstmann, Hochheim 24. Mai 1854.* In diesem Denkmal in Form eines neugotischen Türmchens mit Zinnen, Maßwerk und dem englischen Königswappen ist auch die Quelle gefaßt worden. Heute ist das Weingut ›Königin-Viktoria-Berg‹ Eigentum von Joseph Neus in Ingelheim.

Hochheim selber ist in letzter Zeit rasch gewachsen, besitzt aber einen hübschen alten Kern, der noch viel schöner sein könnte, wenn das Fachwerk vieler später verputzter Häuser freigelegt wäre. Vereinzelt ist dies auch schon geschehen, und am besten vermitteln die Kirchgasse und Wintergasse mit ihrer verwinkelten Verlängerung in Richtung des ehemaligen Mainzer Tores den Eindruck mittelrheinischer barocker Landstädtchen mit ihren charakteristischen niedrigen, meist nur einstöckigen Fachwerkhäusern.

Der Ort wird bereits 754 erwähnt und wurde 1273 vom Kölner Domkapitel an die Kollegen in Mainz verkauft, die ihn samt den guten Weinlagen bis zum Untergang des Kurstaates behielten. Seine Befestigungen erhielt er in der zweiten Hälfte des 14. Jahrhunderts, doch sind sie zwischen 1812 und 1818 abgebrochen worden, und nur der Torbau bei der Kirche – wir haben ihn schon bei unserem Streifzug durch die Weinberge kennengelernt – blieb erhalten, weil er ein 1746 daraufgebautes Fachwerkhäuschen trägt. Im Vorfeld der Stadt Mainz gelegen, hatte Hochheim in den zahlreichen Kriegen, in denen der Rhein und die Festung Mainz immer wieder der Schauplatz des Kampfgeschehens war, viel zu leiden. Zu Beginn des 19. Jahrhunderts wird Hochheim, das 1803 an Nassau fiel, plötzlich Stadt genannt, ohne daß eine offizielle Erhebung nachzuweisen wäre. Leider ist das schöne alte Rathaus von 1688 mit Freitreppe und Fachwerkgliederung vor einigen Jahren abgerissen worden und damit ein köstliches Architekturensemble verschwunden. Dafür entschädigt vorne am Plan das reizvolle Straßenbild mit der Hochheimer Madonna unter einem später hinzugefügten behäbigen Baldachin, die von drei Bürgern gestiftet und 1770 aufgestellt worden ist. Die stattliche, von dem kurmainzischen Ingenieurhauptmann Johann Farolsky 1730-32 errichtete Pfarrkirche St. Peter und Paul ist außen und innen mit Pilastern gegliedert. Die Ausstattung stammt aus dem Jahre 1775 mit Ausnahme des Chorgestühls, das noch auf das 17. Jahrhundert zurückgeht. Die Altäre und die Kanzel sind gute Arbeiten Mainzer Künstler und veranschaulichen deutlich die vornehm-zurückhaltende Stilstufe des ausgehenden mittelrheinischen Rokoko, wozu noch die Madonna des rechten Seitenaltars als hervorragendes Werk der Figuralplastik in ihrer feinempfundenen Noblesse kommt. Die Deckenfresken mit ihrer beschwingten Komposition stehen dazu in einem eigenartigen Kontrast. Sie sind auch von einem süddeutschen Meister geschaffen worden: Johann Baptist Enderle. Dieser fruchtbare, hochbegabte und überaus liebenswerte schwäbische Künstler ist 1725 in Söflingen bei Ulm geboren worden und lebte seit 1755 in Donauwörth, wo er 1798 nach einem ungewöhnlich tatenfrohen Leben auch gestorben ist. Zahllose Kirchen seiner schwäbischen Heimat, aber auch entfernterer Gegenden wie im Neckartal oder im Kurmainzischen, hat er mit seinen leuchtenden und freundlichen Fresken, seinen volkstümlichen Darstellungen und phantasievollen Szenerien zu wahren Schmuckkästchen gemacht, in denen das ausgehende Rokoko nochmals Triumphe feierte. Die Hochheimer Fresken zeigen im Schiff das Martyrium der Apostel Petrus und Paulus und im Chor deren Verherrlichung. Sie sind vor wenigen Jahren von den Folgen einer früheren unsachgemäßen Restaurierung gereinigt worden, so daß sie sich zwar wieder erkennen lassen, ihr ursprünglicher Glanz aber ist leider verloren.

Kurz bevor wir das freundliche Hochheim in Richtung Mainz verlassen, kommen wir am Otto-Schwabe-Museum vorbei, einem im ehemaligen Dalheimer Klosterhof an der Mainzer Straße 22-24 untergebrachten Heimatmuseum, das neben vielen lokalgeschichtlichen Stücken auch einen einzigartigen keltischen Bronzespiegel besitzt, der in der Gewann Falkenberg gefunden worden ist und wahrscheinlich zu einem Fürstengrab des 5. Jahrhunderts v. Chr. gehörte. Dazu gibt es in Deutschland nur eine Parallele, die aus einem Grab bei Rheinheim im Saarland stammt. Freunde des Kuriosen finden im gleichen Haus auch noch eine Sammlung mechanischer Musikinstrumente des 19. und 20. Jahrhunderts.

Bald hinter Kostheim endet der Lauf des Mains, er wird vom Rhein aufgenommen, und hier an der Mündung baute König Gustav Adolf von Schweden 1632 eine Festung gegenüber von Mainz, ›Priestergeißel‹ oder ›Pfaffenraub‹, dann zur Erinnerung an den im gleichen Jahr bei Lützen gefallenen König ›Gustavsburg‹ benannt. Sie bestand vierundzwanzig Jahre, fortifikatorischen Wert hatte sie nur drei Jahre, von der Errichtung an bis zum Abzug der Schweden 1635. Nach dem Dreißigjährigen Krieg diente sie bei dem Ausbau der Mainzer Festung unter Kurfürst Johann Philipp von Schönborn als Steinbruch. Durch die Anlage der Eisenbahn, der Häfen, die Ansiedlung der MAN sind heute fast alle Spuren beseitigt. Zu erkennen sind nur noch in der sogenannten Ochsenwiese die Eingangsseite und ihre flankierenden Bastionen Gustavus und Regina.

Unsere Reise ist zu Ende. Jenseits des Rheins baute sich vor den schweren Zerstörungen des letzten Krieges ein märchenhaftes Stadtbild auf – das ›Goldene Mainz‹ mit seinen vielen Kirch- und Mauertürmen. Aber noch heute thront über allem die mächtige, in rotem Sandstein leuchtende Baugruppe des Doms, eines der herrlichsten Dome am Rhein. Mainz, die Stadt des keltischen Sonnengottes Mago, war das römische Moguntiacum, Hauptstadt der Provinz Germania Superior, war ein Lieblingsort der deutschen Könige und Kaiser und blieb bis an die Schwelle des 19. Jahrhunderts als Sitz des Erzbischofs und Reichserzkanzlers der geistige Mittelpunkt für das rheinische und mainische Frankenland, ja es hat dem Main seinen Namen gegeben. Mit Franken war die Stadt auch im 17. und 18. Jahrhundert verbunden durch die Erzbischöfe Johann Philipp und Lothar Franz von Schönborn, denen wir auf unserem Reiseweg begegnet sind. Pfingsten 1184 hielt hier Kaiser Friedrich I. Barbarossa den berühmten großen Hoftag. Siebzigtausend Gäste waren gekommen, die hohe Geistlichkeit, Herzöge, Fürsten, Grafen und Ritter. Da die Stadt nicht genügend Raum bot, wurde auf dem gegenüberliegenden Ufer eine riesige Zeltstadt um die kaiserliche Wohnung aufgeschlagen. Am Pfingstsonntag ließ der Kaiser seinen ältesten Sohn Heinrich zum deutschen König ausrufen, am Montag wurde Heinrich mit seinem Bruder Friedrich, Herzog von Schwaben, zum Ritter geschlagen. Aller Glanz eines uns weit entfernten Zeitalters entfaltete sich in jenen Pfingsttagen. Das Kaisertum strahlte in seiner höchsten Erscheinung, in einer Synthese von Macht und Geist wie kaum wieder seither. Das paßte zu Mainz, diesem bedeutsamen Ort römisch-deutscher Kultur, von dem auch die Impulse zur Besiedelung und Kultivierung der Mainlande ausgegangen sind, die wir durchreist haben.

ANHANG

Verzeichnis der Abbildungen

Farbtafeln

Abbildungen auf Tafeln

und Fürstbischof von Worms; Kardinal Damian Hugo, Fürstbischof. von Speyer (1717-43) und Konstanz; Dompropst Marquart Wilhelm; Reichshofrat Rudolf Franz Erwein und General Anselm Franz.

Vordere Reihe von links: Friedrich Karl, Reichsvizekanzler (1704-34) und Fürstbischof von Bamberg und Würzburg (1729-46); Johann Philipp, Fürstbischof von Würzburg (1642-73) und Kurfürst von Mainz (1647 bis 1673); Philipp Erwein, Mainzer Erzschenk und Würzburger Erbtruchseß; Melchior Friedrich *(Foto Gundermann, Würzburg)*.

Von Wertheim bis zur Mündung *(nach Seite 316)*

25 Burg Freudenberg. Aquatinta von Anton Radl und Johann Gottlieb Prestel. *Würzburg, Mainfränkisches Museum (Foto Gundermann)*.

26 Wertheim von Westen. Radierung nach einer Zeichnung von Chr. Faber, 1817. *Würzburg, Mainfränkisches Museum (Foto Gundermann)*.

27 Blick über Miltenberg und das Maintal nach Kleinheubach. Lithographie von F. Leinecker. *Würzburg, Mainfränkisches Museum (Foto Gundermann)*.

28 Klingenberg. Zeichnung von Wenzel Hollar, 1636. *Chatsworth, Duke of Devonshire (Foto Zentralinstitut für Kunstgeschichte, München)*.

29 Panorama von Aschaffenburg mit Pompejanum, Schloß und Mainbrücke. Stahlstich von J.J.Tanner nach Fritz Bamberger. *München, Staatliche Graphische Sammlung*.

30 Blick von der Mainbrücke auf Frankfurt. Lithographie von F. Heister nach C. Morgenstern. *Nürnberg, Germanisches Nationalmuseum*.

31 Blick über die Weinberge von Hochheim nach Mainz. Kolorierte Radierung von Lorenz Janscha und Johann Ziegler, 1798. *München, Privatbesitz*.

32 Die Mündung des Mains. Ausschnitt aus dem »Panorama des Main's und seiner nächsten Umgebungen von Frankfurt a.M. bis Mainz«. Lithographie von C.A. Helmsauer nach F.W. Delkeskamp, 1829. *Frankfurt am Main, Historisches Museum*.

Die Ausfalttafel

am Ende des Buches zeigt den Lauf des Mains von Bamberg bis zur Mündung nach einer Stahlstichkarte im Werk von Ludwig Braunfels, Die Mainufer, Würzburg 1847. Die auf den Seiten 184/185, 202, 274, 310 und 400/401 erscheinenden Teilstrecken sind Ausschnitte derselben Karte. Als Reproduktionsvorlage diente hier ein Exemplar, das Freiherr von Swaine in Obertheres freundlicherweise zur Verfügung stellte. Ihm wie auch allen anderen Besitzern der wiedergegebenen Werke und Leihgebern von Abbildungsvorlagen danken Autor und Verlag aufrichtig für die erwiesene Hilfe und die Erteilung von Abdruckgenehmigungen.

Literatur

ADAM OPEL AG (Hrsg.) Opel 1862–1962. Rüsselsheim 1962

ANONYM Opel baut die ersten Raketenfahrzeuge der Welt. O. O. 1967

Archiv des Historischen Vereins von Unterfranken und Aschaffenburg, 68, 1929

BÄUMLER, E. Ein Jahrhundert Chemie (Farbwerke Hoechst). Düsseldorf 1963

BIEHN, H. Residenzen der Romantik. München 1970

BOTT, G. Wilhelmsbad bei Hanau. Amtlicher Führer. 1963

BRUHNS, L. Würzburger Bildhauer. München 1923

DASSER, K. L. Johann Baptist Enderle (1725-1798). Weißenhorn 1970

DOMARUS, M. Rudolf Franz Erwein von Schönborn. 1954

FIEDLER, H. Magister de vivis lapidibus. Die Meister im Bamberger Dom. O. J.

FREEDEN, MAX H. VON Balthasar Neumann, Leben und Werk. 2. Aufl. München

FREEDEN, MAX H. VON Würzburg. Amtlicher Führer. 1969

FREEDEN, MAX H. VON und W. ENGEL Fürstbischof Julius Echter als Bauherr, in: Mainfränkische Hefte, 9, 1951

GOLLWITZER, H. Die Standesherren. Göttingen 1964

GRIMSCHITZ, B. Johann Lucas von Hildebrandt. Wien 1959

HAEMMERLE, A. Buntpapier. München 1961

HEIDELOFF, C. A. V. Die Ritter-Namen der in Stein gehauenen Wappenschilde... Hassfurt 1859

HEINZELMANN, JOSEF Die Appiani – eine Künstlerfamilie zwischen Italien, der Schweiz und Deutschland; in: Genealogie, Heft 4/1972

KEHL, J. Chronik von Haßfurt. Würzburg 1948

KELLER, H. Bamberg. München 1950

KEYSER, E. und H. STOOB (Hrsg.) Bayerisches Städtebuch, Teil 1. Stuttgart 1971

KÖMSTEDT R. Von Bauten und Baumeistern des fränkischen Barocks. Berlin 1963

KUHN, R. Großer Führer durch Würzburgs Dom und Neumünster. Würzburg 1968

KNEITZ, O. Albrecht Alcibiades, Markgraf von Kulmbach 1522/57. Kulmbach 1951

LANG, K. H. RITTER VON Geschichte des Fürstentums Ansbach-Bayreuth. Göttingen 1798

MAYER, H. Bamberg als Kunststadt. 1955

MÜLLER, B. 600 Jahre Stadt Höchst am Main. Frankfurt am Main 1955

MÜLLER, O. Die ehem. Abtei Seligenstadt. Amtlicher Führer. 1964

PESCHEK, CHR. Die Vogelsburg in der Volkacher Mainschleife. Mainfränkische Heimatkunde, Bd. XV. Würzburg 1971

PINNOW, H. Zur Erinnerung an die 75. Wiederkehr des Gründungstages der Farbwerke Höchst ... Frankfurt am Main 1938

PÖLNITZ, G. V. J. Echter von Mespelbrunn, in: Schriftenreihe für Bayerische Landesgeschichte, 17. Bd. 1934

RADUNZ, E. und K. Der Landkreis Staffelstein. 1971

REITZENSTEIN, A. VON Franken. München 1953

ROCHAU, L. VON Grundsätze der Realpolitik... 1869

SCHÄFER, D. Der Weg der Industrie in Unterfranken. Würzburg 1970

SCHECHER, O. Die Grafen von Rieneck, in: Schriften des Geschichtsvereins Lohr a. Main, Folge 8. 1969

SCHRÖDER, W. VON Die Geheimnisse der Bethmännchen... Frankfurt 1969

SCHUETTE, M. und S. MÜLLER-CHRISTENSEN, Das Stickereiwerk. Tübingen 1963

SCHÜSSLER, H. Höchst, Stadt der Farben. Frankfurt am Main 1955

STEIN, F. Geschichte Frankens. Schweinfurt 1885

STEIN, G. Reise durch den deutschen Weingarten. München 5. Aufl. 1972

STEINER, HOFRAT Beschreibung der Schlacht bei Dettingen am Main... Darmstadt 1834

STEUERWALD, H. Der Reitermeister von Bamberg und Magdeburg. 1967

TEUFEL, R. Die Wallfahrtskirche Vierzehnheiligen, in: Forschungen zur Deutschen Kunstgeschichte, Bd. 18. o. J.

THIEL, H. Studien zur Entwicklungsgeschichte der Markgrafen-Kirchen. Kulmbach 1955

TREUTWEIN, K. Unterfranken. Nürnberg 1967

VEHSE, E. Geschichte der kleinen deutschen Höfe. Hamburg 1859

WENDEHORST, A. Der Untergang der alten Abteikirche Münsterschwarzach 1803-1841, in: Mainfränkische Hefte 17, 1953

ZIRNBAUER, H. Rhein-Main-Donau. Nürnberg 1962

Register